国家科学技术学术著作出版基金资助出版

汽车轮胎动力学

郭孔辉　著

科学出版社
北京

内 容 简 介

本书是国内第一部全面阐述汽车轮胎动力学的专著，是作者近 40 年研究成果的总结。书中首先从恒定摩擦系数轮胎简化理论模型入手，讨论了动摩擦系数对轮胎力学特性的影响，引出全工况高精度 UniTire 轮胎模型，并介绍了其拓展应用及预测能力；在稳态建模基础上，阐述了侧偏、纵滑、侧倾及动载下的轮胎非稳态特性，开展了不平路面中高频动态特性的研究；最后介绍了轮胎动力学试验及应用方面的研究内容。

本书在结构体系安排上以循序渐进为原则，逐步引导读者掌握最新的研究成果，适合车辆工程专业的硕士、博士研究生阅读，对从事汽车底盘开发及轮胎动力学理论、试验及应用研究的相关工程技术人员也有所帮助。

图书在版编目（CIP）数据

汽车轮胎动力学 / 郭孔辉著. —北京：科学出版社，2018.11
ISBN 978-7-03-059128-9

Ⅰ. ①汽… Ⅱ. ①郭… Ⅲ. ①汽车轮胎-动力学 Ⅳ. ①U463.341.01

中国版本图书馆 CIP 数据核字（2018）第 238823 号

责任编辑：裴　育　纪四稳 / 责任校对：王萌萌
责任印制：吴兆东 / 封面设计：陈　敬

科 学 出 版 社 出版
北京东黄城根北街 16 号
邮政编码：100717
http://www.sciencep.com
北京虎彩文化传播有限公司 印刷
科学出版社发行　各地新华书店经销
*
2018 年 11 月第　一　版　开本：720 × 1000　1/16
2024 年　1　月第四次印刷　印张：22
字数：432 000

定价：198.00 元

(如有印装质量问题，我社负责调换)

前　言

轮胎动力学是车辆动力学的基础，国外自 20 世纪 30 年代就开始了轮胎动力学的研究，持续开发了系列轮胎模型。我国轮胎动力学研究起步较晚，直到 1984 年长春汽车研究所成功开发了 QY7329 轮胎试验台，相关研究才得以快速推进。与国外完备试验条件支撑的经验建模思路不同的是，我国轮胎动力学研究在理论方面进行了深入细致的探索，提出了全工况统一建模理论，将轮胎力学特性分解成由轮胎结构决定的自身力学特性和由轮胎与路面间的接触决定的动摩擦特性，奠定了实用高精度轮胎模型建立及测试设备开发的理论基础，进而建成了比较完整的全工况高精度轮胎动力学技术体系。

本书共 10 章，第 1 章介绍轮胎动力学研究的主要特点；第 2 章阐述轮胎动力学统一建模理论；第 3 章介绍轮胎-路面动摩擦特性并分析其对轮胎力学特性的影响；第 4 章为实用高精度 UniTire 轮胎模型与 Magic Formula 等轮胎模型的对比研究；第 5 章进行 UniTire 轮胎模型预测能力的拓展应用研究；第 6 章介绍轮胎非稳态特性理论及半经验模型；第 7 章为轮胎动态载荷下力学特性研究；第 8 章进行轮胎中高频动态特性的研究；第 9 章介绍轮胎力学特性试验技术；第 10 章介绍 UniTire 轮胎模型相关应用技术。

本书是在总结作者科研团队的卢荡、隋军、刘青、侯永平、任雷、庄晔、袁忠诚、吴海东、金凌鸽、许男、路兵兵等研究成果的基础上完成的。在书稿整理过程中，卢荡、路兵兵、卢磊对稿件中公式、文字、图片的校对工作提供了大量的帮助，在此衷心感谢团队成员辛勤的付出。

轮胎动力学是一门交叉综合的基础学科，虽然已有不少研究，但随着仿真技术发展，理论与技术方面依然面临着诸多挑战，受作者工作和认知的局限，书中难免存在不妥之处，希望读者批评指正。

郭孔辉

2018 年 6 月

目　录

第1章 绪　　论

1.1 研究概述

轮胎是汽车与路面接触的唯一部件，轮胎动力学是高性能汽车开发的基础理论及关键技术，一直为国际汽车工程界的关注焦点和研究热点[1,2]。

美国、德国、荷兰自20世纪30年代就开始了轮胎动力学的研究，开发了Fiala、UA及Magic Formula(简称MF)等轮胎模型，在模型精度提高的同时，适用范围也从单一工况扩展至侧偏、纵滑等四维输入的复合工况[2-6]。我国开展轮胎动力学研究的直接原因是20世纪60年代红旗轿车出现高速稳定性问题，但因当时缺乏试验支持，初期进展缓慢。1984年，长春汽车研究所成功开发了QY7329轮胎试验台，使我国无法进行轮胎动力学测试的状况被彻底改变，我国轮胎动力学的研究得以快速推进。

四十多年来，瞄准轮胎动力学研究的理论与技术难点，并结合我国汽车开发的实际需求，作者科研团队完成了轮胎动力学理论、方法、装备及应用技术的系列创新，建立了比较完整的全工况高精度轮胎动力学技术体系：

(1) 提出了轮胎动力学统一建模理论以及耦联传递矩阵的非稳态建模新方法；采用轮胎多维输入的归一化变换，建立了多变量无量纲组合的统一模型，以解决全工况高精度理论建模问题。

(2) 创立了轮胎-路面动摩擦系数分离与插入方法；集成理论模型的全工况和边界高精度与经验建模局部高精度的优势，建立了半物理UniTire轮胎模型，实现了实用的全工况轮胎模型的高精度表达。

(3) 开发了复合四连杆运动解耦轮胎试验台以及微环境箱全天候全路况模拟胎面摩擦特性试验台，解决了轮胎动力学特性全工况高精度测试难题。

(4) 提出了UniTire轮胎模型参数分类分步高精度辨识方法，开发了针对汽车不同设计阶段需求的UniTire轮胎模型应用软件及参数辨识工具软件，以解决汽车开发中轮胎模型高精度应用的难题。

研究成果在汽车行业获得广泛的应用，对提升我国汽车的自主开发和科技创新能力、促进汽车工业技术进步发挥了重要作用。

1.2 主要研究特色

1.2.1 基本思路

轮胎为多层异性结构，常处于滚动变接触大变形工作状态，其动力学研究一直是国际性难题。全工况高精度轮胎动力学体系包含两方面主要技术：一是全工况高精度轮胎特性测试技术；二是实用轮胎模型全工况特性的高精度建模技术。针对这两方面内容，对比国外的研究，本书研究采用了全新的技术思路。

国外的轮胎动力学研究中，以荷兰 Pacejka 教授为代表，在理论研究上做过非常系统深入的工作，但在工程应用方面的思路仍以“经验”为主导，试验研究与建模研究各自平行发展，关联不多。纯经验方法是轮胎模型建立的主流方法，即根据对大量轮胎试验数据的观察，寻找形式比较巧妙的数学公式，运用参数辨识技术，建立轮胎动力学特性输出与输入变量间的纯经验描述，最具代表性的就是 Pacejka 教授提出的 MF 轮胎模型。理论模型多采用特定性假设，工况适用范围小，精度不高。轮胎试验技术开发以商业公司为主，如美国 MTS 公司，但因对轮胎动力学理论及建模要求不能完全深入掌握，开发的设备常偏离建模需求，甚至出现因设计方案瑕疵降低测试精度的问题。

在国内，长期以来，作者科研团队是唯一系统开展轮胎动力学研究的团队，技术思路以“理论”为核心，通过全工况理论模型的建立，理清复杂轮胎动力学表象背后的内在联系，并基于理论模型指导，建立吸取经验建模优势的半物理 UniTire 轮胎模型；同时，在理论指导下，明确了轮胎试验设备的开发目标，建立了轮胎自身特性测试设备与轮胎-路面摩擦特性测试设备相结合的全工况高精度测试技术。实践表明，基于共同“理论”核心，轮胎动力学试验技术与建模技术的融合发展，更利于正确建立满足汽车开发实际需求的全工况高精度轮胎动力学技术体系。

1.2.2 主要特点

第一，建立轮胎动力学全工况高精度统一建模理论：针对多维输入，提出基于复杂胎体变形耦联传递矩阵的非稳态建模新方法，运用“变形积累函数”的 Pade 展开获得精确的多维有效输入，采用统一滑移率定义及滑移率无量纲变换，实现轮胎多维有效输入的归一化处理，在轮胎接地印迹任意压力分布情况下，建立轮胎无量纲总切力与无量纲滑移率的统一理论模型，精确计算轮胎复杂复合工况下的动力学特性，实现了轮胎动力学特性的全工况高精度理论建模。

轮胎动力学理论建模的难点是：针对轮胎多维输入复合工况，给出确保理论精度的解析模型。因为解析模型可给出更多轮胎动力学本质的分析，所以全工况高精度解析模型成为首要的研究目标。

但是，看似简单圆环体的轮胎却是一个极其复杂的非线性系统，国外建立全工况高精度解析模型的努力收效受限，其理论模型研究走入了两个极端：一是模型过于简单，采用很多特定性假设，虽得到简单的解析公式，如 Fiala、UA 轮胎模型等，但因模型结果不具普适性，这类模型只能应用于特定工况，且建模中采用简化假设，模型精度不高；二是模型过于复杂，如基于轮胎材料的本构关系及几何信息建立的有限元模型，该类模型只能给出数值解，无法得到具有指导意义的解析关系，且因极低的计算效率还很难应用于汽车的开发中。也正因在全工况高精度理论模型研究方面鲜有突破，国外学者更加相信“经验建模”是实用轮胎动力学模型的唯一出路。

作者科研团队取得的突破主要采用了以下三方面的技术：

(1) 有效输入的精确获得。决定轮胎动力学特性的是经过弹性轮胎松弛的有效输入，建立复杂胎体变形下耦联传递矩阵，运用“变形积累函数” $E(s)$ 及 $\Delta E_t(s)$ 的 Pade 展开获得精确的轮胎有效输入。

$$
\begin{cases}
G_{f\psi}(s)=\dfrac{F_y(s)}{\psi(s)}=C_{t\alpha}\left(1-E(s)\right)\dfrac{1-\varepsilon_w\varepsilon_\theta E(s)}{B(s)+\varepsilon_\theta N(s)}\\
G_{fy}(s)=\dfrac{F_y(s)}{Y(s)}=-C_{t\alpha}\dfrac{\left(1+\varepsilon_\theta\right)E(s)-\varepsilon_\theta\Delta E_t(s)}{a\left(B(s)+\varepsilon_\theta N(s)\right)}\\
G_{m\psi}(s)=\dfrac{M_z(s)}{\psi(s)}=-N_{t\alpha}\left(N(s)\dfrac{1-\varepsilon_w\varepsilon_\theta E(s)}{B(s)+\varepsilon_\theta N(s)}+\varepsilon_w E(s)\right)\\
G_{my}(s)=\dfrac{M_z(s)}{Y(s)}=N_{t\alpha}\dfrac{\left(1+\varepsilon_b\right)\Delta E_t(s)}{a\left(B(s)+\varepsilon_\theta N(s)\right)}
\end{cases}
$$

(2) 轮胎多维输入的归一化处理。定义统一滑移率，实现轮胎侧偏、侧倾、转偏、驱动、制动多维运动输入的归一化，进一步采用无量纲滑移率变换，实现不同路面、速度、胎压输入的全部多维输入的归一化。

(3) 轮胎特性统一理论模型。针对轮胎接地印迹内垂直压力分布的复杂性，接地压力不宜用某种特定分布函数表示，故采用任意压力分布函数，推导得到以无量纲滑移率为输入的轮胎动力学特性统一理论模型，因该统一理论模型适用于所有印迹压力分布情况，理论模型精度获得保障。

采用以上技术，全工况高精度轮胎动力学理论建模方法如图 1.1 所示。

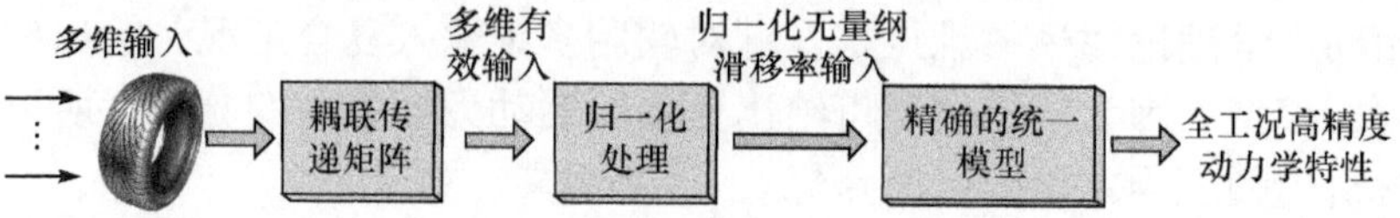

图 1.1 全工况高精度轮胎动力学理论建模方法

表 1.1 给出了本书所建立的理论模型与 Fiala、UA 轮胎模型的对比。

表 1.1 轮胎动力学理论模型对比

对比项	本书所建理论模型	Fiala、UA 轮胎模型
建模坐标系	特殊的印迹更新坐标系	ISO 或 SAE 坐标系
滑移率定义	统一滑移率定义，实现多维输入的归一化	制动、驱动、侧偏分别定义
接地印迹压力分布形式	任意压力分布	特定压力分布
模型公式形式	使用一组参数的一套模型公式	针对制动、驱动、侧偏工况分别建模，多套模型公式
模型参数	参数少	参数多
轮胎动力学内在联系	可分析动力学特性的内在联系	不能分析动力学特性的内在联系
全工况表达能力	全工况模型，适用工况扩展至八维	非全工况模型：Fiala 轮胎模型最多适用二维输入，UA 轮胎模型适用三维输入
模型精度	针对一般情况的建模，精度高	采用特定简化假设，精度低

第二，创立轮胎-路面动摩擦系数函数分离与插入方法，消除仿真时因与试验的路面、速度、胎压参数不同而导致的轮胎-路面摩擦特性误差，提高轮胎模型仿真应用精度；满足统一理论模型极大滑移与极小滑移时各阶边界条件，构建无量纲总切力与无量纲滑移率的 e 指数函数关系，用经验建模方法表达理论模型中的局部复杂解析关系，集成理论模型的全工况和边界高精度、经验建模局部高精度的优势，建立半物理 UniTire 轮胎模型，解决实用全工况轮胎模型高精度表达的难题。

实用轮胎模型需要解决的关键问题是复杂复合工况下模型对动力学特性的高精度表达。汽车动力学仿真需要轮胎模型具有“高精度”，而轮胎实际经历的多维输入复杂工况，又使“全工况”成为实用轮胎模型的基本要求。

因轮胎的耦合非线性，基于“经验”的建模方法无法解决“全工况”与“高精度”间的看似矛盾的关系。对经验模型而言，增加模型的一维输入，模型的整体形式需改变并增加大量参数，且超过某一临界维数，经验模型根本无法建立，因此经验建模方法难以达到“全工况高精度”要求，如国际著名的 MF 轮胎模型在保证一定精度条件下，目前也只能做到对侧偏、侧倾、纵滑及垂直载荷的四维输入整体建模。

作者科研团队建立的全工况高精度 UniTire 轮胎模型采用了以下关键技术：

(1) 轮胎-路面动摩擦系数函数分离及插入。依据统一理论模型，轮胎动力学特性是轮胎自身特性与轮胎-路面摩擦特性的非线性合成，根据轮胎试验数据，采用参数辨识技术，可以分离出轮胎自身特性及轮胎-路面摩擦特性。考虑到轮胎试验与整车仿真时路面状况、滚动速度、胎压参数不会完全一致，因此可用变化的仿真条件下轮胎-路面摩擦特性与不变的轮胎自身特性重新合成出精确的轮胎动力学特性，通过“插入”轮胎-路面摩擦系数保证仿真时轮胎模型精度。

(2) 理论模型的全工况及边界高精度优点与经验建模局部高精度优点相结合的半物理建模技术。从轮胎特性统一理论模型可知，无量纲总切力与无量纲滑移率的统一表达，是确保实用模型全工况高精度的关键，因此在 UniTire 建模中重点构建无量纲总切力与无量纲滑移率的关系，并用 e 指数函数使 UniTire 轮胎模型极大滑移与极小滑移时各阶边界条件与理论模型一致，保证 UniTire 轮胎模型的全工况及边界的高精度，同时将理论模型中局部复杂解析关系用经验模型表达，实现局部建模的高精度，建立了全工况高精度 UniTire 半物理模型：

$$\overline{F}=1-\exp\left(-\phi-E\phi^2-\left(E^2+\frac{1}{12}\right)\phi^3\right),\quad D_x=(D_{x0}+D_e)\exp(-D_1\phi-D_2\phi^2)-D_e$$

图 1.2 为美国通用汽车公司提供的试验数据及 MF 轮胎模型结果，与 UniTire 轮胎模型在模型精度、预测能力及建模所需试验量方面的对比：UniTire 轮胎模型在全部对比工况都比 MF 轮胎模型精度高，UniTire 轮胎模型具有预测能力，比 MF 轮胎模型节省 46%建模数据。

第三，开发出低速平板复合四连杆运动解耦轮胎试验台，解决轮胎磨损、稳态测试及侧倾侧偏高精度测试的难题，研制了微环境箱全天候(雨、雾、温度、湿度)全路况模拟胎面高速摩擦特性试验台，解决了轮胎-路面高速动摩擦特性测试难题，两套设备的结合实现了轮胎动力学特性全工况高精度测试。

高精度是试验测试的共同要求，因轮胎多维输入多维输出的耦合特性，全工况高精度成为轮胎动力学特性测试的难点。

国外轮胎试验设备开发以商业公司为主，如美国 MTS 公司开发的 Flat-Trac 系列平带式高速轮胎试验台，虽然在实验室内实现了轮胎高速滚动，但该设备更适合轮胎改进设计前后的动力学特性对比检测，而不完全满足轮胎建模的全

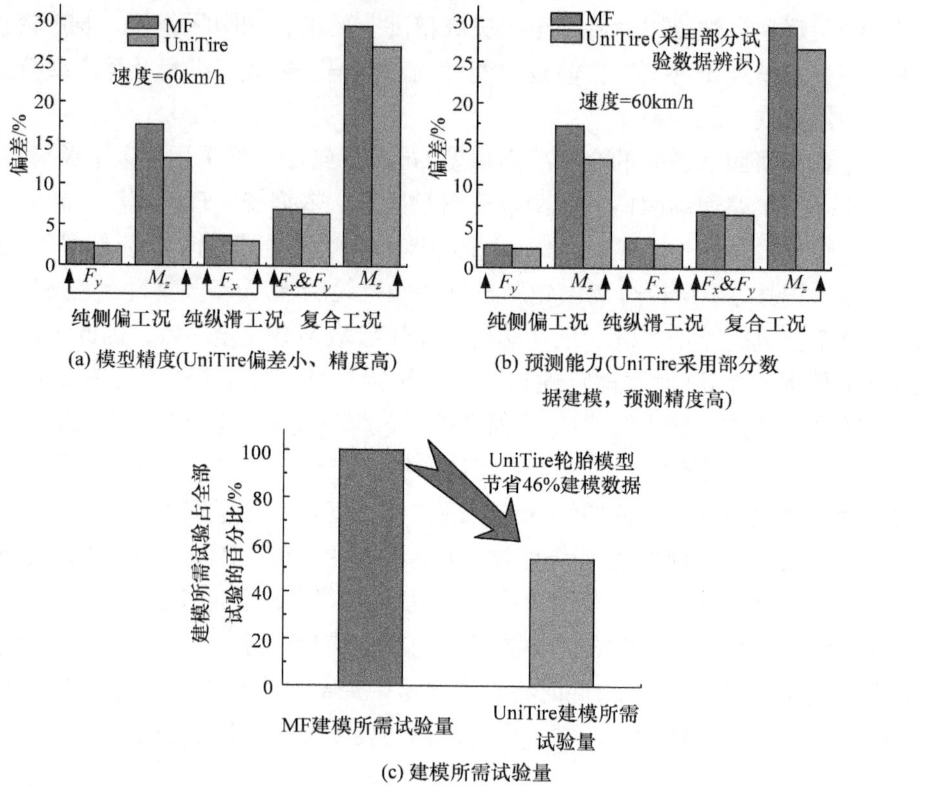

图 1.2　UniTire 与 MF 轮胎模型对比

工况高精度测试要求。Flat-Trac 试验台有如下两方面问题：一是为避免测试中轮胎过度磨损影响测试精度，需采用快速的轮胎相对路面的转向运动实现轮胎的侧偏角输入，此时轮胎处于准稳态工况，得到的试验结果不满足轮胎模型对稳态试验数据的需求，此外，还会产生附加的轮胎转偏运动输入，影响测试结果；二是重要的侧倾侧偏复合工况测试时，轮胎接地印迹中心动态移动，不仅为轮胎六分力的解算带来了困难，同时因印迹中心移动导致附加的侧偏及转偏输入，降低测试精度。

作者科研团队在轮胎动力学统一建模理论指导下，自主开发了测试轮胎自身特性及轮胎-路面摩擦特性的试验设备，建立了全工况高精度轮胎动力学试验装备体系。

低速平板复合四连杆运动解耦轮胎试验台(图 1.3)用于轮胎自身特性测试，低速滚动保证测试轮胎的低磨耗无损伤，并得到精确的稳态特性数据，同时因采用创新的复合四连杆运动解耦机构，保证了轮胎侧倾侧偏瞬态特性测试时试验台侧倾轴线与侧偏轴线交点始终与轮胎接地印迹中心重合，消除不必要的侧偏及转偏运动，在测试原理上保证测试的高精度。全天候全路况胎面高速摩擦特性试验台(图 1.4)采用“瞬态测定法”消除磨损与温升的障碍，轮胎高速滚动时的轮胎-路面摩擦特性可精确测得。

图 1.3　复合四连杆运动解耦轮胎试验台

图 1.4　全天候全路况胎面高速摩擦特性试验台

第四，提出 UniTire 轮胎模型参数分类分步高精度辨识方法，开发了针对汽车不同设计阶段需求的 UniTire 轮胎模型应用软件及参数辨识工具软件，实现了汽车开发中轮胎模型的高精度应用。

轮胎动力学应用的关键技术难点是：轮胎模型参数高精度辨识以及如何建立便于工程师在汽车动力学分析中应用的轮胎模型。

UniTire 轮胎模型参数辨识采用参数分类分步辨识的方法(图 1.5)，即先辨识对试验数据敏感且重要的轮胎特性线性区刚度参数，再辨识纯工况非线性区参数，最后辨识复合特性的修正参数，确保模型参数的高精度，开发了相应辨识软件 UniTire Tool，方便工程师使用。

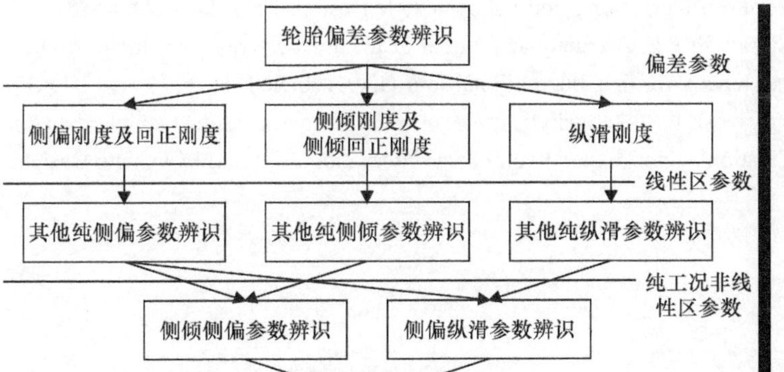

图 1.5　UniTire 轮胎模型参数高精度辨识方法

根据汽车正向开发设计不同阶段对轮胎模型需求的不同，开发了 UniTire/Easy、UniTire/Standard 及 UniTire/Extreme 等版本的模型应用软件，各版本模型的参数数量及所需试验数据都有明显差异，更便于工程师根据开发需要选择应用。同时，定义了基于印迹更新坐标系的 UniTire 轮胎接口，实现与主要动力学分析软件 ADAMS、CarSim 等的精确连接(图 1.6)。

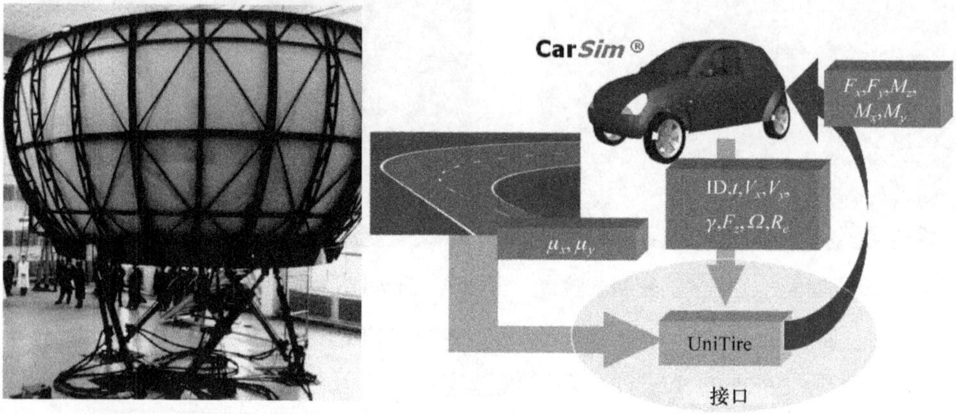

图 1.6　UniTire 在驾驶模拟器及 CarSim 软件中的应用

参 考 文 献

[1] 郭孔辉. 汽车操纵动力学原理. 南京: 江苏科学技术出版社, 2011.

[2] Pacejka H B, Besselink I. Tire and Vehicle Dynamics. 3rd ed. Amsterdam: Elsevier, 2012.

[3] Fiala E. Seitenkräfte am rollenden luftreifen. Zeitcrift der VDI, 1954, 96(29): 973-979.

[4] Gim G, Nikravesh P E. An analytical model of pneumatic tyres for vehicle dynamic simulations Part 1: Pure slips. International Journal of Vehicle Design, 1990, 11(6): 589-618.

[5] Gim G, Nikravesh P E. An analytical model of pneumatic tyres for vehicle dynamic simulations Part 2: Comprehensive slips. International Journal of Vehicle Design, 1991, 12(1): 19-39.

[6] Gim G, Nikravesh P E. An analytical model of pneumatic tyres for vehicle dynamic simulations Part 3: Validation against experimental data. International Journal of Vehicle Design, 1991, 12(2): 217-228.

第 2 章　统一半物理稳态模型

轮胎动力学研究中，复杂理论模型因其计算效率低还没有成功应用的先例，简单理论模型，如刷子模型，又因其采用过多假设导致表达精度低，无法满足整车高精度仿真的需要。如何平衡理论模型复杂程度及其指导实用轮胎模型建模的作用一直是轮胎动力学研究者考虑的重要问题。

本章通过采用全新的轮胎建模坐标系，考虑接地印迹内任意压力分布形式，推导轮胎侧偏纵滑特性的统一理论模型，并进行理论模型边界条件的研究，给出实用的 UniTire 轮胎模型基本公式。

2.1　轮胎印迹更新坐标系及统一滑移率定义

轮胎与路面的接触区域称为轮胎的接地印迹(简称接地印迹)，正是在这个区域内，轮胎与路面相互作用，产生使汽车实现各种运动(如转向、驱动、制动)的力和力矩。轮胎建模中，通常将接地印迹内的分布力向接地印迹中心进行简化，形成一个空间力系，称为“轮胎六分力”。不同于国际轮胎建模中常采用的 SAE 坐标系或 ISO 坐标系，UniTire 轮胎模型采用印迹更新坐标系(contact patch updated coordinate system, 简称 CPU 坐标系)。采用印迹更新坐标系便于在汽车任意运动状态下确定轮胎六分力的正确方向[1]。

图 2.1 给出了 UniTire 轮胎模型印迹更新坐标系。轮胎接地印迹中心 O_t 是轮胎坐标系的原点； X_t 轴为车轮平面与地平面的交线； Y_t 轴为车轮旋转轴线在地平面上的投影； Z_t 轴通过接地印迹中心并垂直于路面，向上为正，坐标系符合右手定则。由于不断更新的轮胎接地印迹前端点取决于轮胎的旋转方向，所以 X_t 轴的正方向为印迹更新速度方向，这样规定方向可以统一滑移率的定义，也使得纵向力、侧向力、总切力及力矩具有简化而统一的表达式。轮胎接地印迹中心的速度用 V 表示，其方向决定了侧偏角 α 的大小。图 2.1 中给出了正的侧偏角 α 、侧倾角 γ 、轮胎滚动角速度 Ω 、纵向力 F_x、侧向力 F_y、垂直力 F_z、翻倾力矩 M_x 、滚动阻力矩 M_y 及回正力矩 M_z 。

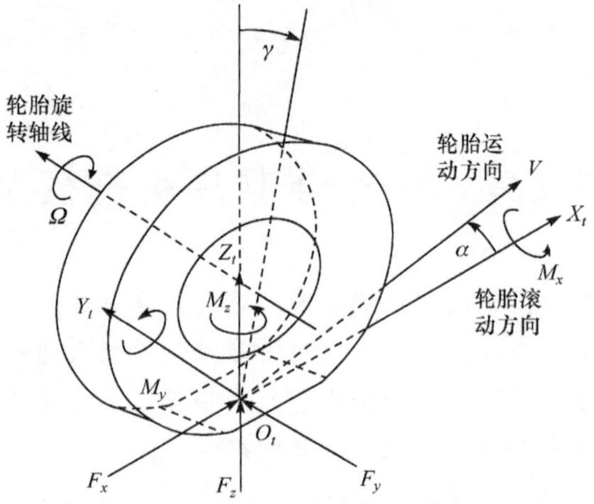

图 2.1　UniTire 轮胎模型印迹更新坐标系

滑移率是轮胎模型的重要输入，研究中对侧向滑移率及纵向滑移率采用了统一定义：滑移率为负的轮胎接地印迹滑移速度与印迹更新速度的比值。纵向、侧向滑移率定义如下：

$$
\begin{aligned}
S_x &= \frac{-V_{sx}}{\Omega R_e} = \frac{\Omega R_e - V_x}{\Omega R_e}, \quad S_x \in (-\infty, +\infty) \\
S_y &= \frac{-V_{sy}}{\Omega R_e} = \frac{-V_y}{\Omega R_e}, \quad S_y \in (-\infty, +\infty)
\end{aligned} \tag{2.1}
$$

无量纲纵向、侧向滑移率及总滑移率定义为

$$
\phi_x = \frac{K_x S_x}{F_{xm}}, \quad \phi_y = \frac{K_y S_y}{F_{ym}}, \quad \phi = \sqrt{\phi_x^{\ 2} + \phi_y^2} \tag{2.2}
$$

其中，V_{sx}、V_{sy} 为轮胎接地印迹中心滑移速度；Ω 为轮胎滚动角速度；R_e 为轮胎有效滚动半径；ΩR_e 为印迹更新速度；K_x、K_y 为轮胎纵滑刚度、侧偏刚度；F_{xm}、F_{ym} 分别为轮胎纵向路面、侧向路面可提供的最大摩擦力：

$$
F_{xm} = \mu_x F_z, \quad F_{ym} = \mu_y F_z \tag{2.3}
$$

其中，F_z 为轮胎垂直力；μ_x 和 μ_y 为轮胎与地面之间纵向摩擦系数和侧向摩擦系数。滑移率统一定义，不仅是驱动制动滑移率的统一，而且将侧向及纵向滑移率进行了统一表达。

国际经典轮胎模型(Fiala、UA 及 MF)都是分别建立各工况的轮胎运动与轮胎力的关系，一般情况下，汽车的复杂运动使得轮胎不同运动工况的随时转换是不可避免的，因而会带来仿真应用的困难。UniTire 轮胎模型基于印迹更新坐标系提出了滑移率统一定义的概念，便于确定各种轮胎运动工况下六分力与轮胎运动的关系。

2.2　轮胎接地印迹内压力分布统一表达

滚动轮胎接地印迹内的压力分布的准确描述对于轮胎力学特性的理论研究具有重要意义。通常的做法是假定印迹内压力呈对称抛物线分布，即

$$q_z(x_t)=\frac{3F_z}{4a}\left[1-\left(\frac{x_t}{a}\right)^2\right] \tag{2.4}$$

但与试验结果相比,对称抛物线分布只能表达轮胎承受小载荷时的压力分布，而实际轮胎工作时载荷变化范围比较大，重载与超载时轮胎的压力分布就不能用对称抛物线准确表达。UniTire 建模中，设轮胎压力分布 $q_z(x_t)$ 的一般形式为

$$q_z(x_t)=\frac{F_z}{2a}\eta\left(\frac{x_t}{a}\right)=\frac{F_z}{2a}\eta(\sigma) \tag{2.5}$$

其中，σ 为印迹相对坐标，$\sigma=x_t/a$；$\eta(\sigma)$ 为任意压力分布函数。设垂直载荷偏距为 $\varDelta$，如图 2.2 所示，因 $\int_{-a}^{a}q_z(x_t)\mathrm{d}x_t=F_z$ 及 $\int_{-a}^{a}q_z(x_t)x_t\mathrm{d}x_t=F_z\varDelta$，则 $\eta(\sigma)$ 应满足如下条件：

$$\begin{cases}\eta(1)=\eta(-1)=0\\ \eta(\sigma)\geqslant 0,\quad \sigma\in[-1,1]\\ \eta(\sigma)=0,\quad \sigma\notin[-1,1]\\ \int_{-1}^{1}\eta(\sigma)\mathrm{d}\sigma=2\\ \int_{-1}^{1}\eta(\sigma)\sigma\mathrm{d}\sigma=\dfrac{2\varDelta}{a}\end{cases} \tag{2.6}$$

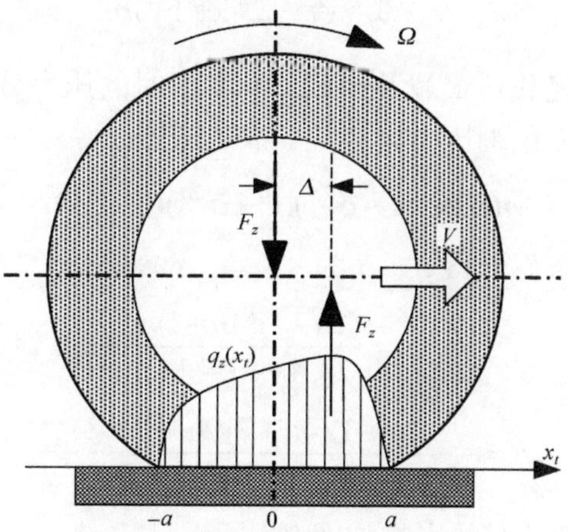

图 2.2　轮胎接地印迹内的压力分布

对于轮胎常见的载荷工况，轮胎载荷偏布的压力分布经验模型可取如下形式：

$$\eta(\sigma)=A(1-\sigma^{2n})(1-B\sigma) \tag{2.7}$$

其中，A、B 为待定系数，根据压力分布函数的边界条件可得

$$A=\frac{2n+1}{2n} \tag{2.8}$$

$$B=-\frac{3(2n+3)}{2n+1}\frac{\varDelta}{a} \tag{2.9}$$

当 $n=1$、$\varDelta/a=0$ 时，式(2.7)描述的压力分布即抛物线分布形式。常见子午线轮胎的印迹压力分布函数接近于式(2.7)中取 $n=2$，$\varDelta/a=0.04$，轮胎接地印迹内压力分布结果如图 2.3 所示。

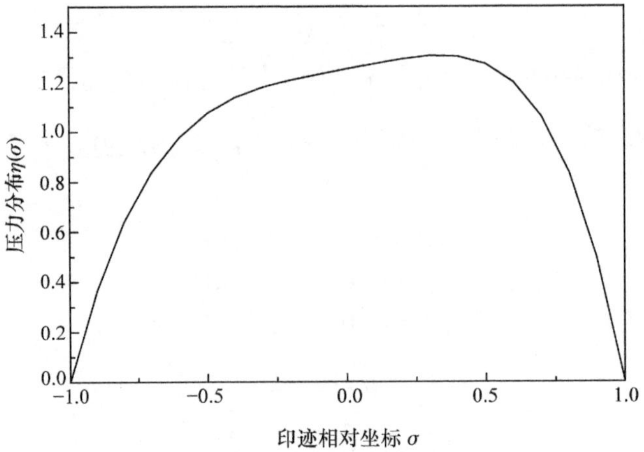

图 2.3 子午线轮胎一般载荷下的压力分布

为了描述轮胎在轻载、重载及超载不同工况时的压力分布，对式(2.7)进行适当修正，得到三因子无量纲压力分布统一表达式[1]：

$$\eta(\sigma)=A(1-\sigma^{2n})(1+\lambda\sigma^{2n})(1-B\sigma) \tag{2.10}$$

同理，根据边界条件可得 A、B 为

$$A=\frac{(2n+1)(4n+1)}{2n(4n+1+\lambda)} \tag{2.11}$$

$$B=-\frac{3(2n+3)(4n+3)(4n+1+\lambda)}{(2n+1)(4n+1)(4n+3+3\lambda)}\frac{\varDelta}{a} \tag{2.12}$$

参数 n 和 λ 对载荷分布的影响如图 2.4 所示。

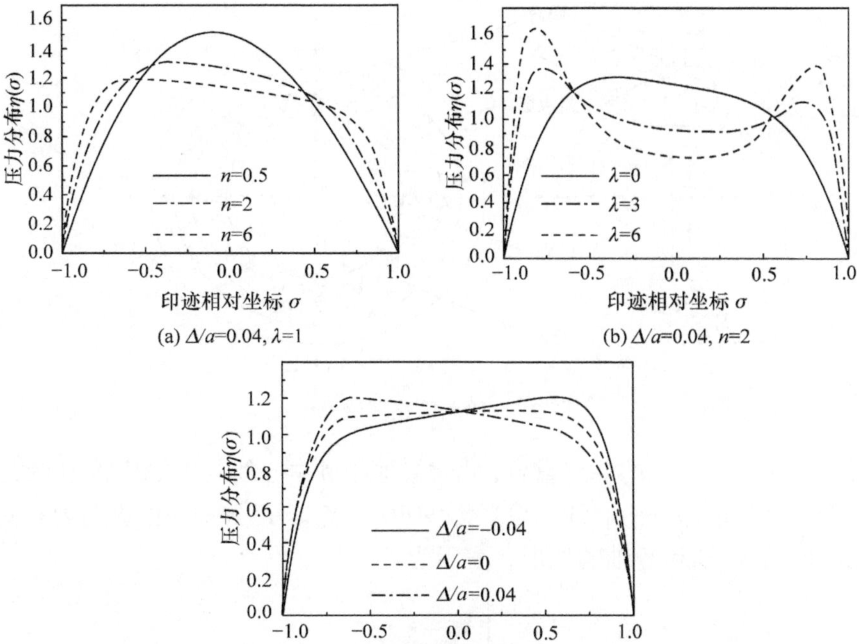

(a) $\Delta/a=0.04, \lambda=1$　(b) $\Delta/a=0.04, n=2$　(c) $n=2, \lambda=1$

图 2.4　无量纲压力分布函数曲线

从图 2.4 中可以看出：参数 n 对压力分布的均匀性有很大影响，因此将参数 n 称为压力分布的均匀性因子；参数 λ 对载荷分布曲线的凸凹性有很大影响，因此将参数 λ 称为压力分布的凸凹性因子；Δ/a 影响压力分布的偏布，因此将参数 Δ/a 称为压力分布的偏布因子。均匀性因子 n 、凸凹性因子 λ 和偏布因子 Δ/a 都与垂直载荷相关，通过这三个影响因子可以描述轮胎接地印迹内任意形式的压力分布。

2.3　轮胎简化理论模型[2]

轮胎简化理论模型如图 2.5 所示，考虑了胎面和胎体弹性，胎体只考虑沿 X_t 和 Y_t 轴方向的平移变形，忽略胎体的弯曲变形和扭转变形，以及轮胎宽度的影响。

接地印迹内胎体与胎面变形如图 2.6 所示，其坐标系为轮胎印迹更新坐标系。$X_tO_tY_t$ 坐标系是用来描述胎体和胎面接地印迹变形的轮胎坐标系，原点 O_t 代表接地印迹中心。$x_to_ty_t$ 坐标系是用来描述胎面相对胎体变形的相对坐标系。

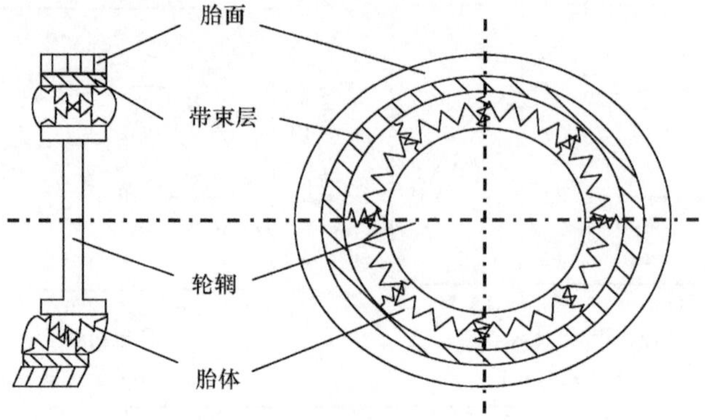

图 2.5　轮胎简化理论模型

在变形之前两个坐标系的原点重合，此时接地印迹中心线与轮辋旋转中心线 O_tX_t 重合，变形后接地印迹中心线的位置为 ABC。X_c、Y_c 分别为由纵向力和侧向力引起的胎体沿 X_t 轴和 Y_t 轴的变形，表示为

$$\begin{cases} X_c = \dfrac{F_x}{K_{cx}} \\ Y_c = \dfrac{F_y}{K_{cy}} \end{cases} \tag{2.13}$$

其中，K_{cx}、K_{cy} 是胎体纵向平移刚度、侧向平移刚度。

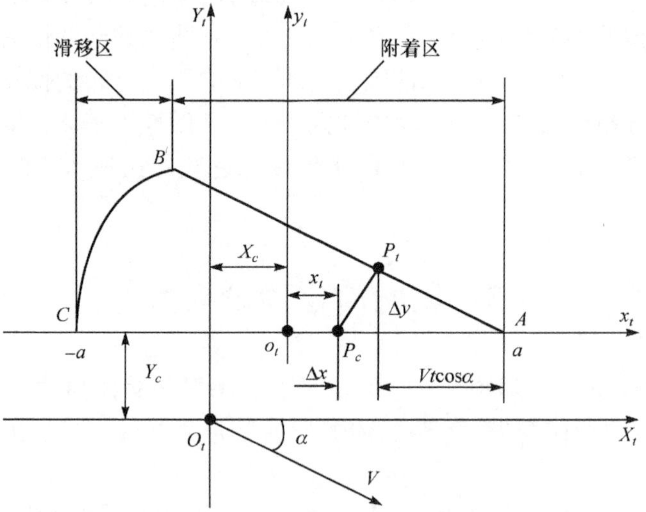

图 2.6　接地印迹内胎体与胎面变形示意图

由图 2.6 可知，胎面接地印迹附着区一点 A 经过时间 t 以后到达位置 P_t，同时

胎体上相对应的点 A 移动到位置 P_c，根据滑移率定义公式，胎面在接地印迹内相对于胎体沿 x_t 轴和 y_t 轴方向的变形可以表示为

$$\begin{cases}\Delta x = S_x(a - x_t) \\ \Delta y = S_y(a - x_t)\end{cases} \tag{2.14}$$

其中，a 代表接地印迹半长，如果胎面沿 x_t 和 y_t 方向的分布刚度为 k_{tx} 和 k_{ty}，那么附着区内点 P_t 沿 x_t 轴和 y_t 轴方向的剪应力 q_x 和 q_y 为

$$\begin{cases}q_x = k_{tx}\Delta x = k_{tx}S_x(a - x_t) = \phi_x\mu_x \dfrac{F_z}{2a}(1-\sigma) \\ q_y = k_{ty}\Delta y = k_{ty}S_y(a - x_t) = \phi_y\mu_y \dfrac{F_z}{2a}(1-\sigma)\end{cases} \tag{2.15}$$

当滑移率水平较小、接地印迹内不产生滑移时，纵向力和侧向力为

$$\begin{cases}F_x = \displaystyle\int_{-a}^{a} q_x \mathrm{d}x = 2a^2 k_{tx} S_x = K_x S_x \\ F_y = \displaystyle\int_{-a}^{a} q_y \mathrm{d}x = 2a^2 k_{ty} S_y = K_y S_y\end{cases} \tag{2.16}$$

其中，$K_x = 2a^2 k_{tx}$ 为纵滑刚度；$K_y = 2a^2 k_{ty}$ 为侧偏刚度。印迹内总的剪应力为

$$q = \sqrt{q_x^2 + q_y^2} = \phi\sqrt{\left(\mu_x \frac{\phi_x}{\phi}\right)^2 + \left(\mu_y \frac{\phi_y}{\phi}\right)^2}\,\frac{F_z}{2a}(1-\sigma) \tag{2.17}$$

设 μ 为总剪应力方向上的摩擦系数，则此方向上最大的剪应力 $q_{\max}$ 为

$$q_{\max} = \mu q_z \tag{2.18}$$

根据图 2.7 所示的印迹内剪应力摩擦椭圆示意图，可以得出

$$\left(\frac{q_{x\max}}{\mu_x q_z}\right)^2 + \left(\frac{q_{y\max}}{\mu_y q_z}\right)^2 = 1 \tag{2.19}$$

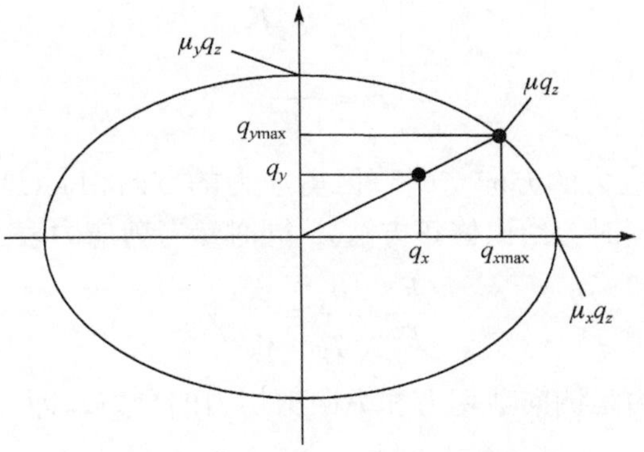

图 2.7　印迹内剪应力摩擦椭圆示意图

根据最大总剪应力表达式：

$$\left(\frac{q_{x\max}}{\mu_x q_z}\right)^2+\left(\frac{q_{y\max}}{\mu_y q_z}\right)^2=\left(\frac{q_{\max}}{\mu q_z}\right)^2 \tag{2.20}$$

可得在附着区，有

$$\frac{q_x}{q_{x\max}}=\frac{q_y}{q_{y\max}}=\frac{q}{q_{\max}} \tag{2.21}$$

所以有

$$\left(\frac{q_x}{\mu_x q_z}\right)^2+\left(\frac{q_y}{\mu_y q_z}\right)^2=\left(\frac{q}{\mu q_z}\right)^2 \tag{2.22}$$

根据无量纲滑移率的定义和各方向剪应力的表达式，可以得到计算总切向力的方向摩擦系数表达式为

$$\mu=\sqrt{\left(\mu_x\frac{\phi_x}{\phi}\right)^2+\left(\mu_y\frac{\phi_y}{\phi}\right)^2} \tag{2.23}$$

根据式(2.23)和总剪应力及最大剪应力的公式，印迹内起滑点 $\sigma_c(\phi)$ 由式(2.24)确定：

$$\frac{\eta(\sigma_c)}{1-\sigma_c}=\phi \tag{2.24}$$

定义无量纲纵向力、侧向力和总切力为

$$\begin{cases}\overline{F}_x=\dfrac{F_x}{\mu_x F_z}\\ \overline{F}_y=\dfrac{F_y}{\mu_y F_z}\\ \overline{F}=\dfrac{F}{\mu F_z}\end{cases} \tag{2.25}$$

假设滑移区剪应力的方向与附着区剪应力的方向相同(这种假设带来的误差将会在以后讨论，同时会给出修正方法)，同时参考剪应力表达式，有

$$\frac{F_x}{F_y}=\frac{q_x}{q_y}=\frac{\phi_x\mu_x}{\phi_y\mu_y} \tag{2.26}$$

因为总的剪切力是侧向剪切力和纵向剪切力的合力，即

$$F^2=F_x^2+F_y^2 \tag{2.27}$$

所以无量纲剪切力可以表示为

$$\begin{cases}\overline{F}_x=\overline{F}\dfrac{\phi_x}{\phi}\\ \overline{F}_y=\overline{F}\dfrac{\phi_y}{\phi}\\ \overline{F}=\sqrt{\overline{F}_x^2+\overline{F}_y^2}\end{cases}\tag{2.28}$$

当接地印迹内出现滑移区时，根据式(2.29)计算总的剪切力：

$$F=\int_{-1}^{\sigma_c}\mu\frac{F_z}{2a}\eta(\sigma)a\mathrm{d}\sigma+\int_{\sigma_c}^{1}qa\mathrm{d}\sigma\tag{2.29}$$

或者

$$\overline{F}(\phi)=\frac{\phi}{4}(1-\sigma_c)^2+\frac{m_0(\sigma_c)}{2}\tag{2.30}$$

其中，$m_0(\sigma_c)$是压力分布函数$\eta(\sigma)$在滑移区的零阶矩，可以表示为

$$m_0(\sigma_c)=\int_{-1}^{\sigma_c}\eta(\sigma)\mathrm{d}\sigma\tag{2.31}$$

回正力矩的表达式为

$$M_z=\int_{-1}^{1}q_y(X_c+a\sigma)a\mathrm{d}\sigma+\int_{-1}^{1}q_xY_ca\mathrm{d}\sigma\tag{2.32}$$

或者

$$M_z=F_y(D_x+X_c)-F_xY_c\tag{2.33}$$

回正力臂表达式推导如下：

$$\frac{D_x(\phi)}{a}=\frac{\dfrac{-\phi(1-\sigma_c)^3}{6}+\dfrac{\phi(1-\sigma_c)^2}{4}+\dfrac{\phi}{2\phi_y}m_1(\sigma_c)}{\overline{F}}\tag{2.34}$$

其中，$m_1(\sigma_c)$是压力分布函数$\eta(\sigma)$在滑移区的一阶矩，表示为

$$m_1(\sigma_c)=\int_{-1}^{\sigma_c}\sigma\eta(\sigma)\mathrm{d}\sigma\tag{2.35}$$

2.4　轮胎接地印迹垂直压力分布的影响及边界条件的研究[3]

轮胎简化理论模型的建立不仅为轮胎复合力学特性的分析和预测提供了一种有效的理论手段，而且为研究垂直应力分布对轮胎力和力矩的影响以及轮胎力学特性的边界条件提供了理论基础。

将无量纲总切力对无量纲总滑移率ϕ求导，并考虑

$$\frac{\mathrm{d}m_0(\sigma_c)}{\mathrm{d}\sigma_c}=\eta(\sigma_c) \tag{2.36}$$

得到

$$\frac{\mathrm{d}\overline{F}}{\mathrm{d}\phi}=\frac{(1-\sigma_c)^2}{4}-\frac{\phi(1-\sigma_c)}{2}\frac{\mathrm{d}\sigma_c}{\mathrm{d}\phi}+\frac{\eta(\sigma_c)}{2}\frac{\mathrm{d}\sigma_c}{\mathrm{d}\phi} \tag{2.37}$$

将起滑条件(2.24)代入可得

$$\frac{\mathrm{d}\overline{F}}{\mathrm{d}\phi}=\frac{(1-\sigma_c)^2}{4} \tag{2.38}$$

起滑条件(2.24)对无量纲总滑移率求导可得

$$\frac{\mathrm{d}\sigma_c}{\mathrm{d}\phi}=\frac{1-\sigma_c}{\phi+\dfrac{\partial\eta(\sigma_c)}{\partial\sigma_c}} \tag{2.39}$$

可得总切力$\overline{F}$的二阶导数和三阶导数为

$$\frac{\mathrm{d}^2\overline{F}}{\mathrm{d}\phi^2}=\frac{(1-\sigma_c)}{2}\left(-\frac{\mathrm{d}\sigma_c}{\mathrm{d}\phi}\right)=-\frac{(1-\sigma_c)^2}{2\left(\phi+\dfrac{\partial\eta(\sigma_c)}{\partial\sigma_c}\right)} \tag{2.40}$$

$$\frac{\mathrm{d}^3\overline{F}}{\mathrm{d}\phi^3}=\frac{(1-\sigma_c)^2\left(3+\dfrac{\partial^2\eta(\sigma_c)}{\partial{\sigma_c}^2}\dfrac{1-\sigma_c}{\phi+\dfrac{\partial\eta(\sigma_c)}{\partial\sigma_c}}\right)}{2\left(\phi+\dfrac{\partial\eta(\sigma_c)}{\partial\sigma_c}\right)^2} \tag{2.41}$$

当$\phi\to 0$、$\sigma_c\to -1$时，则有

$$\begin{cases}\left.\dfrac{\mathrm{d}^2\overline{F}}{\mathrm{d}\phi^2}\right|_{\phi=0}=-\dfrac{2}{D}\\[2ex]\left.\dfrac{\mathrm{d}^3\overline{F}}{\mathrm{d}\phi^3}\right|_{\phi=0}=\dfrac{2}{D^2}\left(3+2\dfrac{D'}{D}\right)\end{cases} \tag{2.42}$$

其中

$$\begin{cases} D = \left.\dfrac{\partial \eta(\sigma)}{\partial \sigma}\right|_{\sigma=-1} \\ D' = \left.\dfrac{\partial^2 \eta(\sigma)}{\partial \sigma^2}\right|_{\sigma=-1} \end{cases}$$

分别为垂直载荷分布函数在印迹末端的一阶导数和二阶导数(图 2.8)。

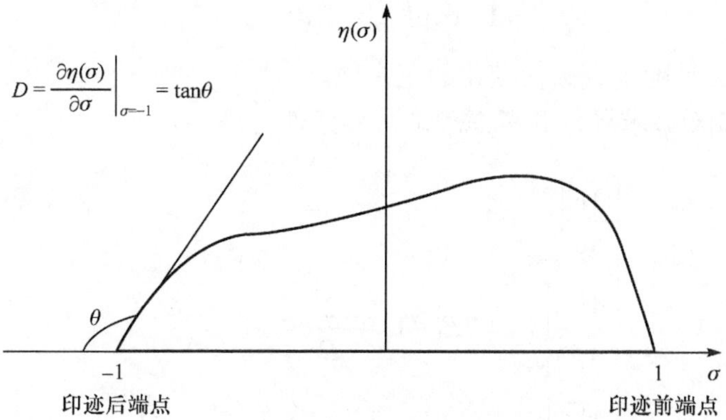

图 2.8　垂直印迹压力的导数

将回正力臂公式(2.34)对无量纲总滑移率 ϕ 求导，并考虑

$$\frac{\mathrm{d}m_1(\sigma_c)}{\mathrm{d}\sigma_c} = \sigma_c \eta(\sigma_c) \tag{2.43}$$

可得

$$\frac{\mathrm{d}D_x}{\mathrm{d}\phi} = \frac{-\dfrac{a(1-\sigma_c)^3}{6} + \dfrac{a(1-\sigma_c)^2}{4} - D_x \dfrac{\mathrm{d}\overline{F}}{\mathrm{d}\phi}}{\overline{F}} \tag{2.44}$$

当 $\phi \to 0$ 、$\sigma_c \to -1$ 时，有 $\dfrac{\mathrm{d}\overline{F}}{\mathrm{d}\phi} \to 1$ ，$D_x \to -\dfrac{a}{3}$ ，应用洛必达法则对式(2.44)求极限，则有

$$\left.\frac{\mathrm{d}\overline{D_x}}{\mathrm{d}\phi}\right|_{\phi=0} = -\frac{2}{D} \tag{2.45}$$

其中，$\overline{D_x}$ 是无量纲回正力臂，定义为

$$\overline{D_x} = \frac{D_x}{D_{x0}} \tag{2.46}$$

其中

$$D_{x0} = \lim_{\phi \to 0} D_x \tag{2.47}$$

2.5 UniTire 轮胎模型的基本公式[4]

完整的 e 指数半经验模型的总切力表达式为

$$\overline{F} = 1 - \exp\left(-\phi - E_1\phi^2 - E_2\phi^3\right) \tag{2.48}$$

其中，E_1 、E_2 是随垂直载荷变化的正常数。

将式(2.48)对 ϕ 求导，并考虑理论边界条件可得

$$\begin{cases} \left.\dfrac{\mathrm{d}\overline{F}}{\mathrm{d}\phi}\right|_{\phi=0} = 1 \\ \left.\dfrac{\mathrm{d}^2\overline{F}}{\mathrm{d}\phi^2}\right|_{\phi=0} = 2E_1 - 1 = -\dfrac{2}{D} \\ \left.\dfrac{\mathrm{d}^3\overline{F}}{\mathrm{d}\phi^3}\right|_{\phi=0} = 1 - 6E_1 + 6E_2 = \dfrac{2}{D^2}\left(3 + 2\dfrac{D'}{D}\right) \end{cases} \tag{2.49}$$

在对大量垂直压力分布试验数据研究的基础上，合理假设垂直压力分布末端的二阶导数近似为零，即 $D' = 0$ 。根据式(2.49)有

$$E_2 = E_1^{\ 2} + \frac{1}{12} \tag{2.50}$$

因此，e 指数半经验模型(2.48)的总切力表达式简化为

$$\overline{F} = 1 - \exp\left(-\phi - E_1\phi^2 - \left(E_1^{\ 2} + \frac{1}{12}\right)\phi^3\right) \tag{2.51}$$

这样只需一个参数 E_1 就可以使总切力表达式满足轮胎在极小滑移和严重滑移时的从零阶到二阶的全部边界条件。

稳态半经验模型的回正力臂 D_x 可表示为

$$D_x = \left(D_{x0} + D_e\right)\exp\left(-D_1\phi - D_2\phi^2\right) - D_e \tag{2.52}$$

其中，D_{x0}、D_e、D_1、D_2 都是随垂直力变化的模型参数。

将式(2.52)对无量纲总滑移率 ϕ 求导可得

$$\left.\frac{\mathrm{d}D_x}{\mathrm{d}\phi}\right|_{\phi=0} = -\left(D_{x0} + D_e\right)D_1 \tag{2.53}$$

根据回正力臂导数的边界条件(2.45)，可得

$$D_1=\frac{1}{1+\dfrac{D_e}{D_{x0}}}\frac{2}{D} \tag{2.54}$$

一般来说，$D>0$，$D_e \ll D_{x0}$，所以可以将式(2.54)近似表示为

$$D_1 \approx \frac{2}{D}=\frac{2}{|D|} \tag{2.55}$$

很明显，参数 D_1 会随着垂直力的增加($|D|$ 趋于 ∞)而减小，这为建立 D_1 随垂直力变化的合理表达式提供了重要依据。

国际经典轮胎模型(Fiala、UA 及 MF)中，采用多项式、双曲函数及正弦函数作为基函数，在线性及大滑移非线性区准确性不够。UniTire 轮胎模型采用无量纲 e 指数函数作为基函数，自然满足各种摩擦系数路面上轮胎力线性区及非线性区高阶边界条件，能精确拟合线性区轮胎刚度，准确表达非线性区轮胎-路面滑移特性，模型在全滑移范围内精度更高。基本 UniTire 轮胎模型公式总结如下：

$$\begin{cases} \overline{F}=1-\exp\left(-\phi-E_1\phi^2-\left(E_1^2+\dfrac{1}{12}\right)\phi^3\right) \\ D_x=\left(D_{x0}+D_e\right)\exp\left(-D_1\phi-D_2\phi^2\right)-D_e \end{cases} \tag{2.56}$$

其中，E_1 为曲率因子；D_{x0} 为初始力臂；D_e 为终了力臂；D_1 为一次曲率因子；D_2 为二次曲率因子。这些参数需通过对轮胎试验数据参数辨识得到。

根据理论模型给出的关系，求得轮胎复合滑移时的纵向力、侧向力及回正力矩为

$$\begin{cases} F_x=\overline{F}\dfrac{\phi_x}{\phi}\mu_x F_z \\ F_y=\overline{F}\dfrac{\phi_y}{\phi}\mu_y F_z \\ M_z=F_y\left(D_x+X_c\right)-F_x Y_c \end{cases} \tag{2.57}$$

2.6　总切力方向修正

在简化理论模型中，假设滑移区总切力的方向与附着区总切力的方向相同。这在纵滑刚度与侧偏刚度接近的情况下适用，但是在大多数情况下，纵滑刚度与

侧偏刚度不同，这就使得复合工况下的半经验模型出现偏差，尤其是在大滑移的情况下。因此，引入修正因子λ，则无量纲纵向力和侧向力可以表示为

$$\begin{cases}\overline{F_x}=\overline{F}\dfrac{\lambda\phi_x}{\sqrt{(\lambda\phi_x)^2+\phi_y^2}}\\ \overline{F_y}=\overline{F}\dfrac{\phi_y}{\sqrt{(\lambda\phi_x)^2+\phi_y^2}}\end{cases} \tag{2.58}$$

其中，修正因子定义为

$$\lambda=\frac{1+\left(\dfrac{\phi}{\phi_c}\right)^n\dfrac{K_y}{K_x}}{1+\left(\dfrac{\phi}{\phi_c}\right)^n} \tag{2.59}$$

当小滑移$\overline{F}\to 0$时，有$\phi\to 0$，$\lambda\to 1$，则

$$\frac{F_x}{F_y}=\frac{K_xS_x}{K_yS_y} \tag{2.60}$$

当大滑移$\overline{F}\to 1$时，有$\phi\to\infty$，$\lambda\to\dfrac{K_y}{K_x}$，则

$$\frac{F_x}{F_y}=\frac{S_x}{S_y} \tag{2.61}$$

2.7　稳态纵滑侧偏半经验模型的结构参数[5]

作为一个非线性系统，轮胎的稳态纵滑侧偏特性可以用前面讨论的稳态统一半物理(半经验)模型来描述。车轮中心的纵向速度和侧向速度V_x、V_y，轮胎滚动角速度Ω以及车轮垂直力F_z是轮胎系统的输入量，轮胎本身的特性用模型的结构参数表示，轮胎与路面之间的相互作用特性用μ_x和μ_y表示，它们是垂直力F_z和滑移速度V_{sx}、V_{sy}的函数，系统的输出是轮胎的F_x、F_y和M_z特性(图 2.9)。

1. 曲率因子E_1

从式(2.56)可以看出，曲率因子E_1表征了轮胎力学特性从完全附着的线性区过渡到严重滑移的非线性区的变化程度。E_1值越大，说明过渡区的曲率越大。由理论分析可知，曲率因子E_1存在理论上限值$1/2$，其随垂直力F_z变化的规律可表示为

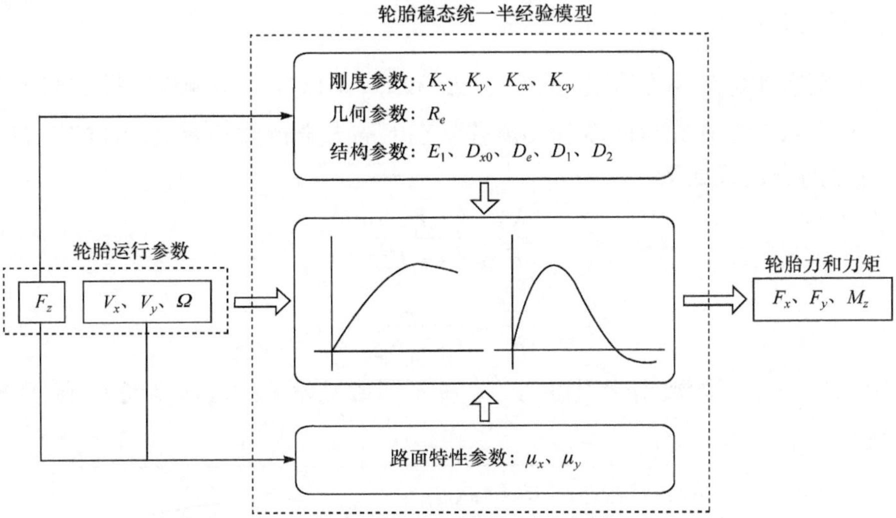

图 2.9　轮胎稳态纵滑侧偏特性半经验模型系统结构图

$$E_1 = \frac{1}{2 + \exp\left(-\frac{F_{zn} - s_1}{s_2}\right)} \tag{2.62}$$

其中，s_1、s_2 为待辨识参数(本节中未做专门说明的参数都为半经验模型中的待辨识参数)；F_{zn} 是标称载荷，定义为

$$F_{zn} = \frac{F_z}{F_{z\_\text{rated}}} \tag{2.63}$$

其中，F_{z_rated} 为轮胎在标准充气压力下的最大载荷。

典型曲率因子 E_1 随标称载荷 F_{zn} 变化的曲线如图 2.10 所示。

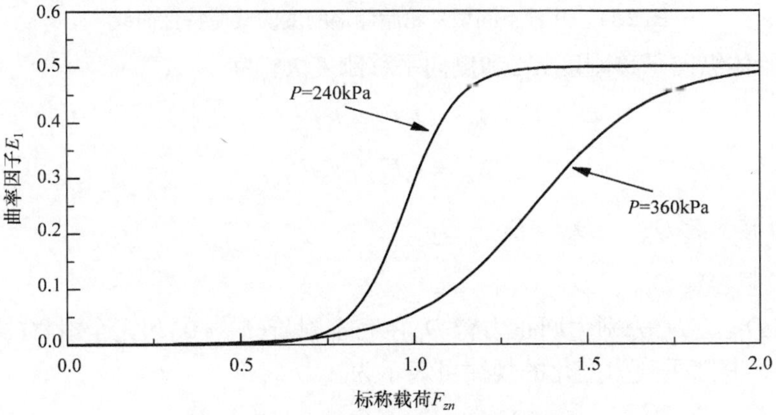

图 2.10　典型曲率因子 E_1 的载荷特性曲线

BFGoodRich P245/75R16，水泥干路面

2. 刚度参数 K_x、K_y、K_{cx}、K_{cy}

(1) 纵滑刚度 K_x 和侧偏刚度 K_y。K_x 和 K_y 是研究轮胎侧偏特性的两个关键参数，它们对轮胎在完全附着和小滑移状态下的力学特性起着决定性的影响。其随 F_z 变化的表达式如下：

$$\frac{K_x}{F_z}=\frac{l_1}{1+l_2F_{zn}^2} \tag{2.64}$$

$$\frac{K_y}{F_z}=\frac{s_3}{1+s_4F_{zn}^2} \tag{2.65}$$

图 2.11 为由试验数据辨识得到的多种不同型号轮胎的侧偏刚度 K_y 随 F_z 的变化曲线。

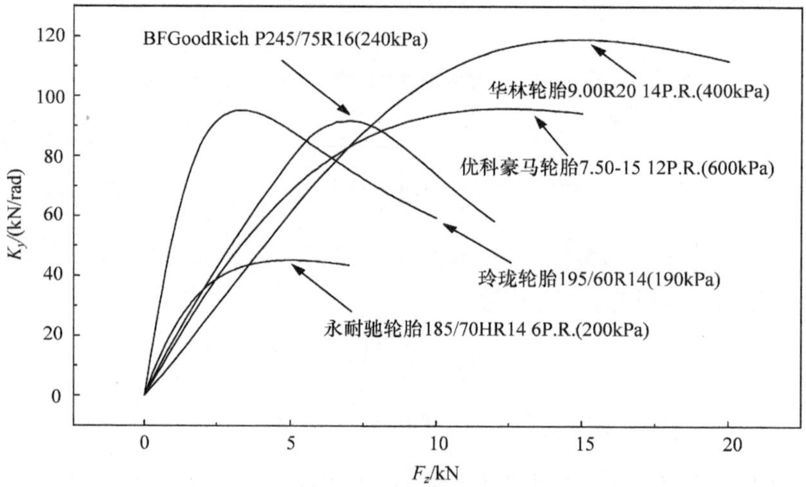

图 2.11　几种不同型号轮胎侧偏刚度的载荷特性曲线

(2) 胎体纵向平移刚度 K_{cx} 和侧向平移刚度 K_{cy} 为

$$K_{cx}=l_3F_{zn}+l_4F_{zn}^2 \tag{2.66}$$

$$K_{cy}=s_5F_{zn}+s_6F_{zn}^2 \tag{2.67}$$

3. 力臂参数 D_{x0}、D_e、D_1、D_2

1) 极限参数 D_{x0}、D_e

参数 D_{x0}、D_e 分别为回正力臂 D_x 在完全附着($\phi\to 0$)和完全滑移($\phi\to\infty$)时的极限值，其随垂直力变化的规律可表示为

$$D_{x0}=m_1+m_2F_{zn}+m_3F_{zn}^2 \tag{2.68}$$

$$D_e=m_4+m_5F_{zn}+m_6F_{zn}^2 \tag{2.69}$$

2) 曲率参数 D_1、D_2

参数 D_1、D_2 表征回正力臂 D_x 从线性区过渡到完全滑移状态的变化情况，D_1、D_2 越大，过渡区的曲率越大。

$$D_1 = m_7 \exp\left(-\frac{F_{zn}}{m_8}\right) \tag{2.70}$$

$$D_2 = m_9 \exp\left(\frac{F_{zn}}{m_{10}}\right) \tag{2.71}$$

很明显，参数 D_1 的表达式满足式(2.55)描述的理论边界条件。

4. 几何参数 R_e

轮胎有效滚动半径 R_e 是统一半经验模型的一个重要几何参数，其定义如下：

$$R_e = \frac{V_x}{\Omega} \tag{2.72}$$

并满足如下关系：

$$R_l < R_e < R_0 \tag{2.73}$$

其中，R_l 为轮胎负载半径；R_0 为轮胎自由半径。

R_e 随标称载荷 F_{zn} 的变化规律可表示为

$$R_e = R_0 + g_1\left(\exp\left(-g_2 F_{zn} - g_3 F_{zn}^2\right) - 1\right) \tag{2.74}$$

图 2.12 为轮胎 BFGoodRich P245/75R16 在两个不同充气压力下 R_e 和 R_l 随 F_z 的变化曲线。一般来说，R_l 随 F_z 的变化要比 R_e 快。另外，车轮的侧倾角和侧偏角对轮胎有效滚动半径 R_e 的影响也是不可忽视的，如图 2.13 和图 2.14 所示(1psi≈6.895kPa)。

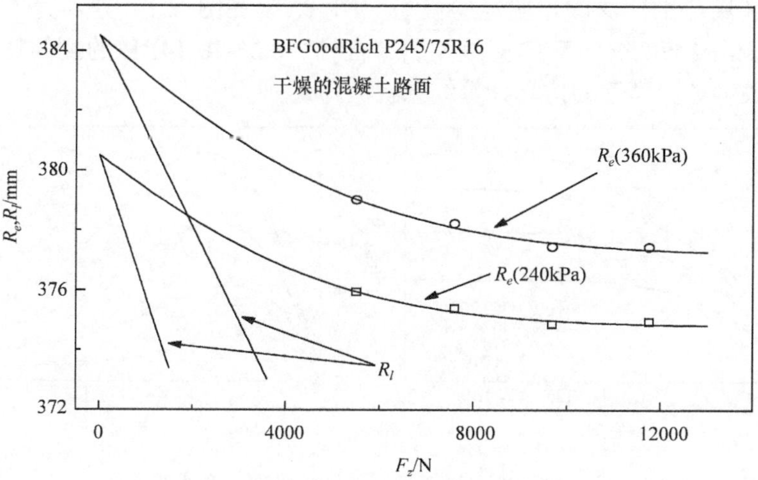

图 2.12　轮胎有效滚动半径和负载半径的载荷特性

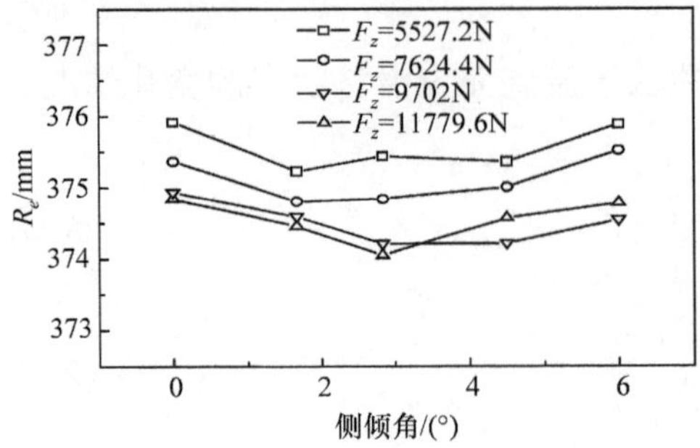

图 2.13 车轮侧倾对 R_e 的影响

P245/75R16, 35psi, 花岗岩路面洒滑石粉

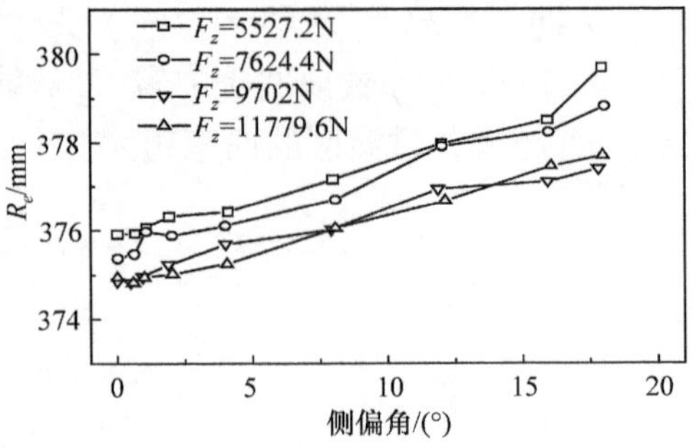

图 2.14 车轮侧偏对 R_e 的影响

P245/75R16, 35psi, 花岗岩路面洒滑石粉

5. 路面特性参数 μ_x、μ_y

纵向摩擦系数 μ_x 和侧向摩擦系数 μ_y 表征了轮胎与路面之间的具有各向异性的相互作用特性，其随载荷变化的规律可表示为

$$\mu_x = l_5 + l_6 F_{zn} + l_7 F_{zn}^2 \tag{2.75}$$

$$\mu_y = s_7 + s_8 F_{zn} + s_9 F_{zn}^2 \tag{2.76}$$

轮胎橡胶与各种类型路面之间的相互作用特性是相当复杂的，其影响因素有很多。在室内轮胎特性试验机上得到的摩擦特性具有很大的特殊性，考虑到实际路面上的摩擦系数与滑移速度关系密切，因此在进行车辆动力学仿真分析时，要用实际路面上的摩擦特性替代试验台上的摩擦特性。

经过大量的轮胎试验数据验证，表明 e 指数半经验模型是一个形式简洁、精度很高、适用范围广泛的轮胎经验模型。图 2.15 和图 2.16 分别为子午线轮胎 BFGoodRich P245/75R16 和斜交线轮胎“吉林”8.25-20 14P.R.的侧偏特性试验数据和 e 指数半经验模型的仿真计算结果。

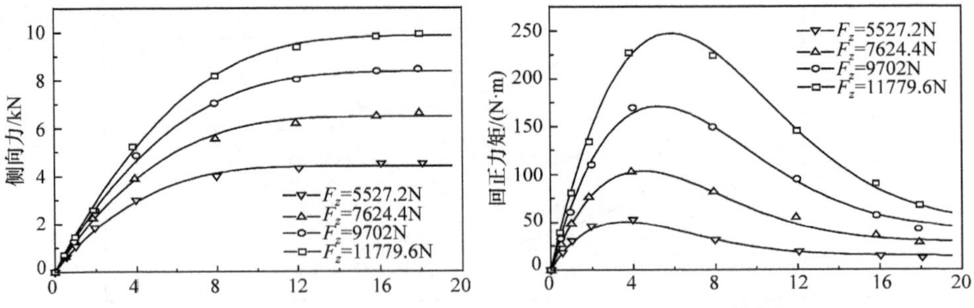

图 2.15 稳态纵滑侧偏半经验模型拟合曲线

BFGoodRich P245/75R16, 360kPa, 干水泥路面

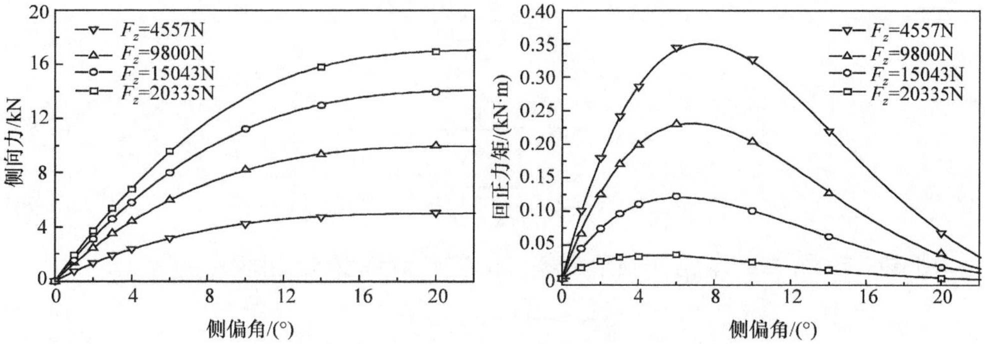

图 2.16　稳态纵滑侧偏半经验模型拟合曲线

"吉林" 8.25-20 14P.R., 800kPa，干水泥路面

2.8　考虑侧倾影响的稳态统一半经验模型

1. 滑移率

为表征车轮侧倾的程度，引入侧倾滑移率 S_γ 的定义：

$$S_\gamma=\sin\gamma \tag{2.77}$$

纵向滑移率 S_x 仍采用如下的表达方法：

$$S_x=-\frac{V_x-\Omega R_e}{\Omega R_e} \tag{2.78}$$

而侧向滑移率 S_y 定义为

$$S_y=-(1-S_x)\tan\alpha+\lambda_c\frac{a}{3R_e}S_\gamma \tag{2.79}$$

其中，a 为轮胎接地印迹半长；λ_c 为轮胎胎体侧倾弹性系数，表征车轮在侧倾时胎体的弹性作用。显然，从式(2.79)可以看出，侧向滑移率 S_y 不仅与轮胎纵向滑移有关，而且受车轮外倾角影响。侧倾滑移率 S_γ 前面的当量系数 $\frac{a}{3R_e}$ 与侧倾力学特性理论模型以及第 6 章将要介绍的侧倾侧偏非稳态半经验模型是一致的。

定义路面在纵向和侧向能提供的最大附着力分别为

$$F_{xm}=\mu_x F_z \tag{2.80}$$

$$F_{ym}=\mu_y F_z \tag{2.81}$$

这样，轮胎的无量纲纵向滑移率、无量纲侧向滑移率和无量纲总滑移率可定义为

$$\phi_x = \frac{K_x S_x}{F_{xm}} \tag{2.82}$$

$$\phi_y = \frac{K_y S_y}{F_{ym}} \tag{2.83}$$

$$\phi = \sqrt{\phi_x^2 + \phi_y^2} \tag{2.84}$$

由式(2.79)可知，车轮外倾角为零时的侧向滑移率S_{y0}可表示为

$$S_{y0} = -(1 - S_x)\tan\alpha \tag{2.85}$$

对应的无量纲侧向滑移率ϕ_{y0}和无量纲总滑移率ϕ_d为

$$\phi_{y0} = \frac{K_y S_{y0}}{F_{ym}} \tag{2.86}$$

$$\phi_d = \sqrt{\phi_x^2 + \phi_{y0}^2} \tag{2.87}$$

当车轮侧倾角较小时，侧倾引起的侧向力$F_{y\gamma}$和回正力矩$M_{z\gamma}$与侧倾角的关系是线性的，可以表示为

$$F_{y\gamma} = K_{y\gamma} S_\gamma \tag{2.88}$$

$$M_{z\gamma} = K_{m\gamma} S_\gamma \tag{2.89}$$

其中，$K_{y\gamma}$、$K_{m\gamma}$分别为轮胎的侧倾刚度和侧倾回正刚度。

定义侧倾回正力矩无量纲滑移率ϕ_m为

$$\phi_m = \frac{K_{m\gamma} S_\gamma}{\Delta M_{zm}} \tag{2.90}$$

其中，ΔM_{zm}为路面能够提供的最大转偏力矩，可以根据接地印迹上的变形和应力求出，即

$$\Delta M_{zm} = \frac{1}{2} F_z \sqrt{\mu_x^2 b^2 + \mu_y^2 a^2} \tag{2.91}$$

其中，b为轮胎接地印迹半宽度。

2. 轮胎力的计算

无量纲总切力仍采用稳态统一半经验模型的表达式，即

$$\overline{F} = 1 - \exp\left(-\phi - E_1\phi^2 - \left(E_1^2 + \frac{1}{12}\right)\phi^3\right) \tag{2.92}$$

轮胎接地印迹上的纵向力F_x和侧向力F_y可表示为

$$\begin{cases} F_x = F_{xm}\dfrac{\phi_x}{\phi}\overline{F} \\ F_y = F_{ym}\dfrac{\phi_y}{\phi}\overline{F} \end{cases} \tag{2.93}$$

不考虑车轮侧倾影响的轮胎侧向力 F_{y0} 为

$$F_{y0} = F_{ym}\frac{\phi_{y0}}{\phi_d}\overline{F}(\phi_d) \tag{2.94}$$

3. 力矩的计算

轮胎回正力臂 D_x 可采用式(2.95)计算：

$$D_x = (D_{x0} + D_e)\exp\left(-D_1\phi_d - D_2\phi_d^2\right) - D_e \tag{2.95}$$

其中，参数 D_{x0}、D_e、D_1、D_2 的含义与式(2.56)中相同。式(2.95)没有考虑车轮外倾对轮胎回正力臂的影响。

不计入车轮外倾产生的附加力矩的轮胎回正力矩 M_{z0} 可表示为

$$M_{z0} = F_{y0}D_x + F_yX_c - F_xY_c \tag{2.96}$$

其中，X_c、Y_c 分别是胎体的纵向平移变形和侧向平移变形，可用下面公式计算：

$$X_c = \frac{F_x}{K_{cx}} \tag{2.97}$$

$$Y_c = \frac{F_y}{K_{cy}} - H_\gamma\gamma \tag{2.98}$$

其中，参数 H_γ 表征车轮侧倾引起的接地印迹上垂直应力分布的侧向偏移变化。

车轮有外倾角时，由于胎宽效应，滚动轮胎会产生附加回正力矩 M_{zr}：

$$M_{zr} = \operatorname{sgn}(\phi_m)\lambda_s\Delta M_{zm}\left[1 - \exp\left(-|\phi_m| - E_1\phi_m^2 - \left(E_1^2 + \frac{1}{12}\right)\left|\phi_m^3\right|\right)\right] \tag{2.99}$$

其中

$$\lambda_s = \frac{\mathrm{d}\overline{F}}{\mathrm{d}\phi} \tag{2.100}$$

称为饱和因子，表征轮胎上作用的切向力引起的饱和效应。当无量纲总切力趋于饱和时，路面能够提供的最大转偏力矩趋于零。

根据式(2.96)和式(2.99)，可以得到侧倾条件下的轮胎总回正力矩为

$$M_z = M_{z0} + M_{zr} \tag{2.101}$$

而轮胎的滚动阻力矩 M_y 和翻倾力矩 M_x 可表示为

$$M_x = F_z Y_c \tag{2.102}$$

$$M_y = -F_z X_c \tag{2.103}$$

考虑侧倾影响的轮胎稳态统一半经验模型，通过定义侧倾滑移率的概念，并将其引入侧向滑移率中，表征车轮外倾对轮胎力学特性的影响。该模型描述了在车轮外倾条件下，轮胎发生侧向滑移和纵向滑移时，轮胎接地印迹上的稳态六分力特性，它为复杂工况下的汽车动力学仿真分析提供了一种实用有效的手段。

参 考 文 献

[1] 卢荡. 轮胎动载侧偏特性建模及对汽车操纵稳定性影响. 长春: 吉林大学, 2003.

[2] Guo K H, Lu D. UniTire: Unified tire model for vehicle dynamic simulation. Vehicle System Dynamics, 2007, 45(S1): 79-99.

[3] Guo K H, Sui J. A theoretical observation on empirical expression of tire shear forces. Vehicle System Dynamics, 1996, 25(S1): 263-274.

[4] 隋军. 稳态条件下轮胎纵滑侧偏特性的研究. 长春: 吉林工业大学, 1995.

[5] 任雷. 复杂工况下的轮胎非稳态侧偏特性研究. 长春: 吉林工业大学, 2000.

第 3 章　轮胎-路面动摩擦特性

轮胎与路面间的摩擦对其动力学特性有重要影响。轮胎接地印迹内总是存在附着区与滑移区，滑移区内的切向应力取决于轮胎与路面间的摩擦，而轮胎与路面间的摩擦系数又受滑移速度、接触压力、温度等的影响。

本章对考虑简单动摩擦特性的统一轮胎刷子模型及考虑橡胶动摩擦特性的轮胎一般理论模型进行研究，并分析冰面上的轮胎侧偏特性。

3.1　考虑简单动摩擦特性的统一轮胎刷子模型

轮胎刷子理论模型是长期使用的模型，该模型对许多轮胎的基本特性都可以解释，但该模型假设摩擦系数为常数，不随滑移速度而变化。但这不能解释不同速度下轮胎侧向力变化。本章将“Coulomb+Stiction”摩擦系数模型引入统一轮胎刷子模型，来分析简单的动摩擦对轮胎力学特性的影响。

1. 统一轮胎刷子模型简介

轮胎刷子模型是基于“刚性胎体和弹性胎面”假设的理论模型[1,2]。为描述各种形式的垂直载荷分布，假设轮胎接地印迹上的垂直应力具有任意形式分布。垂直应力分布 $q_z(x)$ 在印迹长度 $2a$ 上分布为

$$q_z(x) = \frac{F_z}{2a}\eta(\sigma) \tag{3.1}$$

其中，$\sigma = x/a$ 是印迹长度上的相对坐标；F_z 是垂直力；$\eta(\sigma)$ 是标准化的垂直应力分布函数。

根据垂直应力分布的边界条件与垂直力的力平衡条件，$\eta(\sigma)$ 满足如下约束：

$$\begin{cases} \eta(-1) = \eta(1) = 0 \\ \int_{-1}^{1} \eta(\sigma)\mathrm{d}\sigma = 2 \\ \int_{-1}^{1} \eta(\sigma)\sigma\mathrm{d}\sigma = 2\dfrac{\varDelta}{a} \end{cases} \tag{3.2}$$

其中，$\varDelta$ 为法向反力的偏移距。

在轮胎做侧偏或纵滑运动时，印迹内会产生剪应力 $q(\sigma)$，它是侧向剪应力

$q_y(\sigma)$ 与纵向剪应力 $q_x(\sigma)$ 的合力：

$$q(\sigma)=\sqrt{q_x{}^2(\sigma)+q_y{}^2(\sigma)} \tag{3.3}$$

胎面的纵向变形 Δx 和侧向变形 Δy 为

$$\begin{cases} x=\varOmega Rt \\ \Delta x=Vt\cos\alpha-\varOmega Rt \\ \Delta y=Vt\sin\alpha \end{cases} \tag{3.4}$$

定义纵向滑移率 S_x 和侧向滑移率 S_y 分别为

$$\begin{cases} S_x=\dfrac{V_{sx}}{\varOmega R}=\dfrac{V\cos\alpha-\varOmega R}{\varOmega R} \\ S_y=\dfrac{V_{sy}}{\varOmega R}=\dfrac{V\sin\alpha}{\varOmega R}=(1+S_x)\tan\alpha \end{cases} \tag{3.5}$$

其中，$\varOmega$ 为轮胎滚动角速度；V 为轮胎前进速度；R 为轮胎滚动半径；α 为轮胎侧偏角；V_{sx}、V_{sy} 为轮胎纵向、侧向滑移速度。

胎面上各点的纵向剪应力和侧向剪应力为

$$\begin{cases} q_x(\sigma)=k_{tx}\Delta x=k_{tx}S_x a\sigma \\ q_y(\sigma)=k_{ty}\Delta y=k_{ty}S_y a\sigma \end{cases} \tag{3.6}$$

其中，k_{tx}、k_{ty} 分别为胎面纵向、侧向分布刚度。

剪应力随着侧偏角或纵向滑移率输入的变化而变化。当输入量很小时，剪应力随胎面变形线性变化；随着输入量的增大，印迹后部将因 $q(\sigma)\geqslant\mu q_z(\sigma)$ 而发生局部滑移(μ 为摩擦系数)，这样整个印迹就分成附着区和滑移区，如图 3.1 所示。

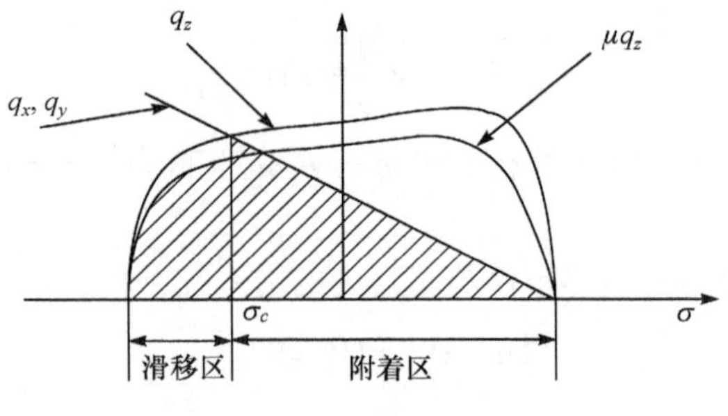

图 3.1　印迹内附着区与滑移区

附着区和滑移区之间的临界点称为起滑点 σ_c，可由式(3.7)确定：

$$q(\sigma_c)=\mu_s q_z(\sigma_c) \tag{3.7}$$

这里应用静摩擦系数 μ_s 求起滑点。

定义无量纲纵向滑移率 ϕ_x、无量纲侧向滑移率 ϕ_y、无量纲总滑移率 ϕ 为

$$\begin{cases} \phi_x = \dfrac{K_x S_x}{\mu_{sx} F_z} \\ \phi_y = \dfrac{K_y S_y}{\mu_{sy} F_z} \\ \phi = \sqrt{{\phi_x}^2 + {\phi_y}^2} \end{cases} \tag{3.8}$$

其中，K_x、K_y 为轮胎纵滑、侧偏刚度；μ_{sx}、μ_{sy} 为轮胎与路面间的纵向、侧向静摩擦系数。

将式(3.3)、式(3.4)和式(3.6)代入式(3.7)计算起滑点，得

$$\frac{\eta(\sigma_c)}{\sigma_c} = \phi \tag{3.9}$$

对剪应力沿着印迹积分可计算出轮胎的切向力和回正力矩如下：

$$F_y = a\int_{-1}^{\sigma_c} \mu_y q_z(\sigma)\mathrm{d}\sigma + a\int_{\sigma_c}^{1} q_y(\sigma)\mathrm{d}\sigma \tag{3.10}$$

$$M_z = a^2\int_{-1}^{\sigma_c} \mu\frac{\phi_y}{\phi}\sigma q_z(\sigma)\mathrm{d}\sigma + a^2\int_{\sigma_c}^{1} \sigma q_y(\sigma)\mathrm{d}\sigma \tag{3.11}$$

2. 简单动摩擦模型在统一轮胎刷子模型中的应用

1) 简单动摩擦模型加入统一轮胎刷子理论模型

轮胎橡胶是一种黏弹性材料，其摩擦特性应该是 Stribeck 曲线[3,4]，但这种非线性特性会给理论计算带来很大困难。这里应用“Coulomb+Stiction”的摩擦模型对其进行简化。在轮胎接地印迹中附着区内应用 Stiction 模型，而滑移区内应用 Coulomb 模型，如图 3.2 所示。这样摩擦系数的大小不随滑移速度变化。式(3.10)和式(3.11)中摩擦系数就可以提到积分运算以外。将式(3.6)～式(3.8)代入式(3.10)和式(3.11)得

$$\begin{cases} \overline{F} = \dfrac{F}{\mu_d F_z} = \dfrac{1}{4}(1-\sigma_c)^2\phi\dfrac{\mu_s}{\mu_d} + \dfrac{1}{2}N_0(\sigma_c) \\ \overline{F_x} = \dfrac{F_x}{\mu_{xd} F_z} = \dfrac{1}{4}(1-\sigma_c)^2\phi_x\dfrac{\mu_{sx}}{\mu_{dx}} + \dfrac{1}{2}N_0(\sigma_c)\dfrac{\phi_x}{\phi} \\ \overline{F_y} = \dfrac{F_y}{\mu_{yd} F_z} = \dfrac{1}{4}(1-\sigma_c)^2\phi_y\dfrac{\mu_{sy}}{\mu_{dy}} + \dfrac{1}{2}N_0(\sigma_c)\dfrac{\phi_y}{\phi} \\ \overline{M_z} = \dfrac{M_z}{\mu_{yd} F_z a} = \dfrac{1}{4}(1-\sigma_c)^2\phi_y(1+2\sigma_c)\dfrac{\mu_{sy}}{\mu_{dy}} + \dfrac{3}{2}(N_0(\sigma_c) - N_1(\sigma_c))\dfrac{\phi_y}{\phi} \end{cases} \tag{3.12}$$

其中

$$\begin{cases} N_0(\sigma_c) = \int_{-1}^{\sigma_c} \eta(\sigma)\mathrm{d}\sigma \\ N_1(\sigma_c) = \int_{-1}^{\sigma_c} \sigma\eta(\sigma)\mathrm{d}\sigma \end{cases} \tag{3.13}$$

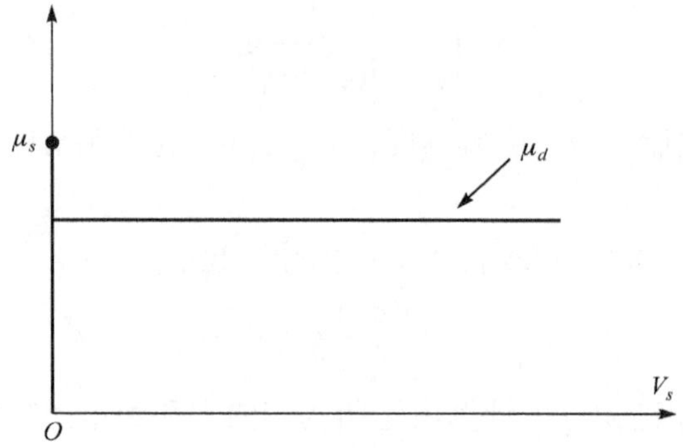

图 3.2　简单动摩擦特性(Coulomb+Stiction)模型

通过定义无量纲总切力 $\overline{F}$ 、无量纲纵向力 $\overline{F_x}$ 、无量纲侧向力 $\overline{F_y}$ 、无量纲回正力矩 $\overline{M_z}$ ，可使轮胎力的计算更加简捷。

2) 垂直载荷分布函数 $\eta(\sigma)$ 的确定

由前面的推导可知，要进行轮胎力的计算，就要选定一种垂直载荷分布函数，为此提出了一种载荷分布函数[5]：

$$\eta(\sigma) = A(1-\sigma^{2n})(1+\lambda\sigma^{2n})(1-B\sigma) \tag{3.14}$$

其中，A、B 为待定系数；λ 为垂直载荷比例系数；n 为载荷分布形状系数。由于载荷分布函数应满足式(3.2)所确定的约束条件，可确定 A、B 分别为

$$A = \frac{(2n+1)(4n+1)}{2n(4n+1+\lambda)} \tag{3.15}$$

$$B = -\frac{3(2n+3)(4n+4)(4n+1+\lambda)}{(2n+1)(4n+1)(4n+3+3\lambda)}\frac{\varDelta}{a} \tag{3.16}$$

给定 $\varDelta$ 、a 、λ 、n 后则可确定载荷分布函数，其中 n 要取大于 0 的整数。这里取 $\varDelta = 0.002$ ， $a = 0.1255$ ，计算不同 λ 、n 时的载荷分布函数如图 3.3 和图 3.4 所示。

3) 考虑简单动摩擦模型的统一轮胎刷子模型计算结果

前面将 Stiction 模型引入了统一轮胎刷子模型，得到了相应的切向力和回正力矩表达式。虽然在印迹区内的剪应力在滑移点是不连续的(图 3.5)，但通过积分运算仍然可以得到随侧偏角连续变化的侧偏特性曲线。

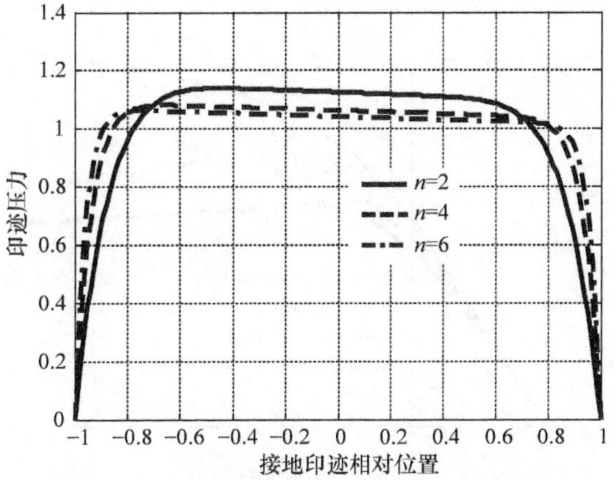

图 3.3　不同 n 对载荷分布函数的影响

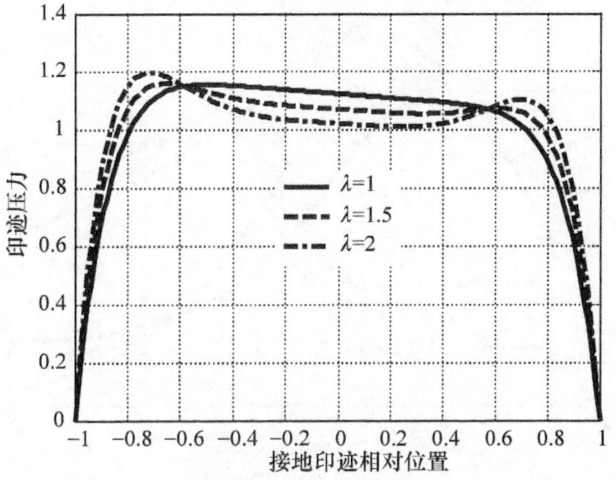

图 3.4　不同 λ 对载荷分布函数的影响

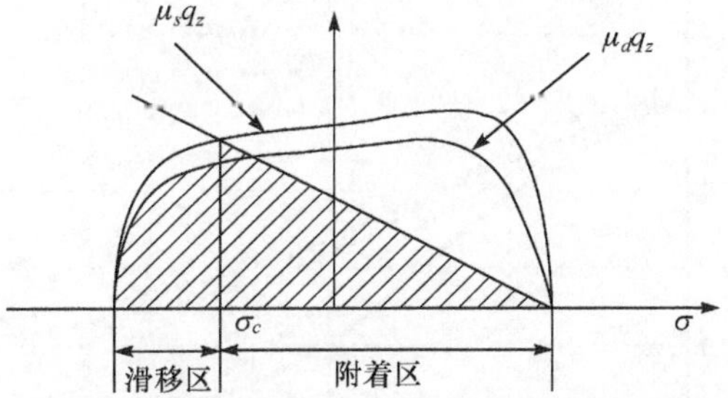

图 3.5　统一轮胎刷子模型加简单动摩擦模型印迹分布图

下面通过几个算例介绍由 Stiction 模型给统一轮胎刷子模型带来的变化。图 3.6 给出了几种动、静摩擦系数组合下由统一轮胎刷子模型计算出的轮胎侧向力、回正力矩和回正力臂。

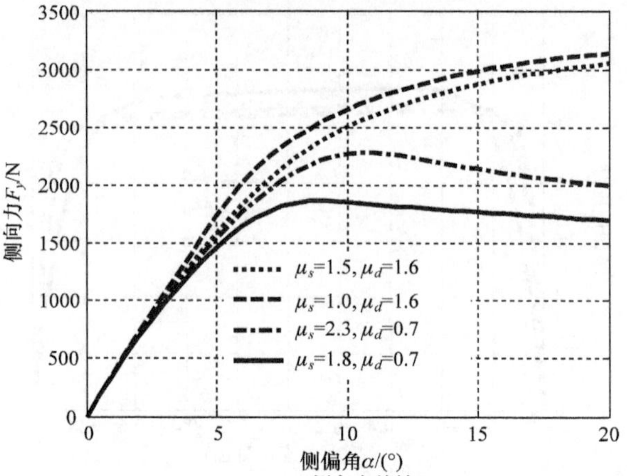

(a) 侧向力特性

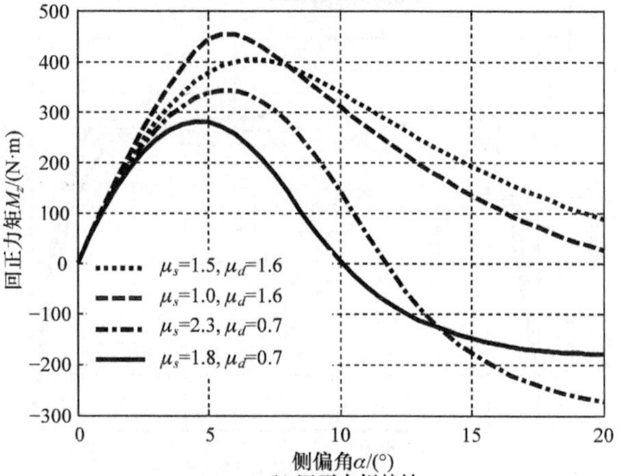

(b) 回正力矩特性

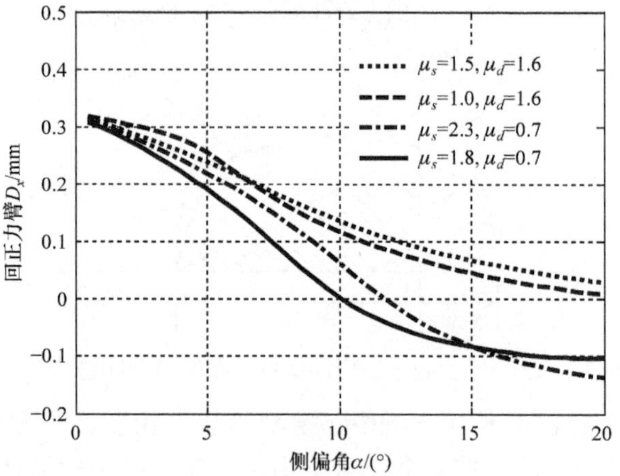

(c) 回正力臂特性

图 3.6　不同动、静摩擦系数组合下考虑简单动摩擦模型的统一轮胎刷子模型计算结果

从图 3.6 中 μ_s、μ_d 的变化可以看出，随轮胎滚动角速度的增加，侧向力在大侧偏角时有下降的趋势，回正力臂随侧偏角增大而降低(趋向负)。

只通过 μ_s、μ_d 两个参数的调整就可以描述出速度的变化给轮胎侧偏特性带来的影响。在低速下随滑移速度的增加，橡胶摩擦系数变大，这时可以认为，动摩擦系数 μ_d 大、静摩擦系数 μ_s 小；高速下正好相反。按照这个规律选择摩擦系数的数值就可得到相应速度下的轮胎侧向力及回正力矩，具体如图 3.6 所示。

4) 考虑简单动摩擦的统一轮胎刷子模型中参数的影响分析

定义 λ 为载荷比例系数，反映载荷的大小对载荷分布函数的影响。分别取 $\lambda = 1.0, 1.5, 2.0$，计算得到理论模型中的侧向力、回正力矩、回正力臂如图 3.7 所示。

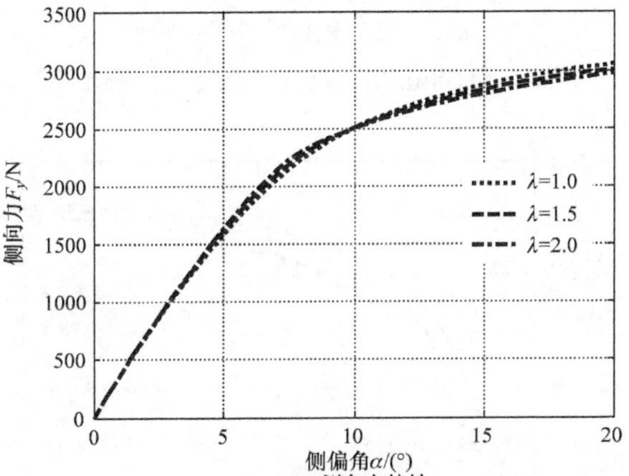

(a) 侧向力特性

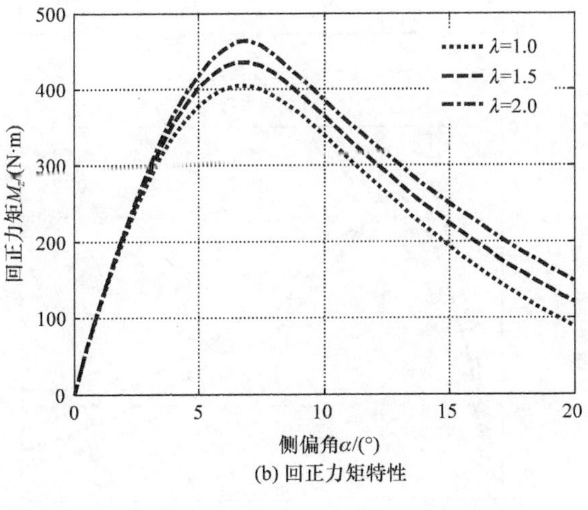

(b) 回正力矩特性

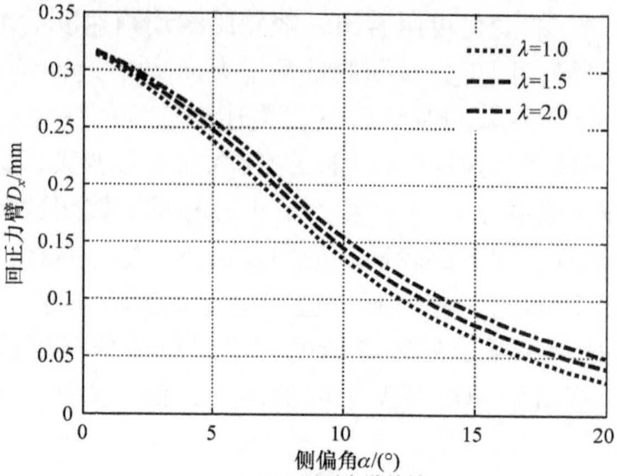

(c) 回正力臂特性

图 3.7　λ 对侧偏特性的影响

分别取接地印迹半长 a=0.08m, 0.12m, 0.16m，计算侧偏特性的变化，结果如图 3.8 所示。

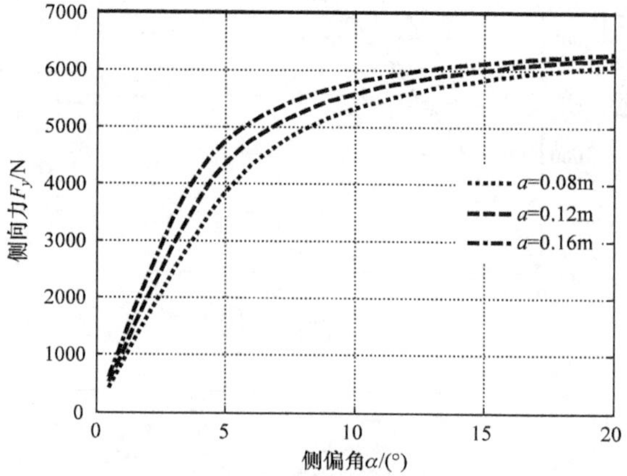

(a) 侧向力特性

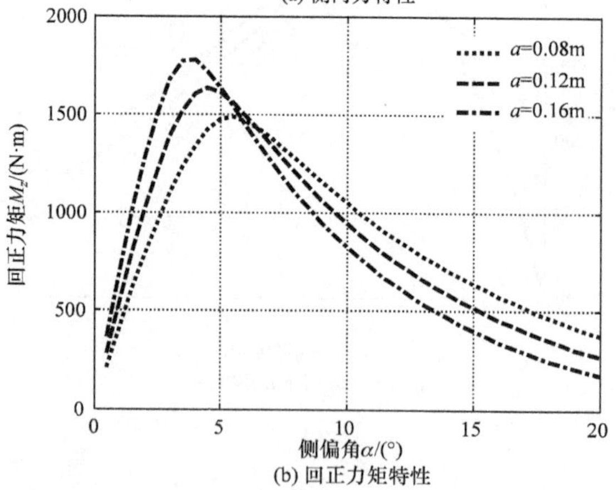

(b) 回正力矩特性

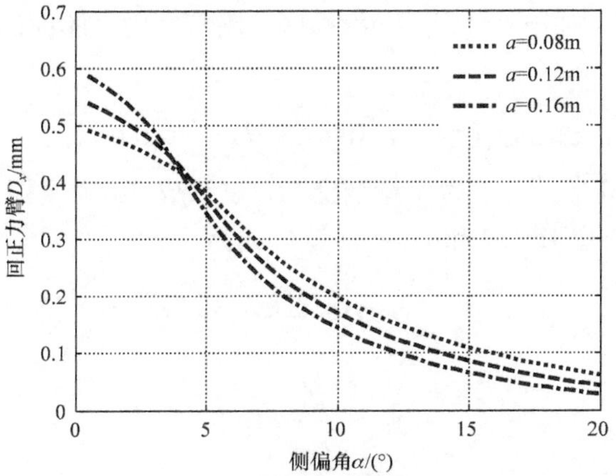

(c) 回正力臂特性

图 3.8　轮胎接地印迹半长 a 对侧偏特性的影响

3.2　考虑橡胶动摩擦特性的轮胎一般理论模型

前面应用统一轮胎刷子模型加简单动摩擦模型初步分析了动摩擦特性对轮胎特性的影响。为简化计算，统一轮胎刷子模型并未考虑胎体弹性。为进一步研究胎体弹性的影响，文献[6]建立了考虑胎体弹性的轮胎一般理论模型，但将摩擦系数简化为常数。本节以文献[6]为基础，将更复杂的动摩擦特性应用到考虑胎体弹性的轮胎一般理论模型中，更进一步分析动摩擦特性对轮胎特性的影响。

1. 考虑轮胎橡胶动摩擦的轮胎一般理论模型

1) 模型假设

模型假设如下：

(1) 整个印迹区分为一个滑移区和一个附着区；

(2) 考虑轮胎胎体的弹性；

(3) 忽略纵向力的影响；

(4) 考虑非对称的轮胎动摩擦特性；

(5) 忽略胎宽的影响。

2) 理论模型的建立

轮胎做侧偏运动时，其侧向变形可以分为胎面的变形和胎体的变形。胎体的变形又可以看成三种基本变形的叠加：平移变形、弯曲变形和扭转变形。

轮胎接地印迹区内分为附着区和滑移区。附着区内，胎面的变形 $y_t(\sigma)$ 可以表示为

$$y_t(\sigma) = a\sigma(\tan\alpha - \theta) - y_{cb}(\sigma) \tag{3.17}$$

其中，a 为接地印迹半长；σ 为无量纲坐标，$\sigma = x/a$；α 为侧偏角；θ 为胎体扭转角；y_{cb} 为胎体弯曲变形。θ 和 y_{cb} 的计算公式为

$$\theta = \frac{M_z}{N_\theta} \tag{3.18}$$

$$y_{cb} = \frac{F_y}{K_{cb}}\xi(\sigma) \tag{3.19}$$

其中，M_z 为轮胎回正力矩；N_θ 为胎体扭转刚度；F_y 为轮胎侧向力；K_{cb} 为胎体弯曲刚度；$\xi(\sigma)$ 为胎体弯曲变形函数，其满足如下条件：

$$\frac{1}{2}\int_{-1}^{1}\xi(\sigma)\mathrm{d}\sigma = 1，\quad \frac{1}{2}\int_{-1}^{1}\sigma\xi(\sigma)\mathrm{d}\sigma = 1 \tag{3.20}$$

附着区内的侧向应力分布 $q_y(\sigma)$ 为

$$q_y(\sigma) = k_{ty}y_t(\sigma) \tag{3.21}$$

其中，k_{ty} 为胎面侧向分布刚度。

在滑移区，侧向应力分布取决于摩擦系数和垂直压力分布。其中垂直压力分布 $q_z(\sigma)$ 为

$$q_z(\sigma) = \frac{F_z}{2a}\eta(\sigma) \tag{3.22}$$

其中，F_z 为垂直力，$\eta(\sigma)$ 为垂直载荷分布函数。由于 $F_z = \int_{-a}^{a} q_z(x)\mathrm{d}x$，所以垂直载荷分布函数必须满足如下约束条件：

$$\frac{1}{2}\int_{-1}^{1}\eta(\sigma)\mathrm{d}\sigma = 1 \tag{3.23}$$

在滑移区与附着区之间的过渡点称为起滑点 σ_c，起滑点可由式(3.24)求解：

$$q_y(\sigma) = \mu q_z(\sigma_c) \tag{3.24}$$

其中，μ 为 σ_c 处的摩擦系数。

将式(3.17)～式(3.19)、式(3.21)、式(3.22)代入式(3.24)得

$$\frac{K_{ty}}{\mu F_z}\left(\tan\alpha - \frac{M_z}{N_0} - \frac{F_y}{aK_{cb}\sigma_c}\xi(\sigma)\right) = \frac{\eta(\sigma)}{\sigma_c} \tag{3.25}$$

其中，K_{ty} 为胎面侧向刚度，$K_{ty}=2a^2k_{ty}$。

侧向力和回正力矩可以表示为

$$F_y=a\int_{-1}^{\sigma_c}\mu_y q_z(\sigma)\mathrm{d}\sigma+a\int_{\sigma_c}^{1}q_y(\sigma)\mathrm{d}\sigma \tag{3.26}$$

$$M_z=a^2\int_{-1}^{\sigma_c}\mu\frac{\phi_y}{\phi}\sigma q_z(\sigma)\mathrm{d}\sigma+a^2\int_{\sigma_c}^{1}\sigma q_y(\sigma)\mathrm{d}\sigma \tag{3.27}$$

将式(3.17)～式(3.21)代入式(3.26)和式(3.27)可得

$$(1+\varepsilon_b D(\sigma_c))F_y+\frac{1}{4}\frac{K_{ty}(1-\sigma_c)^2}{N_\theta}M_z=\frac{1}{4}K_{ty}(1-\sigma_c)^2\tan\alpha+F_z N_0 \tag{3.28}$$

$$(D(\sigma)-D_1(\sigma_c))\varepsilon_b aF_y-\left\{1-\frac{1}{12}\left[\frac{K_{ty}(1-\sigma_c)^2 a}{N_\theta}(1+2\sigma_c)\right]\right\}M_z$$
$$=\frac{1}{4}K_{ty}(1-\sigma_c)^2\tan\alpha(1+2\sigma_c)+F_z a(N_0-N_1) \tag{3.29}$$

其中，为简化表达，N_0、N_1、D、D_1、ε_b 的定义如下：

$$N_0(\sigma)=\frac{1}{2}\int_{-1}^{\sigma_c}\mu\eta(\sigma)\mathrm{d}\sigma \tag{3.30}$$

$$N_1(\sigma)=\frac{1}{2}\int_{-1}^{\sigma_c}\mu\sigma\eta(\sigma)\mathrm{d}\sigma \tag{3.31}$$

$$D(\sigma)=\frac{1}{2}\int_{\sigma_c}^{1}\xi(\sigma)\mathrm{d}\sigma \tag{3.32}$$

$$D_1(\sigma)=\frac{1}{2}\int_{\sigma_c}^{1}\sigma\xi(\sigma)\mathrm{d}\sigma \tag{3.33}$$

$$\varepsilon_b=\frac{K_{ty}}{K_{cb}a} \tag{3.34}$$

由于摩擦系数在本模型中是随滑移速度变化的，式(3.28)和式(3.29)中的摩擦系数 μ 为滑移速度 V_s 的函数，而 V_s 又是 σ 的函数，所以摩擦系数 μ 不能移到积分运算之外。

轮胎滑移区内滑移速度的确定过程如下。

考虑胎体变形后，轮胎滑移区内胎面变形表达式为(图 3.9)

$$y_t=a(1-\sigma)\tan\alpha-y_{cb}-y_\theta-y_s \tag{3.35}$$

其中，y_t 为轮胎胎面在滑移区内的变形；y_s 为轮胎胎面相对于地面的滑移变形。

y_t 可由式(3.36)计算：

$$y_t=\mu q_z/k_{ty} \tag{3.36}$$

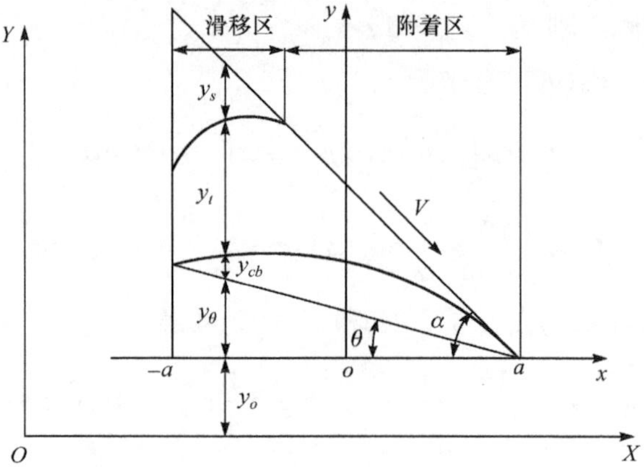

图 3.9 轮胎接地印迹区内各变形示意图

则 y_s 可表示为

$$y_s = a(1-\sigma)\left(\tan\alpha - \frac{M_z}{N_\theta}\right) - \frac{F_y}{K_{cb}}\xi(\sigma) - \frac{\mu q_z}{k_{ty}} \tag{3.37}$$

对式(3.37)关于 t 求导可得

$$V_s(\alpha,\sigma,F_y,M_z) = V_x\left[\tan\alpha - \frac{F_y}{aK_{cb}}\frac{\mathrm{d}\xi(\sigma)}{\mathrm{d}\sigma} - \frac{M_z}{N_\theta} - \frac{F_y}{K_{ty}}\frac{\mathrm{d}}{\mathrm{d}\sigma}(\mu\eta(\sigma))\right] \tag{3.38}$$

这样就得到了计算轮胎滑移区内胎面滑移速度的表达式。从式(3.38)可以看出，滑移速度 V_s 不仅是 σ 的函数，还是 α、F_y、M_z 的函数。

有了滑移速度的表达式，就可以根据前面提到的轮胎胎面摩擦模型计算相应的摩擦系数：

$$\mu(V_s) = \mu_0 + (\mu_m - \mu_0)\exp\left(-{\mu_h}^2\lg^2\left(\frac{V_s}{V_m}\right)\right) \tag{3.39}$$

其中，μ_0、μ_m、μ_h、V_m 为随载荷、温度、路面等变化的模型参数，它们由胎面橡胶摩擦试验辨识得到[7]。

考虑式(3.10)、式(3.11)和式(3.38)、式(3.39)，则式(3.28)和式(3.29)变为

$$(1+\varepsilon_b D(\sigma_c))F_y + \frac{1}{4}\frac{K_{ty}(1-\sigma_c)^2}{N_\theta}M_z = \frac{1}{4}K_{ty}(1-\sigma_c)^2\tan\alpha + F_z N_0(\alpha,\sigma_c,F_y,M_z) \tag{3.40}$$

$$(D(\sigma_c)-D_1(\sigma_c))\varepsilon_b aF_y-\left\{1-\frac{1}{12}\left[\frac{K_{ty}(1-\sigma_c)^2 a}{N_\theta}(1+2\sigma_c)\right]\right\}M_z$$
$$=\frac{1}{4}K_{ty}(1-\sigma_c)^2\tan\alpha(1+2\sigma_c)+F_z a(N_0(\alpha,\sigma_c,F_y,M_z)-N_1(\alpha,\sigma_c,F_y,M_z)) \tag{3.41}$$

联立式(3.25)、式(3.40)和式(3.41)，这三个方程中有四个变量，即α、σ_c、F_y、M_z，其中固定α或σ_c，都可由这三个方程求出其余三个变量。按照文献[6]的方法固定α求出σ_c，要判定其是否在[−1,1]区间内，而固定σ_c时可使方程组更简洁，因此这里采用固定σ_c的方法，使σ_c在[−1,1]区间内变化，可以计算出相应的侧向力和回正力臂，同时也能得到相应的侧偏角。

从式(3.25)、式(3.40)和式(3.41)可以看到，它们并不是关于自变量的显式表达式，而是一个非线性方程组，必须用数值方法解这个方程组。这里采用目前应用较多的 Levenberg-Marquardt 方法进行求解。

在某些情况下，当$\sigma_c=1$(轮胎接地印迹内全部为滑移区)时，上面的方程组就变为两个方程，未知变量也少了一个($\sigma_c=1$)。此时只要求解如下方程：

$$F_y=F_zN_0(\alpha,F_y,M_z) \tag{3.42}$$

$$-M_z=F_za[N_0(\alpha,F_y,M_z)-N_1(\alpha,F_y,M_z)] \tag{3.43}$$

3) 垂直载荷分布函数$\eta(\sigma)$和弯曲变形函数$\xi(\sigma)$的确定

要计算胎面的滑移速度，由式(3.38)还必须确定垂直载荷分布函数和胎体弯曲变形函数。这里应用前面提到的垂直载荷分布函数：

$$\eta(\sigma)=A(1-\sigma^{2n})(1+\lambda\sigma^{2n})(1-B\sigma) \tag{3.44}$$

其中

$$A=\frac{(2n+1)(4n+1)}{2n(4n+1+\lambda)} \tag{3.45}$$

$$B=\frac{3(2n+3)(4n+4)(4n+1+\lambda)}{(2n+1)(4n+1)(4n+3+3\lambda)}\frac{\varDelta}{a} \tag{3.46}$$

计算中取$\lambda=1.2$，$\varDelta=0.002\text{m}$，$a=0.1555\text{m}$，$n=1$。

胎体弯曲变形函数为

$$\xi(\sigma)=\frac{3}{2}(1-\sigma^2) \tag{3.47}$$

4) 模型计算结果

计算结果如图 3.10～图 3.13 所示。

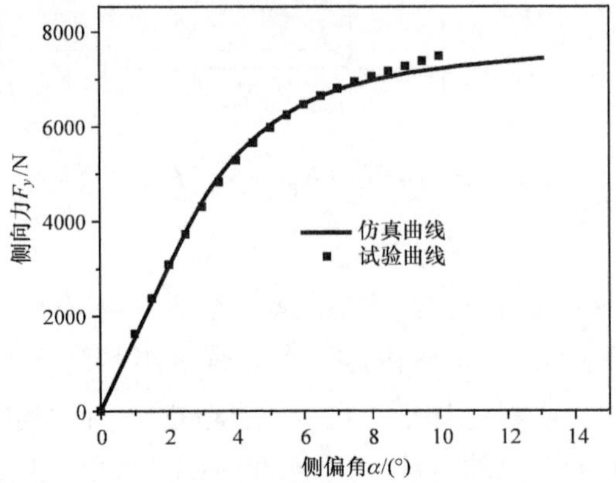

图 3.10　侧向力计算结果与试验数据对比

V_x =1m/s, BFGoodRich P245/75R16, 240kPa

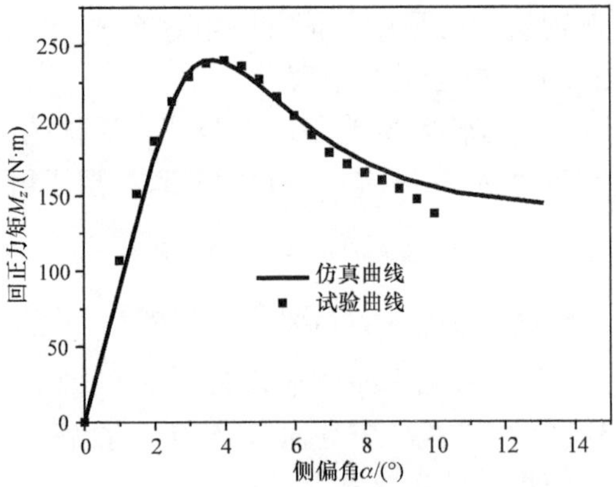

图 3.11　回正力矩计算结果与试验数据对比

V_x =1m/s, BFGoodRich P245/75R16, 240kPa

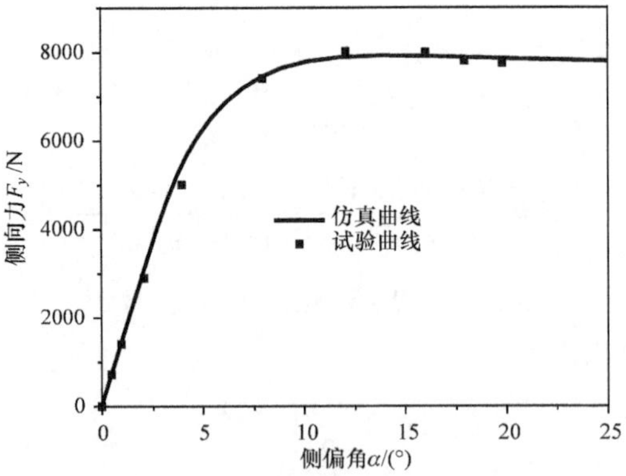

图 3.12　侧向力计算结果与试验数据对比

V_x =22.2m/s, BFGoodRich P245/75R16, 240kPa

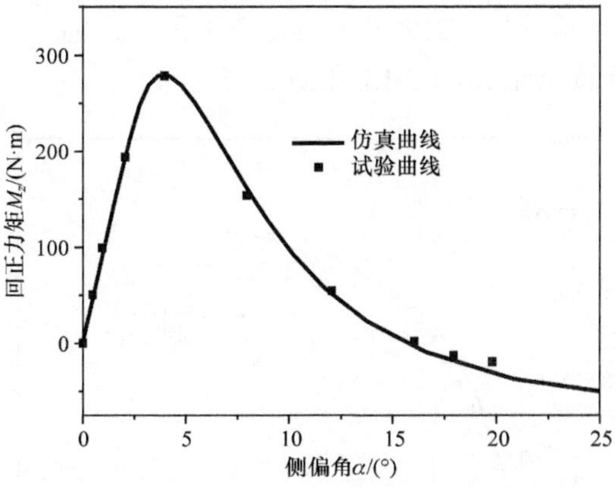

图 3.13　回正力矩计算结果与试验数据对比

V_x =22.2m/s, BFGoodRich P245/75R16, 240kPa

5) 滑移速度分布的一种简化计算

考虑到胎面变形比胎体侧向变形小得多，为简化计算，在计算胎面侧向滑移速度时可忽略胎面弹性变形的影响，则胎体相对地面的变形 y_{rc} 可表示为

$$y_{rc} = x\tan\alpha - y_c(\sigma) \tag{3.48}$$

其中，$y_c(\sigma)$ 为胎体变形。

滑移速度 V_s 可表示为

$$V_s = V_{rc} = \dot{y}_{rc} = V_x\left(\tan\alpha - \frac{\mathrm{d}y_c}{\mathrm{d}\sigma}\right) \tag{3.49}$$

不考虑胎面弹性时，轮胎接地印迹内滑移速度分布如图 3.14 所示。

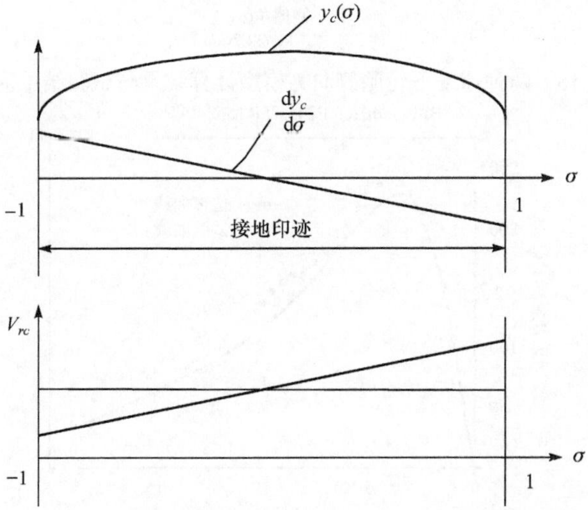

图 3.14　不考虑胎面弹性时轮胎接地印迹内滑移速度分布

经这样简化后，计算滑移速度比前面要简单得多，但由于忽略了胎面弹性，计算精度会降低。计算结果如图 3.15 和图 3.16 所示。

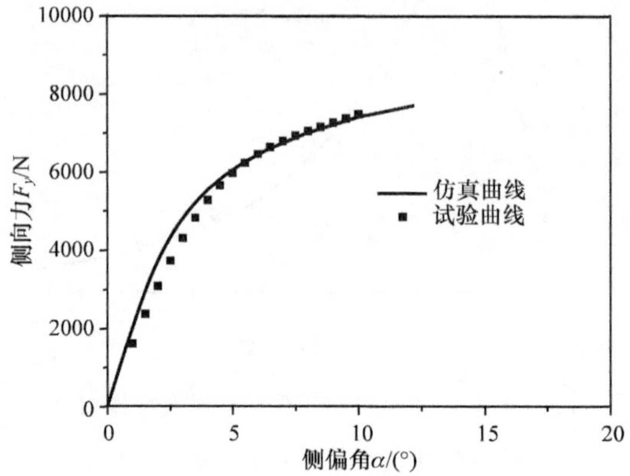

(a) V_x=1m/s

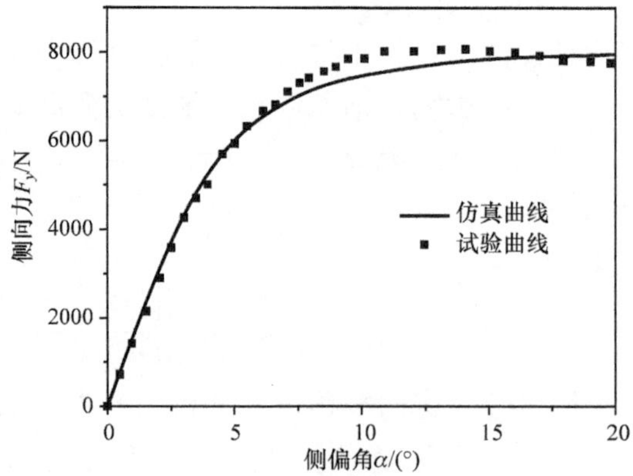

(b) V_x=22.2m/s

图 3.15　两种速度下轮胎侧向力模型计算结果与试验结果对比

BFGoodRich P245/75R16, 240kPa

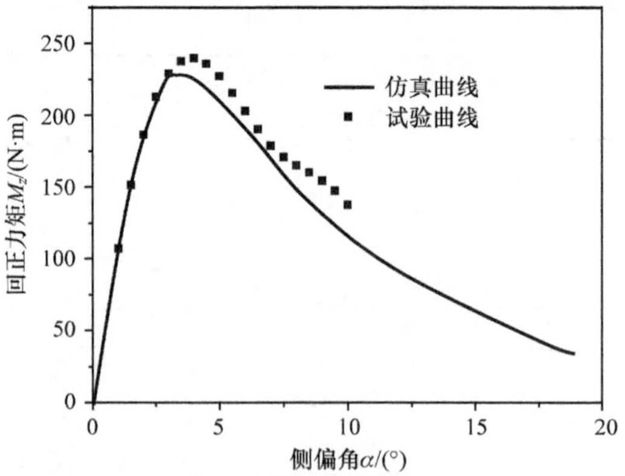

(a) V_x=1m/s

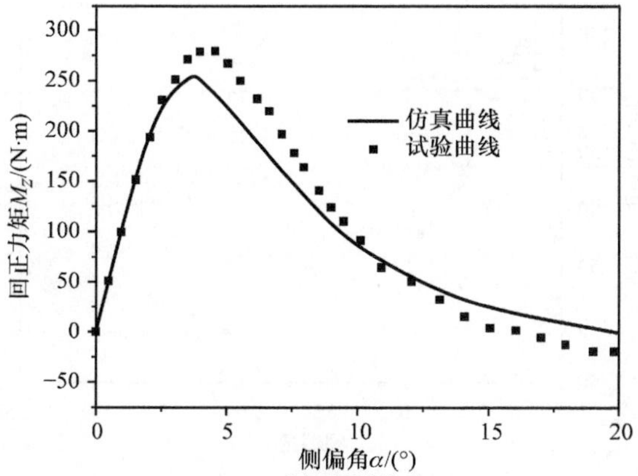

(b) V_x=22.2m/s

图 3.16　两种速度下轮胎回正力矩模型计算结果与试验结果对比

BFGoodRich P245/75R16, 240kPa

2. 模型参数对轮胎侧偏特性的影响

应用建立的理论模型可以分析各参数对模型计算结果的影响。首先分析胎面侧偏刚度对轮胎侧偏特性的影响，图 3.17 和图 3.18 给出了两种胎面侧偏刚度下的计算结果。

图 3.19 和图 3.20 给出了两种胎体弯曲刚度特征比 ε_b 下轮胎侧向力和回正力矩的计算结果。

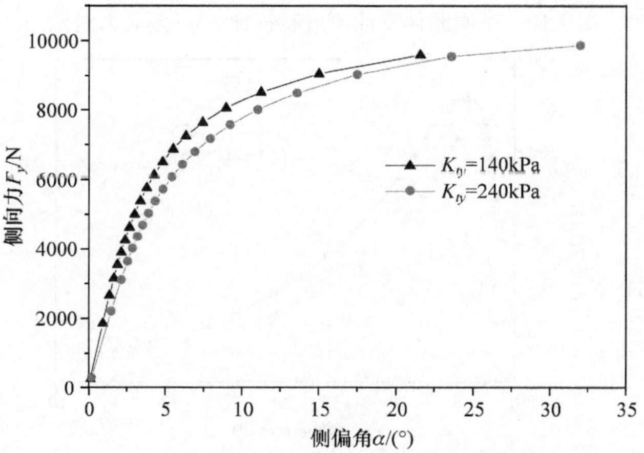

图 3.17　不同胎面侧偏刚度下侧向力对比

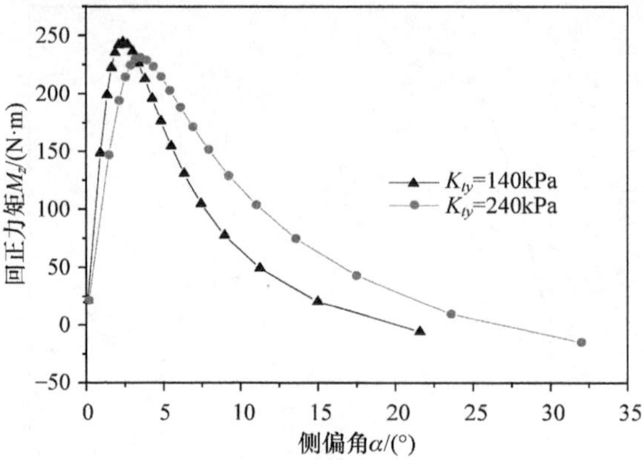

图 3.18　不同胎面侧偏刚度下回正力矩对比

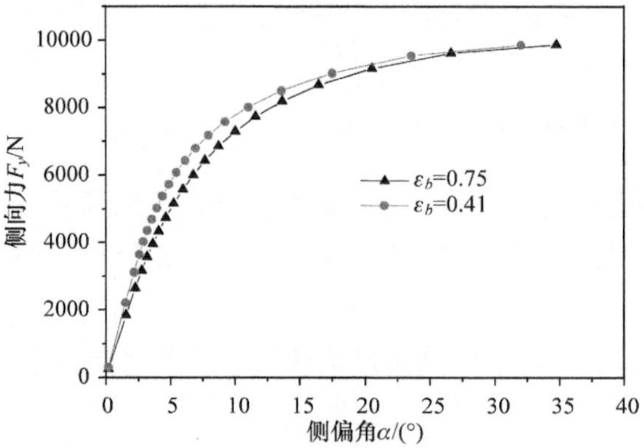

图 3.19　不同胎体弯曲刚度特征比 ε_b 下侧向力对比

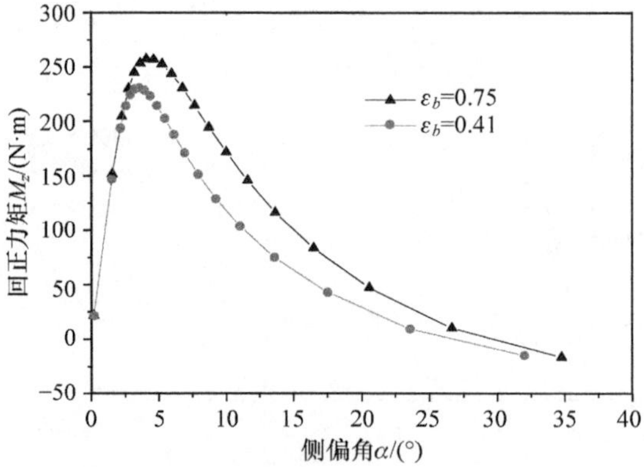

图 3.20　不同胎体弯曲刚度特征比 ε_b 下回正力矩对比

图 3.21 和图 3.22 给出了两种胎体扭转刚度特征比 ε_θ 下轮胎侧向力和回正力矩的计算结果。

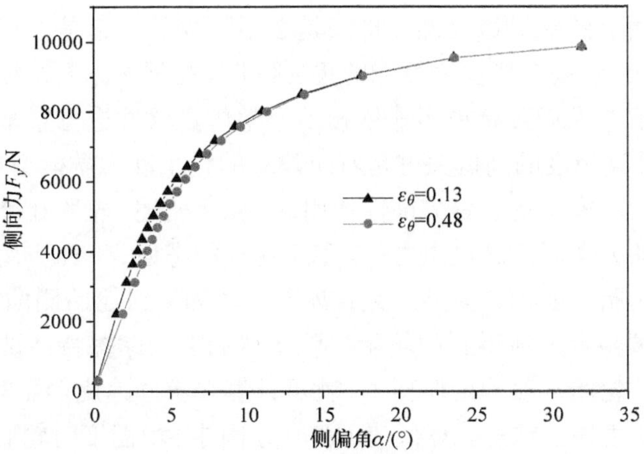

图 3.21　不同胎体扭转刚度特征比 ε_θ 下侧向力对比

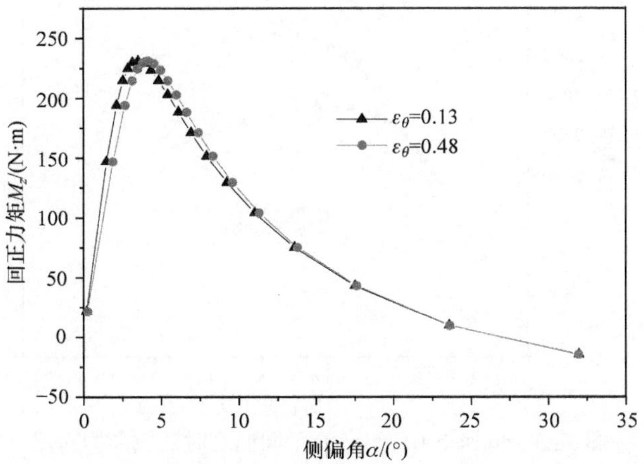

图 3.22　不同胎体扭转刚度特征比 ε_θ 下回正力矩对比

从图 3.17～图 3.22 可以看出 K_{ty}、ε_b、ε_θ 是如何影响轮胎侧向力和回正力矩的曲线形状的，也可以看出考虑胎体复杂变形的必要性。

3. 应用考虑动摩擦特性的轮胎一般理论模型分析冰面上的轮胎侧偏特性

汽车在冰面上的操纵稳定性试验难度较大，主要困难有：

(1) 较大的平坦的冰面很难实现和维持；

(2) 冰面上试验的影响因素较多，很难单独控制；

(3) 冰面上操纵稳定性试验对驾驶水平要求很高，危险性很大。

因此，目前汽车研究人员在冰面上进行的整车操纵稳定性试验很少，多是进行直行的制动试验，定圆和移线等试验几乎没有进行。

汽车在冰面上的操纵稳定性评价又是必不可少的，它是整车操纵稳定性能的一个重要指标，也是车辆安全性能的重要依据。在整车冰面操纵稳定性试验难以实现的情况下，人们开始更多地依赖动力学仿真软件进行整车动力学模拟计算。这些软件计算精度的高低关键是看所建立的整车动力学模型是否符合实际，而整车模型中轮胎模型是起着关键性作用的。综上所述，轮胎在冰面上的力学特性是目前车辆动力学研究的重点之一。基于这样的考虑，下面应用所建立的考虑动摩擦特性的轮胎一般理论模型研究在冰面上各因素对轮胎侧偏特性的影响。

将在摩擦试验台上所得到的轮胎橡胶在冰面上的摩擦特性试验结果加入考虑动摩擦特性的轮胎一般理论模型中，就可计算在不同速度、温度等因素下的轮胎侧向力和回正力矩。首先计算低速下(1m/s)不同环境温度时轮胎侧偏特性，结果如图 3.23 和图 3.24 所示。

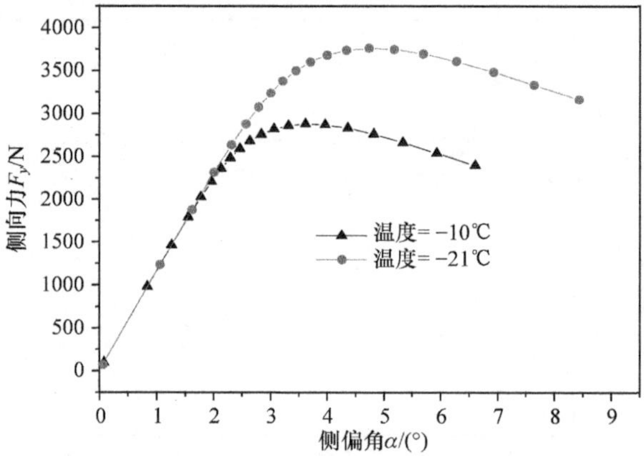

图 3.23　低速下 (V_x = 1m/s) 不同温度时的侧向力对比

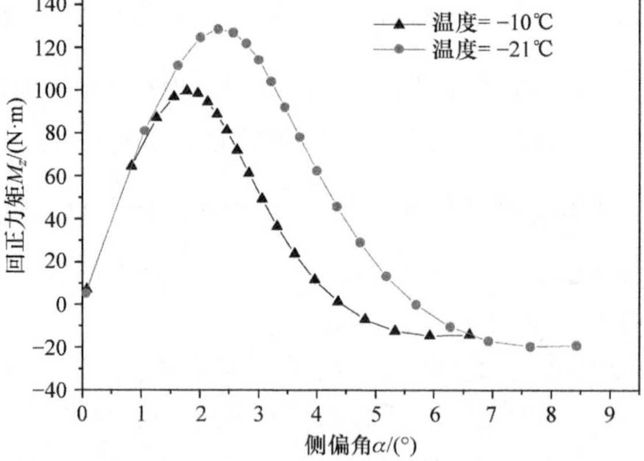

图 3.24　低速下 (V_x = 1m/s) 不同温度时的回正力矩对比

高速下(30m/s)不同温度时的侧向力和回正力矩试验结果如图 3.25 和图 3.26 所示。

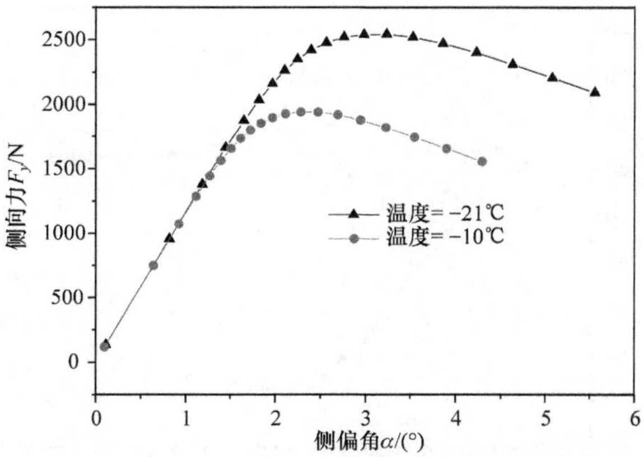

图 3.25　高速下 ($V_x = 30$m/s) 不同温度时的侧向力对比

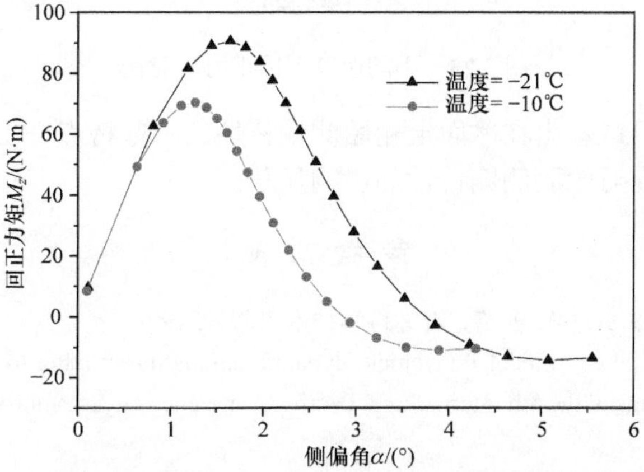

图 3.26　高速下 ($V_x = 30$m/s) 不同温度时的回正力矩对比

下面计算温度一定时，不同速度下轮胎侧偏特性的变化，具体结果如图 3.27 和图 3.28 所示。

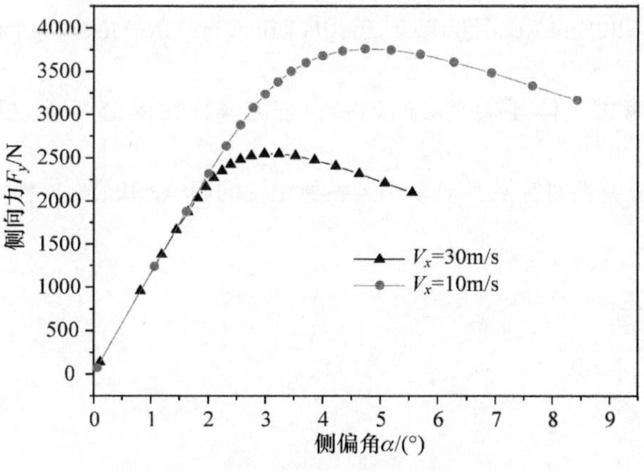

图 3.27　不同速度下侧向力对比

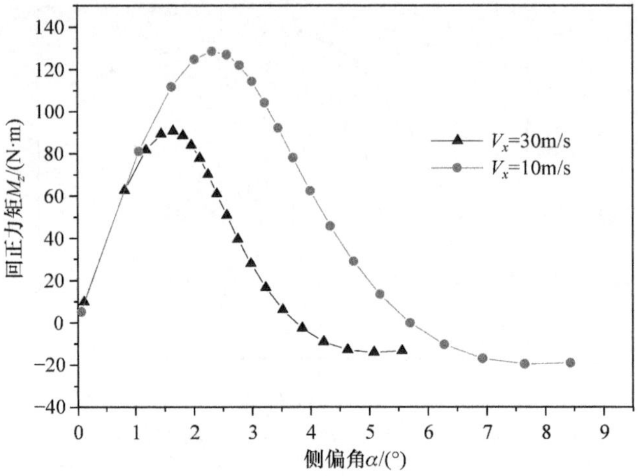

图 3.28　不同速度下回正力矩对比

由以上计算可以看出在冰面上轮胎侧偏特性的一些特点，也可以看出轮胎滚动速度和环境温度对轮胎侧偏特性的影响显著。

参 考 文 献

[1] 郭孔辉. 汽车操纵动力学. 长春: 吉林科学技术出版社, 1991.

[2] Guo K H. A unified tire model for vehicle dynamic simulation relating to steering braking and driving. Proceedings of the 5th International Pacific Conference on Automotive Engineering, 1989: 891189.

[3] Savkoor A R. On the friction of rubber. Wear, 1965, 8(3): 222-237.

[4] Savkoor A R. Some aspects of friction and wear of tires arising from deformations, slip and stresses at ground contact. Wear, 1966, 9(1): 66-78.

[5] Guo K H, et al. Project Status Report 6: The Experimental Research on the Dynamic Frictional Property between Tire and Road Surface, and Its Effect on Tire Modeling and Vehicle Dynamics. 2002.

[6] 郭孔辉, 刘青. 考虑胎体复杂变形的轮胎稳态侧偏特性理论模型. 机械工程学报, 1999, 35(2): 15-18.

[7] 庄晔. 轮胎动摩擦特性研究及其对车辆操纵稳定性的影响. 长春: 吉林大学, 2004.

第 4 章　全工况高精度实用模型

依据统一半物理稳态模型，轮胎动力学特性是轮胎自身特性与轮胎-路面摩擦特性的非线性合成。采用参数辨识技术，从试验数据中可以分离出轮胎自身特性及轮胎-路面摩擦特性；动力学仿真时，又可用真实条件下轮胎-路面摩擦特性代替试验时的轮胎-路面摩擦特性，与不变的轮胎自身特性重新合成得到反映实际使用工况的轮胎动力学特性，同时保证试验与仿真时模型的高精度。

本章进行 UniTire 轮胎模型的实用性研究，包括模型精度对比、复合工况下轮胎力学特性的预测能力以及从低速轮胎试验数据预测高速轮胎力学特性的能力，为 UniTire 轮胎模型在汽车操纵稳定性研究中的应用奠定基础。

4.1　UniTire 与 MF 轮胎稳态模型的对比研究

精细的轮胎力学理论模型，由于工况复杂、变量太多、计算量太大，不能直接应用于汽车动力学分析。至今用于汽车动力学分析或仿真的是在不同程度上以理论模型为依据的半经验模型或经验模型。这种轮胎模型基于试验数据，其中还包含理论模型中的一些结构参数和使用参数。荷兰 Pacejka 教授提出的 MF 轮胎模型在汽车操纵动力学研究中已得到了广泛的应用，本节首先介绍 MF 轮胎模型，并通过试验数据辨识模型参数来对比 UniTire 与 MF 这两种轮胎模型的全局辨识精度和侧偏刚度[1]。

1. MF 轮胎模型简介

本书采用 PAC2002 轮胎模型，简称 MF 轮胎模型。MF 轮胎模型是基于轮胎物理原型的一套数学表达式，用来精确描述稳态条件下的轮胎六分力。轮胎模型的输入为纵向滑移率 κ、侧偏角 α、侧倾角 γ 和垂直载荷 F_z。对给定载荷和侧倾角，公式的基本形式为[2]

$$y(x)=D\sin\Big(C\arctan\Big(Bx-E\big(Bx-\arctan(Bx)\big)\Big)\Big) \tag{4.1}$$

其中

$$Y(x)=y(x)+S_V,\quad x=X+S_H \tag{4.2}$$

$Y(x)$ 为轮胎纵向力或侧向力；X 为输入变量侧偏角正切值 $\tan\alpha$ 或纵向滑移率 κ。对于给定的 D、C、B 和 E，曲线相对于原点表现为非对称形状。为了使曲线相对原点产生一个偏移量，引入水平偏移 S_H 和垂直偏移 S_V。其中，D 为峰值因子；C 为形状因子；BCD 代表原点处的斜率；在 D 和 C 一定的情况下，B 决定了原点处的斜率，所以 B 为刚度因子；E 为曲率因子。

为了描述复合工况下轮胎纵向力和侧向力特性，MF 轮胎模型引入权函数 G，用它乘以纯工况公式(4.1)就可以表达纵向滑移率 κ 对侧向力和侧偏角 α 纵向力之间的交互影响。权函数 G 的基本表达形式为

$$G = D\cos\left(C\arctan\left(Bx\right)\right) \tag{4.3}$$

当为纯工况时，权函数 G 取值为 1。

侧偏侧倾复合工况下的回正力矩 M_z 可以表示为侧向力 F_y 和回正力臂 t 的乘积再加上残余回正力矩 M_{zr}：

$$M_z = -tF_y + M_{zr} \tag{4.4}$$

回正力臂 t 表示为

$$t(\alpha_t) = D_t\cos\left(C_t\arctan\left(B_t\alpha_t - E_t\left(B_t\alpha_t - \arctan\left(B_t\alpha_t\right)\right)\right)\right) \tag{4.5}$$

其中

$$\alpha_t = \tan\alpha + S_{Ht} \tag{4.6}$$

回正力臂 t 在 $\tan\alpha = -S_{Ht}$ 处取峰值 D_t，D_t 为峰值因子；C_t 为形状因子；B_t 影响峰值附近的曲率；E_t 影响大滑移率下的曲线形状。Pacejka 认为，侧偏侧倾复合工况下侧向力 F_y 为零时，残余回正力矩 M_{zr} 达到最大值 M_{zr0}。M_{zr0} 是由胎体帘布层转向(ply-steer)和锥度(conicity)引起的。

UniTire 轮胎模型以轮胎简化理论模型为基础，考虑轮胎与路面之间的动摩擦特性，通过 e 指数函数形式来精确描述轮胎力学特性，因满足高阶理论边界条件，UniTire 轮胎模型具有更多的理论成分；MF 轮胎模型更接近经验模型。

UniTire 轮胎模型实现了轮胎与路面之间的动摩擦系数与轮胎模型的分离。动摩擦系数随滑移速度的变化规律的准确描述使 UniTire 轮胎模型具有速度预测功能；MF 轮胎模型中只有描述峰值摩擦系数的参数，不具备速度预测能力。

2. UniTire 与 MF 轮胎稳态模型的全局辨识精度比较

1) 轮胎试验数据

这里采用轮胎型号为 Goodyear Wrangler ST 245/75R16 的试验数据对两种模型的全局辨识精度进行比较。试验内容为稳态条件下干路面上的力和力矩特性，包括不同载荷不同侧倾角下的纯侧偏、纯纵滑和复合工况的试验数据。试验工况如表 4.1 所示。

表 4.1　轮胎型号为 Goodyear Wrangler ST 245/75R16 的试验工况

纯工况试验(pure slip condition)		
纯侧偏试验数据 (pure cornering)	垂直载荷(vertical load)	2000N, 4000N, 6000N
	侧偏角(slip angle)	−18°～18°
	侧倾角(camber angle)	−20°, −15°, −10°, −5°, 0°, 5°
	纵向滑移率(longitudinal slip)	0% (纯滚动)
	试验速度(test speed)	60km/h
纯纵滑制动试验数据 (pure braking)	垂直载荷(vertical load)	2000N, 4000N, 6000N
	侧偏角(slip angle)	0°
	侧倾角(camber angle)	−10°, −5°, 0°, 5°
	纵向滑移率(longitudinal slip)	0～100% (制动)
	试验速度(test speed)	60km/h
复合工况试验(combined slip condition)		
纵滑侧偏复合工况试验数据 (cornering and braking)	垂直载荷(vertical load)	2000N, 4000N, 6000N
	侧偏角(slip angle)	−2°, 2°, 5°, 8°
	侧倾角(camber angle)	−10°, −5°, 0°, 5°
	纵向滑移率(longitudinal slip)	0～100% (制动)
	试验速度(test speed)	60km/h

2) UniTire 轮胎模型的全局辨识方法

UniTire 轮胎模型共包含 107 个待拟合参数，这些拟合参数代表轮胎的结构特性和使用条件，需要通过轮胎试验辨识得到。这些待拟合参数可以区分为如下几组：

- 纵向力和侧向力拟合参数
  - 纯侧向力拟合参数28个
  - 纯纵向力拟合参数22个
  - 复合工况复合参数10个
- 回正力矩拟合参数
  - 回正力臂和侧倾回正力矩41个
  - 胎体纵向和侧向平移变形6个

利用所有的试验数据辨识 UniTire 轮胎模型的所有参数，即全局辨识方法(global identification method)，简称 GLOB。全局辨识方法步骤如下：

(1) 利用纯侧偏试验数据，通过 UniTire 轮胎模型的纯侧偏工况侧向力公式辨识出纯侧向力拟合参数；

(2) 利用纯侧偏试验数据，通过 UniTire 轮胎模型的纯侧偏工况回正力矩公式，辨识出回正力臂及侧倾回正力矩拟合参数；

(3) 利用纯纵滑和复合工况试验数据，通过 UniTire 轮胎模型的复合工况下纵向力及侧向力公式，辨识出纵向力拟合参数和复合工况复合参数；

(4) 基于已辨识出的纯侧向力参数、纯纵向力参数、复合工况复合参数、回正力臂和侧倾回正力矩参数，利用纯纵滑和复合工况试验数据，通过 UniTire 轮胎模型复合工况回正力矩公式，辨识出胎体纵向及侧向平移拟合参数。图 4.1 为 UniTire 轮胎模型的全局辨识方法流程。

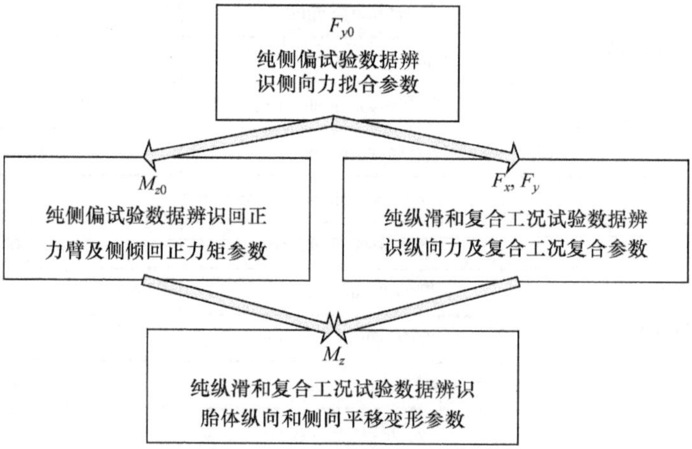

图 4.1 UniTire 轮胎模型的全局辨识方法流程

表 4.2 为采用全局辨识方法得到的 UniTire 与 MF 轮胎模型对试验数据的残差结果比较。

表 4.2 UniTire 与 MF 轮胎模型对试验数据的残差结果比较

轮胎试验工况 (tire test condition)				残差(deviation)/%					
				F_x		F_y		M_z	
	α/(°)	γ/(°)	κ	MF	UniTire	MF	UniTire	MF	UniTire
纯侧偏工况 (pure lateral slip condition)	−18～+18	−20	0	N.A.	N.A.	3.102	2.629	17.315	14.44
	−18～+18	−15	0	N.A.	N.A.	2.5905	2.3661	17.225	13.881
	−18～+18	−10	0	N.A.	N.A.	2.4313	2.9346	19.108	15.527
	−18～+18	−5	0	N.A.	N.A.	2.3415	2.4308	15.938	16.906
	−18～+18	0	0	N.A.	N.A.	1.8756	1.802	14.243	10.284
	−18～+18	5	0	N.A.	N.A.	3.6094	2.5059	17.796	18.452
	平均残差(average deviation)			N.A.	N.A.	2.7018	2.4622	17.216	15.054

续表

轮胎试验工况(tire test condition)				残差(deviation)/%					
				F_x		F_y		M_z	
	α/(°)	γ/(°)	κ	MF	UniTire	MF	UniTire	MF	UniTire
纯纵滑工况(pure longitudinal slip condition)	0	−10	−1～0	4.8205	4.6255	26.473	15.191	23.588	17.005
	0	−5	−1～0	4.1132	6.7546	23.953	22.046	88.173	90.598
	0	0	−1～0	3.6431	4.929	57.813	69.222	12.17	13.623
	0	5	−1～0	4.5548	5.4559	90.191	81.146	14.222	15.32
复合工况(combined slip condition)	−2	−10	−1～0	7.3644	4.6055	7.0665	5.6023	30.967	29.738
	−2	−5	−1～0	3.7362	3.7381	6.3892	6.0371	65.543	75.655
	−2	0	−1～0	5.0616	2.9017	10.393	10.809	19.361	14.162
	−2	5	−1～0	8.9189	7.6162	12.231	12.074	21.047	16.947
	2	−10	−1～0	6.2919	4.0326	20.315	13.656	21.364	17.266
	2	−5	−1～0	4.4234	4.8743	13.901	13.685	51.235	60.602
	2	0	−1～0	5.7849	3.7973	7.7403	9.2726	28.121	27.806
	2	5	−1～0	9.3937	5.9497	10.169	9.2013	27.022	16.819
	5	−10	−1～0	6.5738	3.681	4.8983	5.3807	45.879	46.78
	5	−5	−1～0	3.1292	4.4528	5.8344	5.6214	44.134	49.815
	5	0	−1～0	7.1872	6.0491	5.2511	6.3117	38.968	24.533
	5	5	−1～0	10.232	10.715	8.585	9.1816	26.202	18.885
	8	−10	−1～0	9.392	6.7595	5.9864	5.4452	68.597	72.495
	8	−5	−1～0	4.5718	3.6115	5.383	4.4176	73.331	64.541
	8	0	−1～0	4.7658	4.6594	4.286	6.7775	36.559	27.639
	8	5	−1～0	11.195	10.059	9.2882	10.456	27.315	21.147
	平均残差(average deviation)			6.4027	5.6446	8.0074	8.0562	28.855	26.242

注：N.A.表示无试验结果。

3) 全局辨识结果比较

图 4.2 为采用全局辨识方法得到的 UniTire 与 MF 轮胎模型对试验数据的残差结果比较。所使用的评价指标为

$$\left[\left(\sum_{i=1}^{n}\left|y_{i\text{sim}}-y_{i\text{test}}\right|\right)\Big/n\right]\Bigg/\left[\left(\sum_{i=1}^{n}\left|y_{i\text{test}}\right|\right)\Big/n\right] \tag{4.7}$$

其中，$y_{i\text{sim}}$ 是轮胎模型计算值；$y_{i\text{test}}$ 是轮胎试验数据；n 是每种载荷下轮胎试验数据点的个数。

图 4.3～图 4.6 为 UniTire 与 MF 轮胎模型的辨识结果与试验数据的对比。结果表明，UniTire 轮胎模型的全局辨识精度略高于 MF 轮胎模型。

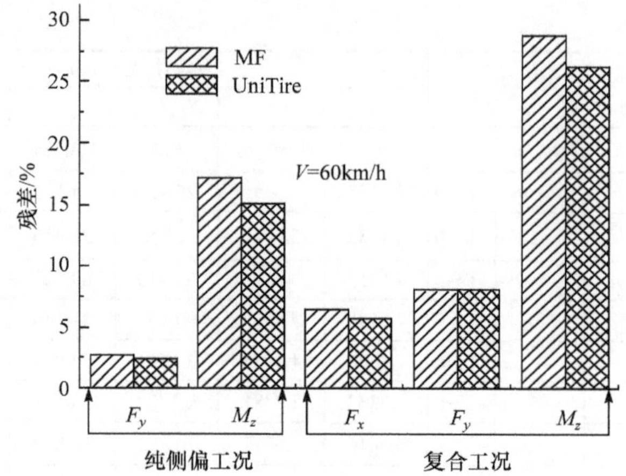

图 4.2　UniTire 与 MF 轮胎模型对试验数据的残差结果比较

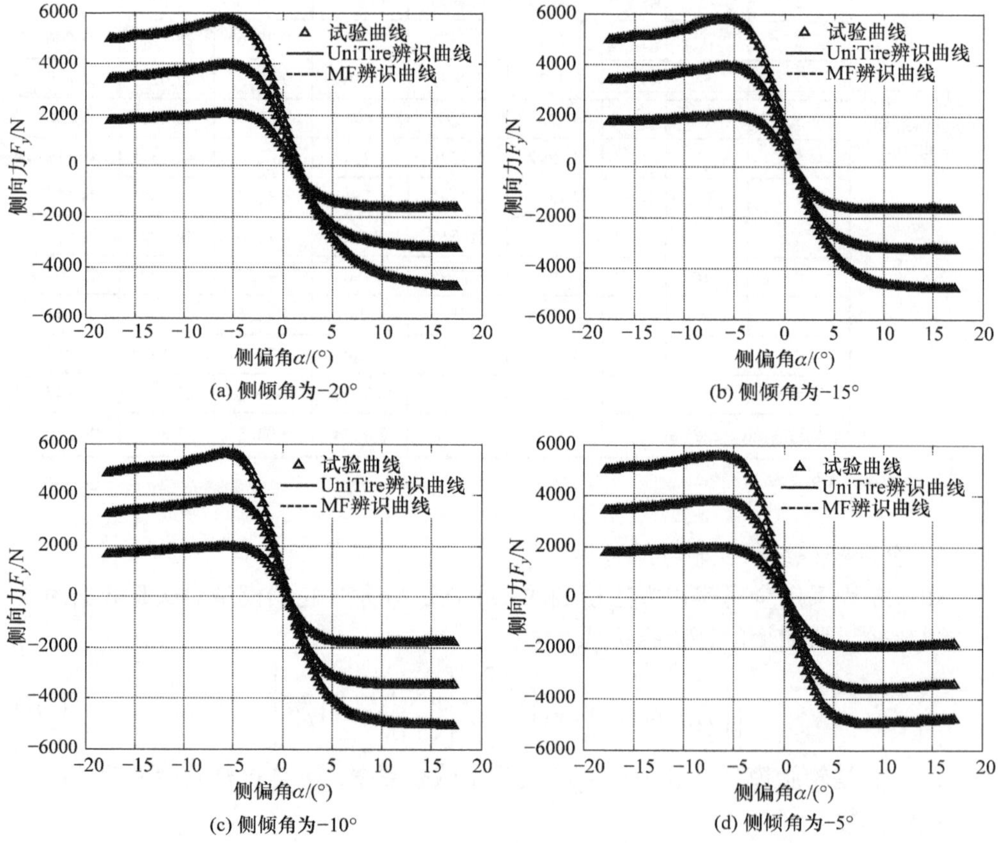

(a) 侧倾角为−20°　(b) 侧倾角为−15°

(c) 侧倾角为−10°　(d) 侧倾角为−5°

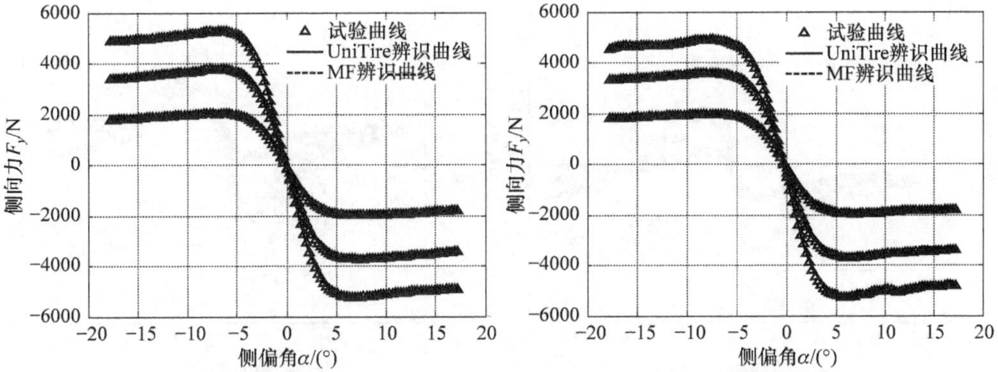

(e) 侧倾角为0°　　(f) 侧倾角为5°

图 4.3　UniTire 与 MF 轮胎模型对纯侧偏试验数据的侧向力辨识结果

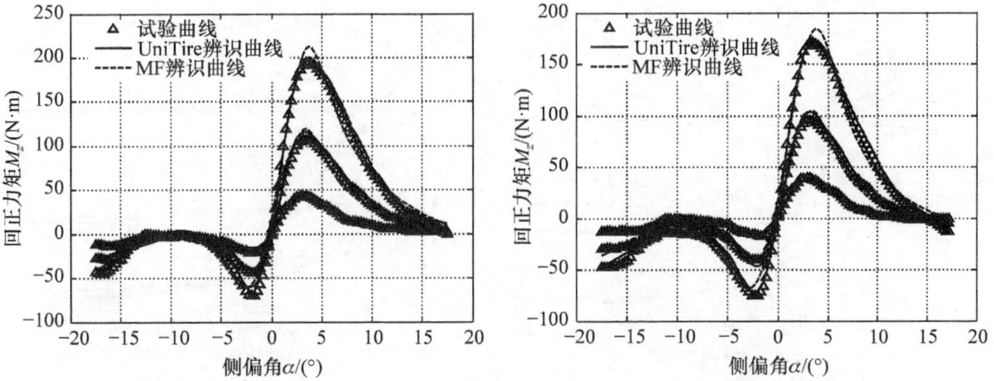

(a) 侧倾角为−20°　　(b) 侧倾角为−15°

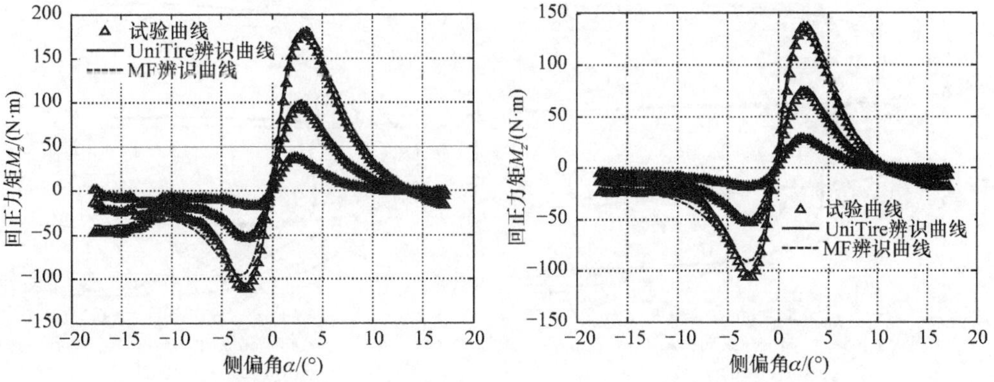

(c) 侧倾角为−10°　　(d) 侧倾角为−5°

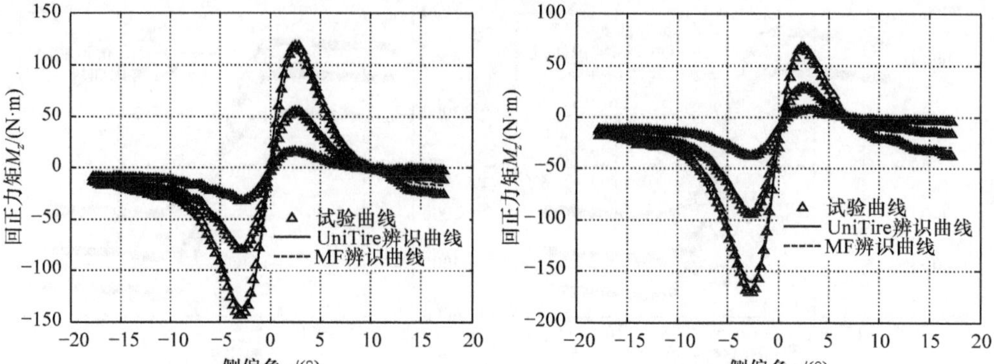

(e) 侧倾角为0°　　(f) 侧倾角为5°

图 4.4　UniTire 与 MF 轮胎模型对纯侧偏试验数据的回正力矩辨识结果

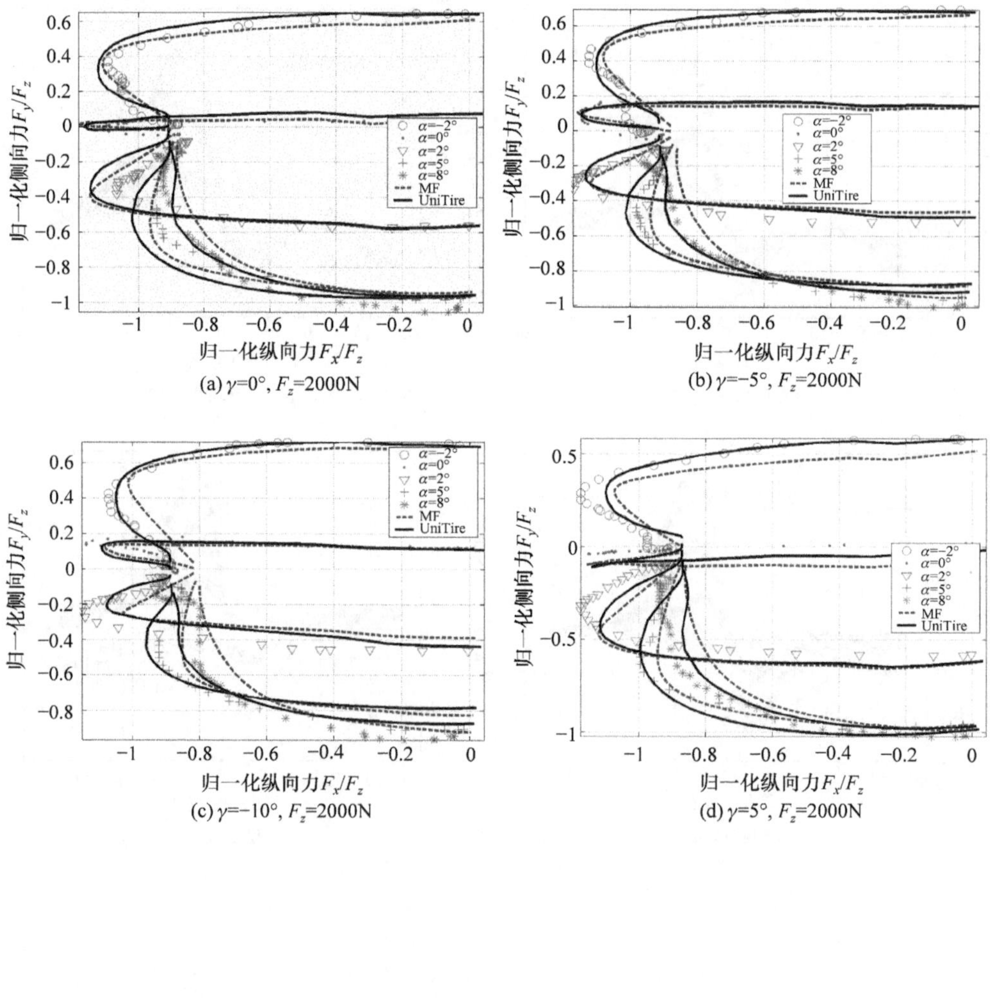

(a) γ=0°, F_z=2000N　　(b) γ=−5°, F_z=2000N

(c) γ=−10°, F_z=2000N　　(d) γ=5°, F_z=2000N

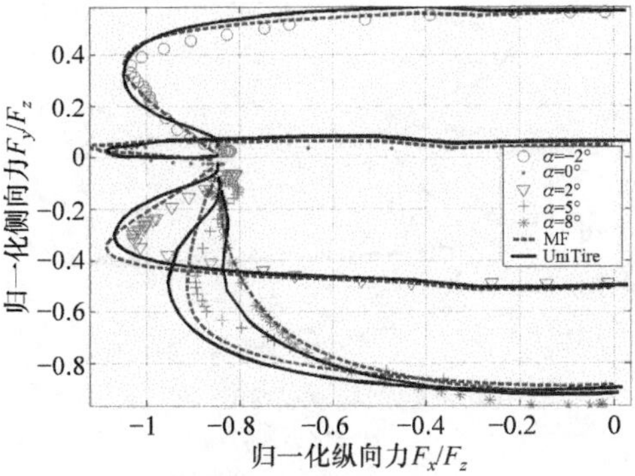

(e) γ=0°，F_z=4000N

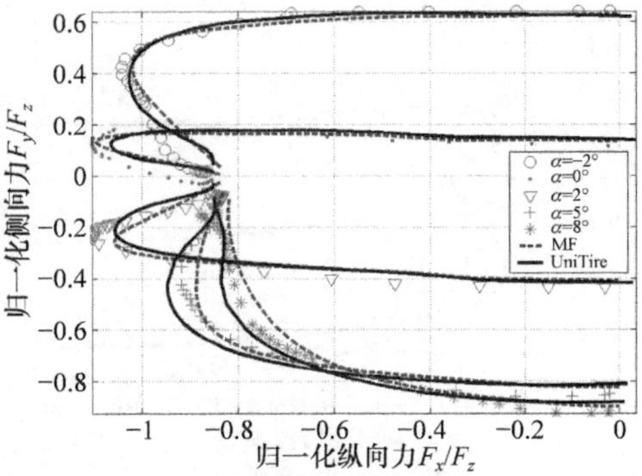

(f) γ=−5°，F_z=4000N

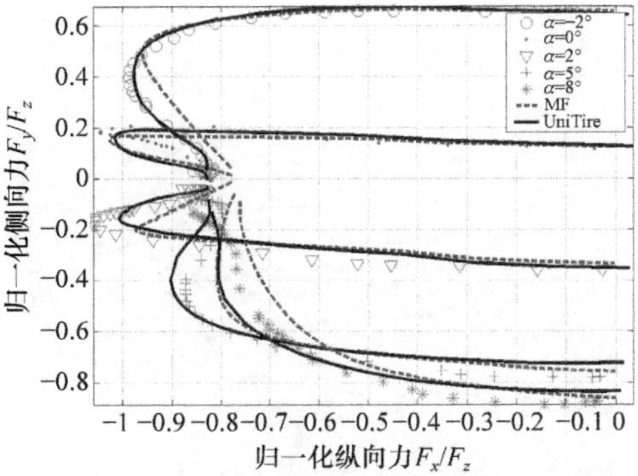

(g) γ=−10°，F_z=4000N

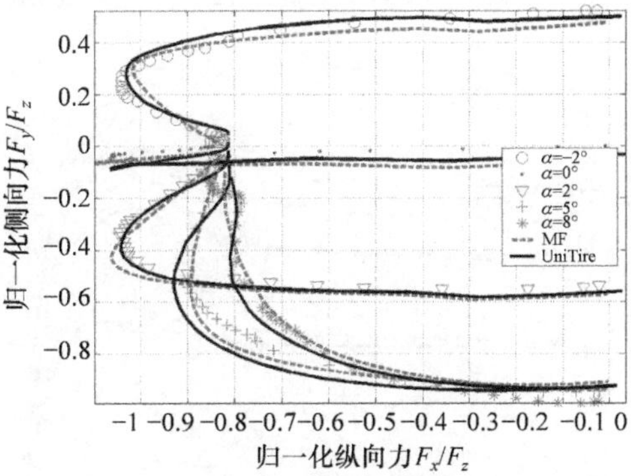

(h) γ=5°，F_z=4000N

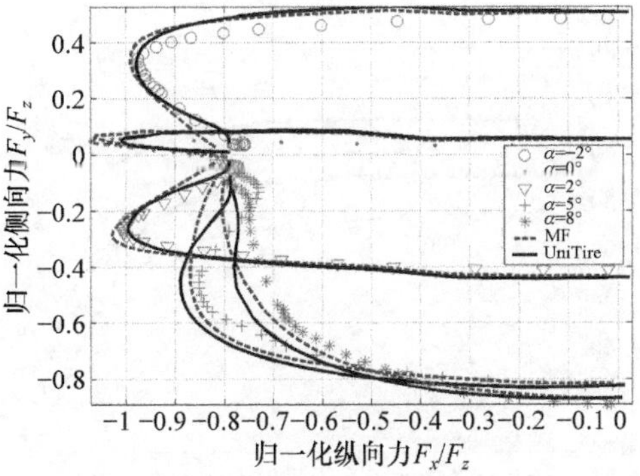

(i) γ=0°，F_z=6000N

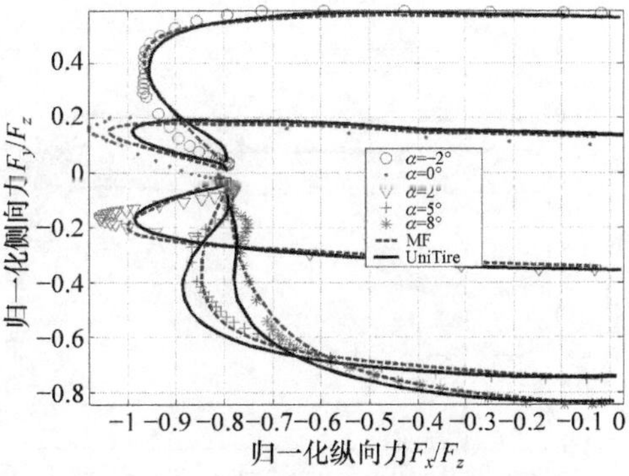

(j) γ=−5°，F_z=6000N

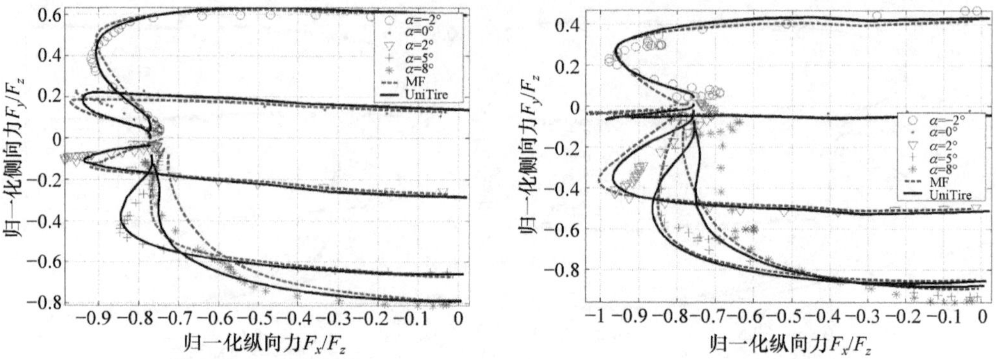

(k) $\gamma=-10°$, $F_z=6000$N (l) $\gamma=5°$, $F_z=6000$N

图 4.5 UniTire 与 MF 轮胎模型对纯纵滑和复合工况试验数据的摩擦椭圆图比较

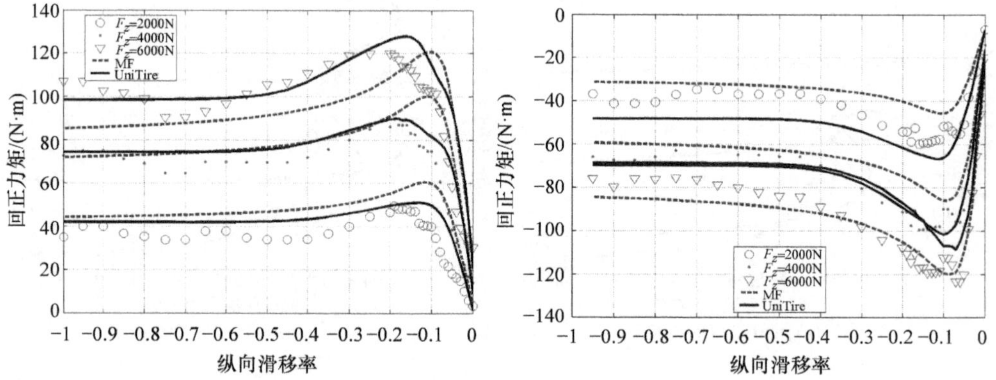

(a) $\alpha=0°, \gamma=-10°$ (b) $\alpha=0°, \gamma=0°$

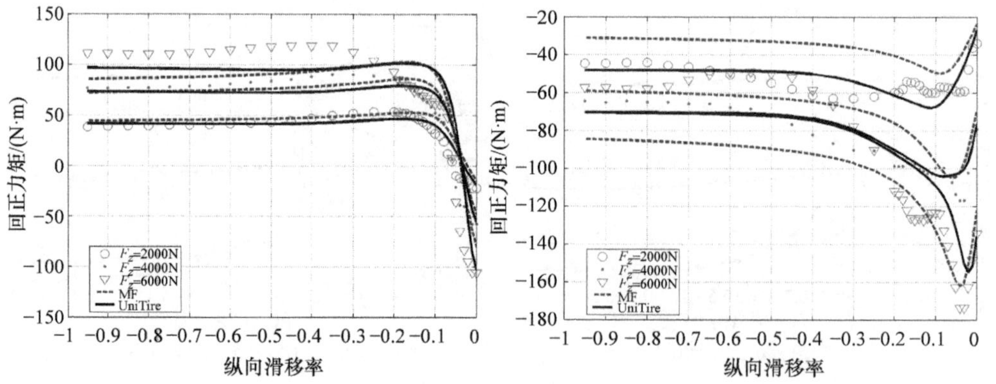

(c) $\alpha=-2°, \gamma=-10°$ (d) $\alpha=-2°, \gamma=0°$

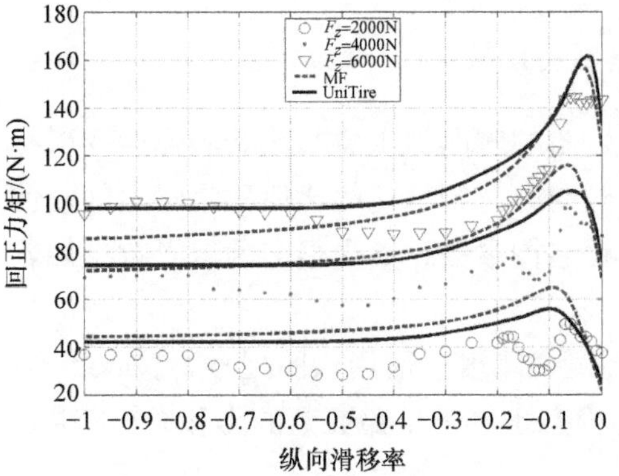

(e) α=2°, γ=−10°

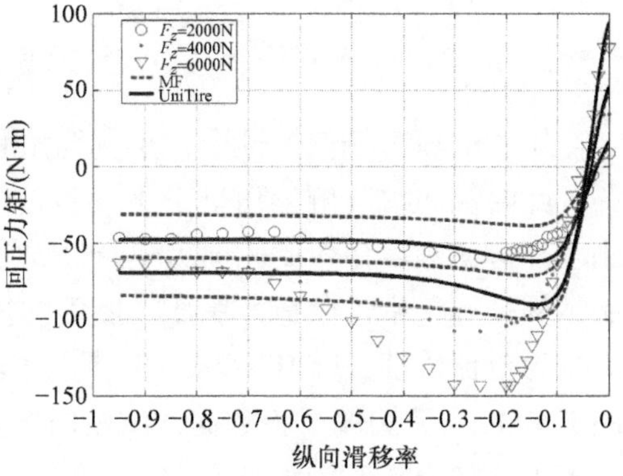

(f) α=2°, γ=0°

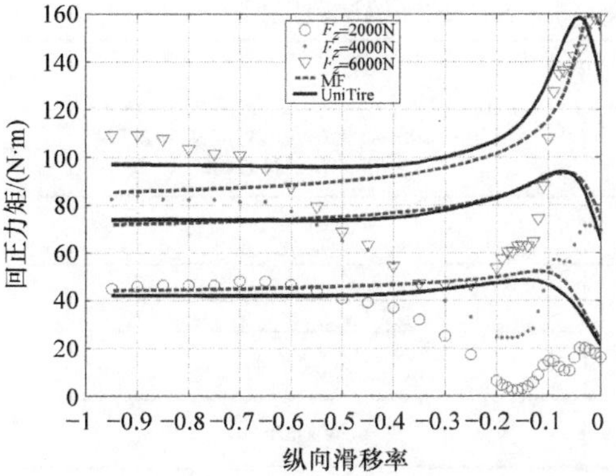

(g) α=5°, γ=−10°

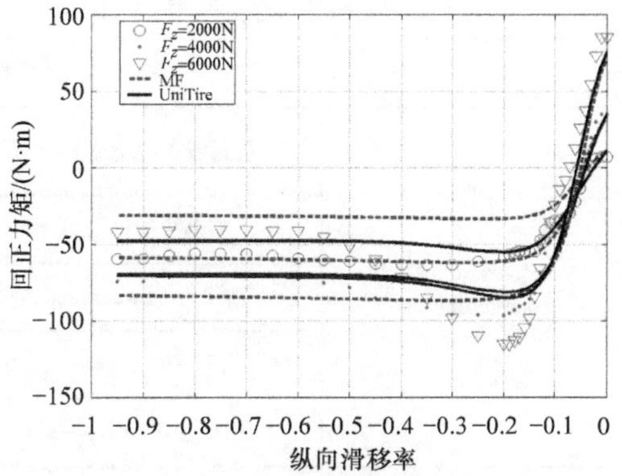

(h) α=5°, γ=0°

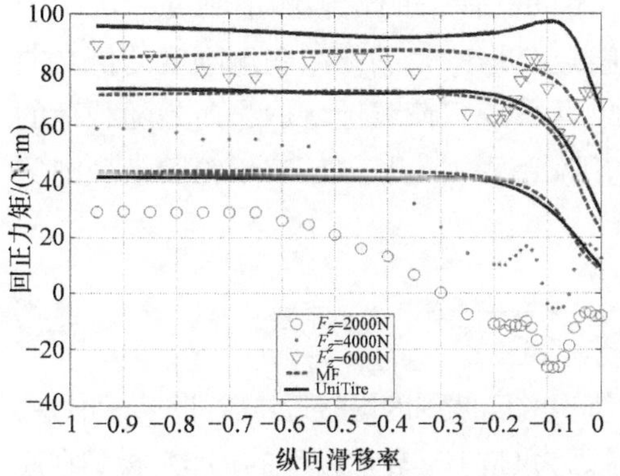

(i) α=8°, γ=−10°

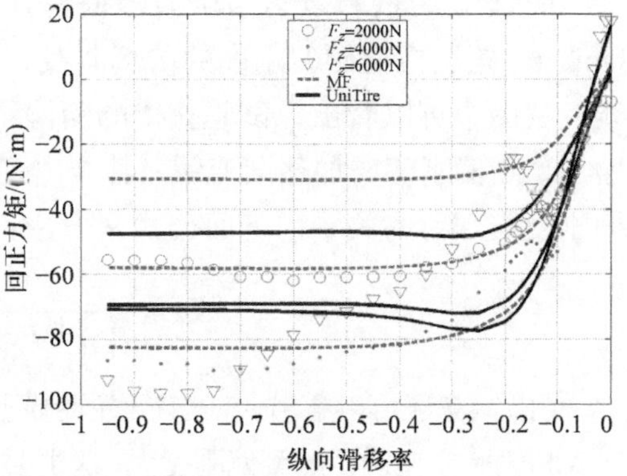

(j) α=8°, γ=0°

图 4.6　UniTire 与 MF 轮胎模型对纯纵滑和复合工况试验数据的回正力矩辨识结果

3. UniTire 与 MF 轮胎稳态模型的侧偏刚度比较

轮胎的稳态侧偏特性中，小侧偏角时轮胎的侧向力主要与轮胎的弹性变形有关，此时侧向力与侧偏角呈正比关系。将侧向力与侧偏角的比值称为轮胎的侧偏刚度，侧偏刚度是轮胎侧向力学特性的重要结构参数，其受很多因素影响，如轮胎结构、扁平率、载荷、胎压、胎面磨损等。

为对比验证 UniTire 与 MF 轮胎模型侧偏刚度，使用轮胎型号为 Goodyear P245/65R17 纯侧偏试验数据，试验内容为稳态条件下干路面上的力和力矩特性。试验工况如表 4.3 所示。

表 4.3　轮胎型号为 Goodyear P245/65R17 纯侧偏试验工况

纯侧偏工况		
纯侧偏试验数据 (pure cornering)	垂直载荷(vertical load)	1600N, 4900N, 8200N, 11500N, 14800N, 18100N, 21400N, 24800N
	侧偏角(slip angle)	−25°～25°
	侧倾角(camber angle)	0°
	纵向滑移率(longitudinal slip)	0% (纯滚动)
	试验速度(test speed)	40km/h

图 4.7 中试验点为由试验数据得到的不同载荷下的轮胎侧偏刚度，实线为 UniTire 轮胎模型侧偏刚度的仿真曲线，虚线为 MF 轮胎模型侧偏刚度的仿真曲线。从图中可以看出，试验获得的侧偏刚度并非随载荷线性增加，而是随载荷的增加，侧偏刚度增加逐渐变缓，甚至出现下降情况。因此，UniTire 轮胎模型中侧偏刚度与载荷的关系用下面公式来表达：

$$K_y = \frac{F_z}{P_{Ky1} + P_{Ky2}F_{zn} + P_{Ky3}F_{zn}^2} \tag{4.8}$$

由图 4.7 还可以看出，UniTire 轮胎模型辨识的侧偏刚度更接近试验曲线，而且要比 MF 轮胎模型辨识的侧偏刚度大。这主要是因为 UniTire 轮胎模型的 e 指数模型在原点处的二阶导数大于零，而 MF 轮胎模型的三角函数模型在原点处的二阶导数为零。

利用 UniTire 和 MF 轮胎模型的纯侧偏侧向力模型和表 4.3 中纯侧偏侧向力试验数据，辨识 UniTire 和 MF 轮胎模型的参数。图 4.8 为 UniTire 与 MF 轮胎模型的纯侧偏侧向力模型辨识结果与试验数据的比较。

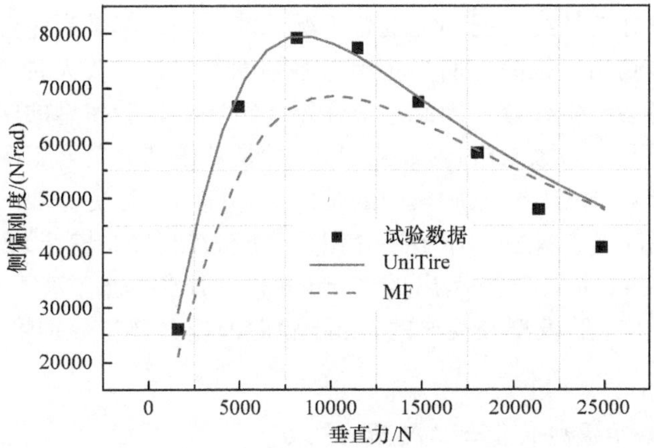

图 4.7　UniTire 与 MF 轮胎模型侧偏刚度的载荷特性与试验数据的对比

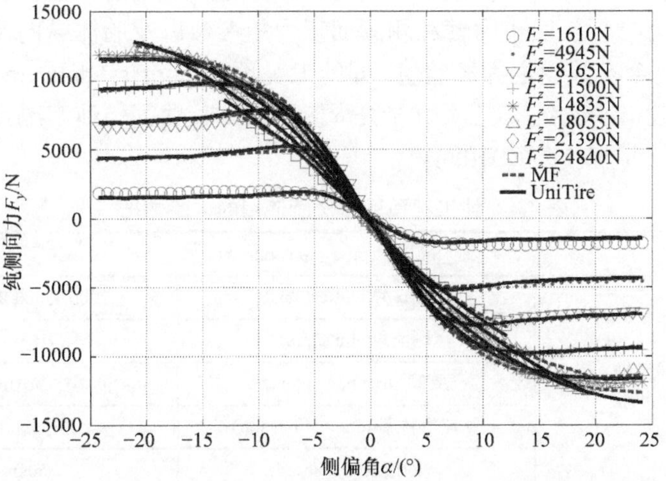

图 4.8　UniTire 与 MF 轮胎模型的纯侧偏侧向力模型辨识结果与试验数据的比较

$\gamma = 0°, \kappa = 0$

4.2　UniTire 轮胎稳态模型的复合工况预测能力

通常用于车辆动力学仿真的轮胎力学特性建模需要大量的复合工况试验数据，包括纵滑、侧偏和侧倾在内的各种不同工况的轮胎试验，但是复合工况试验是十分昂贵的，如果通过少量的纯工况轮胎试验(如纯侧偏和纯纵滑稳态试验)得到轮胎力学特性参数，可以预测复合工况下(纵滑、侧偏、侧倾)的力学特性，将会节省大量的人力、物力资源。UniTire 轮胎模型以理论模型为指导，采用无量纲统一表达，具有较好的从纯工况预测复合工况的能力，尤其是当轮胎滑移刚度趋于各向同性时，预测精度很高。而当轮胎滑移刚度各向异性较大时，仅根据纯工况数据进行预测将会产生误差，因此本节介绍 UniTire 轮胎模型的两种预测方法，一种是基于纯工况试验数据进行预测；另一种是基于部分复合工况试验数据进行预测。第 5 章将在 UniTire 轮胎模型的基础上，提出一种更一般的方法来统一解决复合工况预测问题。此外，本节还介绍几个较为知名的具有预测功能的轮胎模型，包括荷兰 Pacejka 教授提出的 Similarity 预测方法、基于滑移圆概念的 COMBINAOTOR 轮胎模型和瑞典的 Lund 轮胎模型，并且分别将它们与 UniTire 轮胎模型进行对比。

1. UniTire 轮胎模型的复合工况预测能力

1) 基于纯纵滑及纯侧偏试验数据进行预测

利用纯侧偏和纯纵滑试验数据辨识 UniTire 轮胎模型的参数，包括纯侧向力参数、纯纵向力参数、回正力臂和侧倾回正力矩参数以及胎体纵向及侧向平移参数。复合工况复合参数设定为经验值，即纯工况预测(pure test data prediction)方法，简称 PURE。表 4.4 为纯工况预测方法所使用的试验数据。纯工况预测方法步骤与全局辨识方法步骤(1)、(2)相同。

表 4.4　纯工况预测方法所使用的试验数据

纯工况试验(pure slip condition)		
纯侧偏试验数据 (pure cornering)	垂直载荷(vertical load)	2000N, 4000N, 6000N
	侧偏角(slip angle)	−18°～18°
	侧倾角(camber angle)	−20°, −15°, −10°, −5°, 0°, 5°
	纵向滑移率(longitudinal slip)	0% (纯滚动)
	试验速度(test speed)	60km/h
纯纵滑制动试验数据 (pure braking)	垂直载荷(vertical load)	2000N, 4000N, 6000N
	侧偏角(slip angle)	0°
	侧倾角(camber angle)	−10°, −5°, 0°, 5°
	纵向滑移率(longitudinal slip)	0～100% (制动)
	试验速度(test speed)	60km/h

步骤(1)已辨识出的参数为纯侧向力参数。利用纯纵滑试验数据，通过 UniTire 轮胎模型的复合工况下纵向力及侧向力公式，辨识出纵向力参数，复合工况复合参数设定为经验值。根据当前的经验，复合工况复合参数 P_{Kx} 设定为 8；λ_E 为 0；λ_1 和 λ_2 为理论值 1；S_{Vy1}、S_{Vy2}、S_{Vy3}、S_{Vy4}、S_{Vy5} 和 S_{Vy6} 均为 0。

步骤(1)、(2)已辨识出的经验参数有纯侧向力拟合参数、纯纵向力拟合参数、复合工况复合参数、回正力臂和侧倾回正力矩拟合参数。利用纯纵滑试验数据，通过 UniTire 轮胎模型的复合工况回正力矩公式，辨识出胎体纵向及侧向平移拟合参数。

图 4.9 为 UniTire 轮胎模型的纯工况预测方法流程。

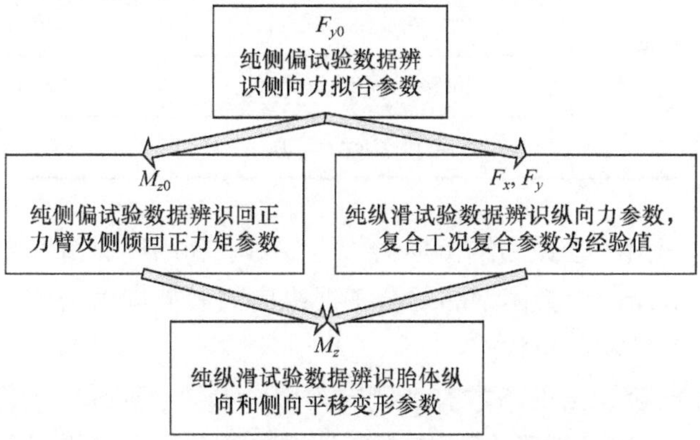

图 4.9　UniTire 轮胎模型的纯工况预测方法流程

2) 用部分复合工况数据进行预测

利用纯侧偏、纯纵滑和部分复合工况试验数据辨识 UniTire 轮胎模型的所有参数，即部分复合工况预测(partial test data prediction)方法，简称 PART。表 4.5 为部分复合工况预测方法所使用的试验数据，本节采用侧偏角为 5°的部分复合工况试验数据。部分复合工况预测方法步骤与全局辨识方法步骤(1)、(2)相同。

表 4.5　部分复合工况预测方法所使用的试验数据

纯工况试验(pure slip condition)		
纯侧偏试验数据 (pure cornering)	垂直载荷(vertical load)	2000N, 4000N, 6000N
	侧偏角(slip angle)	−18°～18°
	侧倾角(camber angle)	−20°, −15°, −10°, −5°, 0°, 5°
	纵向滑移率(longitudinal slip)	0% (纯滚动)
	试验速度(test speed)	60km/h
纯纵滑制动试验数据 (pure braking)	垂直载荷(vertical load)	2000N, 4000N, 6000N
	侧偏角(slip angle)	0°
	侧倾角(camber angle)	−10°, −5°, 0°, 5°
	纵向滑移率(longitudinal slip)	0～100% (制动)
	试验速度(test speed)	60km/h

续表

复合工况试验(combined slip condition)		
纵滑侧偏复合工况试验数据 (cornering and braking)	垂直载荷(vertical load)	2000N, 4000N, 6000N
	侧偏角(slip angle)	5°
	侧倾角(camber angle)	−10°, −5°, 0°, 5°
	纵向滑移率(longitudinal slip)	0～100% (制动)
	试验速度(test speed)	60km/h

步骤(1)已辨识出的参数为纯侧向力拟合参数。利用纯纵滑和部分复合工况试验数据，通过 UniTire 轮胎模型的复合工况纵向力及侧向力公式，辨识出纵向力拟合参数和复合工况复合参数。

步骤(1)、(2)已辨识出的参数有纯侧向力拟合参数、纯纵向力拟合参数、复合工况复合参数、回正力臂和侧倾回正力矩拟合参数。利用纯纵滑和部分复合工况试验数据，通过 UniTire 轮胎模型的复合工况回正力矩公式，辨识出胎体纵向及侧向平移拟合参数。因为 UniTire 轮胎模型的纯工况预测方法和部分复合工况预测方法步骤(1)、(2)与全局辨识方法步骤(1)、(2)相同，所以纯侧偏侧向力和回正力矩的辨识结果参考图 4.3 和图 4.4。

图 4.10 为 UniTire 轮胎模型的部分复合工况预测方法流程。

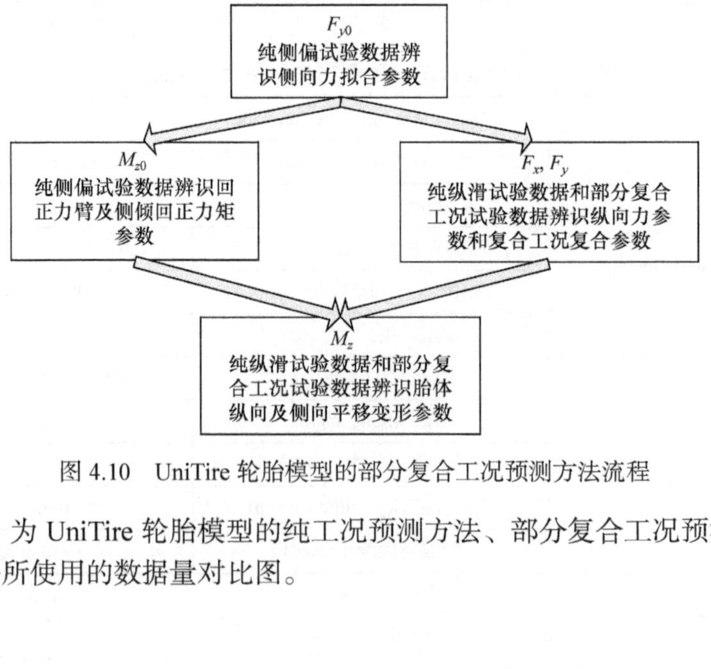

图 4.10 UniTire 轮胎模型的部分复合工况预测方法流程

图 4.11 为 UniTire 轮胎模型的纯工况预测方法、部分复合工况预测方法与全局辨识方法所使用的数据量对比图。

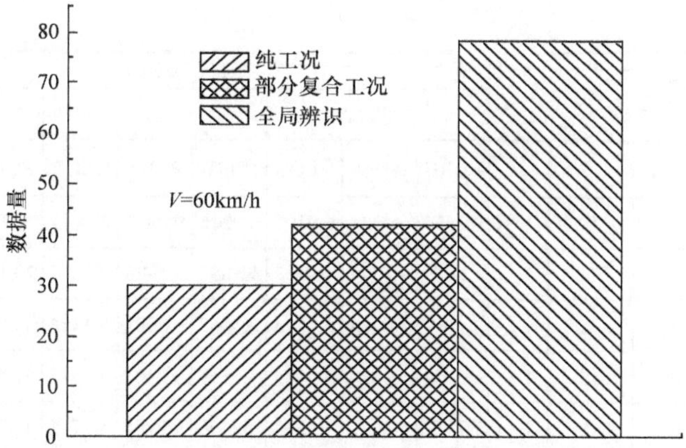

图 4.11　纯工况预测方法、部分复合工况预测方法与全局辨识方法所使用的数据量对比图

表 4.6 为纯工况预测方法、部分复合工况预测方法和全局辨识方法的残差结果比较，图 4.12 为其残差结果柱状图。所使用的评价指标与式(4.7)所使用的评价指标相同。

表 4.6　纯工况预测方法、部分复合工况预测方法与全局辨识方法的残差结果比较

轮胎试验工况 (tire test condition)				残差(deviation)/%								
				F_x			F_y			M_z		
	α/(°)	γ/(°)	κ	PURE	PART	GLOB	PURE	PART	GLOB	PURE	PART	GLOB
纯纵滑工况 (pure longitudinal slip condition)	0	−10	−1～0	3.9143	4.9158	4.6255	52.005	14.458	15.191	29.957	20.337	17.005
	0	−5	−1～0	3.4977	5.7891	6.7546	29.136	23.001	22.046	78.722	87.67	90.598
	0	0	−1～0	3.3637	3.6975	4.929	124.66	71.098	69.222	8.1847	11.449	13.623
	0	5	−1～0	4.8243	4.6576	5.4559	139.93	79.739	81.146	8.6938	12.564	15.32
复合工况 (combined slip condition)	−2	−10	−1～0	4.5606	4.6211	4.6055	16.52	5.9455	5.6023	36.905	32.246	29.738
	−2	−5	−1～0	3.9031	3.6176	3.7381	7.6248	7.3087	6.0371	61.547	71.484	75.655
	−2	0	−1～0	5.5521	3.7096	2.9017	15.633	13.117	10.809	12.996	14.028	14.162
	−2	5	−1～0	9.6951	8.3484	7.6162	19.239	12.062	12.074	17.731	17.445	16.947
	2	−10	−1～0	4.446	4.5646	4.0326	22.444	13.62	13.656	24.306	18.09	17.266
	2	−5	−1～0	3.404	4.2866	4.8743	17.391	12.519	13.685	51.059	59.988	60.602
	2	0	−1～0	5.7735	4.134	3.7973	16.788	8.086	9.2726	24.973	26.474	27.806
	2	5	−1～0	8.2198	6.9631	5.9497	23.794	8.3176	9.2013	22.278	19.133	16.819
	5	−10	−1～0	3.604	3.0726	3.681	7.1704	5.4338	5.3807	53.34	46.823	46.78
	5	−5	−1～0	7.5228	4.2232	4.4528	7.681	6.3269	5.6214	41.21	49.419	49.815

续表

轮胎试验工况 (tire test condition)				残差(deviation)/%								
				F_x			F_y			M_z		
	α/(°)	γ/(°)	κ	PURE	PART	GLOB	PURE	PART	GLOB	PURE	PART	GLOB
复合工况 (combined slip condition)	5	0	−1～0	9.3656	6.0984	6.0491	6.0205	9.0327	6.3117	27.177	24.593	24.533
	5	5	−1～0	12.179	9.7308	10.715	11.857	9.3935	9.1816	20.105	18.259	18.885
	8	−10	−1～0	7.583	8.0085	6.7595	5.3052	6.7001	5.4452	80.049	68.888	72.495
	8	−5	−1～0	6.3654	5.8678	3.6115	5.2359	6.7401	4.4176	61.572	65.412	64.541
	8	0	−1～0	7.1962	6.5177	4.6594	5.893	9.7965	6.7775	33.771	28.151	27.639
	8	5	−1～0	14.211	10.854	10.059	9.8286	12.381	10.456	21.863	21.718	21.147
	平均残差(average deviation)			6.6478	5.7573	5.6446	11.863	9.2785	8.0562	26.819	25.982	26.242

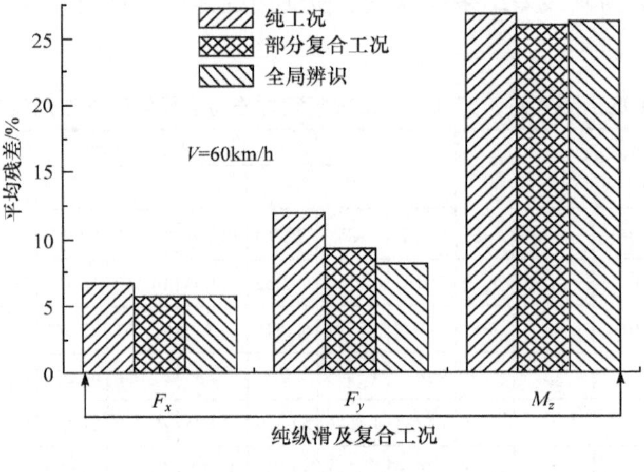

图 4.12　纯工况预测方法、部分复合工况预测方法与全局辨识方法的残差结果柱状图

图 4.13 是 UniTire 轮胎模型使用纯工况预测方法、部分复合工况预测方法和全局辨识方法得到的摩擦椭圆图比较。由图可知，使用全局辨识方法，UniTire 轮胎模型与试验数据吻合得很好。使用纯工况预测方法，虽然预测精度不如全局辨识方法的精度，但是可以节省约 61.5%的试验数据。使用部分复合工况预测方法，其预测精度与全局辨识方法的精度非常接近，都与试验曲线非常吻合，而且可以节省约 46.2%的试验数据，这也充分说明 UniTire 轮胎模型具有很高的预测精度。

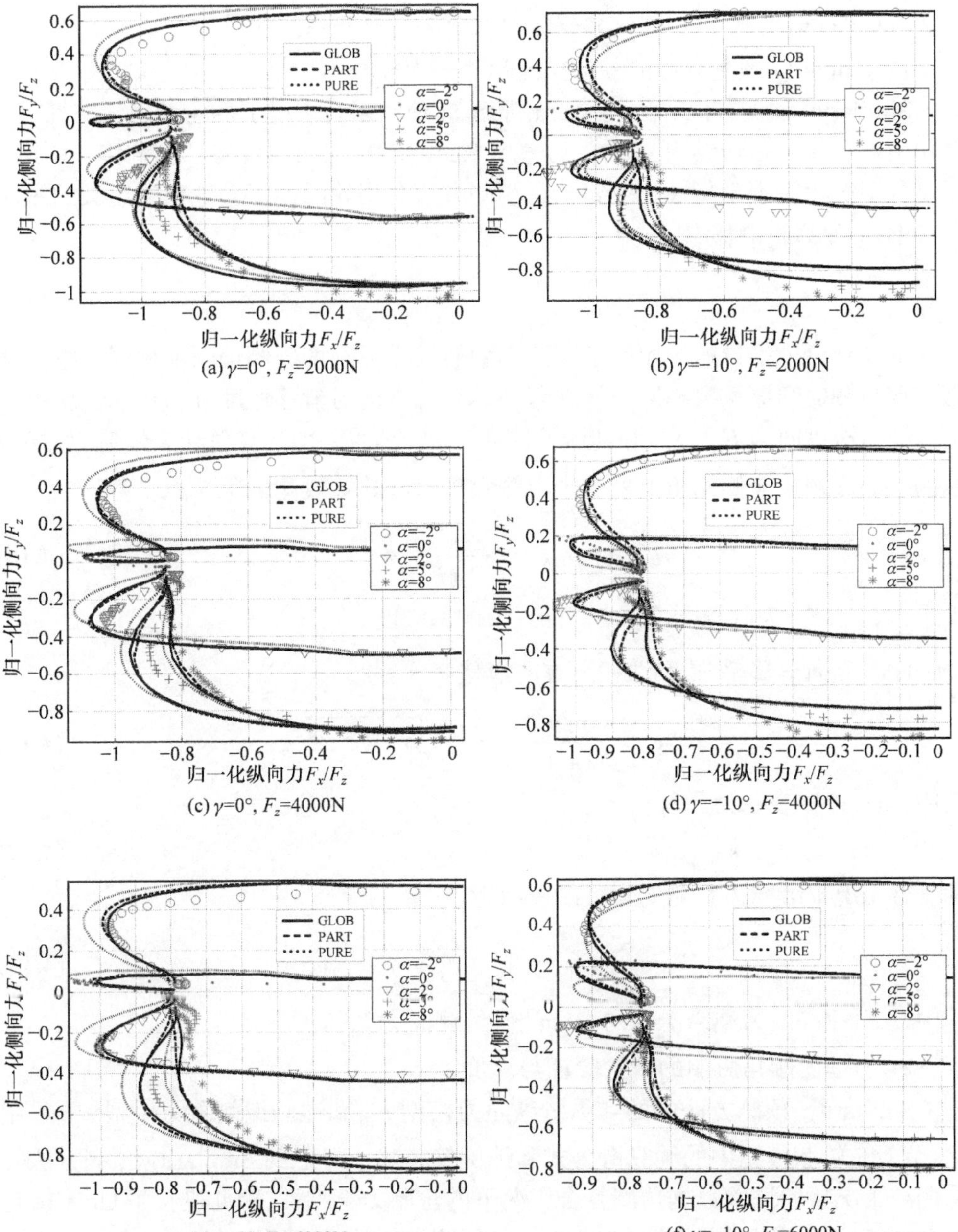

(a) γ=0°, F_z=2000N　(b) γ=−10°, F_z=2000N

(c) γ=0°, F_z=4000N　(d) γ=−10°, F_z=4000N

(e) γ=0°, F_z=6000N　(f) γ=−10°, F_z=6000N

图 4.13　纯工况预测方法、部分复合工况预测方法与全局辨识方法得到的摩擦椭圆图比较

2. UniTire 与 Similarity 轮胎模型的复合工况预测能力比较

1) Similarity 预测方法的复合工况预测能力简介

Similarity 预测方法利用纯工况轮胎试验预测复合工况下的轮胎力学特性[3]。最初由 Pacejka 在 1958 年提出，后来由 Radt 和 Pacejka 在 1963 年使用。为了描述复合工况轮胎力学特性，Similarity 预测方法利用轮胎刷子理论模型定义的纵向滑移率 σ_x 和侧向滑移率 σ_y 为

$$\sigma_x = \frac{\kappa}{1+\kappa}, \quad \sigma_y = \frac{\tan\alpha}{1+\kappa} \tag{4.9}$$

由 Pacejka 推导的轮胎刷子理论模型假设纵滑刚度与侧偏刚度相同，纵向摩擦系数与侧向摩擦系数相同，接地印迹总切力方向与滑移速度方向相同。所以，利用纯纵滑纵向力 F_{x0} 公式和纯侧偏侧向力 F_{y0} 公式近似计算总切力幅值。如果考虑侧倾的影响，在侧偏角上加一个由侧倾角引起的等效侧偏角 S_{Hy}：

$$S_{Hy} = \frac{C_{F\gamma}(F_z)}{C_{F\alpha}(F_z)}\gamma \tag{4.10}$$

其中，$C_{F\gamma}(F_z)$ 为侧倾刚度；$C_{F\alpha}(F_z)$ 为侧偏刚度。

此时侧向滑移率 σ_y^* 和总切力方向滑移率 σ^* 为

$$\sigma_y^* = \frac{\tan\alpha^*}{1+\kappa}, \quad \sigma^* = \sqrt{\sigma_x^2 + (\sigma_y^*)^2} \tag{4.11}$$

其中，α^* 可以表示为

$$\alpha^* = \alpha + S_{Hy} \tag{4.12}$$

则复合工况下纵向力和侧向力可以表示为

$$F_x = \frac{\sigma_x}{\sigma^*} F_{x0}\left(\sigma^*\right), \quad F_y = \frac{\sigma_y^*}{\sigma^*} F_{y0}\left(\sigma^*\right) \tag{4.13}$$

其中，F_{x0} 和 F_{y0} 为纯纵滑纵向力和纯侧偏侧向力。

2) 考虑侧倾角影响的试验验证与评价

Similarity 预测方法中的纯纵滑纵向力模型 F_{x0} 和纯侧偏侧向力模型 F_{y0} 采用 4.1 节 MF 轮胎模型中的纯纵滑公式和纯侧偏公式。考虑到 Similarity 预测方法是采用纯工况轮胎试验数据预测复合工况下的轮胎力学特性，因此进行了 UniTire 轮胎模型使用纯工况预测方法与 Similarity 预测方法的对比研究。

表 4.7 为 Similarity 预测方法与 UniTire 轮胎模型的纯工况预测方法所使用的纯纵滑试验数据。表 4.8 是 Similarity 预测方法与 UniTire 轮胎模型的纯工况预测方法、部分复合工况预测方法和全局辨识方法的残差结果比较，图 4.14 为其平均残差结果柱状图，所使用的评价指标与式(4.7)所使用的评价指标相同。

表 4.7　Similarity 预测方法与 UniTire 轮胎模型的纯工况预测方法所使用的纯纵滑试验数据

纯纵滑制动试验数据 (pure braking)	垂直负荷(vertical load)	2000N, 4000N, 6000N
	侧偏角(slip angle)	0°
	侧倾角(camber angle)	−10°, −5°, 0°, 5°
	纵向滑移率(longitudinal slip)	0～100% (制动)
	试验速度(test speed)	60km/h

表 4.8　Similarity 预测方法与 UniTire 的纯工况预测方法、部分复合工况预测方法与全局辨识方法的残差结果比较

轮胎试验工况 (tire test condition)				残差(deviation)/%							
				F_x				F_y			
	α /(°)	γ /(°)	κ	Similarity	UniTire (PURE)	UniTire (PART)	UniTire (GLOB)	Similarity	UniTire (PURE)	UniTire (PART)	UniTire (GLOB)
纯纵滑试验工况 (pure longitudinal slip condition)	0	−10	−1～0	8.7202	3.9143	4.9158	4.6255	47.409	52.005	14.458	15.191
	0	−5	−1～0	5.1419	3.4977	5.7891	6.7546	36.384	29.136	23.001	22.046
	0	0	−1～0	3.8406	3.3637	3.6975	4.929	130.24	124.66	71.098	69.222
	0	5	−1～0	5.6776	4.8243	4.6576	5.4559	138.7	139.93	79.739	81.146
复合工况 (combined slip condition)	−2	−10	−1～0	8.8182	4.5606	4.6211	4.6055	21.608	16.52	5.9455	5.6023
	−2	−5	−1～0	5.5868	3.9031	3.6176	3.7381	17.516	7.6248	7.3087	6.0371
	−2	0	−1～0	4.7547	5.5521	3.7096	2.9017	11.141	15.633	13.117	10.809
	−2	5	−1～0	10.189	9.6951	8.3484	7.6162	15.278	19.239	12.062	12.074
	2	−10	−1～0	7.3145	4.446	4.5646	4.0326	25.852	22.444	13.62	13.656
	2	−5	−1～0	3.724	3.404	4.2866	4.8743	25.942	17.391	12.519	13.685
	2	0	−1～0	6.0826	5.7735	4.134	3.7973	28.884	16.788	8.086	9.2726
	2	5	−1～0	9.791	8.2198	6.9631	5.9497	32.588	23.794	8.3176	9.2013
	5	−10	−1～0	13.945	3.604	3.0726	3.681	16.604	7.1704	5.4338	5.3807
	5	−5	−1～0	10.581	7.5228	4.2232	4.4528	17.388	7.681	6.3269	5.6214
	5	0	−1～0	11.322	9.3656	6.0984	6.0491	16.23	6.0205	9.0327	6.3117
	5	5	−1～0	15.012	12.179	9.7308	10.715	22.933	11.857	9.3935	9.1816
	8	−10	−1～0	16.046	7.583	8.0085	6.7595	10.354	5.3052	6.7001	5.4452
	8	−5	−1～0	11.785	6.3654	5.8678	3.6115	12.305	5.2359	6.7401	4.4176
	8	0	−1～0	11.184	7.1962	6.5177	4.6594	11.474	5.893	9.7965	6.7775
	8	5	−1～0	16.92	14.211	10.854	10.059	14.898	9.8286	12.381	10.456
	平均残差(average deviation)			9.3271	6.6478	5.7573	5.6446	18.136	11.863	9.2785	8.0562

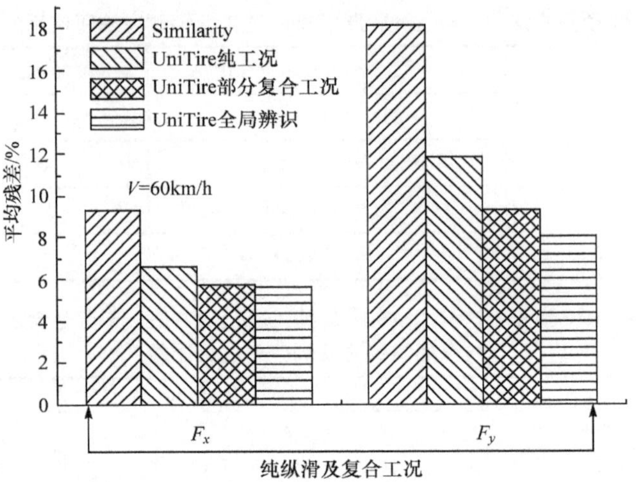

图 4.14 Similarity 预测方法与 UniTire 轮胎模型的纯工况预测方法、部分复合工况预测方法与全局辨识方法的残差结果柱状图

图 4.15 是 Similarity 预测方法与 UniTire 轮胎模型的纯工况预测方法得到的摩擦椭圆图比较。由图 4.14 可知，UniTire 轮胎模型的纯工况预测精度比

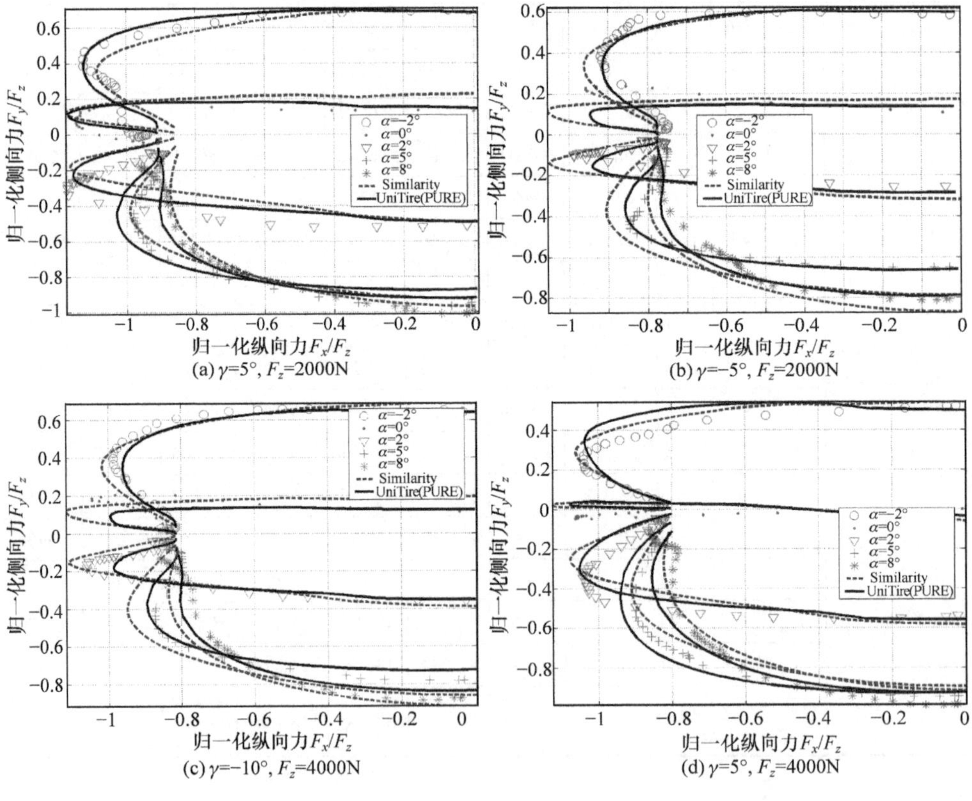

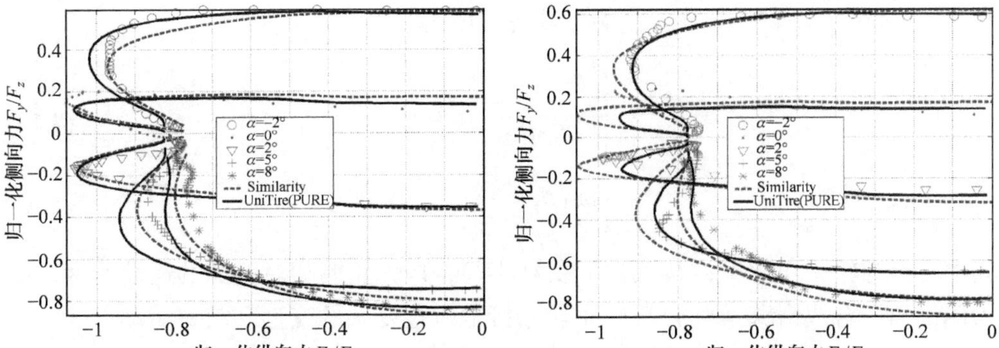

(e) γ=−5°, F_z=6000N　　(f) γ=−10°, F_z=6000N

图 4.15　Similarity 预测方法与 UniTire 轮胎模型的纯工况预测方法得到的摩擦椭圆图比较

Similarity 预测方法的预测精度高。因为轮胎是各向异性的，即轮胎纵滑刚度与侧偏刚度不同，纵向摩擦系数与侧向摩擦系数不同，所以纯纵滑 F_{x0} 和纯侧偏 F_{y0} 特性曲线不同，因此 Similarity 预测方法所基于的理论假设条件会给预测带来误差。

3. UniTire 与 COMBINATOR 轮胎模型的复合工况预测能力比较

1) COMBINATOR 轮胎模型简介

COMBINATOR 轮胎模型又称滑移圆轮胎模型(slip circle model)[3]，能够从纯工况轮胎试验预测纵滑侧偏复合工况下的轮胎力学特性。使用滑移圆概念，纵滑侧偏复合工况下轮胎力可以由两种纯工况的轮胎试验预测得到，即纯侧偏试验和纯纵滑试验。

滑移圆模型的假设条件为：轮胎与路面的总滑移率可以用向量表示；轮胎与路面接地印迹的总切力方向与总滑移率方向相同。

轮胎与路面接地印迹的纵向力 F_x、侧向力 F_y 和总切力 F 的关系为

$$F=\sqrt{F_x^2+F_y^2},\quad \tan\beta_F=\frac{F_y}{F_x} \tag{4.14}$$

其中，β_F 为总切力方向角。

轮胎与路面接地印迹的纵向滑移速度 V_{sx}、侧向滑移速度 V_{sy}、合成滑移速度 V_s 以及总滑移率方向角 β_s 可以表示为

$$\begin{cases} V_{sx}=\omega R_l - V\cos\alpha \\ V_{sy}=V\sin\alpha \\ V_s=\sqrt{V_{sx}^2+V_{sy}^2} \\ \tan\beta_s=\dfrac{V_{sy}}{V_{sx}} \end{cases} \tag{4.15}$$

其中，ω为轮胎角速度；R_l为轮胎负载半径；V为轮胎相对路面的运动速度；α为侧偏角。合成滑移速度V_s反映了轮胎接地印迹复杂的变形和滑移运动。

定义纵向滑移率S_x和侧向滑移率S_y：

$$S_x=\frac{V_{sx}}{V},\quad S_y=\frac{V_{sy}}{V}=\sin\alpha \tag{4.16}$$

SAE 定义的纵向滑移率为

$$\kappa=\frac{\omega R_l - V\cos\alpha}{V\cos\alpha} \tag{4.17}$$

当α较小时，$S_x\approx\kappa$，所以用滑移率κ来代替S_x，则总滑移率S和总滑移率方向角β_s为

$$\begin{cases} S=\sqrt{\kappa^2+\sin^2\alpha} \\ \tan\beta_s=\dfrac{\sin\alpha}{\kappa} \end{cases} \tag{4.18}$$

根据假设条件，总切力向量$\overline{F}$与总滑移率向量$\overline{S}$同方向，在 ISO 或 SAE 坐标系下得到

$$\tan\beta=\tan\beta_F=\tan\beta_s=\frac{F_y}{F_x}=-\frac{\sin\alpha}{\kappa} \tag{4.19}$$

其中，β是向量$\overline{F}$和向量$\overline{S}$的方向角。

如果纵向滑移率κ和侧偏角α已知，则总滑移率S和总滑移率方向角β_s已知，由$\beta_s=\beta_F$，则总切力方向角可知。由纯侧偏和纯纵滑试验曲线可知，在给定总滑移率S的情况下，对于不同的总滑移率方向角β_s，总切力的幅值不同。总切力的幅值是总滑移率S和总滑移率方向角β_s的函数，即

$$F=f(S,\beta_s) \tag{4.20}$$

由试验数据可知，在给定总滑移率S的情况下，$F(\beta_s)$特性显示为三角波形状。所以，使用简单的三角函数模型来描述总切力与总滑移率方向角的关系，即

$$F = a_0(S) + a_1(S)\cos(2\beta_s) \tag{4.21}$$

其中，常量 a_0 和 a_1 由纯纵滑纵向力 F_{x0} 和纯侧偏侧向力 F_{y0} 两种试验得到：

$$\begin{cases} a_0 = 0.5\left(F_{x0} + F_{y0}\right) \\ a_1 = 0.5\left(F_{x0} - F_{y0}\right) \end{cases} \tag{4.22}$$

因此，将式(4.22)代入式(4.21)可得

$$F = 0.5\left(F_{x0} + F_{y0}\right) + 0.5\left(F_{x0} - F_{y0}\right)\cos(2\beta_s) \tag{4.23}$$

则纵滑侧偏复合工况下的纵向力和侧向力为

$$\begin{cases} F_x = F\cos(\beta_F) \\ F_y = F\sin(\beta_F) \end{cases} \tag{4.24}$$

滑移圆模型的计算流程如图 4.16 所示。

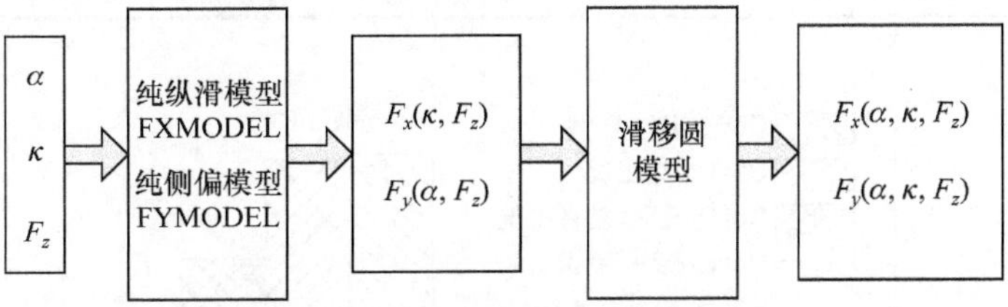

图 4.16　滑移圆模型的计算流程图

2) 不考虑侧倾角影响的试验验证与评价

COMBINATOR 预测方法中的纯纵滑纵向力模型 F_{x0} 和纯侧偏侧向力模型 F_{y0} 采用 4.1 节 MF 轮胎模型中的纯纵滑公式和纯侧偏公式。本节的 COMBINATOR 预测方法采用不考虑侧倾角影响的纯工况轮胎试验数据预测纵滑侧偏复合工况下的轮胎力学特性，所以 UniTire 轮胎模型使用纯工况预测方法与之进行对比。

表 4.9 为 COMBINATOR 预测方法与 UniTire 轮胎模型的纯工况预测方法所使用的不考虑侧倾角影响的纯纵滑试验数据。表 4.10 是 COMBINATOR 预测方法与 UniTire 轮胎模型的纯工况预测方法、部分复合工况预测方法和全局辨识方法的残差结果比较，图 4.17 为其平均残差结果柱状图，所使用的评价指标与式(4.7)所使用的评价指标相同。

表 4.9　COMBINATOR 预测方法与 UniTire 轮胎模型的纯工况预测方法使用的纯纵滑试验数据

纯纵滑制动试验数据 (pure braking)	垂直载荷(vertical load)	2000N, 4000N, 6000N
	侧偏角(slip angle)	0°
	侧倾角(camber angle)	0°
	纵向滑移率(longitudinal slip)	0～100% (制动)
	试验速度(test speed)	60km/h

表 4.10 COMBINATOR 预测方法与 UniTire 轮胎模型的纯工况预测方法、部分复合工况预测方法与全局辨识方法的残差结果比较

轮胎试验工况 (tire test condition)				残差(deviation)/%							
				F_x				F_y			
纯纵滑工况 (pure longitudinal slip condition)	α /(°)	γ /(°)	κ	COMBI-NATOR	UniTire (PURE)	UniTire (PART)	UniTire (GLOB)	COMBI-NATOR	UniTire (PURE)	UniTire (PART)	UniTire (GLOB)
	0	0	−1～0	3.651	2.695	4.0119	5.1673	103.71	118.7	46.812	32.895
复合工况 (combined slip condition)	−2	0	−1～0	5.8019	4.9384	3.0659	2.5485	10.296	12.423	7.0809	7.0259
	2	0	−1～0	5.7174	4.735	4.4397	3.2541	18.367	18.36	12.204	9.3784
	5	0	−1～0	8.9796	9.4299	6.9417	5.7328	7.2234	4.8016	3.8571	4.5674
	8	0	−1～0	8.1012	7.6289	5.5	5.0934	5.6004	5.4287	8.249	5.6284
	平均残差(average deviation)			6.3603	5.9134	4.7678	4.4256	9.3	9.2234	7.5784	6.0103

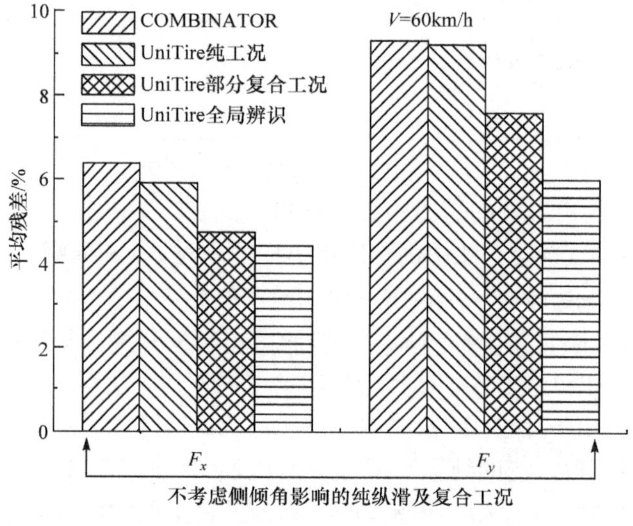

图 4.17 COMBINATOR 预测方法与 UniTire 轮胎模型的纯工况预测方法、部分复合工况预测方法与全局辨识方法的残差结果柱状图

图 4.18 是 COMBINATOR 预测方法与 UniTire 轮胎模型的纯工况预测方法得到的摩擦椭圆图比较。由图 4.17 可知，COMBINATOR 预测方法的预测精度与 UniTire 轮胎模型的纯工况预测方法的预测精度十分接近，但是低于 UniTire 轮胎模型的部分复合工况预测方法的预测精度和全局辨识精度。在 COMBINATOR 轮胎模型中，假设总切力方向与总滑移率方向相同。对大滑移工况而言，这种假设正确。但是对小滑移工况而言，这种假设不正确，因为轮胎侧偏刚度通常比纵滑刚度小。

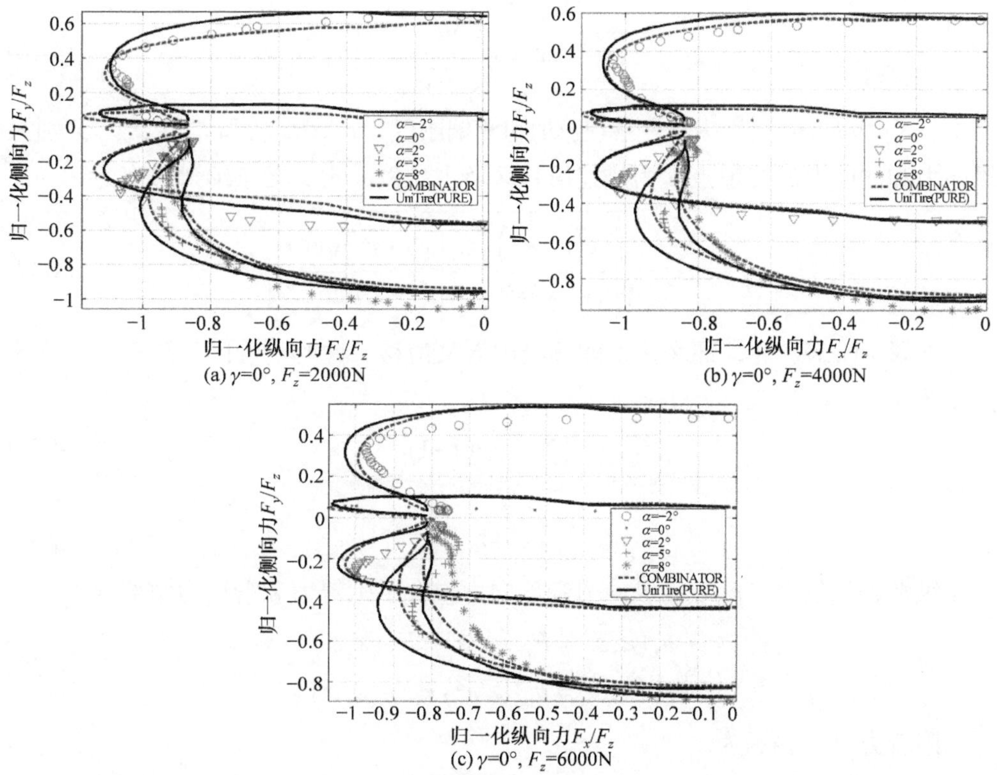

图 4.18　COMBINATOR 预测方法与 UniTire 轮胎模型的纯工况预测方法得到的摩擦椭圆图比较

4. UniTire 与 Lund 轮胎模型的复合工况预测能力比较

1) Lund 轮胎模型简介

Lund 轮胎模型通过纯纵滑和纯侧偏工况试验数据来预测纵滑侧偏复合工况下的轮胎力学特性[4]。轮胎刷子模型把轮胎与地面之间的接地印迹分成附着区和滑移区，那么轮胎作用力包含了由这两个区域所产生的力。Lund 轮胎模型由纯纵滑和纯侧偏模型计算附着力和滑移力，再将它们乘以一个比例系数后相加来计算复合工况的纵向力和侧向力。通过附着力和滑移力的分离就能建立滑移力与轮胎和路面之间滑移速度的联系。

模型输入为纵向滑移率κ和侧偏角α，定义整个接地印迹开始全滑的纯纵滑全滑点κ^o和纯侧偏全滑点α^o为

$$\kappa^o = \frac{3F_{xm}}{K_x + 3F_{xm}} \tag{4.25}$$

$$\alpha^o = \arctan\left(\frac{3F_{ym}}{K_y}\right) \tag{4.26}$$

其中，K_x 和 K_y 分别为纵滑刚度(制动)和侧偏刚度；$F_{xm}=\mu_x F_z$ 和 $F_{ym}=\mu_y F_z$ 分别为纵向力和侧向力的峰值点。为描述滑移区所占比例，定义无量纲滑移率为

$$\psi(\kappa,\alpha) = \sqrt{\left[\frac{\kappa(1-\kappa^o)}{(1-\kappa)\kappa^o}\right]^2 + \left[\frac{(1-\kappa^o)\tan\alpha}{(1-\kappa)\tan\alpha^o}\right]^2} \tag{4.27}$$

如果 $\psi(\kappa,\alpha) \leqslant 1$，那么接地印迹既附着又滑移，此时附着区与滑移区的分界点 x_s 为

$$x_s = (2\psi(\kappa,\alpha)-1)a \tag{4.28}$$

否则：

$$x_s = a \tag{4.29}$$

纵滑侧偏复合工况下的纵向力和侧向力包含了附着力和滑移力两部分：

$$\begin{cases} F_x(\kappa,\alpha) = F_{ax}(\kappa,\alpha) + F_{sx}(\kappa,\alpha) \\ F_y(\kappa,\alpha) = F_{ay}(\kappa,\alpha) + F_{sy}(\kappa,\alpha) \end{cases} \tag{4.30}$$

附着力可以表示为

$$\begin{cases} F_{ax}(\kappa,\alpha) = -K_x \dfrac{\kappa}{1-\kappa}(1-\psi(\kappa,\alpha))^2 \\ F_{ay}(\kappa,\alpha) = -K_y \dfrac{\tan\alpha}{1-\kappa}(1-\psi(\kappa,\alpha))^2 \end{cases} \tag{4.31}$$

作用在滑移区上的垂直力可以表示为

$$F_{sz}(\kappa,\alpha) = F_z \psi^2(\kappa,\alpha)(3-2\psi(\kappa,\alpha)) \tag{4.32}$$

定义滑移率方向角为

$$\beta' = \frac{\mu_x}{\mu_y}\frac{\tan\alpha}{\kappa} \tag{4.33}$$

假设滑移力方向与滑移率方向角同向，则复合工况下的滑移力为

$$\begin{cases} F_{sx}(\kappa,\alpha) = -\cos(\beta')\mu_x F_{sz}(\kappa,\alpha)\operatorname{sgn}(\kappa) \\ F_{sy}(\kappa,\alpha) = -\cos(\beta')\mu_y F_{sz}(\kappa,\alpha)\operatorname{sgn}(\alpha) \end{cases} \tag{4.34}$$

当 $\kappa \neq 0$ 和 $\alpha \neq 0$ 时，复合工况下的轮胎力计算方法为：首先由名义输入 κ 和 α 计算纯工况滑移率 $\kappa_0(\kappa,\alpha)$ 和 $\alpha_0(\kappa,\alpha)$，简化为 κ_0 和 α_0，把 κ_0 和 α_0 作为纯工况模型的输入来计算纯工况纵向力 F_{0x} 和侧向力 F_{0y}，然后乘以一个比例系数来计

算复合工况下的轮胎力。因为附着力和滑移力产生机理不同，所以纵向附着力和纵向滑移力分别表示为

$$\begin{cases} F_{ax}(\kappa,\alpha)=\dfrac{F_{ax}(\kappa,\alpha)}{F_{0x}(\kappa_{0a})}F_{0x}(\kappa_{0a})=G_{ax}(\kappa,\alpha)F_{0x}(\kappa_{0a})\approx G_{ax}(\kappa,\alpha)\hat{F}_{0x}(\kappa_{0a}) \\ F_{sx}(\kappa,\alpha)=\dfrac{F_{sx}(\kappa,\alpha)}{F_{0x}(\kappa_{0s})}F_{0x}(\kappa_{0s})=G_{sx}(\kappa,\alpha)F_{0x}(\kappa_{0s})\approx G_{sx}(\kappa,\alpha)\hat{F}_{0x}(\kappa_{0s}) \end{cases} \tag{4.35}$$

侧向力同理。$\hat{F}_{0x}(\kappa_0)$和$\hat{F}_{0y}(\alpha_0)$是纯工况模型的纵向力公式和侧向力公式，则纵滑侧偏复合工况下轮胎纵向力公式和侧向力公式(4.30)可以表示为

$$\begin{cases} \hat{F}_x(\kappa,\alpha)=G_{ax}(\kappa,\alpha)\hat{F}_{0x}(\kappa_{0a})+G_{sx}(\kappa,\alpha)\hat{F}_{0x}(\kappa_{0s}) \\ \hat{F}_y(\kappa,\alpha)=G_{ay}(\kappa,\alpha)\hat{F}_{0y}(\alpha_{0a})+G_{sy}(\kappa,\alpha)\hat{F}_{0y}(\alpha_{0s}) \end{cases} \tag{4.36}$$

Lund 轮胎模型中有 3 个参数：参数κ^o和α^o描述了纯工况试验数据从部分滑移到全滑的滑移点，假设此滑移点在纵向力或侧向力曲线峰值点处，所以可以从纯纵滑和纯侧偏试验数据获得；V_0为轮胎纯工况模型所使用的车轮速度，轮胎实际行驶速度V为输入量，如果V_0未知，那么可以使用$V/V_0=1$，此时忽略速度的影响。

2) 试验验证与评价

Lund 预测方法中的纯纵滑纵向力模型$\hat{F}_{0x}$和纯侧偏侧向力模型$\hat{F}_{0y}$采用 4.1 节 MF 轮胎模型中的纯纵滑公式和纯侧偏公式。这里的 Lund 预测方法采用不考虑侧倾角影响的纯工况轮胎试验数据预测纵滑侧偏复合工况下的轮胎力学特性，所以 UniTire 轮胎模型使用纯工况预测方法与之进行对比。

Lund 预测方法与 UniTire 轮胎模型的纯工况预测方法所使用的不考虑侧倾角影响的纯纵滑试验数据如表 4.9 所示。表 4.11 是 Lund 预测方法与 UniTire 轮胎模型的纯工况预测方法、部分复合工况预测方法和全局辨识方法的残差结果比较，图 4.19 为其平均残差结果柱状图，所使用的评价指标与式(4.7)所使用的评价指标相同。Lund 轮胎模型中有三个参数，分别取值为$\kappa^o=-1$、$\alpha^o=-15^\circ$和$V=V_0$=60km/h 。

表 4.11　Lund 预测方法与 UniTire 轮胎模型的纯工况预测方法、部分复合工况预测方法与全局辨识方法的残差结果比较

轮胎试验工况 (tire test condition)				残差(deviation)/%							
				F_x				F_y			
纯纵滑工况 (pure longitudinal slip condition)	α /(°)	γ /(°)	κ	Lund	UniTire (PURE)	UniTire (PART)	UniTire (GLOB)	Lund	UniTire (PURE)	UniTire (PART)	UniTire (GLOB)
	0	0	−1～0	3.68	2.695	4.0119	5.1673	57.26	118.7	46.812	32.895

续表

轮胎试验工况 (tire test condition)				残差(deviation)/%							
				F_x				F_y			
	α /(°)	γ /(°)	κ	Lund	UniTire (PURE)	UniTire (PART)	UniTire (GLOB)	Lund	UniTire (PURE)	UniTire (PART)	UniTire (GLOB)
复合工况 (combined slip condition)	−2	0	−1～0	5.1843	4.9384	3.0659	2.5485	14.711	12.423	7.0809	7.0259
	2	0	−1～0	4.7845	4.735	4.4397	3.2541	22.962	18.36	12.204	9.3784
	5	0	−1～0	7.9635	9.4299	6.9417	5.7328	15.273	4.8016	3.8571	4.5674
	8	0	−1～0	12.407	7.6289	5.5	5.0934	14.978	5.4287	8.249	5.6284
	平均残差(average deviation)			10.456	5.9134	4.7678	4.4256	17.232	9.2234	7.5784	6.0103

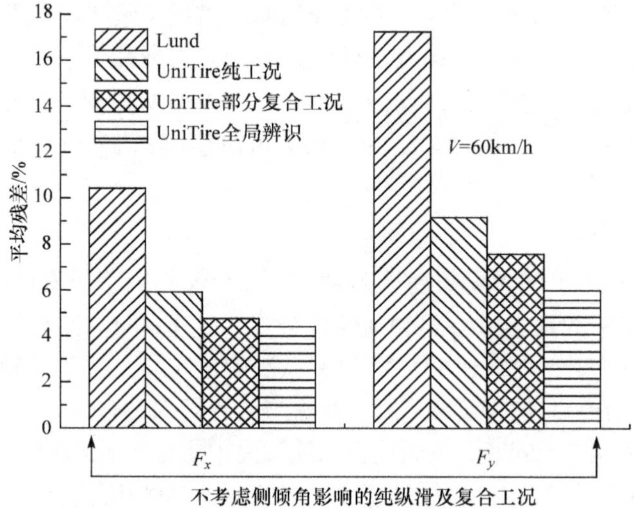

图 4.19　Lund 预测方法与 UniTire 轮胎模型的纯工况预测方法、部分复合工况预测方法与全局辨识方法的残差结果柱状图

图 4.20 是 Lund 预测方法与 UniTire 轮胎模型的纯工况预测方法得到的摩擦椭圆图比较。由图可知，在小侧偏角下 Lund 预测方法的预测结果与试验数据吻合得很好，当侧偏角增大时，Lund 预测方法的预测结果与试验数据出现较大偏差，且 UniTire 轮胎模型的纯工况预测方法的预测精度高于 Lund 轮胎模型的预测精度。

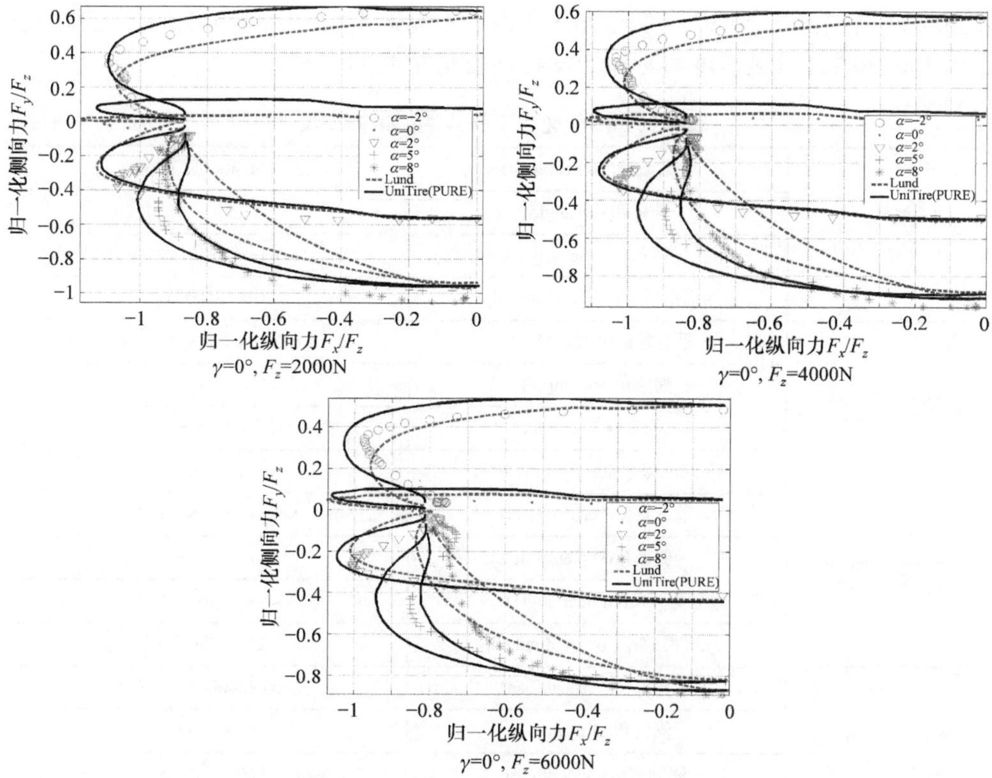

图 4.20　Lund 预测方法与 UniTire 轮胎模型的纯工况预测方法得到的摩擦椭圆图比较

4.3　UniTire 轮胎稳态模型的速度预测能力

随着高速汽车操纵稳定性和行使安全性问题的日益突出，对高速条件下轮胎力学特性建模精度提出了更高的要求[2]。不同速度下轮胎的力学特性有很大的差异，覆盖不同速度区间的轮胎高速试验周期长、耗损大，价格十分昂贵。如果能通过轮胎低速试验预测高速轮胎力学特性，将会降低试验成本。本节利用不同速度下的轮胎纯侧偏试验数据，研究 UniTire 轮胎模型从低速试验数据预测高速轮胎力学特性的能力，其中包括速度对动摩擦系数的影响、速度对侧偏刚度的影响，以及速度对回正力臂的影响。

1. 轮胎试验

采用四种速度下的纯侧偏试验数据，轮胎型号为 Goodyear Wrangler ST 245/75R16。试验内容为稳态条件下干路面上的力和力矩特性，包括不同载荷不同侧倾角下的纯侧偏侧向力和回正力矩试验数据。试验工况如表 4.12 所示。图 4.21

和图 4.22 是载荷为 4000N、侧倾角为零时，不同速度下轮胎纯侧偏侧向力和回正力矩试验曲线，可见速度对轮胎力学特性有很重要的影响。

表 4.12　四种速度下的纯侧偏试验工况

速度为 3km/h 胎压为 2.4bar	垂直载荷(vertical load)	2000N, 4000N, 6000N
	侧偏角(slip angle)	−18°～18°
	侧倾角(camber angle)	−20°, −15°, −10°, −5°, 0°, 5°
	纵向滑移率(longitudinal slip)	0% (纯滚动)
速度为 20km/h 胎压为 2.4bar	垂直载荷(vertical load)	2000N, 4000N, 6000N
	侧偏角(slip angle)	−18°～18°
	侧倾角(camber angle)	−5°, 0°, 5°
	纵向滑移率(longitudinal slip)	0% (纯滚动)
速度为 60km/h 胎压为 2.4bar	垂直载荷(vertical load)	2000N, 4000N, 6000N
	侧偏角(slip angle)	−18°～18°
	侧倾角(camber angle)	−20°, −15°, −10°, −5°, 0°, 5°
	纵向滑移率(longitudinal slip)	0% (纯滚动)
速度为 100km/h 胎压为 2.4bar	垂直载荷(vertical load)	2000N, 4000N, 6000N
	侧偏角(slip angle)	−18°～18°
	侧倾角(camber angle)	−20°, −15°, −10°, −5°, 0°, 5°
	纵向滑移率(longitudinal slip)	0% (纯滚动)

注：1bar=0.1MPa。

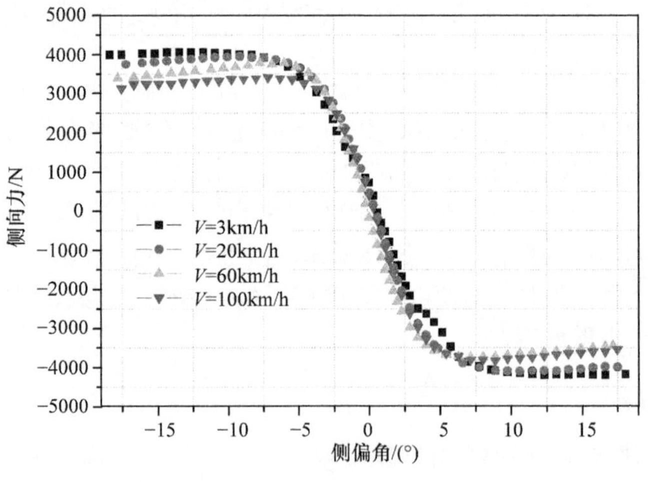

图 4.21　不同速度下轮胎纯侧偏侧向力试验曲线

γ=0°, F_z=4000N

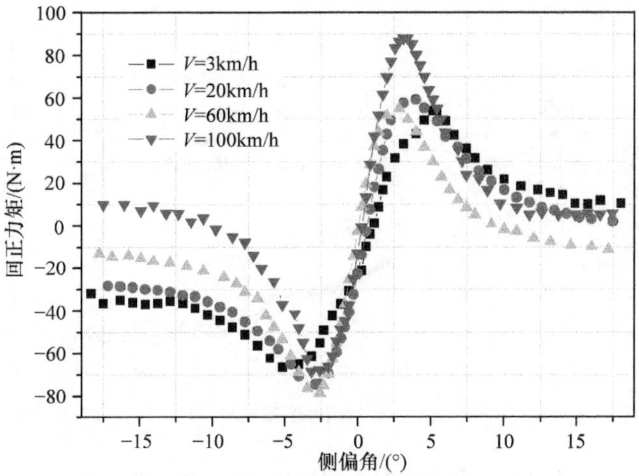

图 4.22 不同速度下轮胎纯侧偏回正力矩试验曲线

γ=0°, F_z=4000N

2. 速度对动摩擦系数的影响

轮胎与路面之间接地印迹上的摩擦系数与滑移速度有直接的关系，这种关系可以解释高速下和低速下轮胎力学特性的不同。然而，在半经验模型建模的过程中，为了获得更精确的侧偏刚度，侧向动摩擦系数采用修正的 Savkoor 形式：

$$\mu_y = \mu_{ys} + \left(\mu_{y0} - \mu_{ys}\right)\exp\left(-\mu_{yh}^2 \lg^2\left(\left|\frac{V_{sy}}{V_{sym}}\right| + \exp\left(-\left|\frac{V_{sy}}{V_{sym}}\right|\right)\right)\right) \tag{4.37}$$

其中，μ_{y0}、μ_{ys}、μ_{yh} 和 V_{sym} 是某一种轮胎在某一种路面上的摩擦特性参数；V_{sy} 是侧向滑移速度，当 V_{sy}=0 时，侧向摩擦系数 μ_y 为最大值 μ_{y0}，并且 μ_y 在 V_{sy}=0 处对 V_{sy} 的导数为零，随着侧向滑移速度 V_{sy} 的增加，侧向摩擦系数 μ_y 在峰值滑移速度 V_{sym} 附近开始下降，最后趋于饱和值 μ_{ys}。图 4.23 是从试验数据得到的侧向滑移速度 V_{sy} 与侧向摩擦系数 μ_y 的关系。

图 4.24 为四种速度下侧倾角为 0°时，侧向摩擦系数 μ_y 随侧偏角 α 的变化规律。当 α 变化时，侧向滑移速度 V_{sy} 也随之改变，但是 V_{sy} 的变化范围取决于速度 V。当 V 很小时，V_{sy} 的变化范围很小；当 V 很大时，V_{sy} 的变化范围很大。所以低速时，侧向摩擦系数 μ_y 相对无变化；高速时，侧向摩擦系数 μ_y 变化很大。正如上面所提到的，μ_{y0} 是低速时的侧向摩擦系数，它可以从低速的轮胎试验数据

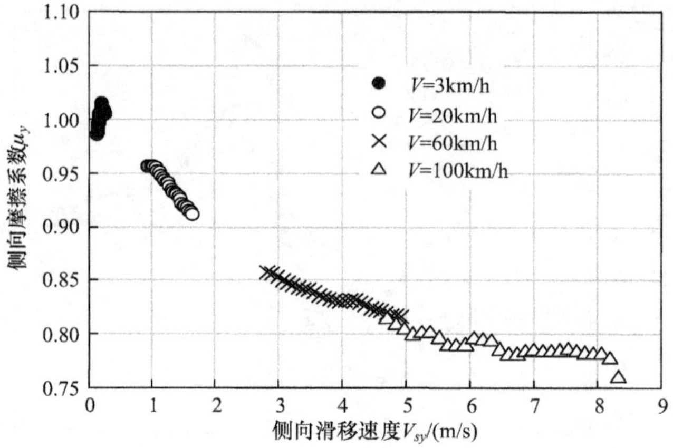

图 4.23　侧向摩擦系数与侧向滑移速度的关系

$\gamma=0°$, $F_z=6000\text{N}$

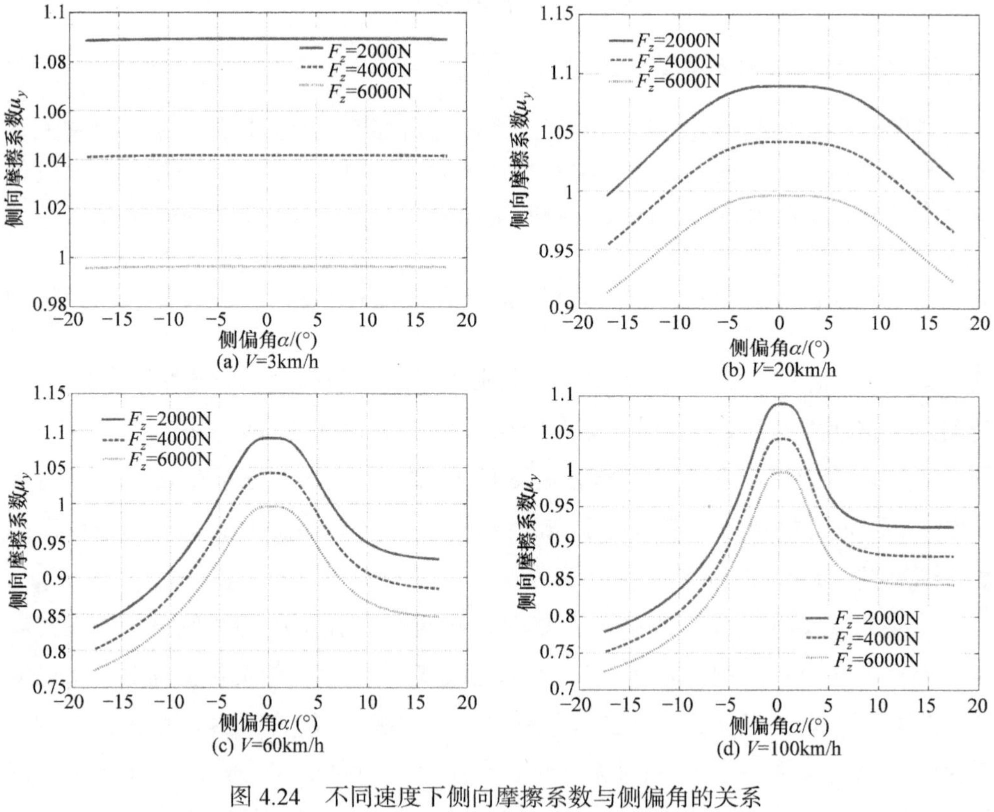

图 4.24　不同速度下侧向摩擦系数与侧偏角的关系

$\gamma=0°$, $\kappa=0$

辨识得到。研究发现，μ_{y0} 是垂直载荷的函数，μ_{ys}/μ_{y0}、V_{sym}/μ_{y0} 和 μ_{yh}/μ_{y0} 与垂直载荷无关，可以表示为

$$\begin{cases}\dfrac{\mu_{ys}}{\mu_{y0}}=P_{\mu ys1}+P_{\mu ys2}\gamma\\ \dfrac{V_{sym}}{\mu_{y0}}=P_{\mu ym1}+P_{\mu ym2}\gamma\\ \dfrac{\mu_{yh}}{\mu_{y0}}=P_{\mu yh1}+P_{\mu yh2}\gamma\end{cases} \tag{4.38}$$

其中，$P_{\mu ys1}$、$P_{\mu ys2}$、$P_{\mu ym1}$、$P_{\mu ym2}$、$P_{\mu yh1}$ 和 $P_{\mu yh2}$ 这六个参数可以从某种轮胎和路面的试验数据辨识得到。

3. 速度对侧偏刚度的影响

从试验数据中可以发现，侧偏刚度随着车速的增加有上升趋势，达到一个峰值后，侧偏刚度开始下降。图 4.25 中试验点为从试验数据中得到的载荷为 4000N、侧倾角为 0°时不同速度下侧偏刚度的变化规律。因此，采用如下公式来表达侧偏刚度与车速的关系：

$$K_y(V)=K_y\left[1+P_{Kyv1}\left(\frac{V-V_0}{V_0}\right)+P_{Kyv2}\left(\frac{V-V_0}{V_0}\right)^2\right] \tag{4.39}$$

其中，P_{Kyv1} 和 P_{Kyv2} 为待拟合参数。图 4.25 中仿真曲线为车速 V 在 0～100km/h 范围内变化时，式(4.39)表达的侧偏刚度与车速的变化规律。

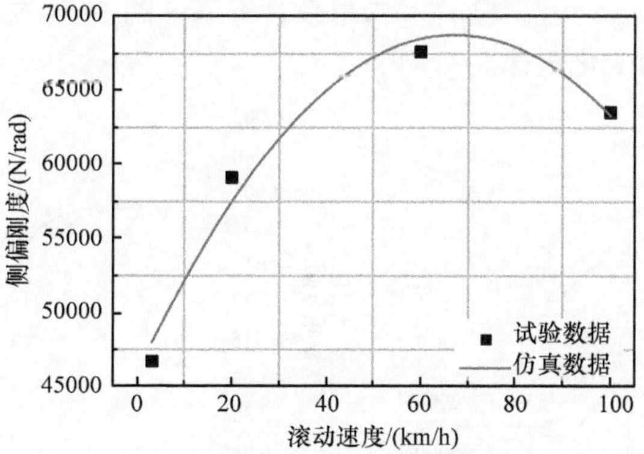

图 4.25　侧偏刚度与车速的关系

γ=0°, F_z=4000N

4. 速度对回正力臂的影响

图 4.26 为从试验数据中得到的载荷为 4000N、侧倾角为 0°时不同速度下轮胎回正力臂的变化规律。从试验数据中可以发现，回正力臂初始值 D_{x0} 的绝对值随车速的增加有上升趋势；回正力臂终值 D_e 在正侧偏角和负侧偏角工况随车速的变化规律不同。

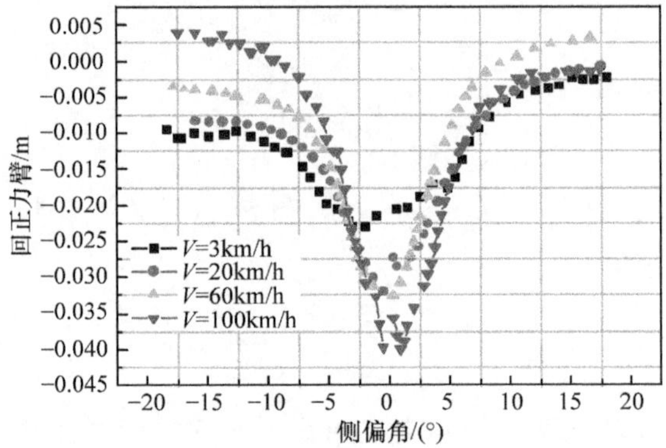

图 4.26　不同车速下轮胎回正力臂试验曲线

γ=0°, F_z=4000N

因此，回正力臂初始值 D_{x0} 和回正力臂终值 D_e 与车速的关系如下：

$$D_{x0}(V)=D_{x0}\left[1+q_{dx0v1}\left(\frac{V-V_0}{V_0}\right)+q_{dx0v2}\left(\frac{V-V_0}{V_0}\right)^2\right] \tag{4.40}$$

$$D_e(V)=D_e\left[1+q_{dev1}\left(\frac{V-V_0}{V_0}\right)+q_{dev2}\left(\frac{V-V_0}{V_0}\right)^2\right] \tag{4.41}$$

其中，q_{dx0v1}、q_{dx0v2}、q_{dev1} 和 q_{dev2} 为待拟合参数。图 4.27 为侧倾角为 0°时回正力臂 D_x 与侧偏角的变化规律。

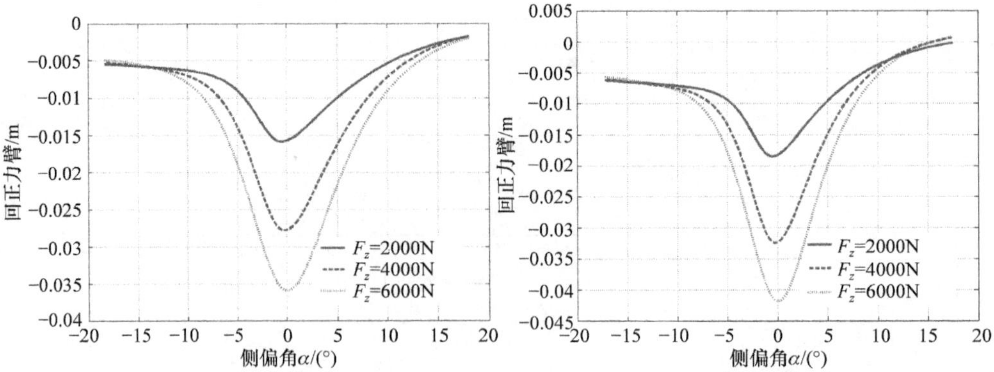

(a) V=3km/h　　(b) V=20km/h

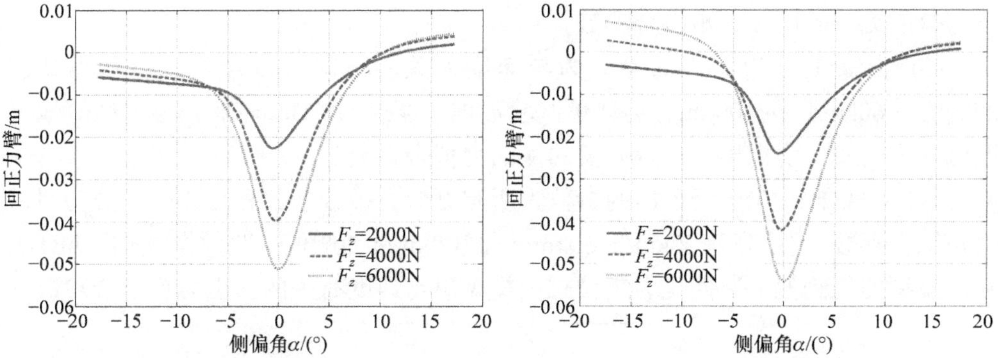

(c) V=60km/h　　(d) V=100km/h

图 4.27　不同速度下轮胎回正力臂与侧偏角的关系

γ=0°, κ=0

5. 速度预测方法

UniTire 轮胎模型中纯侧偏特性侧向力和回正力矩公式包含与速度无关的参数和速度有关的参数两种，分类如下：

- 纯侧偏侧向力
  - 与速度无关的参数16个
  - 与速度有关的参数12个
- 纯侧偏回正力矩
  - 与速度无关的参数35个
  - 与速度有关的参数6个

利用四种速度下的全部侧偏特性试验数据辨识所有纯侧偏侧向力和回正力矩参数，即全局辨识方法。

使用低速 3km/h 的试验数据辨识与速度无关的纯侧偏侧向力和回正力矩参数，与速度有关的参数决定了不同速度下轮胎力学特性的预测精度。由于缺少不同路面不同速度下的试验数据，这些与速度有关的经验参数很难得到，所以通过其他三种速度的试验数据辨识这些与速度有关的参数，作为当前的经验值，即速度预测方法(speed prediction method)，简称 PRED。图 4.28 为速度预测方法流程，具体步骤如下：

(1) 利用低速 3km/h 纯侧偏试验数据，通过 UniTire 轮胎模型的纯侧偏工况侧向力公式，辨识与速度无关的侧向力拟合参数。

(2) 步骤(1)已辨识出的参数为与速度无关的侧向力拟合参数。利用低速 3km/h 纯侧偏试验数据，通过 UniTire 轮胎模型的纯侧偏工况回正力矩公式，辨识出与速度无关的回正力矩拟合参数。

(3) 步骤(1)已辨识出的参数为与速度无关的侧向力拟合参数。利用高速 20km/h、60km/h 和 100km/h 纯侧偏试验数据，通过 UniTire 轮胎模型的纯侧偏工况侧向力公式，辨识出与速度有关的侧向力拟合参数。

(4) 步骤(1)～(3)已辨识出的参数为所有侧向力拟合参数和与速度无关的回正力矩拟合参数。利用高速 20km/h、60km/h 和 100km/h 纯侧偏试验数据，通过 UniTire 轮胎模型的纯侧偏工况回正力矩公式，辨识出与速度有关的回正力矩拟合参数。

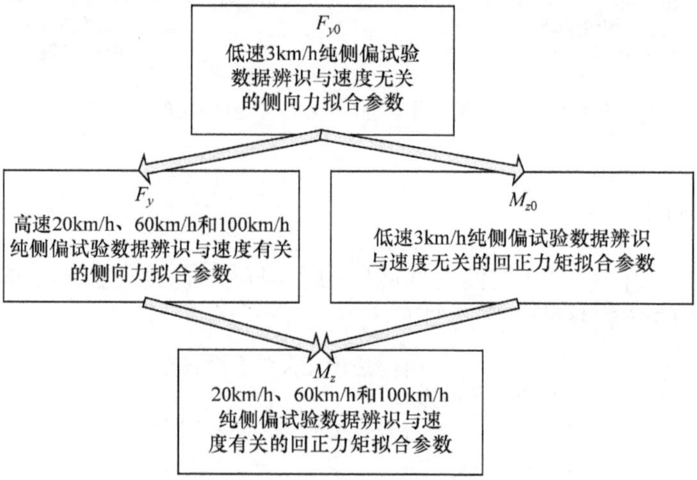

图 4.28　速度预测方法流程

图 4.29～图 4.31 为利用低速 3km/h 纯侧偏试验数据得到的不同侧倾角下轮胎侧向力和回正力矩特性曲线。

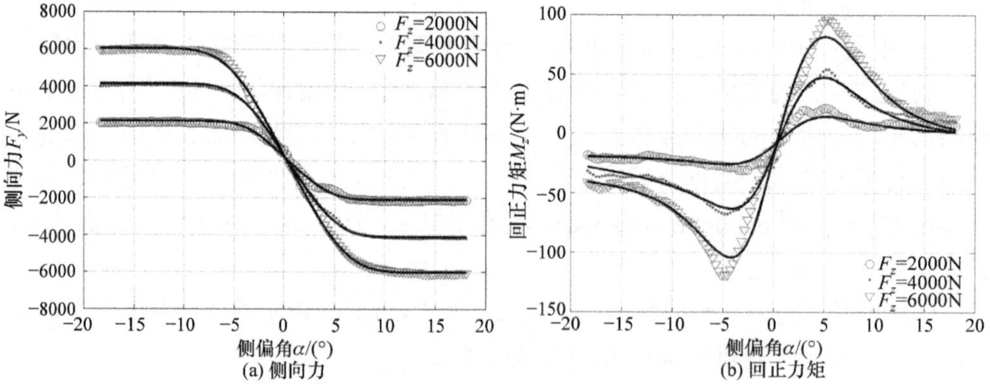

(a) 侧向力　　　　(b) 回正力矩

图 4.29　速度为 3km/h、侧倾角为 0°时侧向力和回正力矩辨识结果

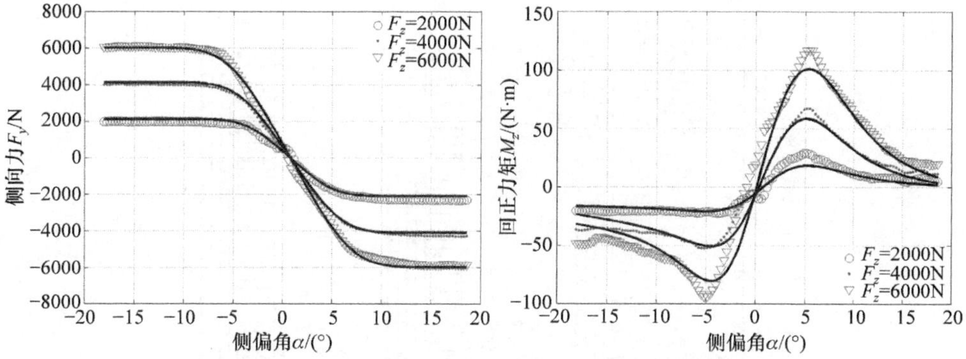

图 4.30　速度为 3km/h、侧倾角为−5°时侧向力和回正力矩辨识结果

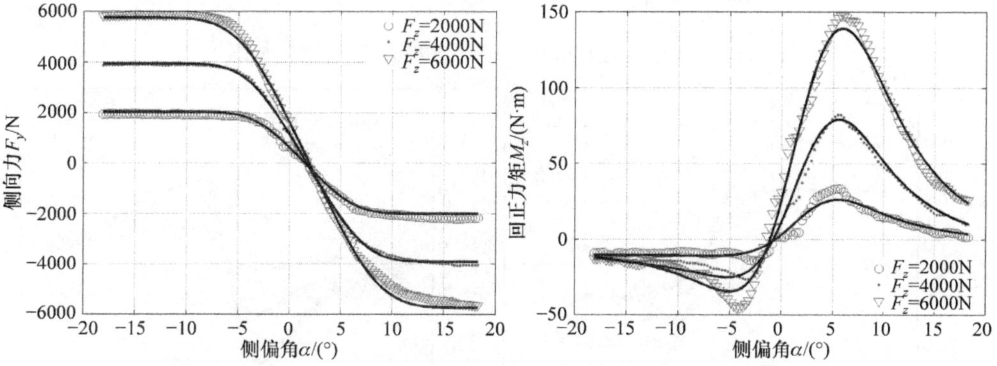

图 4.31　速度为 3km/h、侧倾角为−15°时侧向力和回正力矩辨识结果

6. 预测结果与比较

表 4.13 和图 4.32 为速度预测方法和全局辨识方法的残差结果比较，所使用的评价指标与式(4.7)所使用的评价指标相同。

表 4.13　速度预测方法与全局辨识方法的残差结果比较

速度	侧向力 F_y 残差/%		回正力矩 M_z 残差/%	
	PRED	GLOB	PRED	GLOB
20km/h	4.5371	4.2838	17.234	14.803
60km/h	6.0303	5.1637	27.645	18.066
100km/h	5.9912	5.4979	31.448	27.905

从图 4.32 可知，UniTire 轮胎模型的侧向力速度预测方法预测精度与全局辨识方法预测精度十分接近，回正力矩速度预测方法预测精度比全局辨识方法预测精度稍低。图 4.33～图 4.35 是速度预测方法与全局辨识方法得到的高速轮胎试验数据的侧向力和回正力矩特性结果比较。

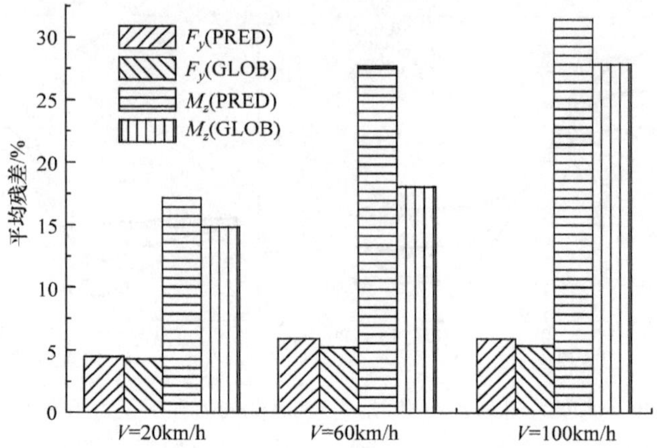

图 4.32　速度预测方法与全局辨识方法的残差结果比较

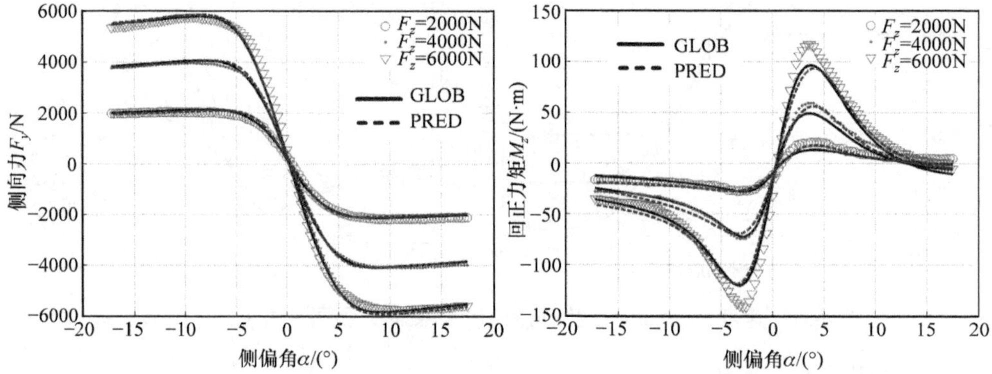

(a) γ=0°

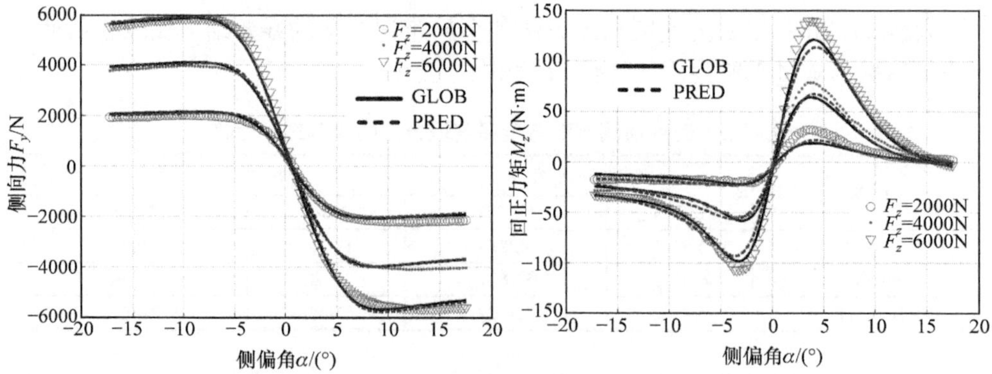

(b) γ=−5°

图 4.33　速度为 20km/h、不同侧倾角下侧向力和回正力矩的速度预测与全局辨识结果比较

κ=0

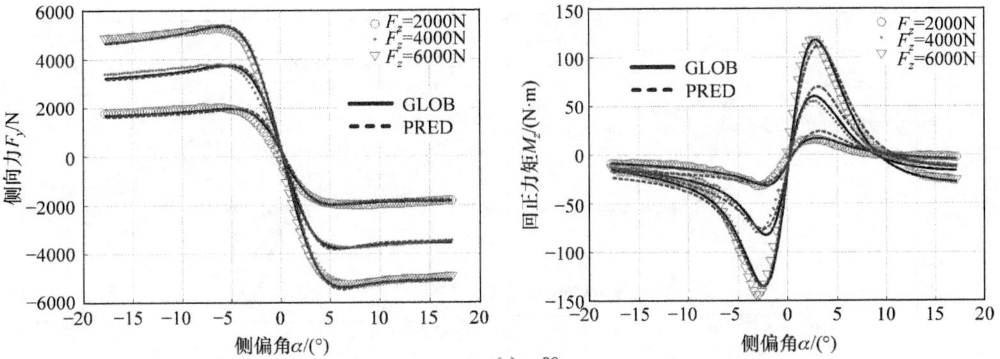

(a) γ=0°

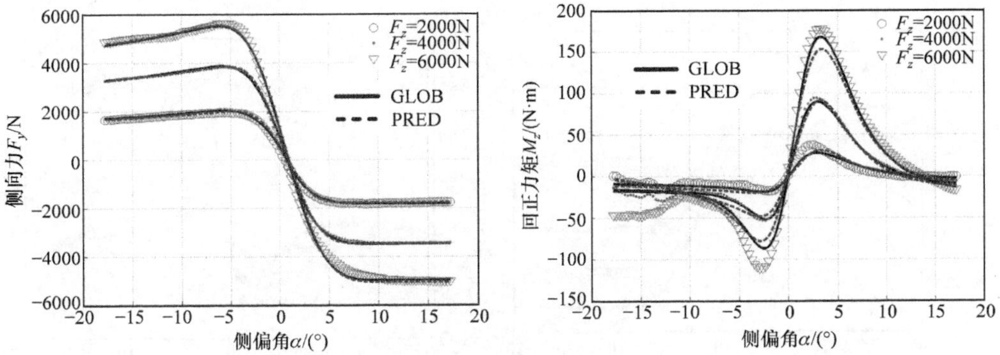

(b) γ=−10°

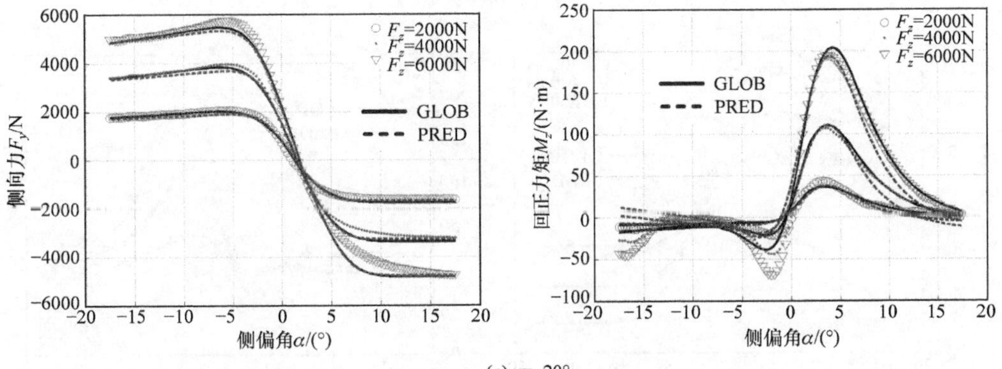

(c) γ=−20°

图 4.34　速度为 60km/h、不同侧倾角下侧向力和回正力矩的速度预测与全局辨识结果比较

κ=0

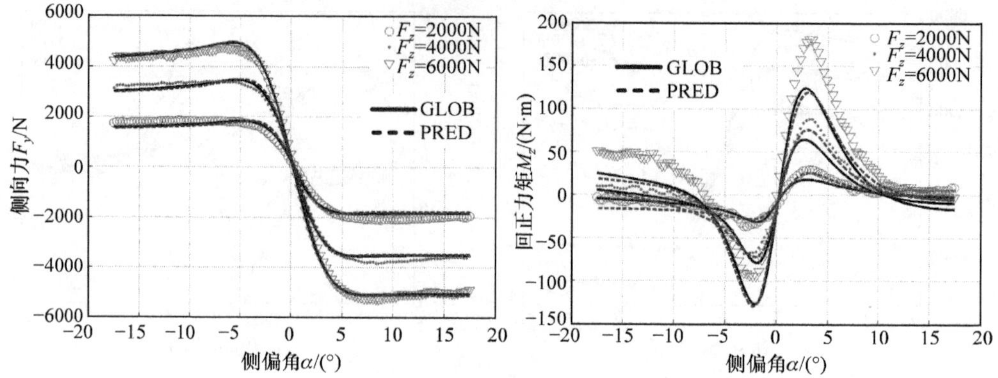

(a) γ=0°

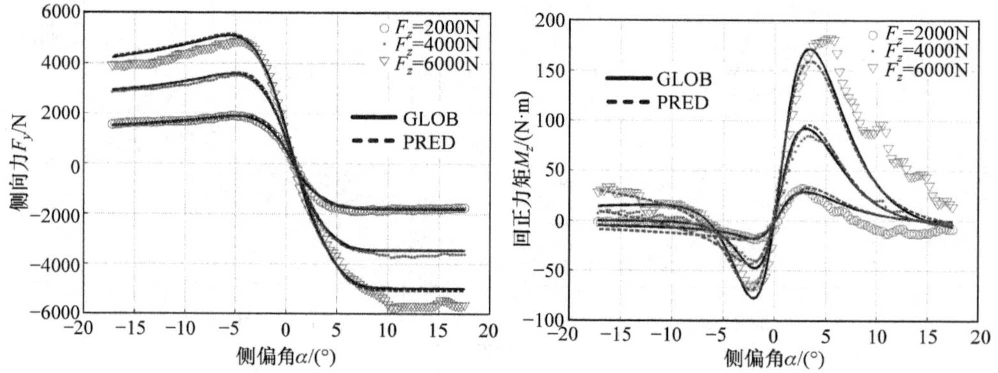

(b) γ=−10°

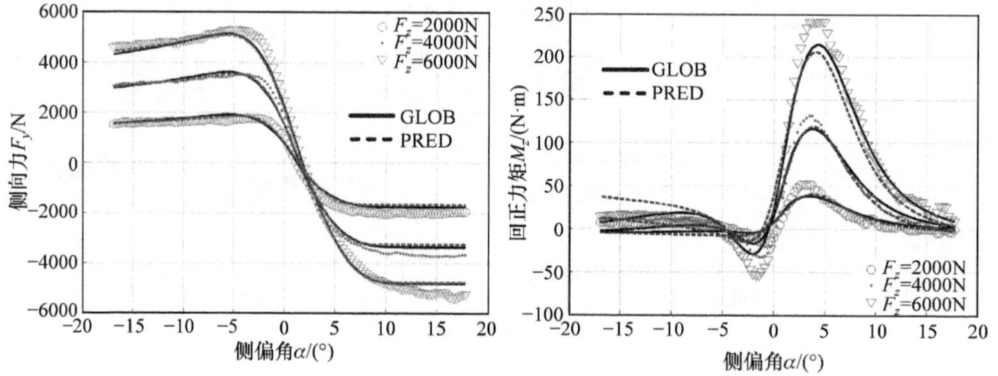

(c) γ=−20°

图 4.35　速度为 100km/h、不同侧倾角下侧向力和回正力矩的速度预测与全局辨识结果比较

κ=0

4.4　UniTire 轮胎稳态模型公式

1. 纯侧偏工况侧向力公式

$$M_{zn}=\frac{F_z}{F_{z0}} \tag{4.42}$$

$$S_{Hy}=p_{Hy1}+p_{Hy2}F_{zn} \tag{4.43}$$

$$K_y=\frac{F_z}{p_{Ky1}+p_{Ky2}F_{zn}+p_{Ky3}F_{zn}^2} \tag{4.44}$$

$$K_{ye}=K_y\left[1+p_{Ky1}\frac{V-V_0}{V_0}+p_{Ky2}\left(\frac{V-V_0}{V_0}\right)^2\right] \tag{4.45}$$

$$K_{y\gamma}=\frac{F_z}{p_{K\gamma y1}+p_{K\gamma y2}F_{zn}+p_{K\gamma y3}F_{zn}^2} \tag{4.46}$$

$$S_{x0}=\frac{\kappa}{1+\kappa} \tag{4.47}$$

$$S_{ye}=-(\tan\alpha+S_{Hy})(1-S_{x0})-\frac{K_{y\gamma}\sin\gamma}{K_y} \tag{4.48}$$

$$E_y=\frac{1}{2+\left|p_{Ey1}\right|\exp\left(-\frac{F_{zn}}{p_{Ey2}}\right)} \tag{4.49}$$

$$V_{sy}=VS_{ye}\cos\alpha/(1-S_{x0}) \tag{4.50}$$

$$\mu_{y0}=p_{\mu0y1}\exp\left(-\frac{F_{zn}}{\left|p_{\mu0y2}\right|}\right)(1+p_{\mu0y3}\gamma^2) \tag{4.51}$$

$$p_{\mu sy1}=a\_p_{\mu sy1}+b\_p_{\mu sy1}\operatorname{sgn}(S_{ye}) \tag{4.52}$$

$$p_{\mu sy2}=a\_p_{\mu sy2}+b\_p_{\mu sy2}\operatorname{sgn}(S_{ye}) \tag{4.53}$$

$$\mu_{ys}=\mu_{y0}(p_{\mu sy1}+p_{\mu sy2}\gamma) \tag{4.54}$$

$$p_{\mu my1}=a\_p_{\mu my1}+b\_p_{\mu my1}\operatorname{sgn}(S_{ye}) \tag{4.55}$$

$$p_{\mu my2}=a\_p_{\mu my2}+b\_p_{\mu my2}\operatorname{sgn}(S_{ye}) \tag{4.56}$$

$$V_{sym} = \mu_{y0}(p_{\mu my1} + p_{\mu my2}\gamma) \tag{4.57}$$

$$p_{\mu hy1} = a\_p_{\mu hy1} + b\_p_{\mu hy1}\,\mathrm{sgn}(S_{ye}) \tag{4.58}$$

$$p_{\mu hy2} = a\_p_{\mu hy2} + b\_p_{\mu hy2}\,\mathrm{sgn}(S_{ye}) \tag{4.59}$$

$$\mu_{yh} = \mu_{y0}(p_{\mu hy1} + p_{\mu hy2}\gamma) \tag{4.60}$$

$$\mu_y = \mu_{ys} + (\mu_{y0} + \mu_{ys})\exp\left(-\mu_{yh}^2 \lg^2\left(\left|\frac{V_{sy}}{V_{sym}}\right| + \exp\left(-\left|\frac{V_{sy}}{V_{sym}}\right|\right)\right)\right) \tag{4.61}$$

$$\phi_y = \left|\frac{K_{ye}S_{ye}}{\mu_{y0}F_z}\right| \tag{4.62}$$

$$\overline{F}_{y0} = 1 - \exp\left(-\phi_y - E_y\phi_y^2 - \left({E_y}^2 + \frac{1}{12}\right)\phi_y^3\right) \tag{4.63}$$

$$F_{y0} = \mathrm{sgn}(S_{ye})\overline{F}_{y0}\mu_y F_z \tag{4.64}$$

2. 纯纵滑工况纵向力公式

$$S_{Hx} = p_{Hx1} + p_{Hx2}F_{zn} \tag{4.65}$$

$$K_x = \frac{F_z}{p_{Kx1} + p_{Kx2}F_{zn} + p_{Kx3}F_{zn}^2} \tag{4.66}$$

$$S_{xe} = S_{x0} + S_{Hx} \tag{4.67}$$

$$E_x = \frac{1}{2 + |p_{Ex1}|\exp\left(-\dfrac{F_{zn}}{p_{Ex2}}\right)} \tag{4.68}$$

$$V_{sy} = VS_{xe}\cos\alpha / (1 - S_{xe}) \tag{4.69}$$

$$\mu_{x0} = p_{\mu 0x1}\exp\left(-\frac{F_{zn}}{|p_{\mu 0x2}|}\right)(1 + p_{\mu 0x3}\gamma^2) \tag{4.70}$$

$$p_{\mu sx1} = a\_p_{\mu sx1} + b\_p_{\mu sx1}\,\mathrm{sgn}(S_{ye}) \tag{4.71}$$

$$p_{\mu sx2} = a\_p_{\mu sx2} + b\_p_{\mu sx2}\,\mathrm{sgn}(S_{ye}) \tag{4.72}$$

$$\mu_{xs} = \mu_{x0}(p_{\mu sx2} + p_{\mu sx2}\gamma) \tag{4.73}$$

$$p_{\mu mx1} = a\_p_{\mu mx1} + b\_p_{\mu mx1}\,\mathrm{sgn}(S_{ye}) \tag{4.74}$$

$$p_{\mu mx2} = a\_p_{\mu mx2} + b\_p_{\mu mx2}\,\mathrm{sgn}(S_{ye}) \tag{4.75}$$

$$V_{sxm} = \mu_{x0}(p_{\mu mx1} + p_{\mu mx2}\gamma) \tag{4.76}$$

$$p_{\mu hx1} = a\_p_{\mu hx1} + b\_p_{\mu hx1}\,\mathrm{sgn}(S_{ye}) \tag{4.77}$$

$$p_{\mu hx2} = a\_p_{\mu hx2} + b\_p_{\mu hx2}\,\mathrm{sgn}(S_{ye}) \tag{4.78}$$

$$\mu_{xh} = \mu_{x0}(p_{\mu hx1} + p_{\mu hx2}\gamma) \tag{4.79}$$

$$\mu_x = \mu_{xs} + (\mu_{x0} + \mu_{xs})\exp\left(-\mu_{xh}^2\lg^2\left(\left|\frac{V_{sx}}{V_{sxm}}\right| + \exp\left(-\left|\frac{V_{sx}}{V_{sxm}}\right|\right)\right)\right) \tag{4.80}$$

$$\phi_x = \left|\frac{K_y S_y}{\mu_{x0}F_z}\right| \tag{4.81}$$

$$\overline{F}_{x0} = 1 - \exp\left(-\phi_x - E_x\phi_x^2 - \left(E_x^2 + \frac{1}{12}\right)\phi_x^3\right) \tag{4.82}$$

$$F_{x0} = \mathrm{sgn}(S_{xe})\overline{F}_{x0}\mu_x F_z \tag{4.83}$$

3. 纯侧偏工况回正力矩公式

$$\Delta S_{Ht} = q_{Hz1} + q_{Hz2}\gamma + (q_{Hz3} + q_{Hz4}\gamma)F_{zn} \tag{4.84}$$

$$S_{Ht} = S_{Hy} + \Delta S_{Ht} \tag{4.85}$$

$$S_{yt} = -(\tan\alpha + S_{Ht})(1 - S_{x0}) - \frac{K_{y\gamma}\sin\gamma}{K_y} \tag{4.86}$$

$$S_{y\gamma} = -S_{Hy}(1 - S_{x0}) - \frac{K_{y\gamma}\sin\gamma}{K_y} \tag{4.87}$$

$$\phi_{yt} = \left|\frac{K_{ye}S_{yt}}{\mu_{y0}F_z}\right| \tag{4.88}$$

$$\phi_{yx} = \left|\frac{K_{ye}S_{y\gamma}}{\mu_{y0}F_z}\right| \tag{4.89}$$

$$\phi_t = \sqrt{\phi_x^2 + \phi_{yt}^2} - |\phi_x|\exp\left(-\frac{\phi_{yt}}{0.2}\right) \tag{4.90}$$

$$\phi_\gamma = \sqrt{\phi_x^2 + \phi_{y\gamma}^2} - |\phi_x|\exp\left(-\frac{\phi_{y\gamma}}{0.2}\right) \tag{4.91}$$

$$D_{x0}=\frac{F_z}{F_{z0}}(q_{D0z1}+q_{D0z2}F_{zn})(1+q_{D0z3}\gamma+q_{D0z4}\gamma^2)\left[1+q_{Dx0v1}\frac{V-V_0}{V_0}+q_{Dx0v1}\left(\frac{V-V_0}{V_0}\right)^2\right] \tag{4.92}$$

$$q_{Dez1}=a\_q_{Dez1}+b\_q_{Dez1}\operatorname{sgn}(S_{yt}) \tag{4.93}$$

$$q_{Dez2}=a\_q_{Dez2}+b\_q_{Dez2}\operatorname{sgn}(S_{yt}) \tag{4.94}$$

$$q_{Dez3}=a\_q_{Dez3}+b\_q_{Dez3}\operatorname{sgn}(S_{yt}) \tag{4.95}$$

$$q_{Dev1}=a\_q_{Dev1}+b\_q_{Dev1}\operatorname{sgn}(S_{yt}) \tag{4.96}$$

$$q_{Dev2}=a\_q_{Dev2}+b\_q_{Dev2}\operatorname{sgn}(S_{yt}) \tag{4.97}$$

$$D_e=D_{x0}(q_{Dez1}+q_{Dez2}F_{zn})(1+q_{Dez3}\gamma)\left[1+q_{Dev1}\frac{V-V_0}{V_0}+q_{Dev1}\left(\frac{V-V_0}{V_0}\right)^2\right] \tag{4.98}$$

$$q_{D1z1}=a\_q_{D1z1}+b\_q_{D1z1}\operatorname{sgn}(S_{yt}) \tag{4.99}$$

$$q_{D1z2}=a\_q_{D1z2}+b\_q_{D1z2}\operatorname{sgn}(S_{yt}) \tag{4.100}$$

$$q_{D1z3}=a\_q_{D1z3}+b\_q_{D1z3}\operatorname{sgn}(S_{yt}) \tag{4.101}$$

$$q_{D1z4}=a\_q_{D1z4}+b\_q_{D1z4}\operatorname{sgn}(S_{yt}) \tag{4.102}$$

$$D_1=(q_{D1z1}+q_{D1z2}F_{zn}+q_{D1z3}F_{zn}^2)(1+q_{D1z4}\gamma) \tag{4.103}$$

$$q_{D2z1}=a\_q_{D2z1}+b\_q_{D2z1}\operatorname{sgn}(S_{yt}) \tag{4.104}$$

$$q_{D2z2}=a\_q_{D2z2}+b\_q_{D2z2}\operatorname{sgn}(S_{yt}) \tag{4.105}$$

$$q_{D2z3}=a\_q_{D2z3}+b\_q_{D2z3}\operatorname{sgn}(S_{yt}) \tag{4.106}$$

$$q_{D2z4}=a\_q_{D2z4}+b\_q_{D2z4}\operatorname{sgn}(S_{yt}) \tag{4.107}$$

$$D_2=(q_{D2z1}+q_{D2z2}F_{zn}+q_{D2z3}F_{zn}^2)(1+q_{D2z4}\gamma) \tag{4.108}$$

$$D_x=(D_{x0}-D_e)\operatorname{sech}(|D_1|\phi_t-|D_2|(\phi_t-\tanh(\phi_t)))+D_e \tag{4.109}$$

$$M_{z\gamma m}=F_z[(q_{\gamma z1}+q_{\gamma z2}F_{zn})+(q_{\gamma z3}+q_{\gamma z4}F_{zn})\gamma] \tag{4.110}$$

$$M_{z\gamma}=M_{z\gamma m}\operatorname{sech}\left(q_{\gamma z5}\phi_\gamma\right) \tag{4.111}$$

$$M_{z0}=(F_y-F_{y\gamma})D_x+M_{z\gamma},\quad F_{y\gamma}=F_y\big|_{\alpha=0} \tag{4.112}$$

4. 复合工况纵向力和侧向力公式

$$K_{xe}=K_x\exp\left(-p_{K_x}|\alpha|\right) \tag{4.113}$$

$$\phi_{x0}=\left|\frac{K_{xe}S_{x0}}{\mu_{x0}F_z}\right| \tag{4.114}$$

$$E=(E_y-E_x)\operatorname{sech}(\lambda_e\phi_{x0})+E_x \tag{4.115}$$

$$\phi_x=\left|\frac{K_{xe}S_x}{\mu_{x0}F_z}\right| \tag{4.116}$$

$$\phi=\sqrt{{\phi_x}^2+{\phi_y}^2} \tag{4.117}$$

$$\overline{F}=1-\exp\left(-\phi-E\phi^2-\left(E^2+\frac{1}{12}\right)\phi^3\right) \tag{4.118}$$

$$\lambda=1+\left(\frac{K_y}{K_x}\frac{\mu_y}{\mu_{y0}}\frac{\mu_{x0}}{\mu_x}-\lambda_1\right)(1-\operatorname{sech}(\lambda_2\phi)) \tag{4.119}$$

$$\phi_n=\sqrt{(\lambda\phi_x)^2+\phi_y^2} \tag{4.120}$$

$$\overline{F}_n=1-\exp\left(-\phi_n-E\phi_n^2-\left(E^2+\frac{1}{12}\right)\phi_n^3\right) \tag{4.121}$$

$$\overline{F}_x=\overline{F}_n\frac{\lambda\phi_x}{\phi_n} \tag{4.122}$$

$$\overline{F}_y=\overline{F}_n\frac{\phi_y}{\phi_n} \tag{4.123}$$

$$D_{Vy}=\mu_yF_z(S_{Vy1}+S_{Vy2}F_{zn}+S_{Vy3}\lambda)\cos(\arctan(S_{Vy4}\alpha)) \tag{4.124}$$

$$S_{Vy}=D_{Vy}\sin(S_{Vy5}\arctan(S_{Vy6}S_{x0})) \tag{4.125}$$

$$F_y=\overline{F}_y\mu_yF_z+S_{Vy} \tag{4.126}$$

$$F_x=\overline{F}_x\mu_xF_z \tag{4.127}$$

5. 复合工况回正力矩公式

$$K_{cx}=s_{z1} \tag{4.128}$$

$$K_{cy}=s_{z2} \tag{4.129}$$

$$H_\gamma=s_{z3}+s_{z4}F_{zn} \tag{4.130}$$

$$D_{y0}=s_{z5}+s_{z6}F_{zn} \tag{4.131}$$

$$D_y=\frac{F_y}{K_{cy}}-H_\gamma\gamma+D_{y0} \tag{4.132}$$

$$M_z = (F_y - F_{y\gamma})\left(D_x + \frac{F_x}{K_{cx}}\right) + M_{zn} - F_x D_y \tag{4.133}$$

参考文献

[1] 袁忠诚. 轮胎稳态模型研究. 长春: 吉林大学, 2006.

[2] Pacejka H B. Analysis of Tire Properties//Clark S K. Mechanics of Pneumatic Tires: New Edition. Washington: DOT HS 805 952, NHTSA, 1981: 721-870.

[3] Schuring D J, Pelz W, Pottinger M G. A model for combined tire cornering and braking forces. SAE Technical Paper, 1996.

[4] Svendenius J, Gäfvert M. A brush-model based semi-empirical tire-model for combined slips. SAE Technical Paper, 2004.

第 5 章 UniTire 轮胎模型的拓展应用与工况预测

第 4 章针对 UniTire 全工况轮胎模型的精度进行了对比验证，并且深入探讨了 UniTire 轮胎模型所具备的基本预测能力，如速度预测以及复合工况预测。然而，在某些特殊轮胎及复杂工况下，UniTire 全工况轮胎模型的预测能力受到限制，例如，当轮胎刚度各向异性时，印迹内总切力方向发生变化，UniTire 轮胎模型需要部分复合工况数据对总切力方向因子进行辨识(可参见第 4 章)，预测能力将有所欠缺。另外，某些大型工程轮胎，工作载荷大大超过当前轮胎试验台的测试能力，造成轮胎数据获取困难，对于轮胎及车辆特性的分析受到限制，因此有必要开发一套适用范围更广、预测能力更强的 UniTire 预测模型。

本章重点分析两种复杂条件下轮胎特性的预测问题。一是针对任意轮胎的复合工况预测问题，提出一种新的复合工况预测方法——状态刚度法，状态刚度法能够比较准确地预测复合工况下的力学特性[1,2]，更为重要的是，对于各向异性刚度和各向异性摩擦条件下的力学特性依然具有很好的表达能力。二是针对工程轮胎的大载荷下轮胎特性预测问题，提出一种新的大载荷轮胎特性预测方法。UniTire 预测模型的提出对于特殊条件和复杂工况下轮胎特性的表达有非常重要的工程实际意义。

5.1 状态刚度法预测复合工况力学特性

状态刚度法提出的背景就是为了解决各向异性刚度条件下轮胎力学特性的表达。轮胎的各向异性刚度对轮胎的力学特性具有非常重要的影响，在半物理模型中提出了总切力方向因子来表达这种特性，虽然效果很好，但仍然需要一定的复合工况试验数据对方向因子中的参数进行辨识，不能实现完全的预测。

本节在介绍状态刚度法之前，首先对“综合滑移率圆”概念进行介绍，然后分析在“综合滑移率圆”下轮胎的力学特性，在此基础上，提出状态刚度法实现复合工况下纵向力和侧向力的预测。

5.1.1 “综合滑移率圆”概念

在侧偏纵滑复合工况下，综合滑移率的量值为

$$S = \sqrt{S_x^2 + S_y^2} \tag{5.1}$$

综合滑移率的方向即滑移方向 θ_s 为

$$\tan\theta_s = S_y / S_x = V_{sy} / V_{sx} \tag{5.2}$$

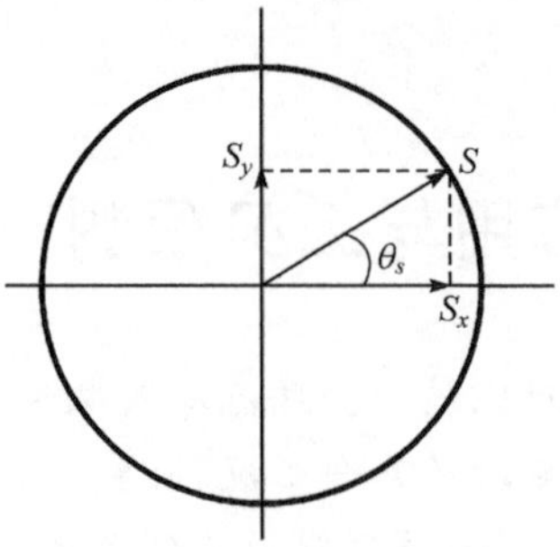

图 5.1　综合滑移率圆

“综合滑移率圆”被定义为同一量值、不同方向下的综合滑移率 S 所构成的圆，如图 5.1 所示。“综合滑移率圆”的概念虽然简单，却非常重要，因为综合滑移率，无论在任何工况下，都综合反映了轮胎接地印迹内的变形及滑移程度。而且，它给人们提供了一个新的视角，即在同一综合滑移率下分析轮胎的力学特性，会发现一些重要的现象。

5.1.2　“综合滑移率圆”下轮胎力学特性

本节同样从总切力的量值和方向两个方面进行“综合滑移率圆”下的轮胎力学特性分析。总切力量值和方向表达如下：

$$\begin{cases} F = \sqrt{F_x^2 + F_y^2} \\ \tan\theta_F = F_y / F_x \end{cases} \tag{5.3}$$

当综合滑移率 S 较小时，轮胎接地印迹内没有滑移，轮胎纵向力和侧向力分别与纵向滑移率和侧向滑移率呈线性关系：

$$F_x = K_x S_x, \quad F_y = K_y S_y \tag{5.4}$$

考虑到式(5.1)和式(5.2)，式(5.4)可以转化为

$$F_x = K_x S\cos\theta_s, \quad F_y = K_y S\sin\theta_s \tag{5.5}$$

所以

$$\left(\frac{F_x}{K_x S}\right)^2 + \left(\frac{F_y}{K_y S}\right)^2 = 1 \tag{5.6}$$

与式(5.3)联立，式(5.6)可以进一步转化为

$$\left(\frac{F\cos\theta_F}{K_x S}\right)^2 + \left(\frac{F\sin\theta_F}{K_y S}\right)^2 = 1 \tag{5.7}$$

其中，此时的总切力方向 θ_F 为印迹内无滑移时的附着方向 θ_{ad}，即

$$\tan\theta_F = \tan\theta_{\text{ad}} = \frac{F_y}{F_x} = \frac{K_y}{K_x}\tan\theta_s \tag{5.8}$$

分析式(5.7)可以看出，综合滑移率较小时，在同一综合滑移率 S 下，总切力的量值 F 满足椭圆方程，但是总切力的方向为附着方向 $\tan\theta_{ad}$，不同于此时综合滑移率 S 的方向 $\tan\theta_s$。图 5.2 是此时轮胎力椭圆的示意图，其中假定 K_y=1，K_x=2。

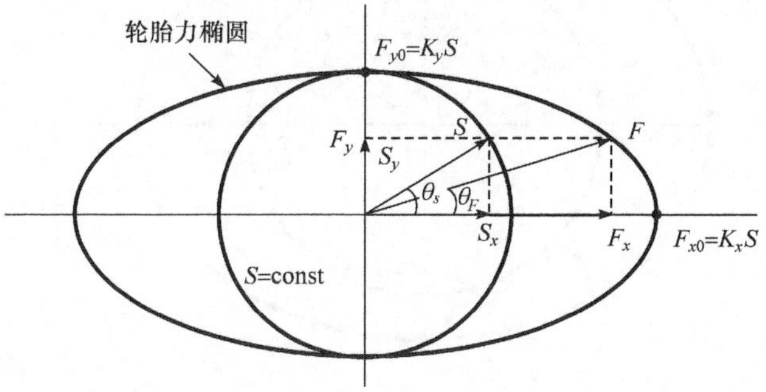

图 5.2 小综合滑移率下轮胎力椭圆

注意，这里的椭圆并不是通常所说的“摩擦椭圆”，“摩擦椭圆”是在大滑移率下，由轮胎与路面的附着极限产生的，而这里的轮胎力椭圆表达的是轮胎力线性区的特性，与附着极限无关。所以，值得关注的就是，当从同一个综合滑移率 S 的角度考察时，线性区的特性也满足椭圆方程。

如前所述，大滑移时，常假设总切力满足摩擦椭圆方程，公式如下：

$$\left(\frac{F\cos\theta_F}{\mu_x F_z}\right)^2+\left(\frac{F\sin\theta_F}{\mu_y F_z}\right)^2=1 \tag{5.9}$$

此时总切力方向即滑移方向 θ_s，即 $\theta_F=\theta_s$。

大综合滑移率下轮胎力椭圆如图 5.3 所示。其中，$\mu_x F_z$ 为椭圆长轴(假设 $\mu_x>\mu_y$)，代表纯纵滑工况纵向滑移率 $S_x=S$ 时的纵向力；$\mu_y F_z$ 为椭圆短轴，代表纯侧偏工况侧向滑移率 $S_y=S$ 时的侧向力。

所以可以认为，在同一综合滑移率 S 下(S=const)，无论该滑移率的大小，总切力的量值都近似满足椭圆方程。只是，当滑移率 S 由小变大时，总切力的方向逐渐由附着方向 θ_{ad} 过渡到滑移方向 θ_s [3]。

那么，任意综合滑移率 S 下轮胎力的椭圆方程就可以表示为

$$\left(\frac{F\cos\theta_F}{F_{x0}(S)}\right)^2+\left(\frac{F\sin\theta_F}{F_{y0}(S)}\right)^2=1 \tag{5.10}$$

其中，$F_{x0}(S)$ 和 $F_{y0}(S)$ 分别代表纵向滑移率和侧向滑移率为 S 时的纯纵滑纵向力和纯侧偏侧向力。式(5.10)是以 $F_{x0}(S)$ 为长轴、$F_{y0}(S)$ 为短轴，$F_x=F\cos\theta_F$、

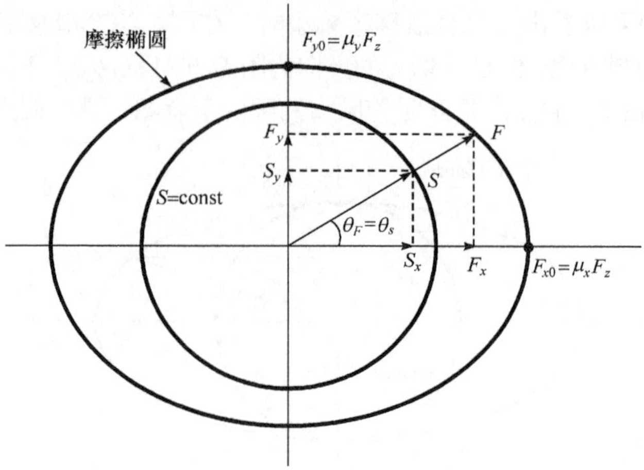

图 5.3　大综合滑移率下轮胎力椭圆

$F_y = F\sin\theta_F$ 为变量的椭圆方程；当饱和时 $F_{x0}(S)$、$F_{y0}(S)$ 成为 $\mu_x F_z$ 与 $\mu_y F_z$，轮胎力椭圆就演变成摩擦圆。

通过 P245/65R17 轮胎的试验数据对轮胎力椭圆进行验证，图 5.4 和图 5.5 给出了不同载荷下，综合滑移率 S=0.03、S=0.05 和 S=0.1 时的轮胎力椭圆。由于驱动和制动时轮胎与路面间的摩擦系数有所不同，纯纵滑工况时的轮胎特性具有一定的不对称性，即在同一综合滑移率 S 下，制动力和驱动力并不一定相同，所以轮胎力椭圆也呈现出不对称。其中每一条封闭的曲线均是由四个象限的椭圆组成的。图中显示，大部分情况下，试验数据点与椭圆方程吻合得很好，只是在大滑移率下驱动边(F_x>0)会有一些点超出了摩擦椭圆的限制。

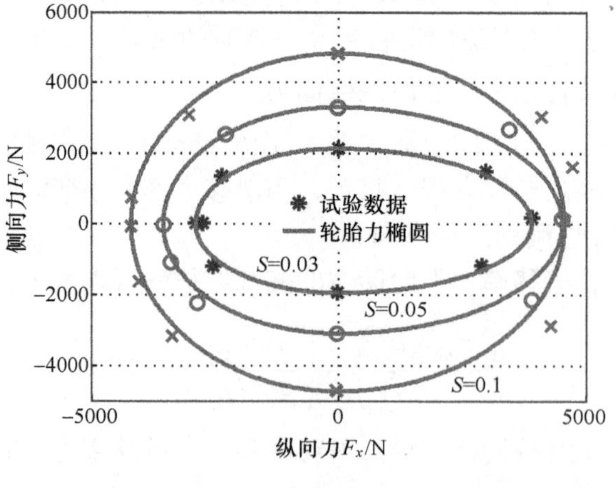

图 5.4　载荷 4945N 时不同综合滑移率下的轮胎力椭圆

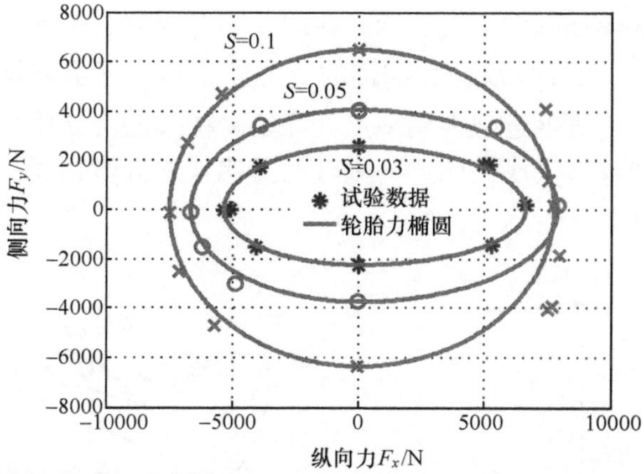

图 5.5　载荷 8165N 时不同综合滑移率下的轮胎力椭圆

而对轮胎总切力方向的验证在前文已经给出，这里不再赘述。

通过上面的分析可以发现，根据纯工况的力完全可以确定复合工况下总切力椭圆,如果再知道总切力的方向,那么就可以得到复合工况下的纵向力和侧向力。COMBINATOR 预测模型在“综合滑移率圆”概念的基础上[4]，采用正弦函数表达式来计算总切力的量值，正弦函数在极坐标下接近于椭圆方程。然后假设印迹内总切力的方向与滑移方向一致，从而计算纵向分力和侧向分力，根据前面章节的分析,这种假设只适用于轮胎滑移刚度各向同性的情况下,当各向异性较大时,这种假设会引起非常大的误差。所以，COMBINATOR 预测模型不能表达轮胎各向异性刚度下的力学特性。

为了能够预测轮胎各向异性刚度下复合工况的力学特性，本章提出了状态刚度法。

5.1.3　状态刚度法预测侧偏纵滑复合工况力学特性

首先明确状态刚度的定义。侧偏状态刚度定义为每一侧向滑移率 S_y 下，侧向力与该滑移率的比值。如图 5.6 所示，侧偏状态刚度是每一个侧向滑移率处的割线斜率。纵滑状态刚度的定义与之类似，所以状态刚度的表达式为

$$K_{xs} = F_x / S_x, \quad K_{ys} = F_y / S_y \tag{5.11}$$

其中，K_{xs} 和 K_{ys} 分别是纵滑状态刚度和侧偏状态刚度。

图 5.6 中还同时给出了侧偏刚度 K_y，注意，侧偏刚度是原点处切线的斜率，不同于侧偏状态刚度。状态刚度随着滑移率的变化是随时变化的，显然，当滑移率较小时，状态刚度等于侧偏刚度或者纵滑刚度。

分析同一综合滑移率 S 下纯工况和复合工况印迹内刷毛的变形，如图 5.7 所示，纯工况以纯侧偏工况为例。纯侧偏工况印迹内刷毛变形区域如图中虚线所示，

复合工况下刷毛变形如图中实线所示。在同一综合滑移率 S 下，纯侧偏等效侧偏角满足 $\tan\alpha_{eq}=S$，可以发现，在同样的压力分布和摩擦系数条件下，纯侧偏工况与复合工况印迹内刷毛近似在同一点处开始滑移(如图 5.7 中粗线所示)，即具有相同的附着区和滑移区大小，印迹内刷毛的滑移状态近似相同，因此可以认为具有相同的状态刚度。

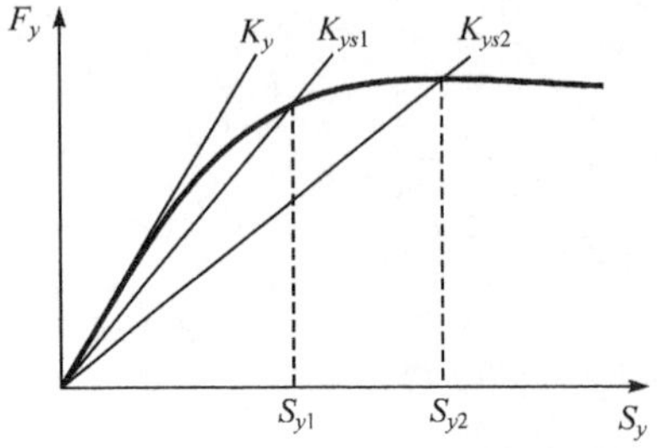

图 5.6　侧偏状态刚度

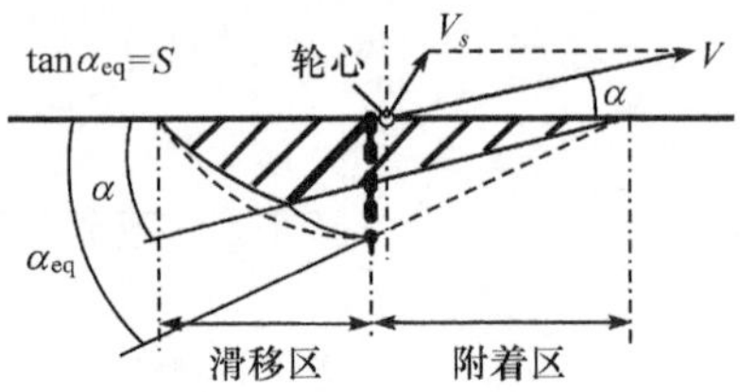

图 5.7　纯工况与复合工况印迹内刷毛变形的等效关系

因此，提出状态刚度法的基本假设如下：当综合滑移率 S 的量值相同时，无论是纯工况还是任意的侧偏纵滑复合工况都具有相同的状态刚度。对于该假设，将通过试验数据进行验证。

根据该假设，只要知道任意一个状态下的状态刚度，就等于知道该综合滑移率下的全部力学特性，自然地，可以取纯工况该状态滑移率下的力来计算状态刚度，进而可以预测复合工况下的力学特性。公式表达如下：

$$\begin{cases} F_x = K_{xs}S_x = \dfrac{F_{x0}(S)}{S}S_x \\ F_y = K_{ys}S_y = \dfrac{F_{y0}(S)}{S}S_y \end{cases} \tag{5.12}$$

图 5.8 是用状态刚度法计算复合工况侧向力的示意图，其中 F_{y0} 是侧向滑移率 $S_{y0}=S$ 时的纯侧偏侧向力，对该综合滑移率下任意一复合工况，如图中滑移率的量值为 S、方向为 θ_s，根据式(5.12)，侧向力 F_y 的计算方法如图中所示，位于由纯侧偏工况所决定的状态刚度割线上。对于不同的侧偏角和纵向滑移率复合工况下的侧向力也都将位于该割线上。同样，对于复合工况下纵向力的计算也是类似的。

在运用状态刚度法时还需要注意一个问题：各向异性的摩擦问题。由于借助纯工况下力学特性来预测复合工况，那么大滑移下侧纵向摩擦系数的不同就必须要进行考虑。当纵向摩擦系数与侧向摩擦系数不等时($\mu_x \neq \mu_y$)，大滑移情况下，若直接运用上面的状态刚度法，会导致出现两个不同的总切力，而实际上，任意复合工况下，在总切力的方向上，印迹内只有一个取决于运动状态(滑移率与滑移方向)的摩擦系数。方向摩擦系数的表达见式(2.23)，由于 UniTire 轮胎模型具有分离摩擦系数的特点，所以可以将原来的纵向摩擦系数和侧向摩擦系数直接替换为方向摩擦系数，而并不影响线性区的特性。

应用方向摩擦系数后的纯纵滑纵向力和纯侧偏侧向力分别用 $F_{x0}^{*}(S)$ 和 $F_{y0}^{*}(S)$ 表示，在大滑移时能够具有相同的值，如图 5.9 所示。

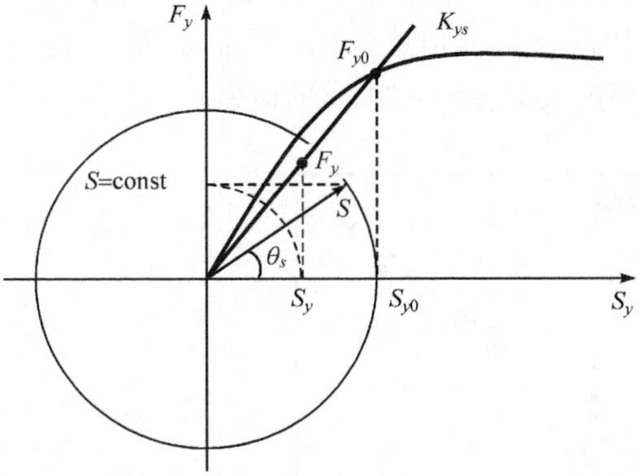

图 5.8　状态刚度法计算复合工况侧向力示意图

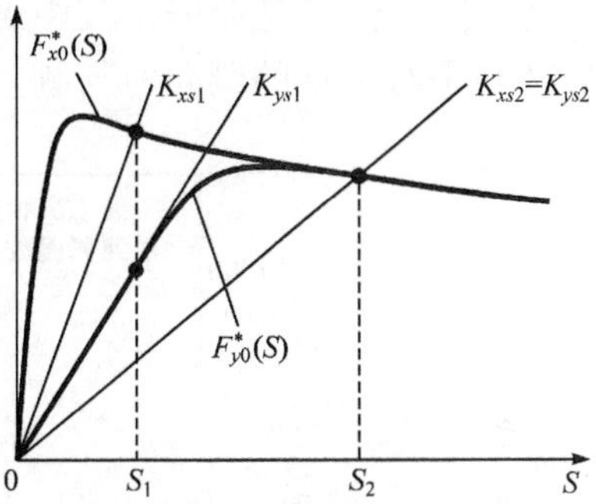

图 5.9　方向摩擦系数下的纯工况力学特性曲线

考虑各向异性摩擦系数后，应用状态刚度法计算复合工况下侧纵向切力的公式表达如下：

$$\begin{cases} F_x = K_{xs}^{*} S_x = \dfrac{F_{x0}^{*}(S)}{S} S_x \\ F_y = K_{ys}^{*} S_y = \dfrac{F_{y0}^{*}(S)}{S} S_y \end{cases} \tag{5.13}$$

其中，K_{xs}^{*} 和 K_{ys}^{*} 为方向摩擦系数下所对应的纵滑状态刚度和侧偏状态刚度。

现在考察应用状态刚度法计算出的复合工况总切力的量值和方向。状态刚度法的基本公式为式(5.13)，与线性区力的计算公式(5.4)形式上相同，自然地，状态刚度法计算得到的总切力量值满足力的椭圆方程。而总切力方向为

$$\tan\theta_F = \frac{F_y}{F_x} = \frac{K_{ys}^{*}}{K_{xs}^{*}} \tan\theta_s \tag{5.14}$$

如图 5.9 所示，K_{ys}^{*}/K_{xs}^{*} 随着滑移率 S 的增大逐渐从 K_y/K_x 变化至 1，所以总切力的方向也逐渐从附着方向变化至滑移方向。因此，状态刚度法能够正确地表达轮胎各向异性刚度时轮胎接地印迹内总切力方向的变化趋势，从而保证了侧纵向分力的准确表达。

通过上面的分析，可以得出以下结论：运用状态刚度法计算得到的总切力量值和方向都满足 5.1.2 节所分析的基本特性。

下面首先通过试验数据对状态刚度法的基本假设进行验证。分别提取 S=0.05 和 S=0.3 的数据进行验证，前者验证小滑移工况，后者验证大滑移工况。图 5.10～图 5.13 分别是两个综合滑移率、两种载荷下的侧向力和侧向滑移率关系曲线。特别值得注意的是，每幅图中的所有点均具有相同的综合滑移率，既包括纯工况数据，也包括复合工况数据，其中纯工况数据点用五角星标出。因此，图 5.10～图 5.13 与平时常见的侧向力与侧向滑移率的关系曲线有本质的区别。

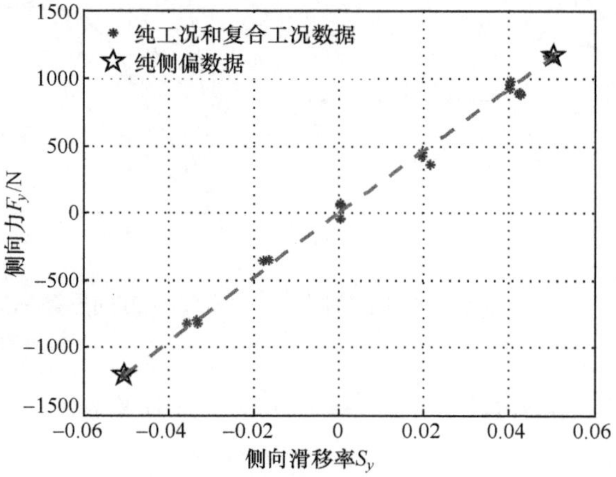

图 5.10　侧偏状态刚度

F_z=1610N，S=0.05

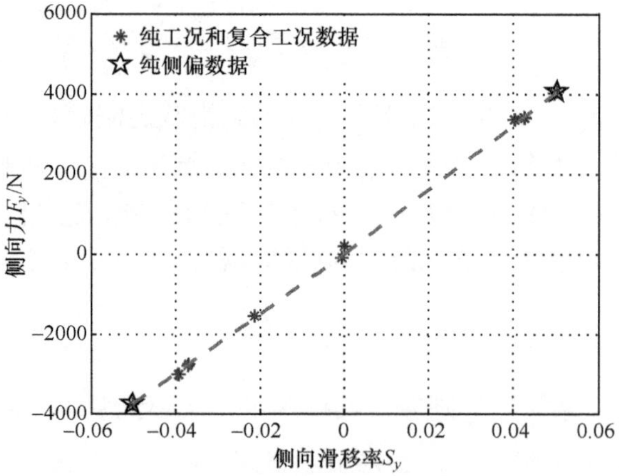

图 5.11　侧偏状态刚度

F_z=8165N，S=0.05

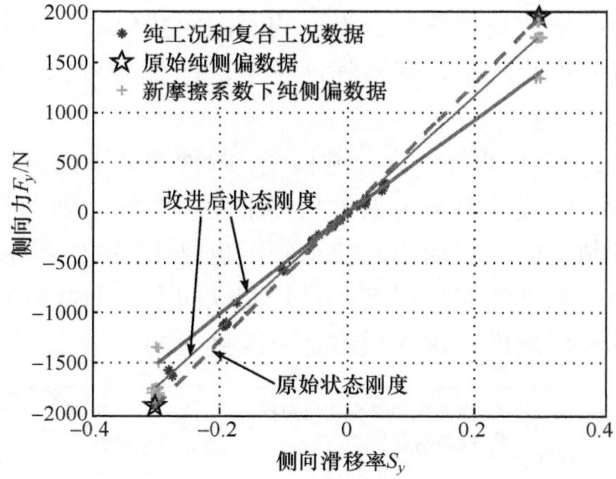

图 5.12　侧偏状态刚度

F_z=1610N，S=0.3

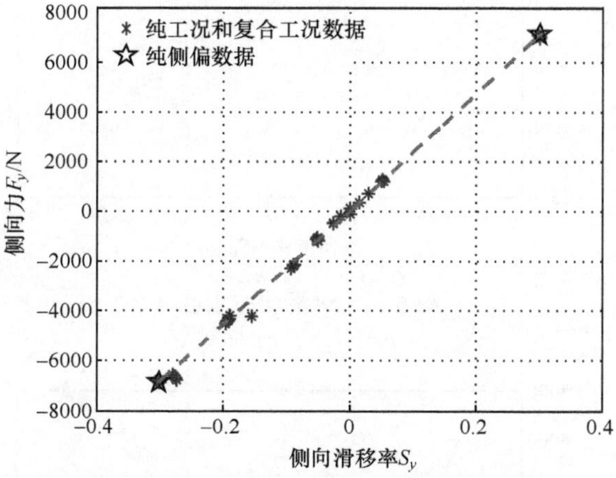

图 5.13　侧偏状态刚度

F_z=8165N，S=0.3

在图 5.10～图 5.13 中，曲线的斜率即侧偏状态刚度，各试验数据点的共线度越好，则状态刚度法的假设越准确，即同一综合滑移率下，无论是纯工况还是各种复合工况，都具有相同的状态刚度。可以看出，在图 5.10、图 5.11 和图 5.13 中，各试验点的共线度很好，这证明了状态刚度法的假设。但值得注意的是图 5.12，此图中 S=0.3，轮胎已完全滑移，表面上看，纯工况试验点和复合工况试验点不共线，但实际上这种不共线是由各向异性的摩擦系数导致的，当采用方向摩擦系数时，复合工况的试验点与采用新摩擦系数后的纯工况点是共线的。图 5.12 中，五角星标识的点为原始纯侧偏数据点，加号点为采用方向摩擦系数后的纯侧偏数据点，由于方向摩擦系数是随着复合工况的不同而变化的，所以图中新摩擦系数下的纯侧偏数据点并不止一个，在实际计算中，针对不同的复合工况，取相对应的摩擦系数即可。

图 5.14～图 5.17 给出了两个综合滑移率、两种载荷下的纵向力和纵向滑移率的关系曲线，同样，曲线的斜率为纵滑状态刚度。注意，制动和驱动时轮胎特性的差异，导致此时制动边和驱动边的状态刚度也是不同的。可以看出，纵滑状态刚度具有与侧偏状态刚度类似的特点，只是在纵向上，曲线的共线度没有侧向的好，但是针对预测模型来说，这些误差是可以接受的。

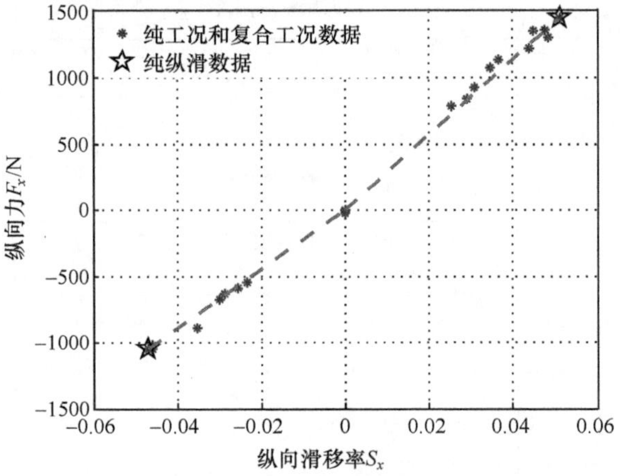

图 5.14　纵滑状态刚度

F_z=1610N，S=0.05

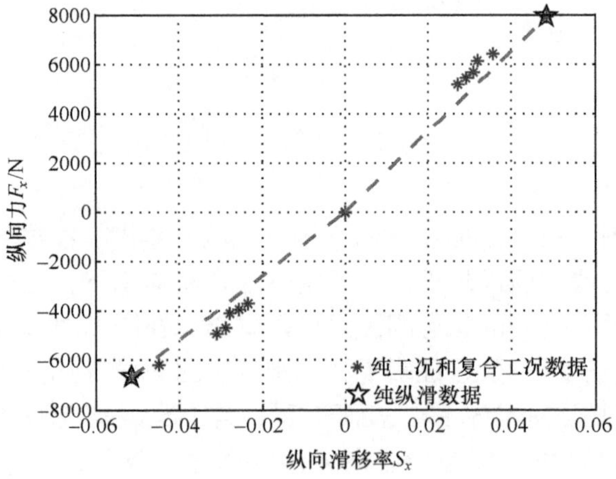

图 5.15　纵滑状态刚度

F_z=8165N，S=0.05

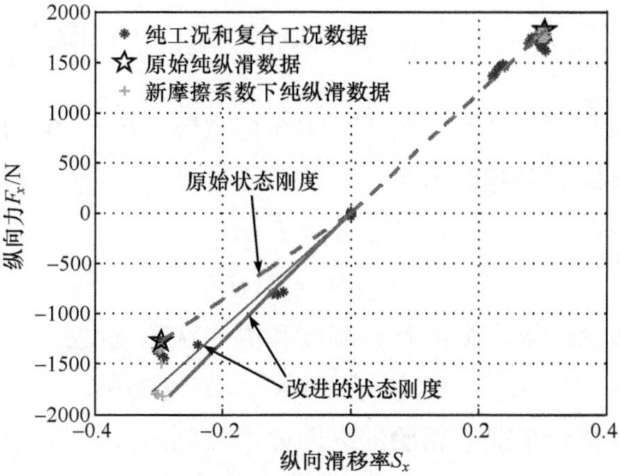

图 5.16　纵滑状态刚度

F_z=1610N，S=0.3

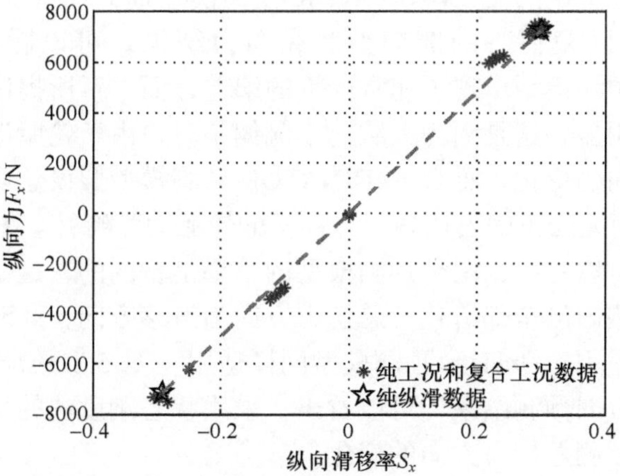

图 5.17　纵滑状态刚度

F_z=8165N，S=0.3

根据上述状态刚度法，结合 UniTire 纯工况轮胎模型，可以得到完整的 UniTire 复合工况力学特性预测方法。公式如下：

$$\phi_{xs} = \frac{K_x S}{\mu F_z}, \quad \phi_{ys} = \frac{K_y S}{\mu F_z} \tag{5.15}$$

其中，ϕ_{xs} 和 ϕ_{ys} 为综合滑移率 S 下的无量纲纵向滑移率和无量纲侧向滑移率；μ 为方向摩擦系数。

计算综合滑移率 S 下的纯工况无量纲纵向力和侧向力为

$$\begin{cases}\bar{F}_{xs}=1-\exp\left(-\left|\phi_{xs}\right|-E_x\left|\phi_{xs}\right|^2-\left(E_x^2+1/12\right)\left|\phi_{xs}\right|^3\right)\\ \bar{F}_{ys}=1-\exp\left(-\left|\phi_{ys}\right|-E_y\left|\phi_{ys}\right|^2-\left(E_y^2+1/12\right)\left|\phi_{ys}\right|^3\right)\end{cases}\tag{5.16}$$

进而，有量纲的纵向力和侧向力为

$$\begin{cases}F_{x0}(S)=\bar{F}_{xs}\mu F_z\\ F_{y0}(S)=\bar{F}_{ys}\mu F_z\end{cases}\tag{5.17}$$

按照状态刚度的概念，求出纵向状态刚度和侧向状态刚度：

$$K_{xs}^*=F_{x0}(S)/S,\quad K_{ys}^*=F_{y0}(S)/S\tag{5.18}$$

最终可以计算得到复合工况下轮胎的纵向分力和侧向分力为

$$F_x=K_{xs}^*S_x,\quad F_y=K_{ys}^*S_y\tag{5.19}$$

为显示清楚，图 5.18～图 5.20 利用制动数据对该预测方法进行了试验验证，并且同时与国际上常用的 COMBINATOR 预测模型做了对比。图 5.18 和图 5.19 是小侧偏角、不同载荷下的侧向力和纵向力结果，可以看出，在大载荷下 COMBINATOR 预测模型出现了非常严重的误差，而本章所提出的预测模型表达准确，优势非常明显。这是因为大载荷小侧偏角时，由于轮胎滑移刚度的各向异性导致总切力方向的变化，而 COMBINATOR 预测模型假设总切力方向始终与滑移方向一致，从而无法正确表达各向异性下的轮胎力学特性。图 5.20 是大侧偏角下的对比结果，可以看出，两种预测模型的结果是相同的，这是因为在大侧偏角时，轮胎接地印迹内已全部滑移，总切力方向为滑移方向，此时 COMBINATOR 预测模型的假设适用，UniTire 预测模型同样适用。图 5.21 给出了大载荷下三组侧偏角的总切力方向预测结果，可以看出，采用状态刚度法的 UniTire 预测模型能够比较准确地预测总切力方向的变化。

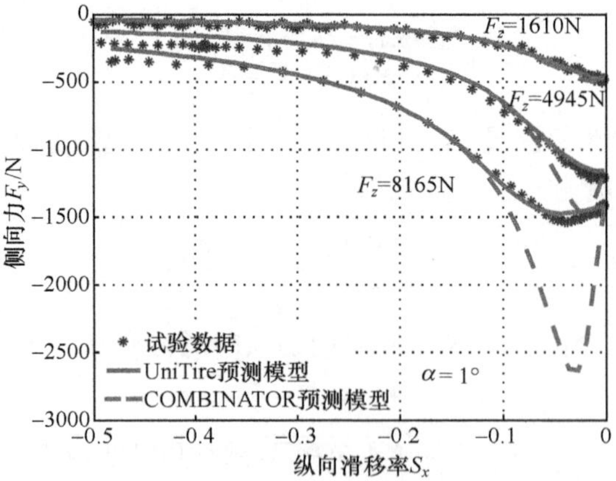

图 5.18　小侧偏角下预测模型侧向力对比结果

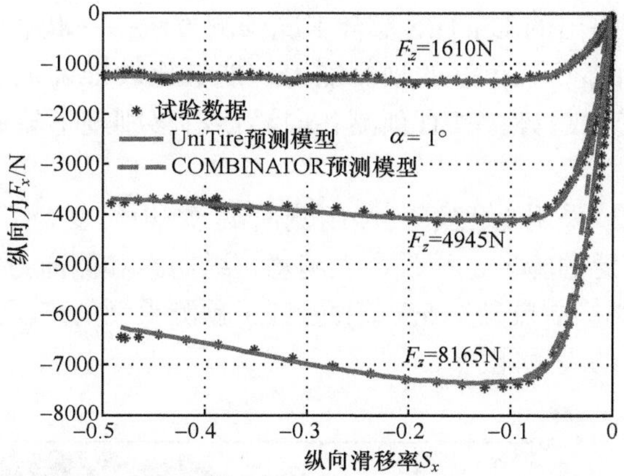

图 5.19　小侧偏角下预测模型纵向力对比结果

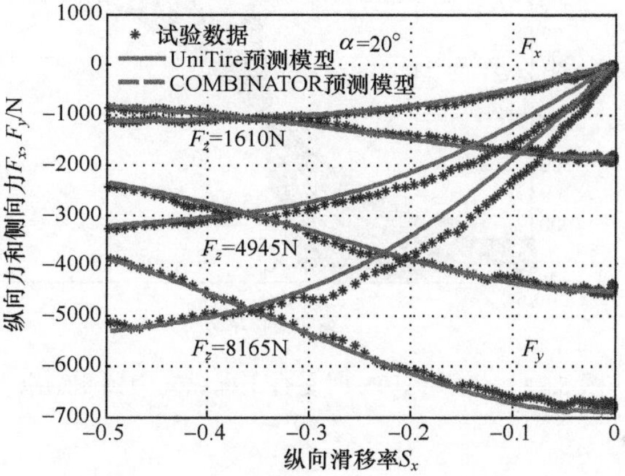

图 5.20　大侧偏角下预测模型对比结果

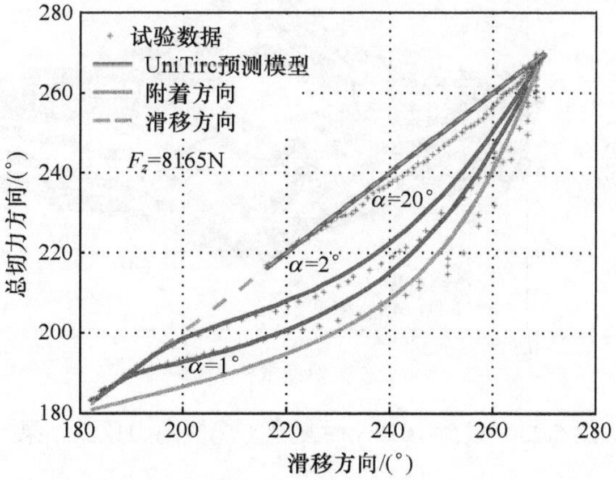

图 5.21　总切力方向的预测结果

因此，本章所提出的 UniTire 复合工况预测方法——状态刚度法，对于任何载荷、任意侧偏角都具有很好的预测能力，能够比较准确地表达轮胎接地印迹内总切力方向的变化趋势，具有预测各向异性滑移刚度下轮胎复合工况力学特性的能力。

图 5.22～图 5.29 采用 4 组载荷、10 组侧偏角，共 40 组复合工况数据，对 UniTire 预测模型进行了广泛的验证，结果令人满意，纵向力和侧向力的预测精度均能达到 90%以上(具体残差结果参见 5.4 节)，验证了预测模型的广泛适用性和对各向异性刚度下力学特性的表达能力。

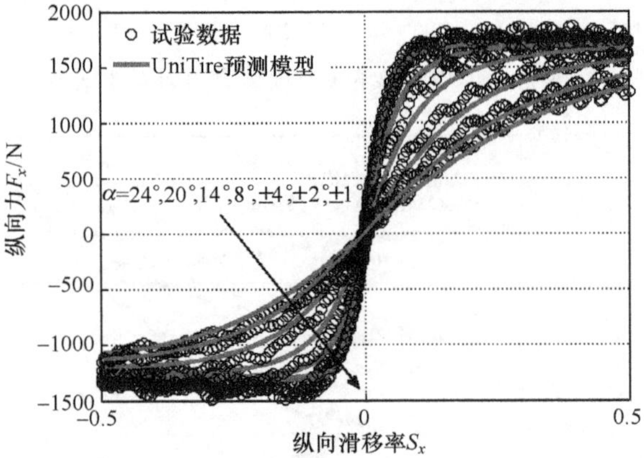

图 5.22　载荷 1610N 时复合工况纵向力预测结果

$\gamma = 0°$

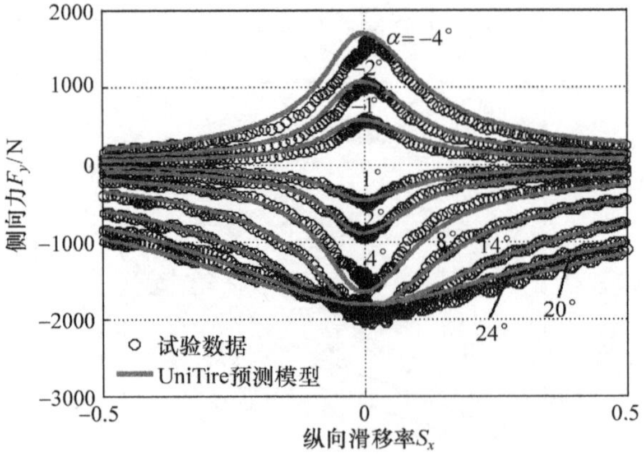

图 5.23　载荷 1610N 时复合工况侧向力预测结果

$\gamma = 0°$

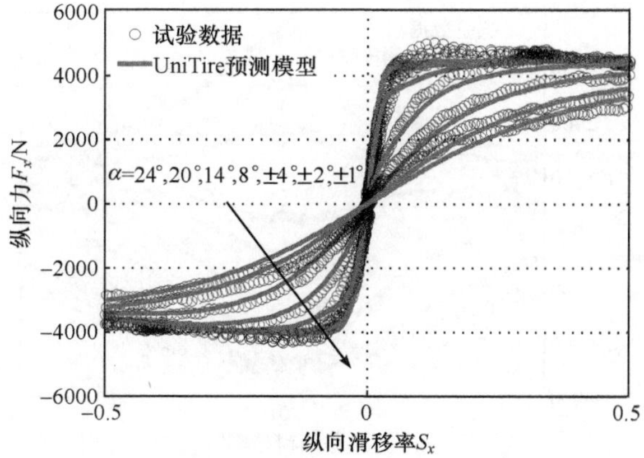

图 5.24 载荷 4945N 时复合工况纵向力预测结果

$\gamma=0$

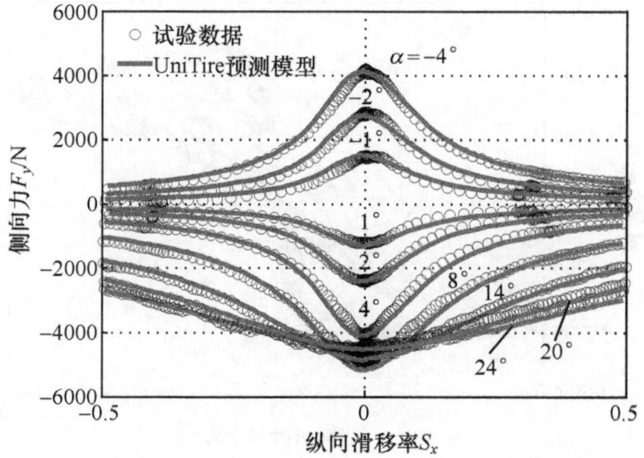

图 5.25 载荷 4945N 时复合工况侧向力预测结果

$\gamma=0$

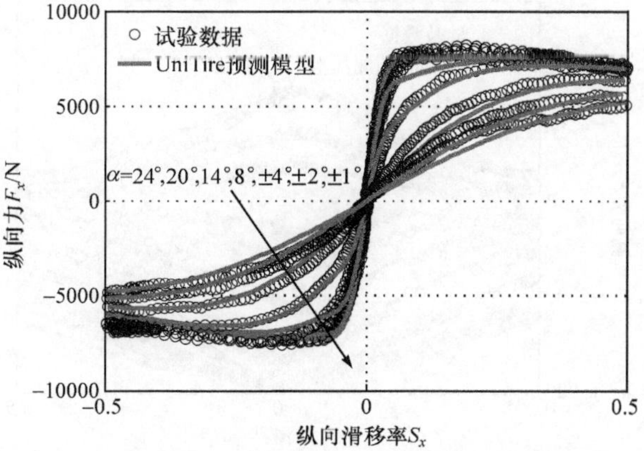

图 5.26 载荷 8165N 时复合工况纵向力预测结果

$\gamma=0$

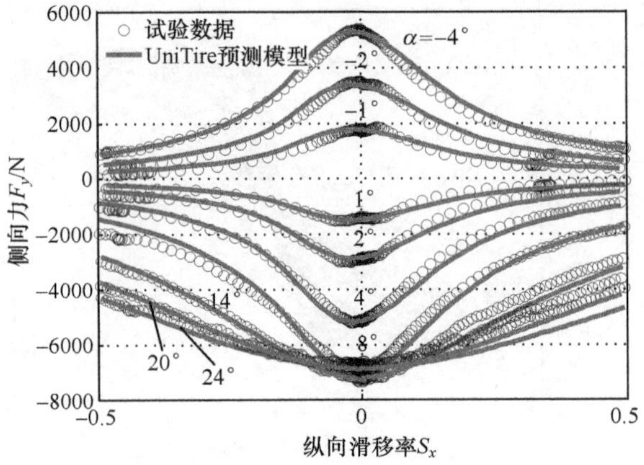

图 5.27　载荷 8165N 时复合工况侧向力预测结果

$\gamma=0$

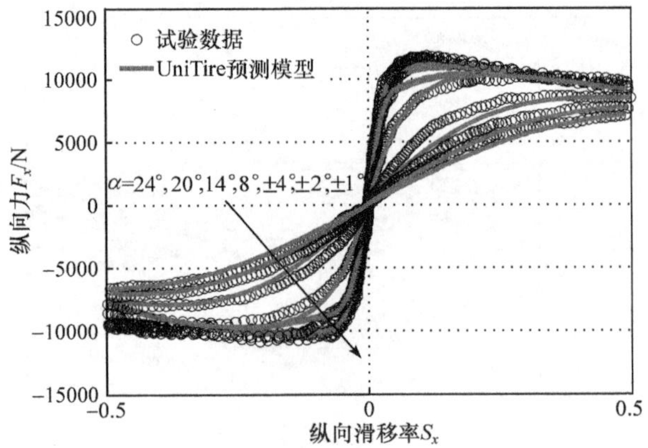

图 5.28　载荷 11500N 时复合工况纵向力预测结果

$\gamma=0$

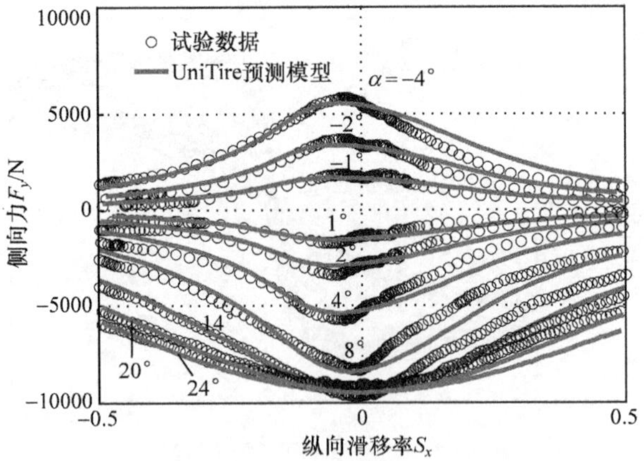

图 5.29　载荷 11500N 时复合工况侧向力预测结果

$\gamma=0$

5.1.4　含有侧倾角时复合工况力学特性的预测

含有侧倾角时，复合工况力学特性受到的影响在前文已经分析，可以概括如下：

(1) 侧倾本身会引起侧向力的增加或减小；

(2) 侧倾会引起纵向力产生较大的回正力矩，胎体发生扭转变形，产生附加等效侧向滑移率，引起侧向力出现倒“S”形的特殊现象；

(3) 当侧偏角逐渐增大时，第(2)点中胎体的扭转变形会逐渐变小，倒“S”形现象逐渐消失。

在建立 UniTire 半经验模型时，最终将上述影响都统一到有效侧向滑移率 S_{ye} 中，即

$$S_{ye}=\left(S_{y\alpha\gamma}+S_{y\kappa}\right)\left(1-S_x\right) \tag{5.20}$$

在理论模型分析时已经知道，侧倾纵滑工况侧向力变化的特殊现象也是由相同的机理产生的。因此，含有侧倾角时复合工况力学特性的预测思路是：通过含侧倾角的纯侧偏和纯纵滑试验数据辨识得到 S_{ye} 中的各参数，然后利用状态刚度法计算纵向力和侧向力。

这里值得注意的是，虽然侧倾纵滑工况也会产生胎体的扭转变形，但是由于没有侧偏角的耦合作用，不能反映出影响(3)中倒“S”形逐渐消失的现象。所以，在建立 UniTire 半经验模型时，建立纵向力引起的侧向滑移率 $S_{y\kappa}$ 与综合滑移率 S 的函数关系，从而使得单纯从侧倾纵滑工况所辨识得到的参数同样能够反映出侧偏角增大而引起的扭转变形变小的现象，增强了 UniTire 轮胎模型的预测能力。所建立的 $S_{y\kappa}$ 的表达式如下：

$$D_{y\kappa}=\left(sl_6+sl_7F_{zn}\right)\exp\left(-\left|sl_8\right|S\right) \tag{5.21}$$

$$S_{y\kappa}=D_{y\kappa}\left(sl_9+sl_{10}\operatorname{sgn}\left(S_x\right)\right)\gamma\tanh\left(sl_{11}S_x\right) \tag{5.22}$$

图 5.30 是载荷为 11500N、侧倾角为−4°时，$S_{y\kappa}$ 随侧偏角及纵向滑移率的变化规律，可以看出，$S_{y\kappa}$ 随着 S_x 或者 α 的增加而逐渐减小。

通过上面分析，可以总结出含侧倾时复合工况力学特性预测方法及步骤如下：

(1) 通过侧偏侧倾数据，辨识得到纯侧向力拟合参数，包括描述侧偏刚度 K_y、侧倾刚度 $K_{y\gamma}$、侧向曲率因子 E_y 以及侧向摩擦系数 μ_y 的各模型参数；

(2) 通过侧倾纵滑数据，辨识得到纯纵向力拟合参数，包括描述纵滑刚度 K_x、

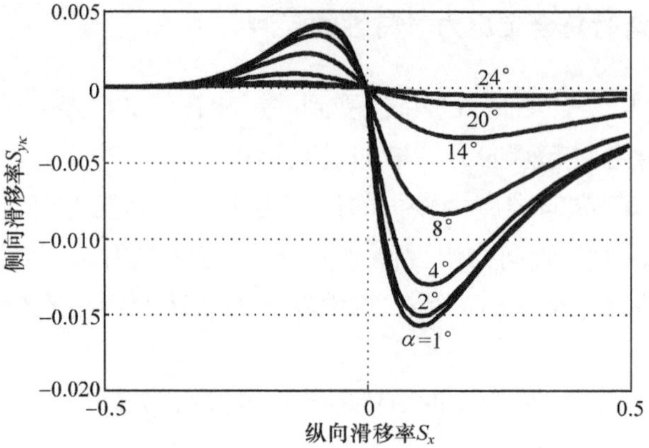

图 5.30　纵向力引起的侧向滑移率的变化规律

F_z = 11500°, γ = −4°

纵向曲率因子 E_x 和纵向摩擦系数 μ_x 的各模型参数，以及反映胎体扭转弹性的纵向力引起的侧向滑移率 $S_{y\kappa}$ 中的各模型参数；

(3) 计算有效侧向滑移率 S_{ye}，结合纵向滑移率 S_x 和其他模型参数，代入状态刚度法中，即可以计算出含侧倾时复合工况下的纵向力和侧向力。

图 5.31～图 5.38 是侧倾角为−4°、4 种载荷、10 种侧偏角下 UniTire 复合工况预测模型的预测结果。可以看出，预测效果很好，大载荷小侧偏角下侧向力的倒“S”形状也能够较好地表达。

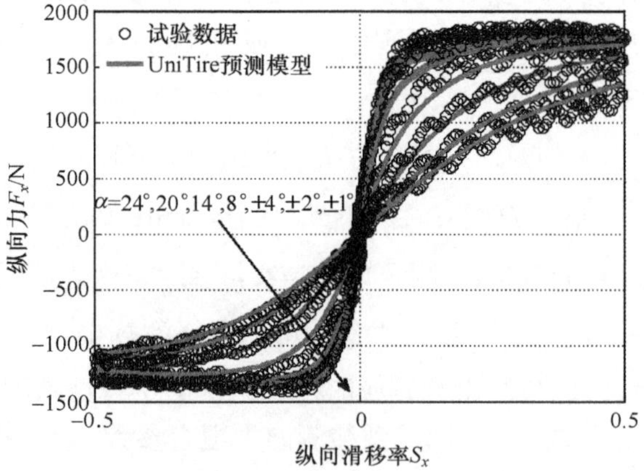

图 5.31　侧倾角为−4°、载荷为 1610N 时复合工况纵向力预测结果

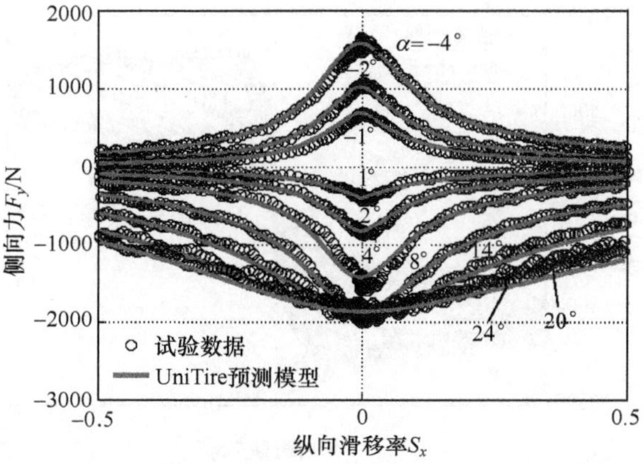

图 5.32　侧倾角为−4°、载荷为 1610N 时复合工况侧向力预测结果

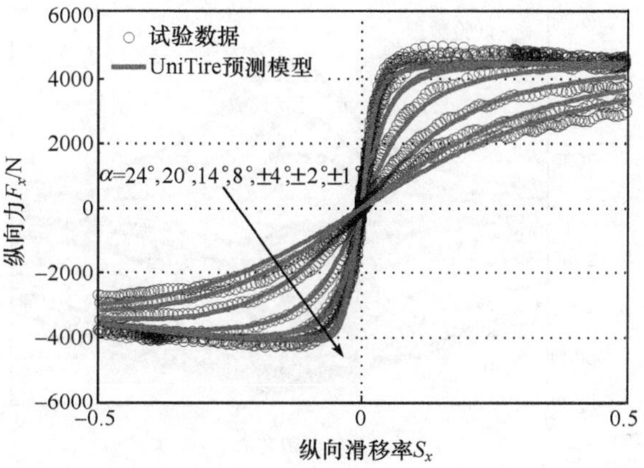

图 5.33　侧倾角为−4°、载荷为 4945N 时复合工况纵向力预测结果

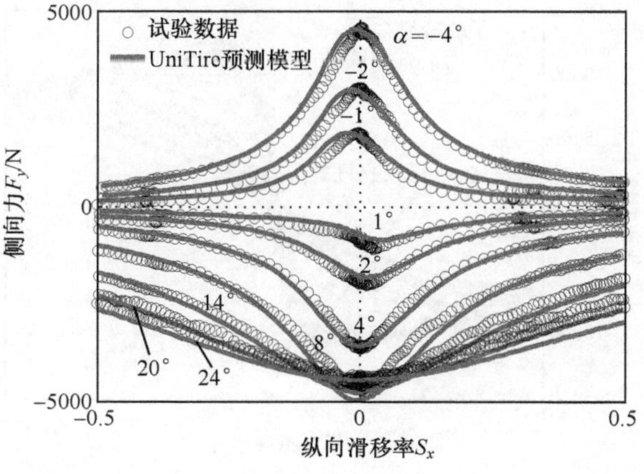

图 5.34　侧倾角为−4°、载荷为 4945N 时复合工况侧向力预测结果

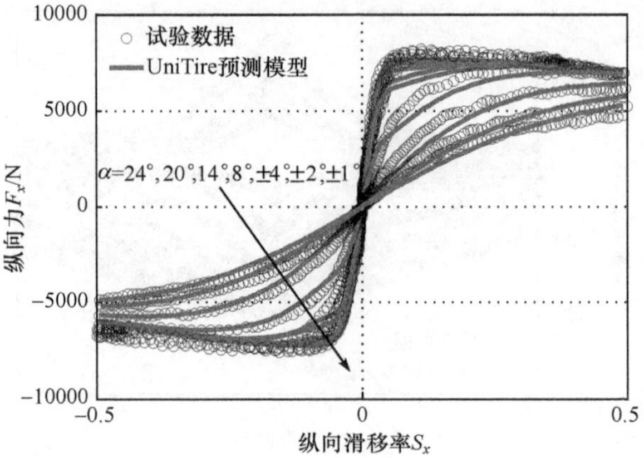

图 5.35　侧倾角为−4°、载荷为 8165N 时复合工况纵向力预测结果

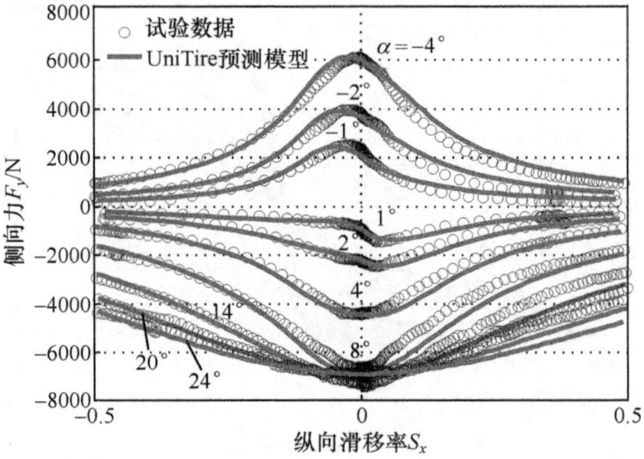

图 5.36　侧倾角为−4°、载荷为 8165N 时复合工况侧向力预测结果

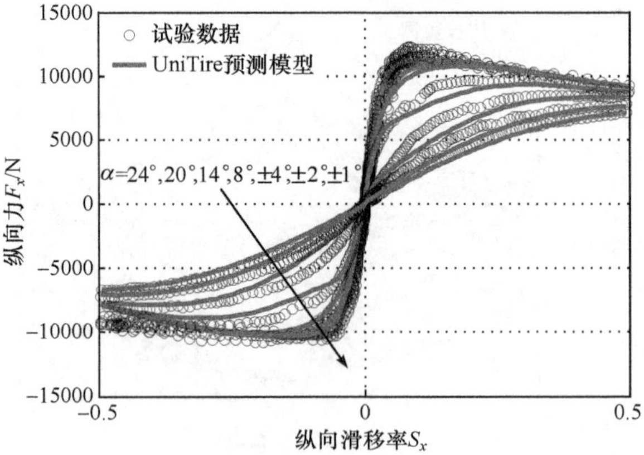

图 5.37　侧倾角为−4°、载荷为 11500N 时复合工况纵向力预测结果

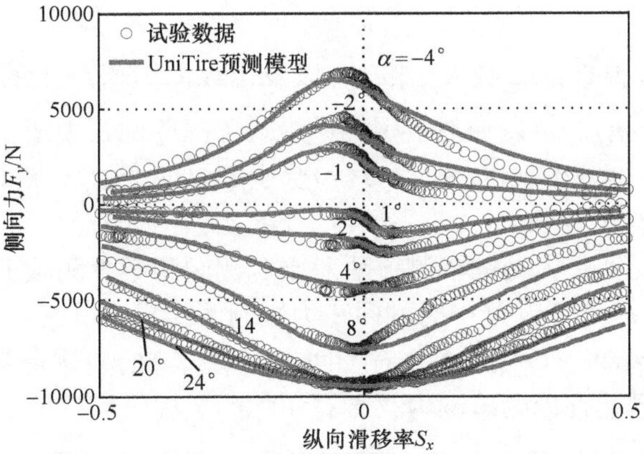

图 5.38　侧倾角为−4°、载荷为 11500N 时复合工况侧向力预测结果

5.2　复合工况回正力矩特性的预测

正如前文所说,复合工况下回正力矩特性非常复杂,再加上试验本身的误差,各轮胎模型，即使是全工况辨识模型，对其表达精度都不是十分理想。然而，仍然希望能够对复合工况的回正力矩特性进行适当的预测，而 UniTire 轮胎模型具有这种预测能力，因为：

(1) UniTire 轮胎模型以理论模型为框架，采用无量纲表达，使得纯工况和复合工况力和回正力臂具有统一的表达；

(2) 采用状态刚度法解决了各向异性刚度条件下复合工况纵向力和侧向力的预测问题；

(3) 对于特殊的现象和复杂的工况，UniTire 轮胎模型仍然遵循理论模型的指导,从现象产生的机理出发进行建模,对于相同机理引发的现象具有统一的表达。

所以，在进行复合工况回正力矩特性的预测时，可以从纯工况数据辨识复合工况回正力矩所需要的各种参数。

复合工况下，UniTire 轮胎模型回正力矩的表达式如下：

$$M_z = F_y D_x + M_{z\gamma} + F_x F_y \left(\frac{1}{K_{cx}} - \frac{1}{K_{cy}}\right) + F_x \left(m_{20} + m_{21}\gamma \exp\left(-m_{22} F_{zn}\right)\right) \quad (5.23)$$

根据上述思想，其预测方法如下：

(1) 利用状态刚度法预测纵向力 F_x 和侧向力 F_y；

(2) 利用纯侧偏回正力矩特性得到回正力臂 D_x 和残余回正力矩 $M_{z\gamma}$ 中的各

参数；

(3) 表征胎体弹性的参数 K_{cx} 和 K_{cy} 以及由纵向力所产生的回正力矩中的各参数 m_{20} 、m_{21} 和 m_{22} ，可以通过辨识侧倾纵滑工况的回正力矩得到。因为在侧倾纵滑时，侧倾会引起胎体侧向变形，纵滑会引起纵向变形，在回正力矩中胎体的侧纵向弹性均会体现出来。

上述复合工况回正力矩的预测方法对于含侧倾和不含侧倾工况都是适应的。图 5.39 和图 5.40 是侧倾角为 0°时的回正力矩预测结果，图 5.41 和图 5.42 是侧倾角为–4°时的预测结果。可以看到，对于回正力矩趋势的表达是基本准确的，预测结果在量值上也是在合理的范围内，具有实际的工程应用价值。

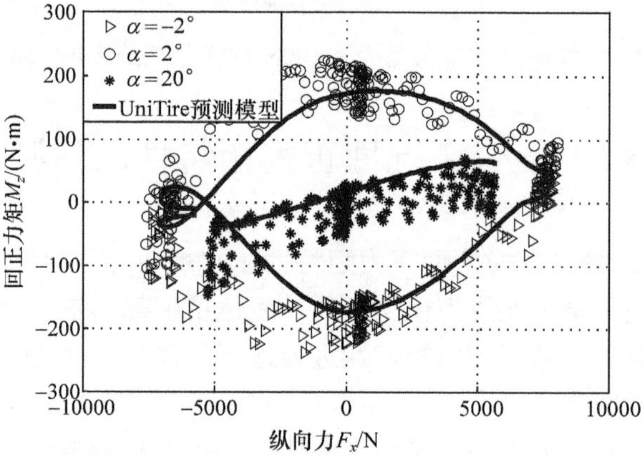

图 5.39　侧倾角为 0°、载荷为 8165N 时复合工况回正力矩预测结果

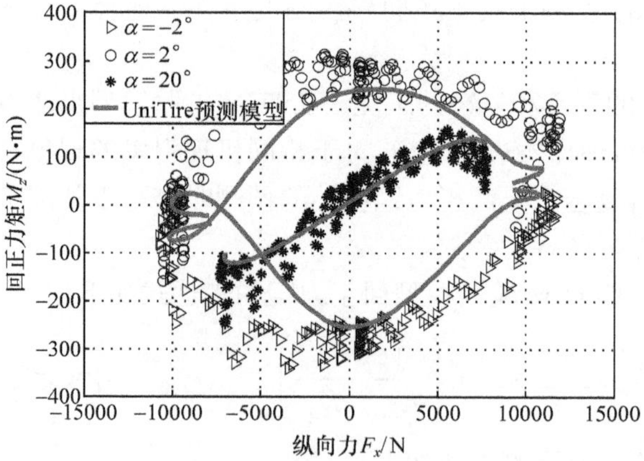

图 5.40　侧倾角为 0°、载荷为 11500N 时复合工况回正力矩预测结果

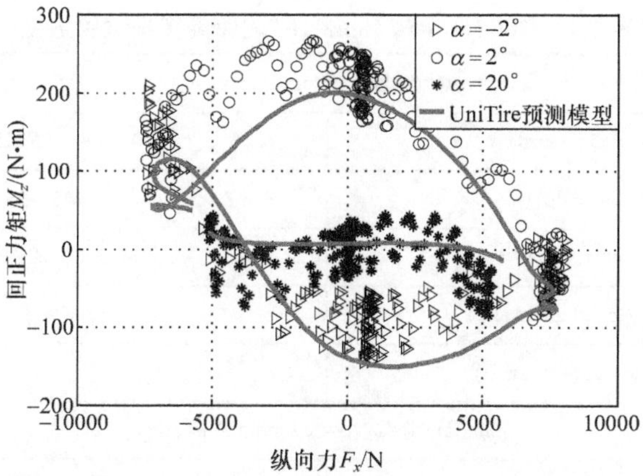

图 5.41　侧倾角为−4°、载荷为 8165N 时复合工况回正力矩预测结果

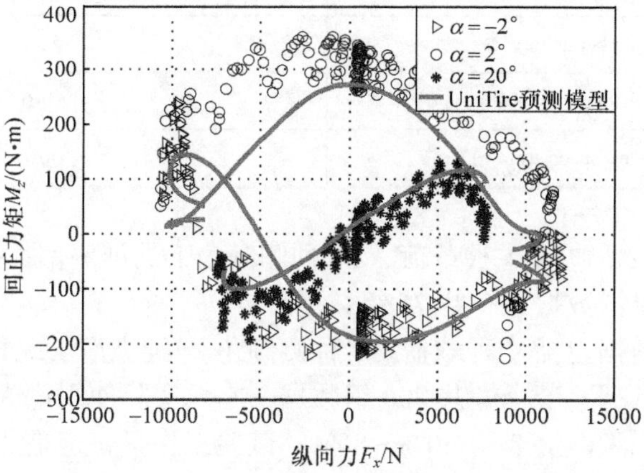

图 5.42　侧倾角为−4°、载荷为 11500N 时复合工况回正力矩预测结果

5.3 UniTire 复合工况预测模型特点

5.3.1 预测模型所需试验工作量

发展复合工况预测模型的目的是避免大量的、昂贵复杂且周期很长的复合工况力学特性试验，而利用少量的纯工况数据去预测复合工况下的力学特性。下面考察本章所提出的 UniTire 预测模型所需的试验工作量。以本章所采用的试验数据为例，预测模型所需要的试验数据如表 5.1 所示。

表 5.1　Goodyear P245/65R17 轮胎纯工况试验数据

纯侧偏试验数据(pure cornering)	
垂直载荷(vertical load)/N	1610、4945、8165、11500
侧偏角(slip angle)/(°)	–25～25
侧倾角(camber angle)/(°)	0、±2、±4、±6、±8、±10、±12、15
纵向滑移率(longitudinal slip)	0% (纯滚动)
试验速度(test speed)/(km/h)	40
纯纵滑试验数据(pure longitudinal slip)	
垂直载荷(vertical load)/N	1610、4945、8165、11500
侧偏角(slip angle)/(°)	0
侧倾角(camber angle)/(°)	0、–2、–4、–8、–12
纵向滑移率(longitudinal slip)	–0.5～0.5
试验速度(test speed)/(km/h)	40

所需的试验数据包括 4 种载荷、14 种侧倾角下的纯侧偏数据，4 种载荷、5 种侧倾角下的纯纵滑数据，一共 76 组数据。

避免的试验数据包括 4 种载荷、5 种侧倾角(与纯纵滑工况相同)、10 种侧偏角下的复合工况数据，若全做共 200 组数据，本章实际使用量为 132 组。

显然，预测模型能够节约 60%～80%的试验工作量，这是非常可观的，具有非常好的工程应用价值。

5.3.2　预测模型精度

预测模型在节省大量试验工作的同时，势必会损失一定的模型精度，当然这种损失越小越好。下面考察 UniTire 预测模型的预测精度，如表 5.2 所示。

可以看到，UniTire 复合工况预测模型的预测精度令人满意，4×33 组复合工况下侧向力平均残差仅为 5.27882%；纵向力的平均残差略高，为 9.42665%，这与复合工况下摩擦系数的变化有关；回正力矩的平均残差值较高，为 37.10616%，但是这里面应该考虑到回正力矩试验数据的离散性问题。与利用全部数据的全局辨识相比，UniTire 预测模型节约了大量的试验数据(63.5%)，而损失的精度却有限(纵向力损失 1.28829%，侧向力损失 1.80261%，回正力矩损失 7.08137%)，如图 5.43 所示。

表 5.2　UniTire 复合工况预测模型残差

复合工况			残差/%											
			纵向力 F_x				侧向力 F_y				回正力矩 M_z			
α/(°)	γ/(°)	κ \ F_z	1610N	4945N	8165N	11500N	1610N	4945N	8165N	11500N	1610N	4945N	8165N	11500N
−4	0	−0.5～0.5	13.17531	6.21270	8.58759	9.01587	9.83503	4.39546	2.30119	4.19286	63.03997	80.30436	40.98793	19.91225
−2	0	−0.5～0.5	12.50165	6.96936	13.39545	7.35976	5.83587	6.75312	4.22145	4.07210	78.04634	51.19135	36.19678	29.50909
−1	0	−0.5～0.5	10.38332	6.30665	6.91277	6.09346	8.47263	8.34884	5.14862	6.03331	96.40192	65.05783	48.46472	45.45296
1	0	−0.5～0.5	11.76793	8.23058	6.78121	8.57962	10.79309	6.41764	6.21368	7.12870	91.04334	65.51793	47.11844	39.25758
2	0	−0.5～0.5	15.52838	6.16759	10.18285	7.94377	5.32977	5.02416	6.82751	10.94387	71.71383	40.33654	27.02816	26.40583
4	0	−0.5～0.5	12.31439	11.61071	11.44732	9.83529	5.39361	2.56404	3.23797	4.26566	98.85517	135.14670	120.71191	56.45487
8	0	−0.5～0.5	12.34566	7.06552	9.48022	10.43933	6.84176	4.64990	2.25668	6.35025	120.79916	71.33825	24.84465	20.84729
14	0	−0.5～0.5	13.92701	5.77120	6.34027	7.52531	7.21687	4.63780	4.43761	6.48344	113.73093	105.89765	59.52097	29.24345
20	0	−0.5～0.5	14.69961	6.98551	9.59595	12.39361	9.38568	1.79921	2.23852	4.42681	100.81436	106.15342	67.08855	40.40303
24	0	−0.5～0.5	13.38923	9.82621	10.85131	10.54435	7.18988	2.57121	2.68745	3.94983	100.33461	99.79813	103.62063	43.02693
−4	−2	−0.5～0.5	14.79847	7.48375	13.82343	10.69975	5.67465	3.33178	4.23319	4.12366	75.78241	89.14358	59.66613	22.71232
−2	−2	−0.5～0.5	14.34706	10.79236	9.95321	10.86888	4.87268	7.41176	5.58963	5.52395	89.48056	62.36729	40.76164	31.21414
−1	−2	−0.5～0.5	14.20698	44.46531	5.89449	8.15384	15.81475	6.72869	6.18641	8.53774	92.97158	127.33136	60.40215	50.60285
1	−2	−0.5～0.5	11.54830	5.64359	7.49437	7.57453	11.54429	5.96055	5.74843	7.70488	95.28386	67.34228	40.59486	32.04014
2	−2	−0.5～0.5	12.97639	8.09737	8.54013	7.72237	6.45352	3.64041	5.70582	8.35347	99.37069	48.18665	23.25315	18.76997
4	−2	−0.5～0.5	12.94328	6.10442	8.60711	9.95678	4.74674	4.51752	2.23138	5.09885	98.35842	51.73172	24.94565	19.31958
8	−2	−0.5～0.5	11.77988	4.56177	6.39605	7.66527	6.42336	5.40530	7.35872	7.33558	91.19965	83.42274	42.25169	27.37933

续表

复合工况			残差/%											
			纵向力 F_x				侧向力 F_y				回正力矩 M_z			
α/(°)	γ/(°)	κ \ F_z	1610N	4945N	8165N	11500N	1610N	4945N	8165N	11500N	1610N	4945N	8165N	11500N
14	−2	−0.5～0.5	11.79101	7.24956	9.68046	13.67588	8.71727	2.68188	3.23602	5.11511	102.08311	100.98722	78.96759	50.63095
20	−2	−0.5～0.5	11.92576	11.21058	10.89615	10.32524	8.32876	3.00364	2.48903	4.18680	90.68443	138.53533	61.29510	62.13191
24	−2	−0.5～0.5	11.76319	13.00621	11.63751	9.09308	9.96880	4.10269	2.86162	4.47434	104.16121	111.82860	82.92293	43.61772
−4	−4	−0.5～0.5	21.49211	9.80461	8.67299	9.78732	8.41556	3.13671	3.40657	4.64538	61.33852	78.38849	47.72751	26.49378
−2	−4	−0.5～0.5	16.46909	10.00535	11.89681	10.38663	4.24161	7.59607	6.01616	6.23657	78.79725	92.91983	68.44009	40.48366
−1	−4	−0.5～0.5	12.56132	4.93440	6.15153	7.84941	9.66765	11.72109	11.17076	7.35931	76.17965	64.61515	87.02813	85.77281
1	−4	−0.5～0.5	12.08914	8.73648	5.99849	9.18140	7.99568	13.17549	5.25938	12.91889	41.38318	26.49799	17.68921	24.63287
2	−4	−0.5～0.5	12.51901	8.39225	6.58880	8.18719	8.57318	8.34809	3.93783	5.84449	59.36302	32.94023	22.93532	20.48291
4	−4	−0.5～0.5	11.25045	5.88659	7.90632	8.57694	8.28351	3.57629	2.48887	6.62394	63.73124	46.17062	22.27216	19.77965
8	−4	−0.5～0.5	12.84119	4.39348	6.21087	7.62658	9.71510	5.59340	6.56581	7.17867	56.71554	62.21096	40.70550	25.48765
14	−4	−0.5～0.5	11.78365	7.46994	8.98429	9.94799	7.94360	3.77574	4.31172	4.82758	93.14089	79.30268	60.62534	66.68437
20	−4	−0.5～0.5	9.48442	11.25768	9.15734	10.43498	6.99372	4.52568	3.46288	4.27492	74.97049	92.62668	133.90180	98.54665
24	−4	−0.5～0.5	10.49886	13.39299	10.01091	7.88949	5.51940	5.25923	3.41108	3.76966	78.67589	100.09750	155.37513	91.48675
2	8	−0.5～0.5	7.58070	7.04871	19.84073	7.55665	10.34431	6.25890	10.89127	16.05552	35.59408	25.19477	13.49302	19.42798
8	8	−0.5～0.5	11.25704	5.99023	8.14110	6.50564	4.87355	8.64704	6.78901	6.26008	59.91196	34.92378	22.20838	26.34332
2	12	−0.5～0.5	6.07444	10.24225	8.24618	8.82393	9.30544	9.43207	13.94799	61.20109	15.51518	17.88624	14.14221	24.46559
总平均残差			9.42665				5.27882				37.10616			

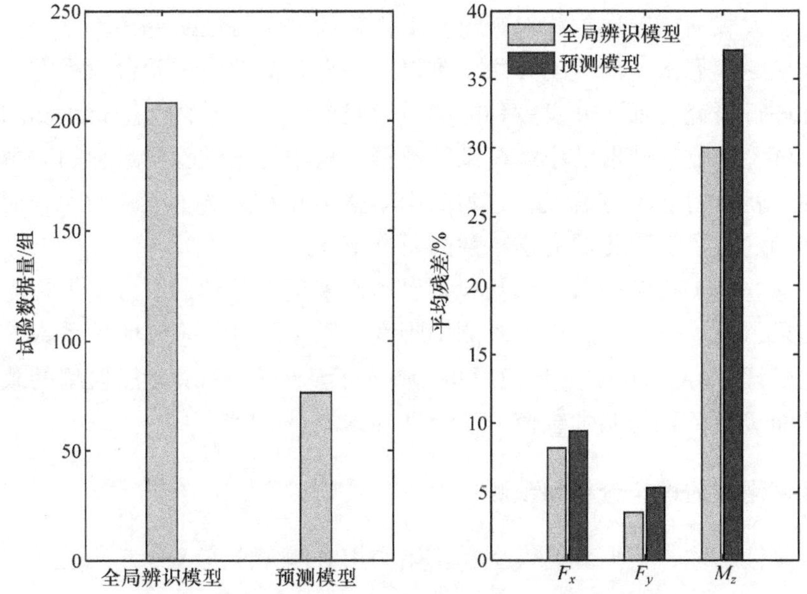

图 5.43　全局辨识模型和预测模型所用数据量以及模型精度的对比

综上所述，UniTire 复合工况预测模型具有以下特点：

(1) 完全的预测模型，不需要任何的复合工况试验数据，节省试验工作量 60%～80%；

(2) 具有较高的预测精度，力学特性的精度在 90%以上，回正力矩特性精度受数据波动影响，在 60%以上，但对于趋势的表达是准确的，在精度上还需要更准确试验数据的验证；

(3) 具有广泛的适用性，对于各向异性刚度和摩擦系数条件下轮胎特性的描述同样准确；

(4) 全工况力学特性的预测，包括侧倾影响下复合工况力学特性的预测以及回正力矩的预测。

5.4　UniTire 大载荷预测模型

从本节开始，针对工程轮胎的力学特性进行分析，与普通轿车轮胎相比，工程轮胎几何尺寸大、充气压力大、承受负载高、轮胎成本高、轮胎装卸难度大。在轮胎试验研究上，国内外现有的轮胎试验台多针对轿车轮胎或 SUV 轮胎等尺寸相对较小的轮胎，工程轮胎的额定工作载荷超出了现有轮胎试验台的量程，因此工程轮胎大载荷试验数据相对缺乏，工程轮胎力学特性研究还不够完善。

如果单纯依靠试验研究的方法，难以对垂直载荷超出试验台量程的工程轮胎力学特性进行研究，那么开发一种能够对大载荷轮胎力学特性进行预测的模型，通过现有试验台能够获取的小载荷试验数据，预测超出试验台量程的大载荷轮胎力学特性，就显得非常有意义，它为商用车整车开发提供了准确的大载荷轮胎模型，丰富和发展了工程轮胎力学特性的研究工作。

本章建立的工程轮胎载荷预测模型以理论模型为基础，结合了工程轮胎小载荷试验结果；通过分析垂直载荷对侧偏刚度、回正刚度、峰值摩擦系数等模型参数的影响机理，结合 UniTire 建模思想，形成了基于 UniTire 轮胎模型的载荷预测公式，从而实现工程轮胎大载荷力学特性的预测目的[5,6]。

5.4.1　侧偏刚度的理论分析和预测

对于刚性胎体，根据理论模型，轮胎的相对侧偏刚度 K_y / F_z 可化为

$$\frac{K_y}{F_z} = \frac{2a^2 k_{ty}}{F_z} = \frac{2a_n^2 k_{ty}}{F_{zn}} = \text{const} \tag{5.24}$$

即刚性胎体的相对侧偏刚度为定值。

对于弹性胎体，或轮胎处于较大垂直载荷、胎体变形非常明显时，根据理论模型公式 $a^2 F_{zn} = a_n^2 F_z$，初始侧偏刚度 K_{y0}、胎体的弯曲特征比 ε_b、扭转特征比 ε_θ 可分别表示为

$$K_{y0} = 2a^2 k_{ty} = 2a_n^2 k_{ty} \frac{F_z}{F_{zn}} \tag{5.25}$$

$$\varepsilon_b = \frac{2ak_{ty}}{K_{cb}} = \frac{2a_n k_{ty}}{K_{cb}} \sqrt{\frac{F_z}{F_{zn}}} = \varepsilon_{bn} \sqrt{\frac{F_z}{F_{zn}}} \tag{5.26}$$

$$\varepsilon_\theta = \frac{2a^3 k_{ty}}{3N_\theta} = \frac{2a_n^3 k_{ty} F_z}{3N_\theta F_{zn}} \sqrt{\frac{F_z}{F_{zn}}} = \varepsilon_{\theta n} \frac{F_z}{F_{zn}} \sqrt{\frac{F_z}{F_{zn}}} \tag{5.27}$$

基于式(3.34)，考虑胎体弹性的轮胎侧偏刚度为

$$K_y = \frac{K_{y0}}{(1+\varepsilon_b)(1+\varepsilon_\theta)} = \frac{2a_n^2 k_{ty} \dfrac{F_z}{F_{zn}}}{\left(1+\varepsilon_{bn}\sqrt{\dfrac{F_z}{F_{zn}}}\right)\left(1+\varepsilon_{\theta n}\dfrac{F_z}{F_{zn}}\sqrt{\dfrac{F_z}{F_{zn}}}\right)} \tag{5.28}$$

所以，轮胎的相对侧偏刚度 K_y / F_z 为

$$\frac{K_y}{F_z}=\frac{2a_n^2k_{ty}/F_{zn}}{\left[1+\varepsilon_{bn}\left(F_z/F_{zn}\right)^{1/2}\right]\left[1+\varepsilon_{\theta n}\left(F_z/F_{zn}\right)^{3/2}\right]}$$
$$=\frac{K_{yn}/F_{zn}}{\left[1+\varepsilon_{bn}\left(F_z/F_{zn}\right)^{1/2}\right]\left[1+\varepsilon_{\theta n}\left(F_z/F_{zn}\right)^{3/2}\right]} \tag{5.29}$$

其中，K_{yn} 为标称载荷下的侧偏刚度；ε_{bn} 为标称载荷下的弯曲特征比；$\varepsilon_{\theta n}$ 为标称载荷下的扭转特征比。轮胎的相对侧偏刚度受胎体的弯曲特征比和扭转特征比的影响，当轮胎的标称载荷和标称载荷下的侧偏刚度确定时，随着垂直载荷的增加，轮胎的相对侧偏刚度呈减小的趋势。图 5.44 为两种模型对相对侧偏刚度试验数据的拟合结果。

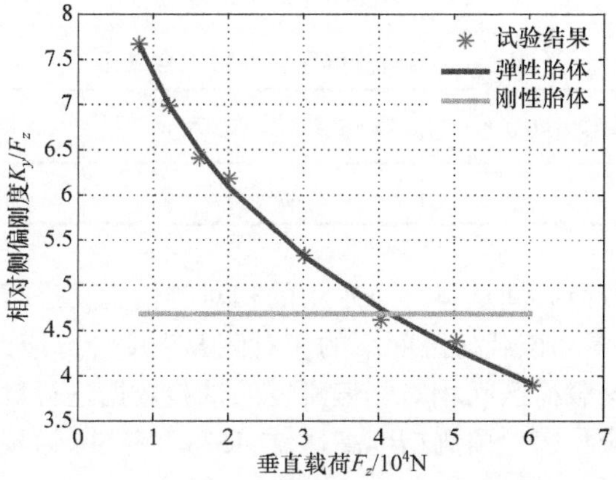

图 5.44　工程轮胎相对侧偏刚度的表达

对于刚性胎体模型，轮胎的相对侧偏刚度不随垂直载荷变化，为一恒定值；弹性胎体模型能够非常准确地描述轮胎相对侧偏刚度随垂直载荷增加而下降的变化趋势。由于式(5.29)建立在严格的理论推理之上，所以公式具有非常强的预测能力，这是建立载荷预测模型的理论依据。图 5.45 为利用弹性胎体的相对侧偏刚度预测公式，通过对小载荷试验数据进行拟合，获取胎体弹性参数，并对大载荷相对侧偏刚度进行预测的结果。

相对侧偏刚度的预测过程如下：首先对工程轮胎小载荷相对侧偏刚度试验数据进行拟合，确定式(5.29)中与弹性胎体有关的参数。拟合曲线为图 5.45 中的点划线部分，参数拟合结果如表 5.3 所示。

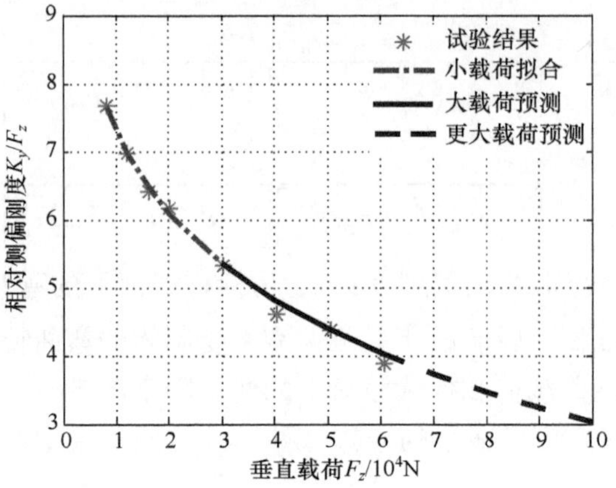

图 5.45　弹性胎体侧偏刚度的预测

表 5.3　相对侧偏刚度参数拟合结果

参数名称	侧向分布刚度 k_{ty}/(N/((°)·m^2))	胎体扭转刚度 N_θ/(N·m/(°))	侧向弯曲刚度 K_{cb}/(N/m)
参数值	1.417×10^6	2.560×10^4	2.229×10^5

然后，对垂直载荷区间从 40～60kN 的相对侧偏刚度进行预测，将垂直载荷区间代入式(5.29)，得到该载荷区间下的相对侧偏刚度计算值，如图 5.45 中实线部分所示。通过与该载荷区间相对侧偏刚度的试验数据进行对比，发现预测结果与试验结果一致吻合，模型预测精度高达 97.15%。表 5.4 为预测结果与试验结果之间的拟合误差分析。

表 5.4　相对侧偏刚度拟合结果分析

垂直载荷/N	40000	50000	60000
偏差δ	0.1962	0.0062	0.1244
相对误差/%	4.26	0.14	3.19

其中，偏差$\delta=\phi(x_i)-y_i$，$\phi(x_i)$为拟合曲线在x_i处的值，y_i为试验值；相对误差为偏差δ与试验数据y_i的比值。

最后，进一步增大垂直载荷，将垂直载荷区间设置为 60kN 以上，将垂直载荷代入相对侧偏刚度预测公式，得到该载荷区间下的相对侧偏刚度，如图 5.45 中虚线所示。通过获取相对侧偏刚度的变化趋势，乘以垂直载荷之后可得侧偏刚度的变化趋势，从而实现工程轮胎侧偏刚度的载荷预测。

5.4.2　侧偏回正刚度的分析和预测

对于刚性胎体，将胎体刚度与胎面刚度串联，可得轮胎纯回正刚度表达式为

$$K_m = \frac{2}{3} a^3 k_{ty} = \frac{2a_n^3 k_{ty} F_z}{3F_{zn}} \sqrt{\frac{F_z}{F_{zn}}} \tag{5.30}$$

相对回正刚度为

$$\frac{K_m}{F_z} = \frac{2a_n^3 k_{ty}}{3F_{zn}} \sqrt{\frac{F_z}{F_{zn}}} \tag{5.31}$$

即刚性胎体的相对回正刚度与垂直载荷的二分之一次方成正比，并随着垂直载荷的增加而增加。

对于弹性胎体，将式(5.28)代入轮胎回正刚度表达式中，可得

$$K_m = -\frac{K_{m0}}{1+\varepsilon_\theta} = -\frac{\dfrac{2a_n^3 k_{ty} F_z}{3F_{zn}} \sqrt{\dfrac{F_z}{F_{zn}}}}{1+\varepsilon_{\theta n} \dfrac{F_z}{F_{zn}} \sqrt{\dfrac{F_z}{F_{zn}}}} \tag{5.32}$$

相对回正刚度为

$$\frac{K_m}{F_z} = -\frac{\dfrac{2a_n^3 k_{ty}}{3F_{zn}} \sqrt{\dfrac{F_z}{F_{zn}}}}{1+\dfrac{\varepsilon_{\theta n} F_z}{F_{zn}} \sqrt{\dfrac{F_z}{F_{zn}}}} = -\frac{(K_{mn}/F_{zn})(F_z/F_{zn})^{1/2}}{1+\varepsilon_{\theta n}(F_z/F_{zn})^{3/2}} \tag{5.33}$$

其中，F_{zn} 为标称载荷；K_{mn} 为标称载荷下的回正刚度。与刚性胎体的相对回正刚度相比，弹性胎体的相对回正刚度显得较为复杂，图 5.46 为利用刚性胎体模型和弹性胎体模型分别对工程轮胎相对回正刚度的表达结果。

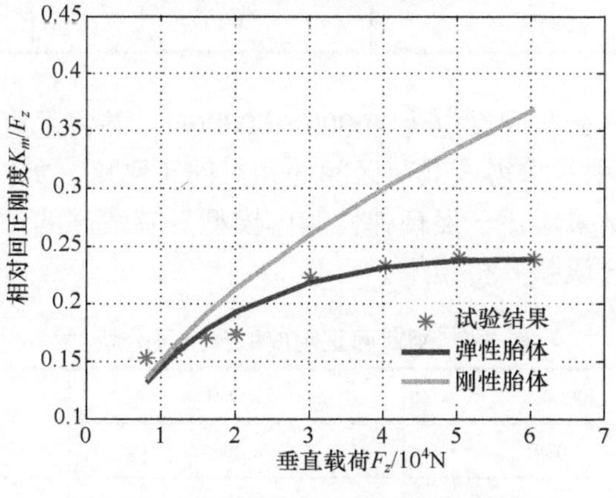

图 5.46　工程轮胎相对回正刚度的表达

从图 5.46 中可以看出，刚性胎体模型对试验数据的表达能力有限，弹性胎体模型能够非常准确地表达工程轮胎相对回正刚度的变化趋势，并且模型拟合精度高。

弹性胎体模型建立在理论推导上，因而具有非常强的外延能力。图 5.47 为工程轮胎相对回正刚度的拟合和预测结果。

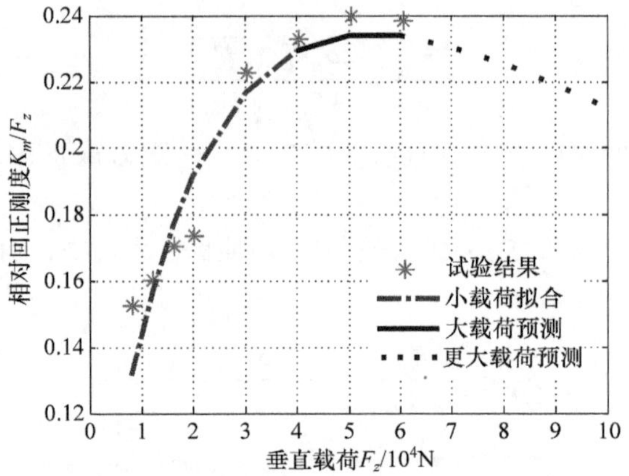

图 5.47　工程轮胎相对回正刚度的预测结果

相对回正刚度的预测方法：选取垂直载荷区间为 8～30kN，利用最小二乘法对工程轮胎小载荷工况的相对回正刚度进行拟合，获取工程轮胎的弹性胎体参数。其中对试验数据的拟合曲线如图 5.47 中点划线部分所示，表 5.5 为胎体相对回正刚度表达式中的参数拟合结果。

表 5.5　回正刚度参数拟合结果

参数名称	侧向分布刚度 k_{ty}/(N/((°)·m^2))	胎体扭转刚度 N_θ/(N·m/(°))	侧向弯曲刚度 K_{cb}/(N/m)
参数值	4.0×10^6	1.49×10^4	2.79×10^4

然后，将垂直载荷区间设定为 40000～60000N，并将垂直载荷代入相对回正刚度预测公式(5.33)中，求得该载荷区间的相对回正刚度，如图 5.47 中实线部分所示。通过与试验结果对比，发现弹性胎体模型具有较高的预测精度，表 5.6 为相对回正刚度的拟合误差分析结果。

表 5.6　相对回正刚度拟合结果分析

垂直载荷/N	40000	50000	60000
偏差δ	−0.0034	−0.0057	−0.0048
相对误差/%	1.46	2.39	2.02

最后，将垂直载荷区间增大至 60kN 以上，此时相对回正刚度的预测值呈下降趋势。对于工作在超载工况下的轮胎，该区间的预测结果对工程实践具有一定的指导意义。

综上预测结果，无论是相对侧偏刚度还是相对回正刚度，选取的小载荷试验数据越多，拟合精度就越高，预测结果也就越精确。从相对侧偏刚度的预测结果来看，利用较少的小载荷试验数据就能得到精度非常高的大载荷预测结果，体现了模型强大的应用拓展和工况预测能力。

5.4.3　动摩擦系数随载荷的变化

1. 峰值摩擦系数分析

在 UniTire 轮胎模型中，动摩擦系数表示为滑移速度的函数，随着滑移速度的改变，动摩擦系数不断变化。在载荷预测模型中，需要分析垂直载荷对摩擦系数的影响机理，建立以垂直载荷为变量的动摩擦表达式。在纯侧偏工况，峰值侧向力与垂直载荷之比为轮胎的侧向峰值摩擦系数 μ_m，基于轮胎试验数据有如图 5.48 所示的结果。

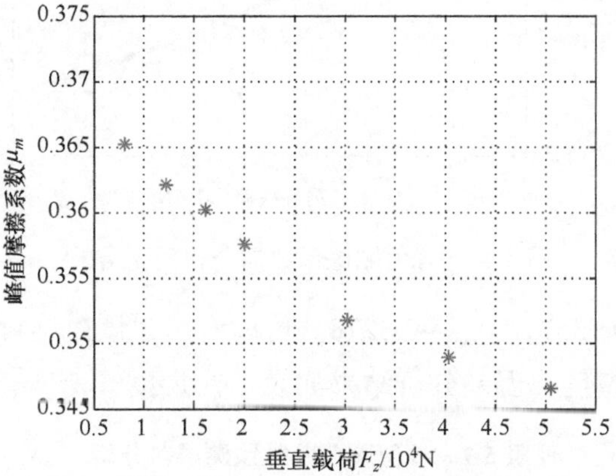

图 5.48　峰值摩擦系数试验数据(低附着路面)

由图 5.48 可知，随着垂直载荷的增加，峰值摩擦系数出现下降的趋势，但曲线变化趋势并非线性减小，而是呈现近似的反比例关系。下面将采用半经验公式，对侧向峰值摩擦系数与垂直载荷的关系进行定量分析。

2. 动摩擦系数的预测

通过对图 5.48 中试验数据的分析，引入关于 μ_m 的表达式：

$$p_c = \frac{F_z}{2a} \tag{5.34}$$

$$\mu_m = p_{uy1}\left(\frac{1}{p_c}\right)^{p_{uy2}} \tag{5.35}$$

其中，p_{uy1}、p_{uy2}为待拟合参数。将式(5.34)代入式(5.35)，并依据$a^2F_{zn} = a_n^2F_z$得

$$\mu_m = p_{uy1}\left(\frac{2a_n}{F_zF_{zn}}\right)^{p_{uy2}} \tag{5.36}$$

利用式(5.36)对小载荷的μ_m试验数据进行拟合，获取参数p_{uy1}和p_{uy2}，然后预测大载荷工况的峰值摩擦系数，仿真结果如图 5.49 所示。

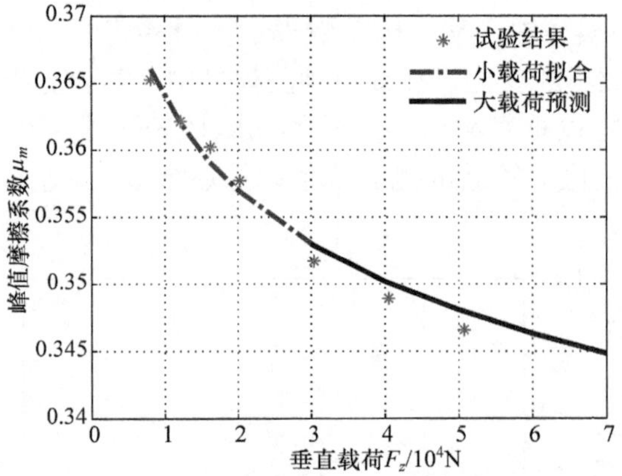

图 5.49　峰值摩擦系数拟合和预测结果

其中，p_{uy1}= 0.6552，p_{uy2}=0.0278。可以看出，该模型对峰值摩擦系数的拟合结果具有很高的精度，误差分析结果如表 5.7 所示。

表 5.7　峰值摩擦系数预测误差分析

垂直载荷/N	峰值摩擦系数μ_m		相对误差/%
	试验结果	预测结果	
40292	0.3490	0.3502	0.3438
50538	0.3466	0.3480	0.4039
60000	—	0.3463	—

同时，定义滑动摩擦系数μ_s的表达式如下：

$$\mu_s = p_{uy3}\mu_m \tag{5.37}$$

其中，p_{uy3} 为待拟合参数。

5.4.4　工程轮胎大载荷下侧向力和回正力矩的预测

在前文中已经对侧偏刚度、回正刚度和峰值摩擦系数进行了分析和预测，建立了以垂直载荷为变量的预测公式。在对侧偏侧向力和回正力矩进行预测时，需要将以上预测公式嵌入 UniTire 轮胎模型中；通过对小载荷试验数据进行拟合，获取模型参数，建立基于 UniTire 的载荷预测模型，从而能够预测大载荷下的力学特性。

1. 侧偏侧向力的预测

在参数拟合时，选取了半经验模型，而非理论模型，这是因为 UniTire 轮胎模型参数拟合速度快、精度高，且参数的拟合结果意义明显。

将 UniTire 轮胎模型中无量纲垂直载荷记为 F_{z_n}，则

$$F_{z\_n} = \frac{F_z}{F_{z0}} \tag{5.38}$$

其中，F_{z0} 为标称载荷。

无量纲侧向滑移率 ϕ_y 为

$$\phi_y = \frac{K_y S_y}{\mu_y F_z} \tag{5.39}$$

曲率因子 E_y 为

$$E_y = \frac{1}{2 + p_{E_y1}^2}\left(-\frac{F_z/F_{z\_n}}{p_{E_y2}^2}\right) \tag{5.40}$$

无量纲侧向力 $\overline{F}_y$ 为

$$\overline{F}_y = 1 - \exp\left(-\phi_y - E_y\phi_y^2 - \left(E_y^2 + 1/12\right)\phi_y^3\right) \tag{5.41}$$

侧偏侧向力 F_y 为

$$F_y = \mu_y F_z \overline{F}_y \tag{5.42}$$

将前文获得的侧偏刚度 K_y 和摩擦系数 μ_y 预测表达式代入 UniTire 半经验模型中，即可得到基于 UniTire 的侧向力载荷预测模型。

利用载荷预测模型，首先对小载荷侧向力试验数据进行拟合和参数辨识，结果如图 5.50 所示。

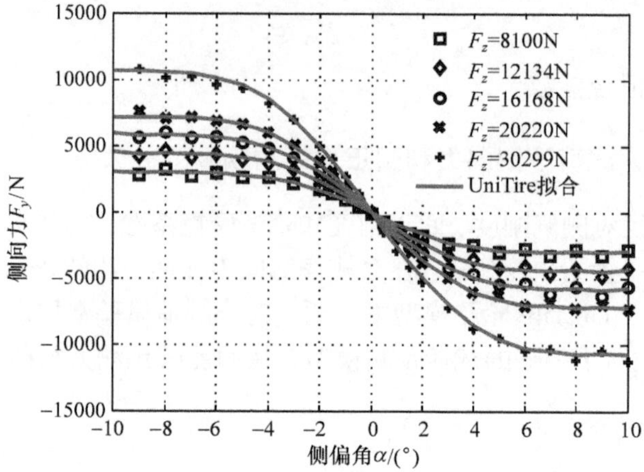

图 5.50　侧向力拟合结果

从图 5.50 可以看出，小载荷时模型辨识精度很高，所辨识的模型参数结果如表 5.8 所示。

表 5.8　载荷预测模型侧向力参数拟合结果

参数	数值
a_n	0.1021
ε_{bn}	0.80571
$\varepsilon_{\theta n}$	0.0532
k_t	245000
p_{E_y1}	1.3934
p_{E_y2}	1.0388
p_{u_y1}	0.8057
p_{u_y2}	0.0353
p_{u_y3}	0.0418

利用以上参数，对垂直载荷为 40000～60000N 的侧向力进行预测，并分析预测结果与试验数据之间的误差，结果如表 5.9 所示。

表 5.9　预测结果与试验数据误差分析

垂直载荷/N	40000	50000	60000
相对误差/%	3.8604	1.9579	2.6635
预测精度/%	97.16		

图 5.51 为大载荷侧向力预测结果与试验对比图。

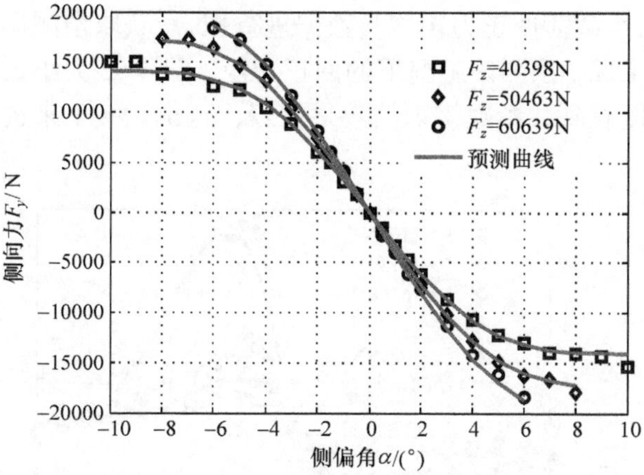

图 5.51　侧向力预测结果

可以看出，基于 UniTire 的载荷预测模型，对大载荷侧向力具有很高的预测精度，综合预测精度高达 97.16%。

2. 侧偏回正力矩的预测

同理，根据侧偏刚度和回正刚度预测表达式，并结合 UniTire 半物理模型，可获得回正力矩载荷预测模型。因此，回正力臂初值 D_{x0} 的表达式为

$$D_{x0} = K_m / K_y \tag{5.43}$$

其中，K_y 和 K_m 分别为侧偏刚度和回正刚度的预测结果。

回正力臂的峰值因子 D_1 和曲率因子 D_2 分别为

$$D_1 = m_4^2 \exp\left(-\frac{F_{zn}}{m_5^2}\right) + \Delta D_1 \operatorname{sgn}\left(S_{ye}\right) \tag{5.44}$$

$$D_2 = m_6^2 \exp\left(-\frac{F_{zn}}{m_7^2}\right) + \Delta D_2 \operatorname{sgn}\left(S_{ye}\right) \tag{5.45}$$

回正力臂终值 D_e 为

$$D_e = m_8 + m_9 F_{zn} + m_{10} F_{zn}^2 + \Delta D_e \operatorname{sgn}\left(S_{ye}\right) \tag{5.46}$$

回正力臂的半经验表达式为

$$D_x = \left(D_{x0} + D_e\right)\exp\left(-D_1\phi_\alpha - D_2\phi_\alpha^2\right) - D_e \tag{5.47}$$

综上，回正力矩预测值为

$$M_z = F_y D_x \tag{5.48}$$

因此，首先对小载荷回正力矩试验数据进行拟合，获取预测模型的相关参数；然后选取大载荷工况，预测该工况下的回正力矩。图 5.52 为小载荷回正力矩的参数辨识结果。可以看到，参数辨识的效果很好，这也是接下来进行大载荷预测的必要前提。

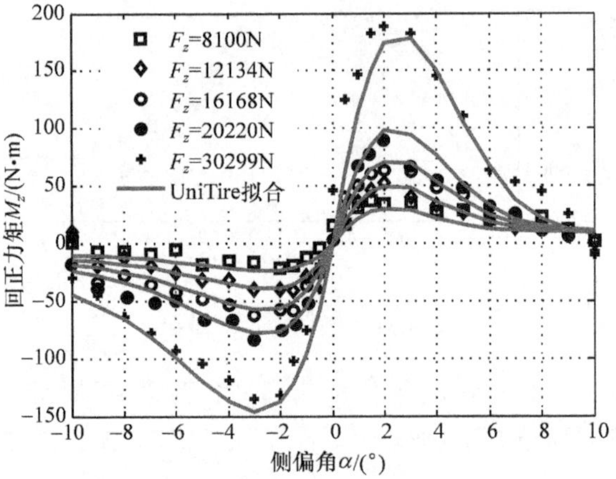

图 5.52　回正力矩拟合结果

在对回正力矩进行参数辨识时，需要参考侧向力参数的辨识结果，同时加入回正力臂的待辨识参数，组成回正力矩预测模型的所有参数。表 5.10 为回正力臂模型的参数拟合结果。

表 5.10　回正力臂参数拟合结果

参数	数值
m_4	0.8899
m_5	−416.2
m_6	0.5002
m_7	−206.9
m_8	0.003510
m_9	−0.006464
m_{10}	0.002189
ΔD_1	0.3827

续表

参数	数值
ΔD_2	−0.3858
ΔD_e	−0.001295

基于侧向力拟合参数和回正力臂拟合参数，对大载荷回正力矩进行预测，图 5.53 为回正力矩预测曲线和试验数据的对比结果。

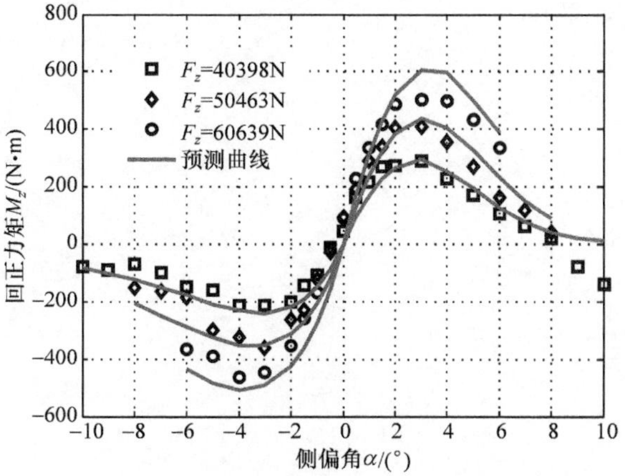

图 5.53 回正力矩预测结果对比

可以看出，基于 UniTire 的回正力矩载荷预测模型，对大载荷回正力矩具有很好的预测效果，回正力矩预测精度分析结果如表 5.11 所示。

表 5.11 回正力矩预测结果误差分析结果

垂直载荷/N	40000	50000	60000
相对误差/%	31.35	23.02	21.20
预测精度/%	76.40		

综上分析，基于 UniTire 的载荷预测模型对侧向力的预测精度高达 97.16%，对回正力矩的预测精度高达 76.40%，不仅实现了大载荷力学特性的预测，而且具有非常高的预测精度。

参 考 文 献

[1] 许男. 复合工况下轮胎稳态模型研究. 长春: 吉林大学, 2012.

[2] Xu N, Guo K H. Modeling combined braking and cornering forces based on pure slip measurements. SAE International Journal of Commercial Vehicles, 2012, 5(2): 470-482.

[3] Guo K H, Xu N, Lu D, et al. A model for combined tire cornering and braking forces with anisotropic tread and carcass stiffness. SAE International Journal of Commercial Vehicles, 2011, 4(1): 84-95.

[4] Schuring D J, Pelz W, Pottinger M G. A model for combined tire cornering and braking forces. SAE Technical Paper, 1996.

[5] 柳荣盛. 轮胎大载荷侧偏特性研究. 长春: 吉林大学, 2015.

[6] Chen P, Xu N, Guo K H, et al. Research on tire lateral force prediction under high-load condition. SAE Technical Paper, 2015.

第 6 章　高精度侧偏纵滑侧倾非稳态特性

轮胎与地面的作用力对汽车的运动起着决定性的作用。一般行驶工况下，相对于驾驶员较为缓慢的操作，如慢打方向盘，对于车速在 50～60km/h 的汽车操纵动力学分析可采用轮胎稳态模型，这时并不会带来明显的误差。但是当汽车处于运动状态快速变化的情形，如加速起步、制动防抱死系统(ABS)工作以及前轮摆振时，轮胎的非稳态特性对汽车的运动分析有着重要的影响，这时采用轮胎稳态模型会带来严重的计算误差，所以研究轮胎非稳态特性及建立精确的轮胎非稳态模型具有重要的意义。

本章在轮胎侧偏非稳态特性理论研究的基础上，引入“准稳态”和“有效滑移率”的概念，建立轮胎非稳态非线性侧偏特性半经验模型，利用“纵向有效滑移率”和“胎体局部侧倾”的概念，对轮胎的非稳态纵滑特性和车轮的侧倾效应进行分析和研究，建立复杂工况下的轮胎非稳态六分力模型[1]。

6.1　轮胎非稳态侧偏特性理论模型[1,2]

轮胎非稳态侧偏特性是指滚动车轮的转动角与侧向位移(或侧偏角与转偏率)随时间连续变化而引起轮胎侧向力与回正力矩相应变化的力学特性。由于车轮侧向运动输入量的性质不同(时变与非时变)，轮胎非稳态侧偏特性明显不同于稳态特性。轮胎的稳态特性可以看成轮胎非稳态特性在特殊状态(路径频率等于零)时的特性。

轮胎的非稳态侧偏特性不仅与车轮侧向输入的时间频率 ω 有关，而且与车轮的前进速度 V 有关。定义 $\omega_s = \omega / V$， ω_s 为空间频率或折算(reduced)频率，习惯称为路径频率(单位为 rad/m)。大量的试验已经证明：在速度 V 不是特别高时，不管 V 值如何变化，只要 ω 与 V 的比值 ω_s 不变，在其他条件相同时，轮胎的非稳态侧偏特性几乎保持不变(变化量很小，可以忽略)。因此，将非稳态特性由时间域转化为空间域来分析，消除了 ω 与 V 的直接影响，此时路径频率 ω_s 与车轮的滚动距离 X (而不是 ω、V、t，这里 t 为滚动时间)为空间域内影响轮胎非稳态特性的主要变量。这一重要结论使得轮胎非稳态特性的理论和试验研究简化、可行，在轮胎非稳态特性研究中得以有效应用和验证。

建立轮胎模型时，轮胎被视为一个弹性体，如图 6.1(a)所示。在图 6.1 中，侧向(y 轴)垂直于轮胎中心平面 xoz 。当路面对轮胎没有侧向力作用时，轮辋、胎体和胎面共面于 xoz ；当路面对轮胎沿 y 方向有力的作用时，胎体和胎面将沿 y 方向相应发生弹性变形(图 6.1(b))。根据弹性理论，有

$$\mathrm{d}F_y = k_{ty}\Delta y \mathrm{d}x \tag{6.1}$$

或

$$F_y = K_{cy} y_c \tag{6.2}$$

其中，F_y 为轮胎的侧向力；$\mathrm{d}F_y$ 为轮胎的微侧向力；$\mathrm{d}x$ 为轮胎的纵向微长度；y_c 为胎体的侧向变形；Δy 为胎面上点相对于胎体的侧向变形；K_{cy} 为刚性胎面时胎体的侧向(集中)刚度；k_{ty} 为胎面的分布侧向刚度。

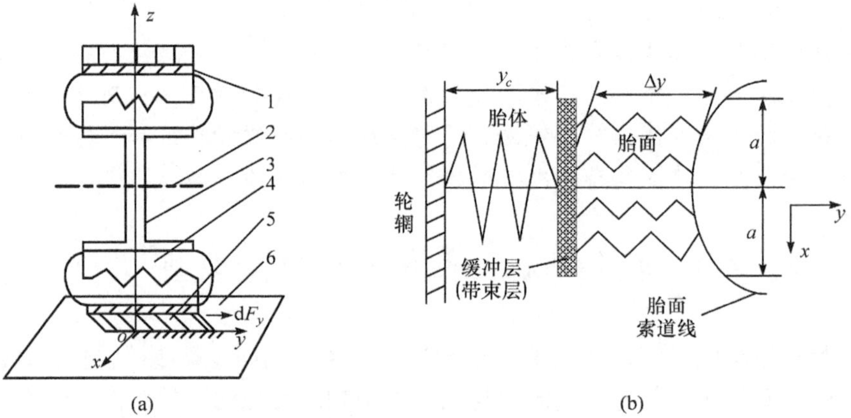

图 6.1　轮胎侧向弹性变形示意图及其简化

1.缓冲层；2.轮轴；3.轮辋；4.胎体；5.胎面；6.路面

这里分布刚度是指单位印迹长度(或单位轮胎圆周长度)上的侧向刚度。式(6.1)和式(6.2)是分别以胎面和胎体为研究对象得到的关系式。印迹的侧向变形表现为胎面的侧向变形，而胎面的变形又依赖于胎体。所以，从印迹的变形来分析，以胎面为研究对象将更为简便。轮胎的总侧向力可由式(6.1)在整个印迹区间内积分得到。

1. 忽略胎宽影响的轮胎非稳态侧偏特性模型

忽略胎宽影响的轮胎非稳态侧偏特性模型所采用的坐标系如图 6.2 所示，其中 XOY 为路面定坐标系，O 为路面上某一定点，X 轴和 Y 轴位于水平面内。$oxyz$ 为固定在轮胎上的动坐标系，原点 o 为轮胎接地印迹中点，x 轴的正向为轮胎中

心平面的行进方向，z 轴的正向垂直于水平面(路面)向上。a 为接地印迹半长，速度 V 的正向为印迹中心的行进方向。变量 $\psi(X)$、$\alpha(X)$、$F_y(X)$、$M_{z0}(X)$ 的正向规定同样如图 6.2 所示，车轮的运动可用转动角 $\psi(X)$ 与侧向位移 $Y(X)$ 两个独立变量来表示。

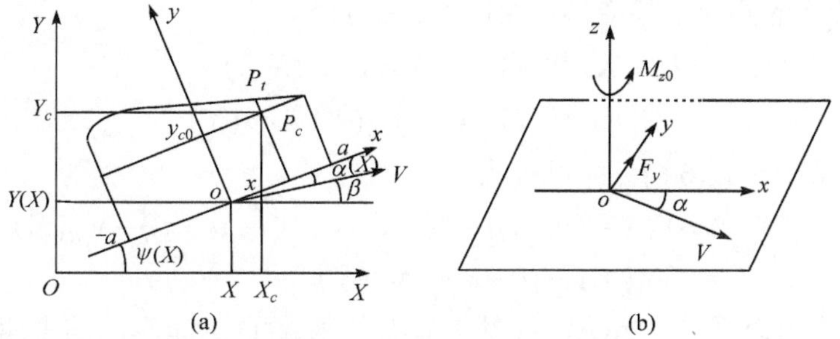

图 6.2　坐标系的建立和变量正负号的规定

建模的假设条件为：

(1) 胎体只有侧向平移变形，没有弯曲变形和扭转变形；

(2) 在初始状态(X=0)时，轮胎的变形和绝对位移均等于零；

(3) 轮胎为线性定常连续系统，忽略轮胎质量与陀螺效应；

(4) 轮胎只做小幅运动，在整个印迹区内没有侧向滑动与纵向滑动；

(5) 忽略轮胎宽度的影响。

首先分析胎面上着地点瞬时位置与胎体上相应点瞬时位置的数学关系。印迹中胎面上轮胎坐标为 x 处的点 $P_t(X_t,Y_t)$ 的横向绝对坐标 $Y_t=Y_t(X,x)$，是 X 与 x 的双变量函数(图 6.2)。同样，对应于胎体上轮胎坐标为 x 处的点 $P_c(X_c,Y_c)$ 的横向绝对坐标 Y_c，也是 X 与 x 的双变量函数，即 $Y_c=Y_c(X,x)$。在胎面未滚进印迹区时，点 P_t 与 P_c 应重合。当 $x=a$ 时，点 P_t 刚刚进入印迹区，在此瞬时 Y_t 与 Y_c 应相等，即

$$Y_t(X,a)=Y_c(X,a) \tag{6.3}$$

当 $x>0$ 时，由于印迹区内没有侧向滑动，有

$$Y_t(X,x)=Y_t(X-(a-x),a) \tag{6.4}$$

式(6.3)与式(6.4)即胎面上点与相应胎体上点变形的基本关系式。当考虑轮胎宽度时，如果印迹区内没有纵向滑动，上面的基本关系式可推广为

$$\begin{cases}X_t(X,a)=X_c(X,a)\\X_t(X,x)=X_t(X-(a-x),a)\end{cases}$$

因 $\psi(X)$ 很小，所以有

$$\sin\psi(X)\approx\psi(X)$$
$$\tan\psi(X)\approx\psi(X)$$
$$\cos\psi(X)\approx 1$$

设 $\Delta y(X,x)$ 为胎面上点 $P_t(X_t,Y_t)$ 相对于胎体上点 $P_c(X_c,Y_c)$ 的侧向变形，$y_{c0}(X)$ 为胎体的侧向平移变形，由图 6.2(a)可得

$$\Delta y(X,x)=Y_t(X,x)-Y_c(X,x) \tag{6.5}$$

$$Y_c(X,x)=Y(X)+y_{c0}(X)+x\psi(X) \tag{6.6}$$

综合式(6.3)～式(6.6)，即可推出

$$\begin{aligned}\Delta y(X,x)=&Y(X-(a-x))-Y(X)+y_{c0}(X-(a-x))-y_{c0}(X)\\&+a\psi(X-(a-x))-x\psi(X)\end{aligned} \tag{6.7}$$

从式(6.7)可以看到，$\Delta y(X,x)$ 是 $X=Vt$ 的函数(V 为车轮的前进速度，t 为滚动时间)，在空间域内计算 $\Delta y(X,x)$，可以消除 V 的直接影响。

设 K_{cy} 为胎体平移侧向(集中)刚度，$F_y(X)$ 为瞬时侧向力，令 $k_{cy}=K_{cy}/(2a)$，则有

$$y_c(X)=F_y(X)/K_{cy}=F_y(X)/(2ak_{cy}) \tag{6.8}$$

需要说明的是，根据胎面刷子模型理论，胎面存在分布刚度，而胎体只有集中刚度，不存在分布刚度。为了简化计算，这里令 $k_{cy}=K_{cy}/(2a)$ 为一个新的中间变量，取名为当量分布刚度(即胎体平移当量分布侧向刚度)，以区别于分布刚度。

下面推导在不考虑轮胎宽度影响时，轮胎瞬时侧向力 $F_y(X)$ 和瞬时回正力矩 $M_{z0}(X)$。取胎面为研究对象，设分布刚度在印迹长度 $2a$ 上分布，由式(6.1)积分并参考图 6.2(a)中的坐标及符号规定有

$$\begin{cases}F_y(X)=k_{ty}\displaystyle\int_{-a}^{a}\Delta y(X,x)\mathrm{d}x\\M_{z0}(X)=k_{ty}\displaystyle\int_{-a}^{a}x\Delta y(X,x)\mathrm{d}x\end{cases} \tag{6.9}$$

由式(6.9)可以看出，$F_y(X)$ 与 $M_{z0}(X)$ 都是 X 的函数，在空间域内它们与 V 无关。根据 Laplace 变换，可得在空间域内，函数 $F(X)$ 关于长度 X 的 Laplace 变换式 $F(s)$ (这里 s 为空间域 Laplace 变换复变量)为

$$F(s)=\int_0^{+\infty}F(X)\mathrm{e}^{-sX}\mathrm{d}X$$

分别对式(6.8)和式(6.9)进行关于 X 的 Laplace 变换，有

$$y_c(s)=F_y(s)/K_{cy}=F_y(s)/(2ak_{cy}) \tag{6.10}$$

$$\begin{cases} F_y(s) = k_{ty}\int_{-a}^{a}\Delta y(s,x)\mathrm{d}x \\ M_{z0}(s) = k_{ty}\int_{-a}^{a}x\Delta y(s,x)\mathrm{d}x \end{cases} \tag{6.11}$$

根据建模假设可知，初始条件满足：

$$\psi(X)\big|_{X<0} = 0$$

$$Y(X)\big|_{X<0} = 0$$

$$F_y(X)\big|_{X<0} = 0$$

对式(6.7)关于 X 求 Laplace 变换，并令

$$Q(s) = \psi(s) + Y(s)/a + y_c(s)/a \tag{6.12}$$

可得

$$\Delta y(s,x) = (a-x)\psi(s) - aQ(s)[1-\mathrm{e}^{-(a-x)s}] \tag{6.13}$$

定义平移特征比 ε_0 为

$$\varepsilon_0 = k_{ty}/k_{cy} \tag{6.14}$$

分别定义零阶 E 函数 $E(s)$、一阶 E 函数 $E_1(s)$、三倍 E 函数差 $\Delta E_t(s)$ 为

$$\begin{aligned} E(s) &= \frac{1}{2a}\int_{-a}^{a}[1-\mathrm{e}^{-(a-x)s}]\mathrm{d}x \\ E_1(s) &= \frac{1}{2a^2}\int_{-a}^{a}x[1-\mathrm{e}^{-(a-x)s}]\mathrm{d}x \\ \Delta E_t(s) &= 3(E_1(s)-E(s)) \end{aligned} \tag{6.15}$$

将式(6.13)代入式(6.11)，并注意到式(6.15)可得

$$\begin{aligned} F_y(s) &= 2a^2k_{ty}(\psi(s)-Q(s)E(s)) \\ -\frac{M_{z0}(s)}{a/3} &= 2a^2k_{ty}(\psi(s)+3Q(s)E_1(s)) \end{aligned} \tag{6.16}$$

将式(6.10)、式(6.12)代入式(6.16)，并注意到式(6.14)，即可得出

$$\begin{aligned} F_y(s) &= 2a^2k_{ty}\left[(1-E(s))\psi(s) - \frac{E(s)}{a}Y(s)\right] - \varepsilon_0 E(s)F_y(s) \\ -\frac{M_{z0}(s)}{a/3} &= 2a^2k_{ty}\left[(1+3E_1(s))\psi(s)+3\frac{E_1(s)}{a}Y(s)\right]+3\varepsilon_0 E_1(s)F_y(s) \end{aligned} \tag{6.17}$$

2. 考虑胎宽影响的轮胎非稳态侧偏特性模型

图 6.3 为考虑胎宽影响时所建的坐标系，XOY 为路面(水平面)定坐标系，原

点O为路面上某一定点。$oxyz$为固定在轮胎上的动坐标系，原点o为轮胎接地印迹中点，x轴的正向为轮胎中心平面的行进方向，z轴的正向垂直于路面向上。变量$\psi(X)$、$\alpha(X)$、$F_y(X)$、$M_z(X)$的正向规定同样如图 6.3 所示。设c为印迹中心，b为接地印迹半宽度(侧向半长度)，k_{tx}为胎面分布纵向刚度，速度V的正向为印迹中心的行进方向。$\Delta x(X,x,y)$为考虑胎宽时胎面上任意点$P_t(X_t,Y_t)$相对于胎体上点$P_c(X_c,Y_c)$的纵向变形，其中X_t、X_c均为X、x和y的三变量函数；$\Delta M_z(X)$为由印迹上各点的纵向变形产生的附加回正力矩。

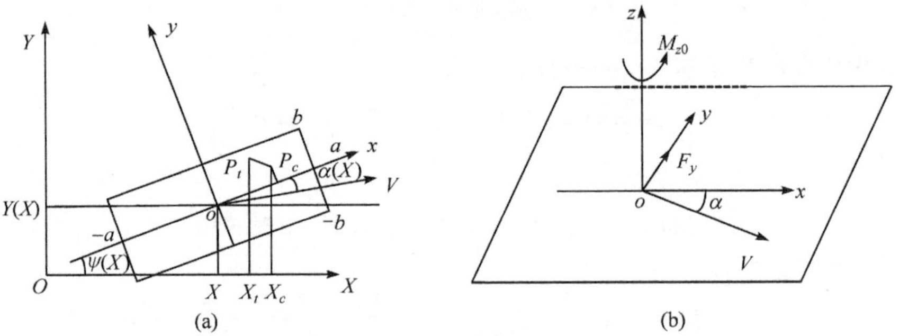

图 6.3　考虑胎宽影响时的参考坐标系及变量正负号的规定

通过假设：

(1) 考虑胎宽和胎体侧向平移变形的影响，不考虑胎体的弯曲和扭转变形；

(2) 轮胎为线性定常连续系统，忽略轮胎质量与陀螺效应；

(3) 在初始状态$(X=0)$时，轮胎的变形和绝对位移均等于零，轮胎与路面接触印迹形状近似为矩形；

(4) 设胎体纵向为刚性，轮胎纵向刚度为胎面的纵向刚度；

(5) 轮胎只做小幅运动，在整个印迹区内没有纵向滑动和侧向滑动。

可得

$$\Delta x(X,x,y)=X_t(X,x,y)-X_c(X,x,y) \tag{6.18}$$

$$\Delta M_z(X)=\frac{k_{tx}}{2b}\int_{-a}^{a}\int_{-b}^{b}y\Delta x(X,x,y)\mathrm{d}y\mathrm{d}x \tag{6.19}$$

或

$$\Delta M_z(s)=\frac{k_{tx}}{2b}\int_{-a}^{a}\int_{-b}^{b}y\Delta x(s,x,y)\mathrm{d}y\mathrm{d}x \tag{6.20}$$

从式(6.18)和式(6.19)可以看出，$\Delta x(X,x,y)$和$\Delta M_z(X)$均为X的函数，在空间区域内它们与车轮的前进速度V无关。由于

$$\begin{cases} X_t(X,a,y)=X_c(X,a,y) \\ X_t(X,x,y)=X_t(X-(a-x),a,y) \end{cases} \tag{6.21}$$

$$X_c(X,x,y)=X+x-y\psi(X) \tag{6.22}$$

综合式(6.18)、式(6.21)和式(6.22)，且由假设条件有 $\psi(X)\big|_{X<0}=0$，即可推出

$$\Delta x(X,x,y)=y(\psi(X)-\psi(X-(a-x)))$$

或

$$\Delta x(s,x,y)=y\psi(s)[1-\mathrm{e}^{-(a-x)s}] \tag{6.23}$$

定义胎面刚宽系数 L_{tw} 为

$$L_{tw}=\frac{2b^2k_{tx}}{2a^2k_{ty}} \tag{6.24}$$

将式(6.23)代入式(6.20)，并注意到式(6.15)、式(6.24)，经积分、整理后可得

$$-\frac{\Delta M_z(s)}{a/3}=2a^2k_{ty}L_{tw}E(s)\psi(s) \tag{6.25}$$

考虑印迹宽度后，由图 6.3 可知，侧向力 $F_y(X)$ 仍保持不变，但此时总的回正力矩 $M_z(X)$ 变为

$$M_z(X)=M_{z0}(X)+\Delta M_z(X)$$

或

$$M_z(s)=M_{z0}(s)+\Delta M_z(s) \tag{6.26}$$

综合式(6.17)、式(6.25)和式(6.26)，即可得到考虑胎宽时总的侧向力 $F_y(s)$ 与总的回正力矩 $M_z(s)$ 的一般表达式：

$$\begin{gathered} F_y(s)=2a^2k_{ty}\left[(1-E(s))\psi(s)-\frac{E(s)}{a}Y(s)\right]-\varepsilon_0E(s)F_y(s) \\ -\frac{M_z(s)}{a/3}=2a^2k_{ty}\left\{\left[(1+3E_1(s))+L_{tw}E(s)\right]\psi(s)+3\frac{E_1(s)}{a}Y(s)\right\} \\ +3\varepsilon_0E_1(s)F_y(s) \end{gathered} \tag{6.27}$$

令 $K_y=2a^2k_{ty}$，$D_{x0}=a/3$，并定义

$$\begin{cases} G_{fy}(s)=-\dfrac{K_y}{a}\dfrac{E(s)}{1+\varepsilon_0E(s)} \\ G_{my}(s)=-\dfrac{K_yD_{x0}}{a}\dfrac{3E_1(s)}{1+\varepsilon_0E(s)} \end{cases} \tag{6.28}$$

以及

$$\begin{cases} G_{f\psi}(s)=K_y\dfrac{1-E(s)}{1+\varepsilon_0E(s)} \\ G_{m\psi}(s)=-K_yD_{x0}\left[\dfrac{1+3E_1(s)+\varepsilon_0\left(E(s)+3E_1(s)\right)}{1+\varepsilon_0E(s)}+L_{tw}E(s)\right] \end{cases} \tag{6.29}$$

即可将式(6.27)整理成输入为车轮转动角 $\psi(X)$ 和侧向位移 $Y(X)$ 的非稳态侧偏特性模型：

$$\begin{aligned} F_y(s)&=G_{f\psi}(s)\psi(s)+G_{fy}(s)Y(s) \\ M_z(s)&=G_{m\psi}(s)\psi(s)+G_{my}(s)Y(s) \end{aligned} \tag{6.30}$$

本节介绍的轮胎非稳态侧偏特性理论模型不仅能很好地表达小侧向输入下的轮胎非稳态力学特性，如图 6.4 所示，同时为建立大滑移下的轮胎非稳态非线性半经验模型提供了理论基础。

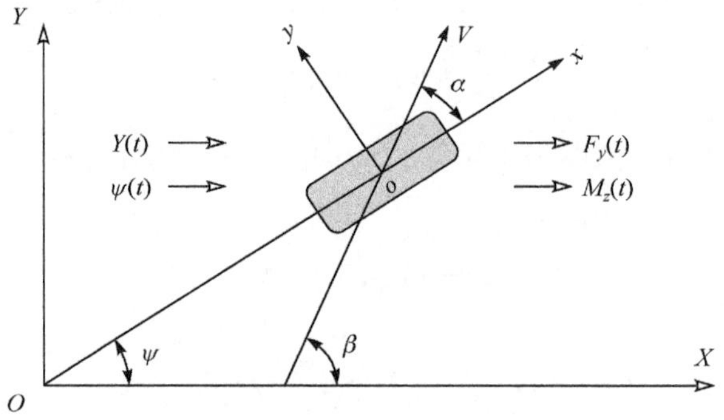

图 6.4　动态轮胎系统示意图

6.2　轮胎非稳态侧偏特性半经验模型

本节在轮胎非稳态侧偏特性理论模型的基础上，引入“有效滑移率”和“准稳态”的概念，通过对理论传递函数近似表达式的不断改进，分别建立非稳态侧偏特性“一阶近似”、“双边近似”和“高阶近似”半经验模型，使非稳态侧偏模型的仿真精度和频域范围得到很大提高。

1. 非稳态侧偏特性“一阶近似”半经验模型

1) E 函数的一阶近似

将式(6.15)的 E 函数展开为泰勒级数，并忽略其高阶项可得

$$\begin{cases} E(s) \approx as \\ E_1(s) \approx -\dfrac{1}{3}as \end{cases} \tag{6.31}$$

将式(6.31)代入式(6.28)，则传递函数 $G_{fy}(s)$ 和 $G_{my}(s)$ 可以简化为

$$\begin{cases} G_{fy}(s) = -K_y \dfrac{s}{1+\varepsilon_0 as} \\ G_{my}(s) = K_y D_{x0} \dfrac{s}{1+\varepsilon_0 as} \end{cases} \tag{6.32}$$

定义轮胎的侧向松弛长度 l_y 为

$$l_y = a\varepsilon_0 = \frac{K_y}{K_{cy}} \tag{6.33}$$

而传递函数 $G_{f\psi}(s)$ 和 $G_{m\psi}(s)$ 变为

$$\begin{cases} G_{f\psi}(s) = K_y \dfrac{1-as}{1+l_y s} \\ G_{m\psi}(s) = -K_y D_{x0} \left(\dfrac{1-as}{1+l_y s}\right) - K_m s \end{cases} \tag{6.34}$$

其中

$$K_m = K_y D_{x0} L_{tw} a = \frac{b^2}{a} K_x D_{x0} \tag{6.35}$$

称为胎宽阻尼系数，表征由胎宽效应产生的转偏附加回正力矩。

2) 有效滑移率和准稳态

将式(6.32)和式(6.34)代入式(6.30)可得

$$\begin{cases} F_y(s) = K_y \dfrac{(1-as)\psi(s) - sY(s)}{1+l_y s} \\ M_z(s) = K_y D_{x0} \dfrac{sY(s) - (1-as)\psi(s)}{1+l_y s} - K_m s\psi(s) \end{cases} \tag{6.36}$$

将式(6.36)的 $K_m s\psi(s)$ 项看成一个具有阻尼效应的附加回正力矩，并将式(6.36)变换到空间域内，可得

$$\begin{cases} F_y + l_y \dfrac{\mathrm{d}F_y}{\mathrm{d}X} = K_y \left(\psi - \dfrac{\mathrm{d}Y}{\mathrm{d}X} - a\dfrac{\mathrm{d}\psi}{\mathrm{d}X}\right) \\ M_z + l_y \dfrac{\mathrm{d}M_z}{\mathrm{d}X} = -K_y D_{x0} \left(\psi - \dfrac{\mathrm{d}Y}{\mathrm{d}X} - a\dfrac{\mathrm{d}\psi}{\mathrm{d}X}\right) - K_m \left(\dfrac{\mathrm{d}\psi}{\mathrm{d}X} + l_y \dfrac{\mathrm{d}^2\psi}{\mathrm{d}X^2}\right) \end{cases} \tag{6.37}$$

实际上，式(6.36)和式(6.37)表达的是轮胎在侧向输入很小时的动态力学特性。

定义名义侧向滑移率 S_{yn} 为

$$S_{yn}=\frac{V_{syn}}{V_r}=\psi-\frac{\mathrm{d}(Y+a\psi)}{\mathrm{d}X} \tag{6.38}$$

其中，V_{syn} 为轮胎胎面与路面之间的侧向名义滑移速度，这里在数值上与接地印迹前端点的滑移速度相同，且满足：

$$V_{syn}=V_r\left[\psi-\frac{\mathrm{d}(Y+a\psi)}{\mathrm{d}X}\right] \tag{6.39}$$

在非稳态过程中，侧向力 F_y 可通过式(6.40)计算：

$$F_y=K_y\frac{V_{sy}}{V_r}=\frac{K_y}{V_r}V_{sy} \tag{6.40}$$

其中，V_{sy} 是轮胎在非稳态下的胎面与路面之间的有效滑移速度；V_r 是轮胎的滚动速度。对式(6.40)求导，可得

$$\frac{\mathrm{d}F_y}{\mathrm{d}X}=\frac{K_y}{V_r}\frac{\mathrm{d}V_{sy}}{\mathrm{d}X}=\frac{K_y}{V_r}\frac{\mathrm{d}V_{sy}}{\mathrm{d}t}\frac{\mathrm{d}t}{\mathrm{d}X}=\frac{K_y}{V_r}\dot{V}_{sy}\frac{1}{V_r} \tag{6.41}$$

将式(6.38)、式(6.40)和式(6.41)代入式(6.37)可得

$$V_{sy}+\frac{l_y}{V_r}\dot{V}_{sy}=V_{syn} \tag{6.42}$$

定义胎面与路面之间的侧向有效滑移率为

$$S_y=\frac{V_{sy}}{V_r} \tag{6.43}$$

将式(6.38)和式(6.42)代入式(6.43)，并进行 Laplace 变换可得

$$S_y(s)=S_{yn}(s)\frac{1}{1+\dfrac{l_y}{V_r}s} \tag{6.44}$$

由式(6.44)可以得到非稳态的有效滑移率 S_y，然后利用准稳态的概念，在稳态统一半经验(USES)模型的基础上就可以求出轮胎的非稳态侧向力和回正力矩(图 6.5)。

式(6.37)表示的轮胎非稳态力学特性可用图 6.6 所示的物理模型描述。

模型在稳态时的阻抗为 $\dfrac{F_y}{V_{syn}}=\dfrac{K_y}{V_r}$，而在非稳态时，部分阻抗被胎体的弹性所吸收。其阻尼系数 C_y 可表示为(当工作点不在原点处时，K_y 用 K_{ye} 代替)

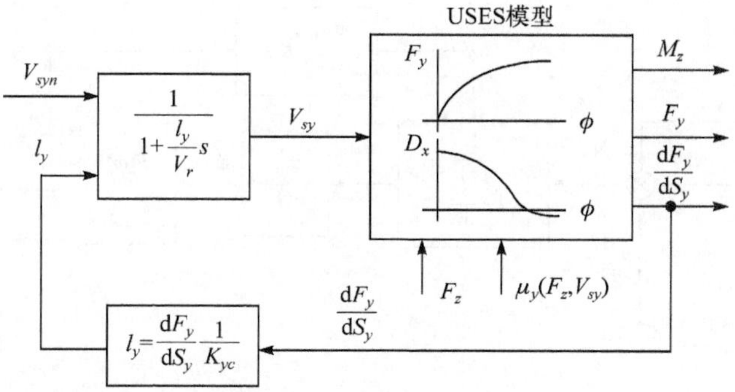

图 6.5　“准稳态”和“有效滑移率”的概念

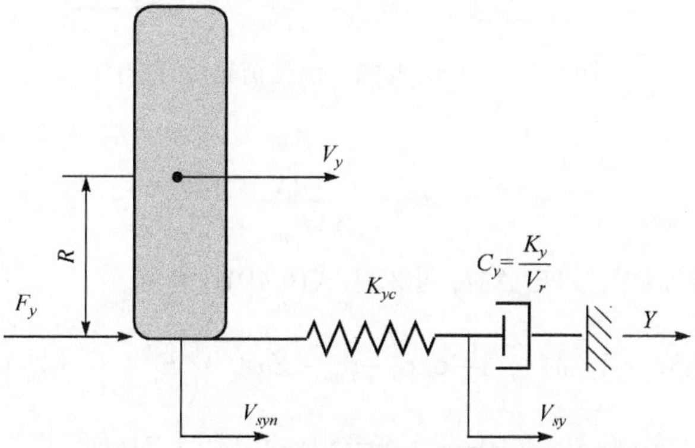

图 6.6　轮胎侧向动态特性物理模型示意图

$$C_y=\frac{K_{ye}}{V_r} \tag{6.45}$$

其中

$$K_{ye}=\frac{dF_y}{dS_y} \tag{6.46}$$

是轮胎在实际工作点处的局部有效侧偏刚度。在稳态统一半经验模型描述的稳态力和力矩特性的基础上，随着有效滑移率和轮胎实际工作点的改变，不断更新侧向松弛长度，就可以计算出大滑移时的非线性动态轮胎力和力矩。图 6.7 为“一阶近似”模型的仿真计算框图。

而由轮胎转偏引起的名义附加回正力矩 ΔM_{zn} 可表示为

$$\Delta M_{zn}=K_m\frac{d\psi}{dX} \tag{6.47}$$

为计算附加回正力矩 ΔM_z，定义标准化名义附加回正力矩无量纲滑移率 ϕ_{mn} 为

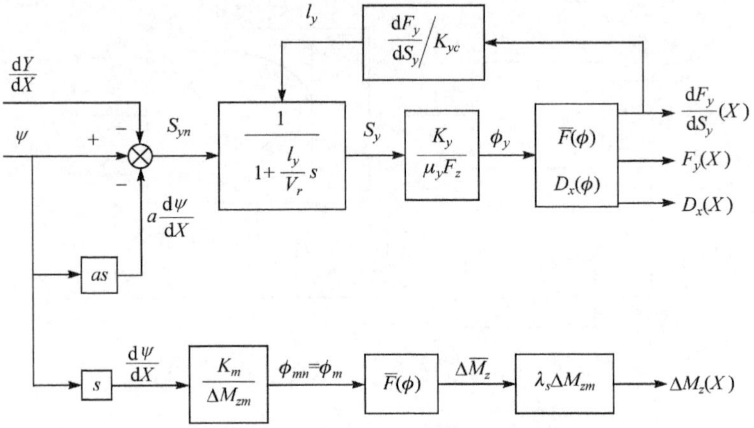

图 6.7　“一阶近似”模型仿真计算框图

$$\phi_{mn}=\frac{K_m\frac{d\psi}{dX}}{\Delta M_{zm}} \tag{6.48}$$

由于 $\phi_m=\phi_{mn}$，附加回正力矩 ΔM_z 可采用式(6.49)计算：

$$\Delta M_z=\lambda_s\Delta M_{zm}\left[1-\exp\left(-\phi_m-E_1\phi_m^2-\left(E_1^2+\frac{1}{12}\right)\phi_m^3\right)\right] \tag{6.49}$$

其中，λ_s 由式(2.100)确定，它表征了轮胎上的总切力对转偏产生的附加回正力矩的影响。

图 6.8 和图 6.9 为在纯侧向位移输入时，“一阶近似”模型计算的侧向力和回正力矩特性与试验值的对比。而图 6.10～图 6.13 则分别为在小转动角和大转动角输入时“一阶近似”模型的侧向力和回正力矩的仿真计算结果。

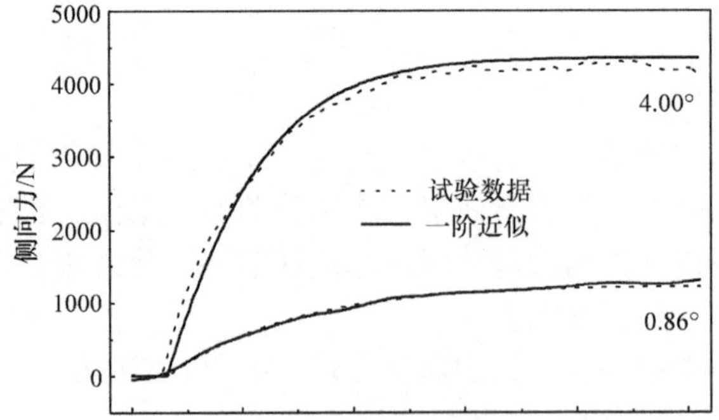

图 6.8　侧偏角阶跃 F_y 响应曲线

BFGoodRich P245/75R16，778kg，干水泥路面

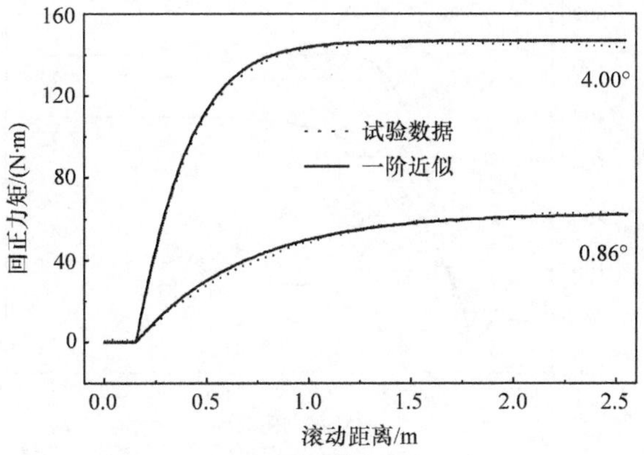

图 6.9　侧偏角阶跃 M_z 响应曲线

BFGoodRich P245/75R16，778kg，干水泥路面

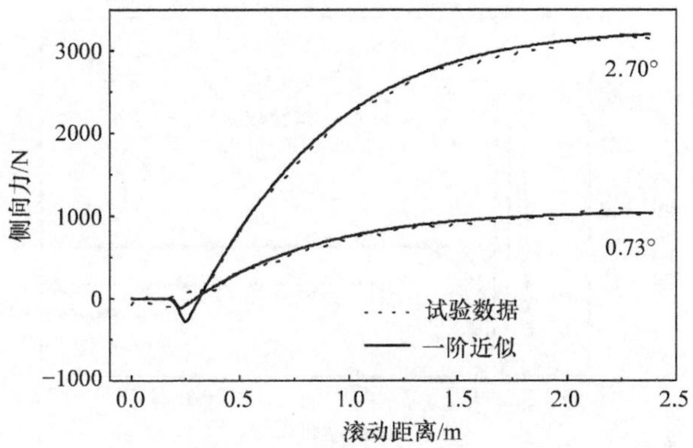

图 6.10　小转动角阶跃 F_y 响应曲线

BFGoodRich P245/75R16，778kg，干水泥路面

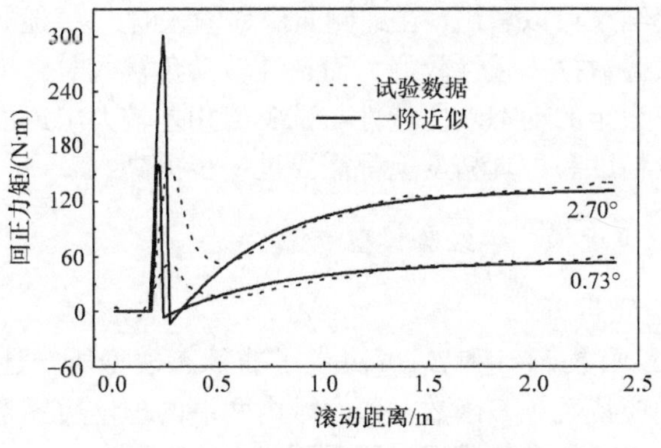

图 6.11　小转动角阶跃 M_z 响应曲线

BFGoodRich P245/75R16，778kg，干水泥路面

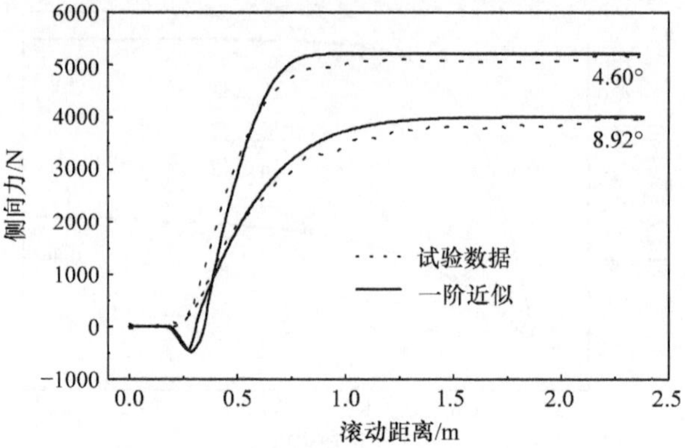

图 6.12　大转动角阶跃 F_y 响应曲线

BFGoodRich P245/75R16，564kg，干水泥路面

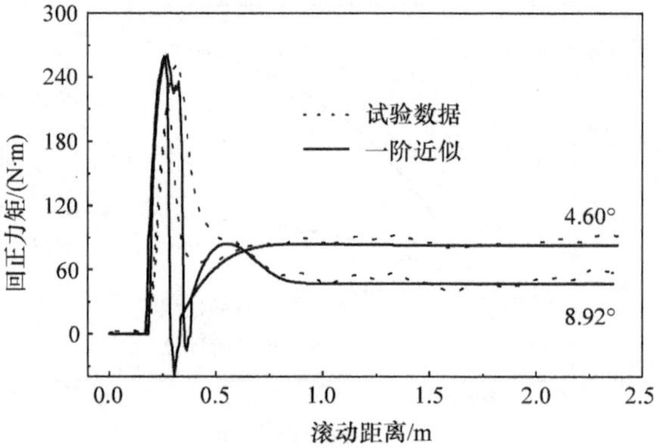

图 6.13　大转动角阶跃 M_z 响应曲线

BFGoodRich P245/75R16，564kg，干水泥路面

从上面的对比结果可以看出，在纯侧向位移输入时，“一阶近似”模型描述的力和力矩特性与试验数据一致性较好，而在纯转动角输入时，模型的仿真结果不理想，尤其是回正力矩的动态响应特性与试验值相差较大。这说明“一阶近似”半经验模型在理论精度和仿真精度上都需要进一步提高。

2. 非稳态“双边近似”半经验模型

1) E 函数的宽频带近似

式(6.16)中的 E 函数 $E(s)$ 和 $E_1(s)$ 决定了非稳态模型所描述的轮胎侧向力和回正力矩的动态响应特性。E 函数在频率域内两端的理论边界条件为建立一个精确简洁的宽频带传递函数表达式提供了重要线索。

当频率趋于很低时，$s \to 0$，由式(6.31)得

$$\begin{cases} \lim\limits_{s\to 0} E(s) = 0 \\ \lim\limits_{s\to 0} E_1(s) = 0 \end{cases} \tag{6.50}$$

其一阶导数满足:

$$\begin{cases} \lim\limits_{s\to 0} E'(s) = a \\ \lim\limits_{s\to 0} E_1'(s) = -\dfrac{1}{3}a \end{cases} \tag{6.51}$$

当频率很大时，$s \to \infty$，有

$$\begin{cases} \lim\limits_{s\to \infty} E(s) = 1 \\ \lim\limits_{s\to \infty} E_1(s) = 0 \end{cases} \tag{6.52}$$

$$\begin{cases} \lim\limits_{s\to \infty} E'(s) = 0 \\ \lim\limits_{s\to \infty} E_1'(s) = 0 \end{cases} \tag{6.53}$$

很明显，从式(6.37)可以看出，“一阶近似”模型只满足式(6.50)和式(6.51)表示的低频边界条件。

为描述轮胎的高频力学特性，采用下面有理分式的形式作为 E 函数的近似表达式:

$$\begin{cases} E(s) = \dfrac{b_0 + b_1 s}{1 + a_1 s} \\ E_1(s) = \dfrac{d_0 + d_1 s}{(1 + a_1 s)(1 + c_1 s)} \end{cases} \tag{6.54}$$

其中，a_1、b_0、b_1、c_1、d_0、d_1 为待定系数。

将式(6.54)代入式(6.50)～式(6.53)中，并注意到

$$\lim_{s\to \infty} sE_1(s) = -\frac{1}{2a} \tag{6.55}$$

可以得出

$$\begin{cases} b_0 = d_0 = 0 \\ b_1 = a_1 = a \\ d_1 = -\dfrac{1}{3}a \\ c_1 = \dfrac{2}{3}a \end{cases} \tag{6.56}$$

这样，式(6.54)变为

$$\begin{cases} E(s)=\dfrac{as}{1+as} \\ E_1(s)=\dfrac{-\dfrac{1}{3}as}{(1+as)\left(1+\dfrac{2}{3}as\right)} \end{cases} \tag{6.57}$$

很明显，式(6.57)表示的E函数“双边近似”表达式满足由式(6.50)～式(6.53)确定的所有理论边界条件。图 6.14 和图 6.15 分别为$E(s)$和$E_1(s)$函数的“一阶近似”表达式、“双边近似”表达式和理论公式的对比。很明显，与“一阶近似”模型相比，“双边近似”模型在整个频域范围内对理论E函数的描述都要更准确。

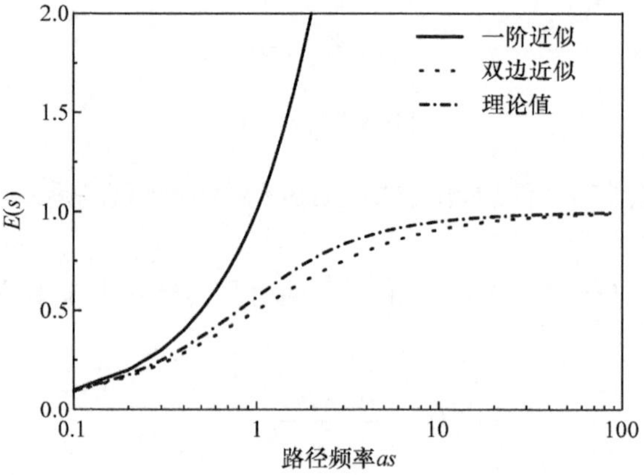

图 6.14　理论$E(s)$函数与经验表达式的比较

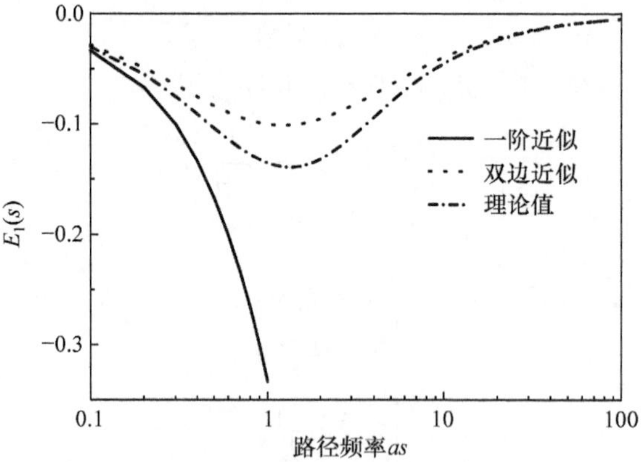

图 6.15　理论$E_1(s)$函数与经验表达式的比较

2) “双边近似”半经验模型

将式(6.57)代入式(6.28)和式(6.29)中，则由式(6.30)可知，小侧向输入下的非稳态轮胎侧向力特性为

$$F_y(s)=K_y\frac{\psi(s)-sY(s)}{1+(1+\varepsilon_0)as} \tag{6.58}$$

而动态回正力矩特性则由两部分组成，即

$$M_z(s)=-K_yD_{x0}\frac{\psi(s)-sY(s)+\dfrac{2}{3}as\cdot\psi(s)[1+(1+\varepsilon_0)as]}{\left(1+\dfrac{2}{3}as\right)[1+(1+\varepsilon_0)as]} \tag{6.59}$$

和

$$\Delta M_z(s)=-K_m\frac{s\psi(s)}{1+as} \tag{6.60}$$

根据准稳态和有效滑移率的概念，将式(6.38)、式(6.40)、式(6.42)和式(6.43)代入式(6.58)，可以得到侧向力的有效滑移率S_y为

$$S_y=\frac{S_{yn}}{1+(1+\varepsilon_0)as} \tag{6.61}$$

其中，侧向力的名义滑移率S_{yn}为

$$S_{yn}=\psi-\frac{\mathrm{d}Y}{\mathrm{d}X} \tag{6.62}$$

为了更准确地描述轮胎回正力矩的动态特性，根据式(6.59)定义轮胎回正力臂的有效滑移率S_{yd}为

$$S_{yd}=\frac{\psi-\dfrac{\mathrm{d}Y}{\mathrm{d}X}+\dfrac{2}{3}as\cdot\psi(s)[1+(1+\varepsilon_0)as]}{1+(1+\varepsilon_0)as} \tag{6.63}$$

考虑到式(6.61)，式(6.63)可以简化为

$$S_{yd}=S_y+\frac{2}{3}a\frac{\mathrm{d}\psi}{\mathrm{d}X} \tag{6.64}$$

这样，轮胎回正力臂有效滑移率可以认为是侧向力有效滑移率与转偏率(turn-slip)的线性耦合。

将式(6.59)中的$1+\dfrac{2}{3}as$因子看成对准稳态轮胎回正力臂的松弛效应，则其松弛长度$l_d=\dfrac{2}{3}a$。而式(6.60)中的分母$1+as$也可看成对标准名义附加回正力矩无量

纲滑移率 ϕ_{mn} 的一阶松弛，则标准附加回正力矩无量纲滑移率 ϕ_m 可表示为

$$\phi_m = \frac{\phi_{mn}}{1 + l_m s} \tag{6.65}$$

其中，松弛长度 $l_m = a$。这样非稳态“双边近似”半经验模型的仿真计算框图可表示为图 6.16。

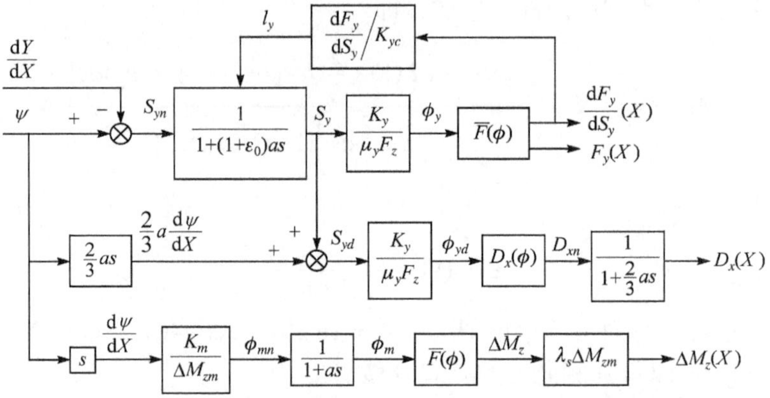

图 6.16 “双边近似”模型仿真计算框图

图 6.17～图 6.22 分别为在侧向位移输入、小转动角输入和大转动角输入时的“一阶近似”模型、“双边近似”模型的轮胎侧向力和回正力矩动态响应特性仿真曲线与试验数据的对比。

从对比结果可以看出，与“一阶近似”模型相比，“双边近似”模型不仅在纯侧向位移和纯转动角输入时都与试验值有较好的一致性，而且其适用的频域范围广泛，在滑移很大时也可得到比较好的仿真结果。

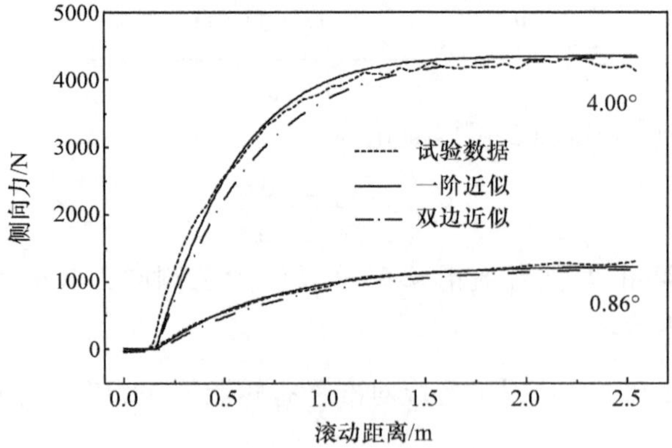

图 6.17 侧偏角阶跃 F_y 响应曲线

BFGoodRich P245/75R16，778kg，干水泥路面

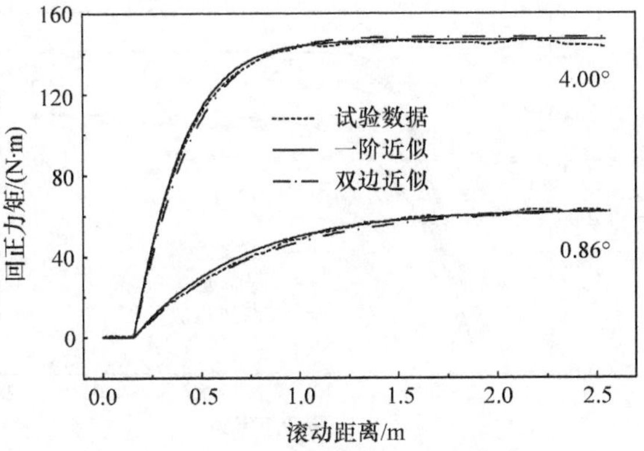

图 6.18　侧偏角阶跃 M_z 响应曲线

BFGoodRich P245/75R16，778kg，干水泥路面

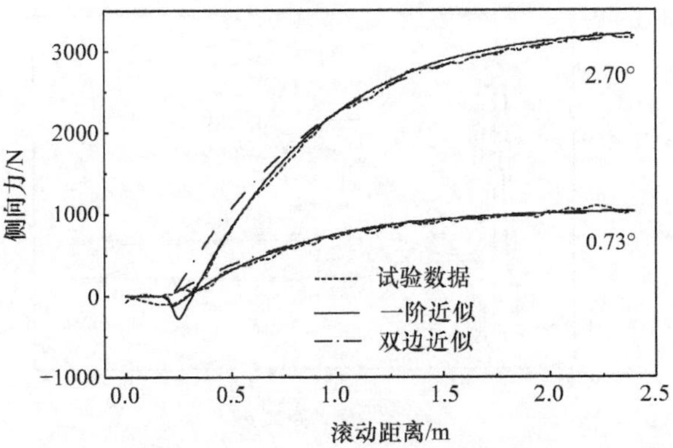

图 6.19　小转动角阶跃 F_y 响应曲线

BFGoodRich P245/75R16，778kg，干水泥路面

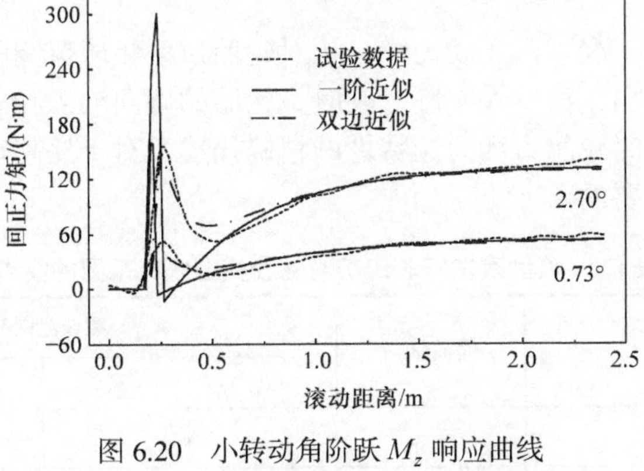

图 6.20　小转动角阶跃 M_z 响应曲线

BFGoodRich P245/75R16，778kg，干水泥路面

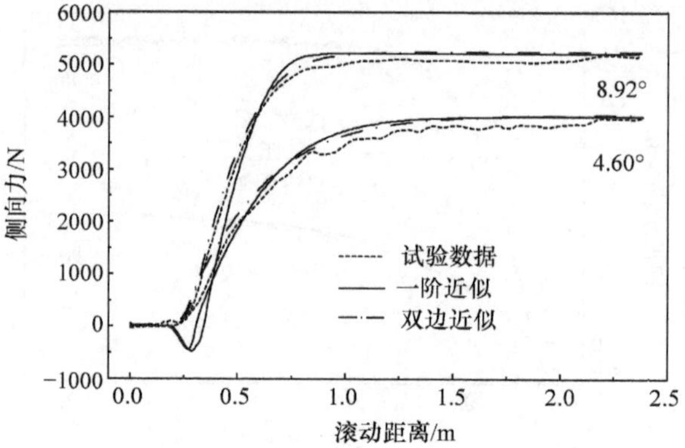

图 6.21 大转动角阶跃 F_y 响应曲线

BFGoodRich P245/75R16，564kg，干水泥路面

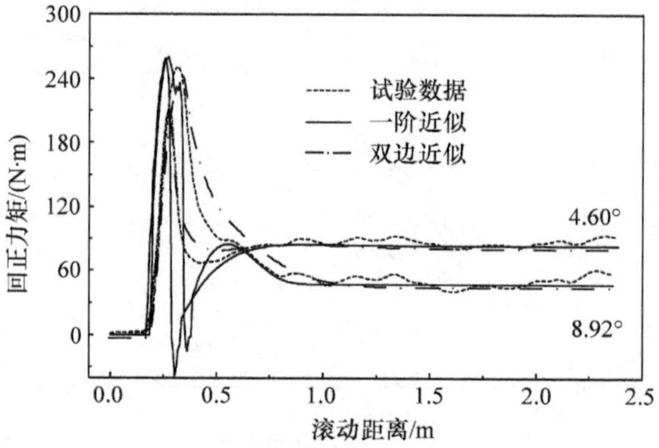

图 6.22 大转动角阶跃 M_z 响应曲线

BFGoodRich P245/75R16，564kg，干水泥路面

3. “高阶近似”半经验模型及其经验改进

各种典型行驶工况下汽车动力学分析对轮胎模型频域范围的要求如表 6.1 所示。从表中可以看出，汽车在实际行驶时，轮胎的侧向输入频率并不是很高。因此，对中、低频率时轮胎力和力矩特性的精确描述，对于提高车辆动力学模拟仿真的精度是十分重要的。

表 6.1 典型汽车行驶工况对轮胎模型频域范围的要求

汽车行驶工况		路面状态	频域范围/Hz			
			F_z	F_x	F_y	M_z
驻车	转向	even				0
	启动	even	<5	<5		

续表

汽车行驶工况		路面状态	频域范围/Hz			
			F_z	F_x	F_y	M_z
直线	匀速	even	0	0		
		uneven	<30	<30		
	加速/制动	even	<5	<5		
		uneven	<30	<30		
	摆振	even			<30	<30
	μ-step	even	0	<5	<5	<5
曲线	稳态转向输入	even	<5		<5	<5
	稳态定圆运动	even	0	0	0	0
		uneven	<30		<30	<30
	停车/加速/制动	even	<5	<5	<5	<5
		uneven	<30	<30	<30	<30
	正弦角转向输入	even	<5	<5	<5	<5
	μ-step	even	0	<5	<5	<5

注：even 代表平路面，uneven 代表不平路面，μ-step 代表阶跃摩擦系数。

当路径频率很低时，$s \to 0$，E 函数及其一阶导数满足式(6.51)和式(6.52)表达的边界条件。

而 E 函数的二阶导数为

$$\begin{cases} \lim\limits_{s\to 0} E''(s) = -\dfrac{4}{3}a^2 \\ \lim\limits_{s\to 0} E_1''(s) = \dfrac{2}{3}a^2 \end{cases} \tag{6.66}$$

假设 E 函数的经验近似表达式可用下面有理分式描述：

$$\begin{cases} E(s) = \dfrac{b_0 + b_1 s}{1 + a_1 s} \\ E_1(s) = \dfrac{d_0 + d_1 s}{(1 + a_1 s)(1 + c_1 s)} \end{cases} \tag{6.67}$$

其中，a_1、b_0、b_1、c_1、d_0、d_1 为待定系数。

将式(6.67)代入式(6.51)、式(6.52)和式(6.66)中可得

$$\begin{cases} b_0 = d_0 = 0 \\ b_1 = a, \quad d_1 = -\dfrac{1}{3}a \\ a_1 = \dfrac{2}{3}a, \quad c_1 = \dfrac{1}{3}a \end{cases} \tag{6.68}$$

这样，E 函数的“高阶近似”表达式可表示为

$$\begin{cases} E(s) = \dfrac{as}{1+\dfrac{2}{3}as} \\ E_1(s) = \dfrac{-\dfrac{1}{3}as}{\left(1+\dfrac{1}{3}as\right)\left(1+\dfrac{2}{3}as\right)} \end{cases} \tag{6.69}$$

它满足 E 函数在零点的从零阶到二阶的所有导数边界条件。

图 6.23 和图 6.24 分别为 $E(s)$ 和 $E_1(s)$ 函数的“一阶近似”表达式、“双边近似”表达式、“高阶近似”表达式和理论公式的对比。可以看出，与“双边近似”模型相比，“高阶近似”模型在中、低频率域内对理论 E 函数的描述更准确。

将式(6.69)代入式(6.28)和式(6.29)中，则由式(6.30)可得小侧向输入下的轮胎侧向力动态特性为

$$F_y(s) = K_y \frac{\psi - \dfrac{1}{3}a\dfrac{\mathrm{d}\psi}{\mathrm{d}X} - \dfrac{\mathrm{d}Y}{\mathrm{d}X}}{1+\left(\dfrac{2}{3}+\varepsilon_0\right)as} \tag{6.70}$$

回正力矩特性由两部分组成，即

$$M_z(s) = -K_y D_{x0} \frac{\psi - \dfrac{\mathrm{d}Y}{\mathrm{d}X} - \dfrac{1}{3}a\dfrac{\mathrm{d}\psi}{\mathrm{d}X} + \dfrac{1}{3}as\cdot\psi(s)\left[1+\left(\dfrac{2}{3}+\varepsilon_0\right)as\right]}{\left(1+\dfrac{1}{3}as\right)\left[1+\left(\dfrac{2}{3}+\varepsilon_0\right)as\right]} \tag{6.71}$$

$$\Delta M_z(s) = -\frac{K_m \dfrac{\mathrm{d}\psi}{\mathrm{d}X}}{1+\dfrac{2}{3}as} \tag{6.72}$$

由准稳态和有效滑移率的概念，从式(6.70)可以得到侧向力的有效滑移率 S_y 为

$$S_y = \frac{S_{yn}}{1+\left(\dfrac{2}{3}+\varepsilon_0\right)as} \tag{6.73}$$

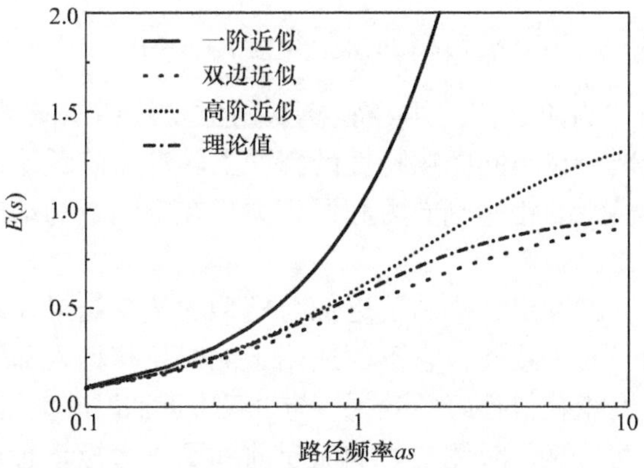

图 6.23　理论 $E(s)$ 函数与经验表达式比较

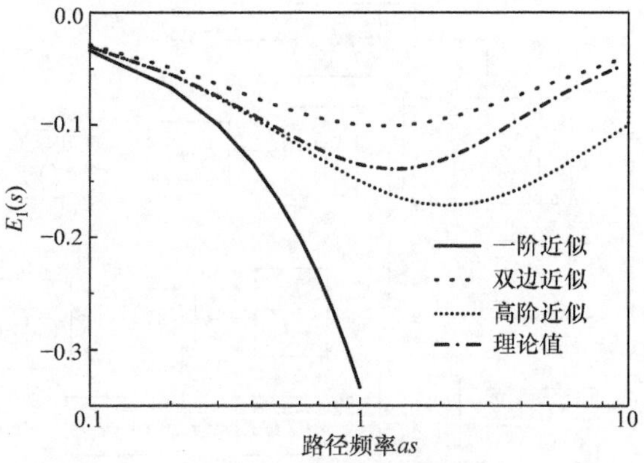

图 6.24　理论 $E_1(s)$ 函数与经验表达式比较

其中，侧向力的名义滑移率 S_{yn} 为

$$S_{yn}=\psi-\frac{1}{3}a\frac{\mathrm{d}\psi}{\mathrm{d}X}-\frac{\mathrm{d}Y}{\mathrm{d}X} \tag{6.74}$$

根据轮胎回正力臂有效滑移率的概念，从式(6.71)可得 S_{yd} 为

$$S_{yd}=\frac{\psi-\dfrac{\mathrm{d}Y}{\mathrm{d}X}-\dfrac{1}{3}a\dfrac{\mathrm{d}\psi}{\mathrm{d}X}+\dfrac{1}{3}as\cdot\psi(s)\left[1+\left(\dfrac{2}{3}+\varepsilon_0\right)as\right]}{1+\left(\dfrac{2}{3}+\varepsilon_0\right)as} \tag{6.75}$$

考虑到式(6.73)，式(6.75)可以简化为

$$S_{yd}=S_y+\frac{1}{3}a\frac{\mathrm{d}\psi}{\mathrm{d}X} \tag{6.76}$$

从式(6.71)和式(6.72)可以看出，准稳态轮胎回正力臂的松弛长度 $l_d=\dfrac{1}{3}a$，而

标准名义附加回正力矩相对滑移率的松弛长度 $l_m = \dfrac{2}{3}a$。

这样，非稳态“高阶近似”半经验模型的仿真计算框图可用图 6.25 表示。图 6.26～图 6.33 分别为在不同摩擦特性的路面上转动角阶跃输入时的“双边近似”模型、“高阶近似”模型的轮胎侧向力和回正力矩在空间域的动态响应特性仿真曲线与试验数据的对比。

从上面的分析可以看出，“高阶近似”模型的仿真结果在趋势和精度上都与试验数据取得了很好的一致性，它不仅适用于侧向位移输入和转动角输入，而且在侧向输入很大时也能获得很好的效果。与“双边近似”模型相比，“高阶近似”模型克服了在纯转动角输入时侧向力响应超前和回正力矩动态过渡过程精度不高的缺点，在理论精度和仿真精度上都有了更进一步的改善。

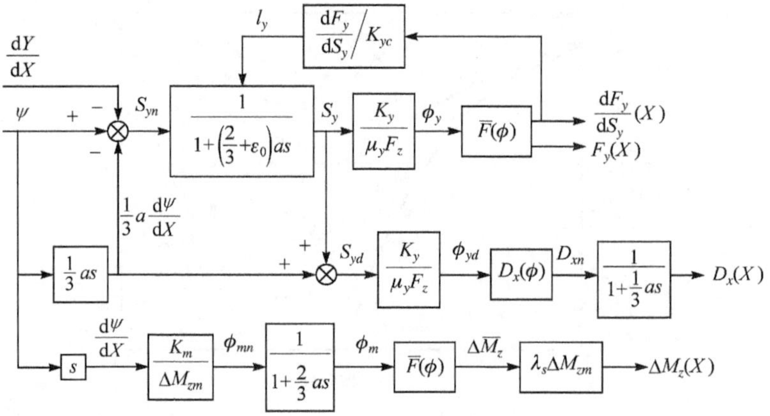

图 6.25　“高阶近似”模型仿真计算框图

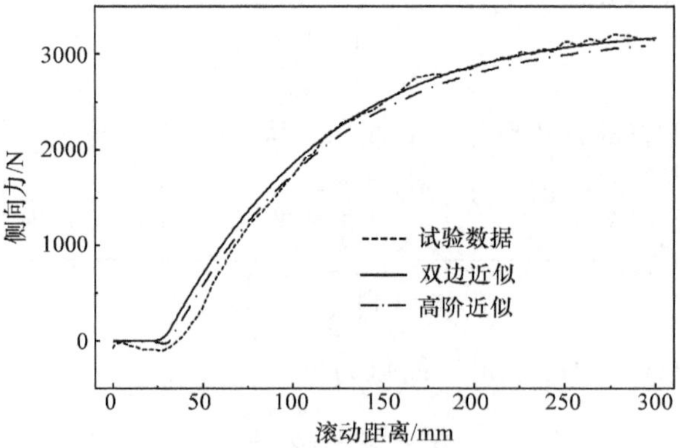

图 6.26　转动角阶跃 F_y 响应曲线

BFGoodRich P245/75R16，35psi，$F_z = 7624.4\text{N}$，$\psi = 2.60°$，干水泥路面

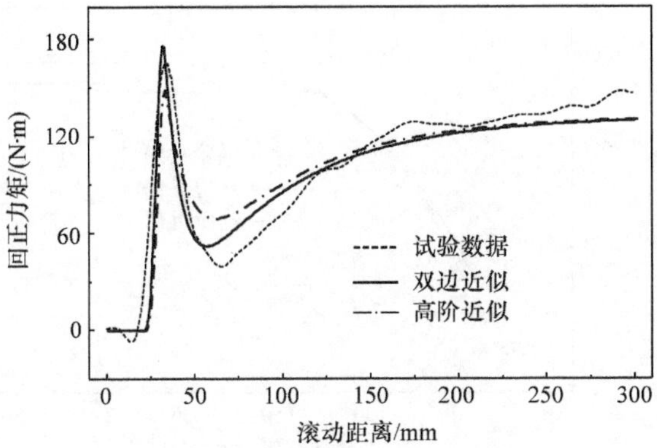

图 6.27　转动角阶跃 M_z 响应曲线

BFGoodRich P245/75R16，35psi，$F_z = 7624.4$N，$\psi = 2.60°$，干水泥路面

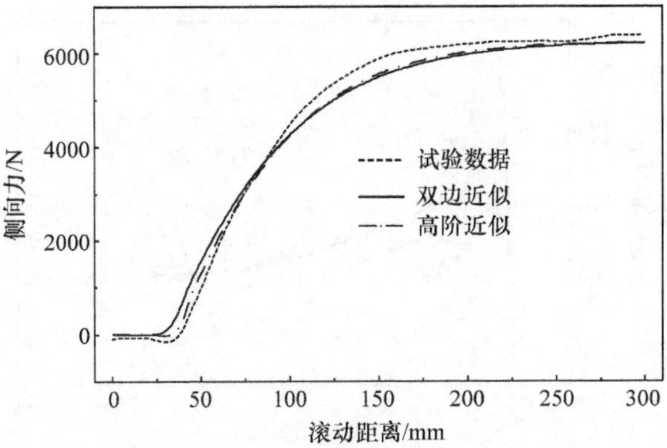

图 6.28　转动角阶跃 F_y 响应曲线

BFGoodRich P245/75R16，35psi，$F_z = 6702.0$N，$\psi = 7.78°$，干水泥路面

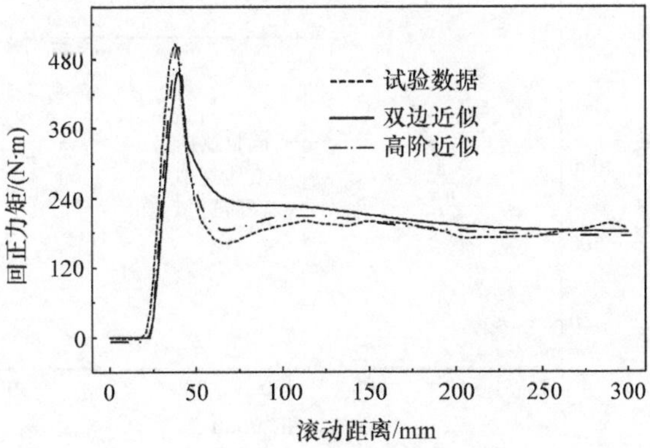

图 6.29　转动角阶跃 M_z 响应曲线

BFGoodRich P245/75R16，35psi，$F_z = 6702.0$N，$\psi = 7.78°$，干水泥路面

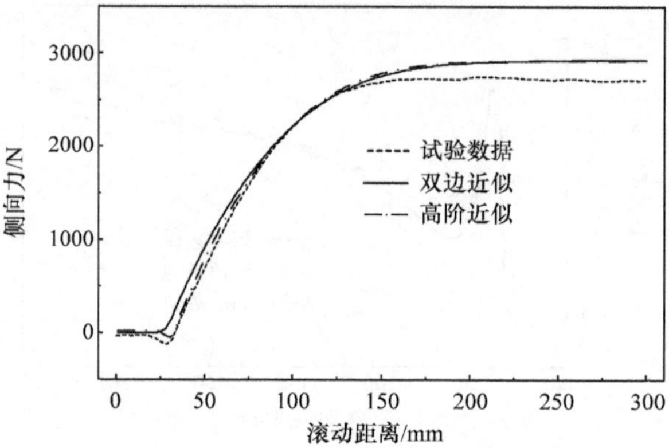

图 6.30 转动角阶跃 F_y 响应曲线

BFGoodRich P245/75R16，35psi，$F_z = 11776.6\text{N}$，$\psi = 4.80°$，花岗岩路面洒滑石粉

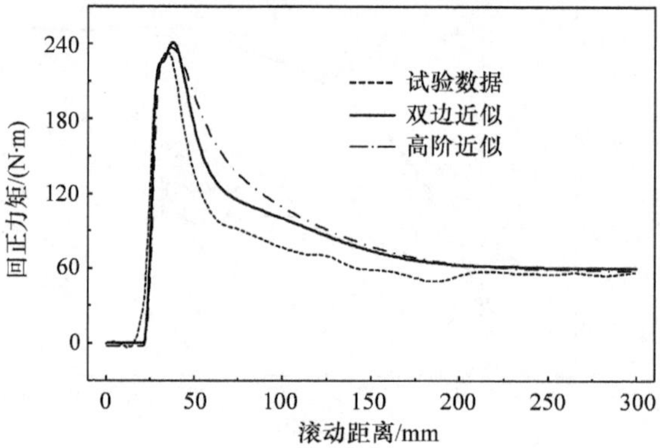

图 6.31 转动角阶跃 M_z 响应曲线

BFGoodRich P245/75R16，35psi，$F_z = 11776.6\text{N}$，$\psi = 4.80°$，花岗岩路面洒滑石粉

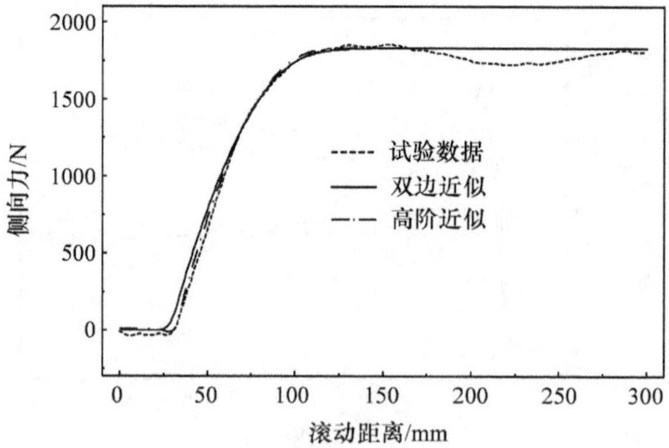

图 6.32 转动角阶跃 F_y 响应曲线

BFGoodRich P245/75R16，35psi，$F_z = 7624.4\text{N}$，$\psi = 2.85°$，花岗岩路面洒滑石粉

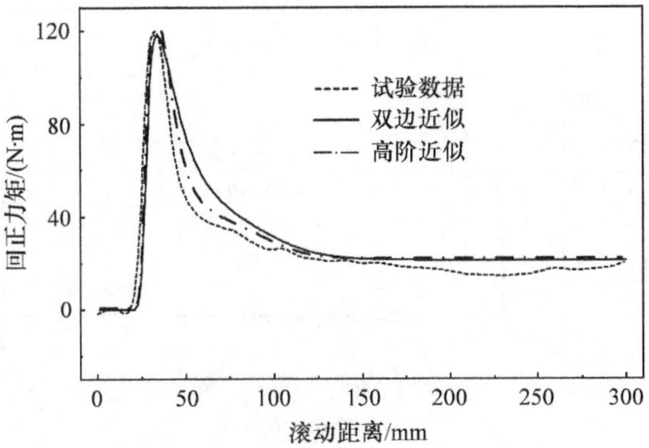

图 6.33　转动角阶跃 M_z 响应曲线

BFGoodRich P245/75R16，35psi，$F_z = 7624.4$N，$\psi = 2.85°$，花岗岩路面洒滑石粉

在试验研究中发现，“高阶近似”模型在低附着系数路面上(如花岗岩路面洒滑石粉)进行仿真时，回正力矩在大转动角输入时的动态响应曲线会出现滞后的尖峰(图 6.34 和图 6.35)，而且滑移越严重，这种现象越明显。研究表明，这是由轮胎回正力臂的动态响应滞后引起的。为了克服这个缺点，在轮胎回正力臂有效滑移率的计算之后加入了一个微分环节，对“高阶近似”模型进行了经验改进。

图 6.36 和图 6.37 为“高阶近似”模型和改进后的“高阶近似”模型的计算结果与试验数据的对比。对比结果说明，改进后的“高阶近似”模型能够很准确地描述轮胎在低附着系数路面上侧向输入很大时的回正力矩动态特性，模型在仿真精度和适用范围上都有了更进一步的提高。

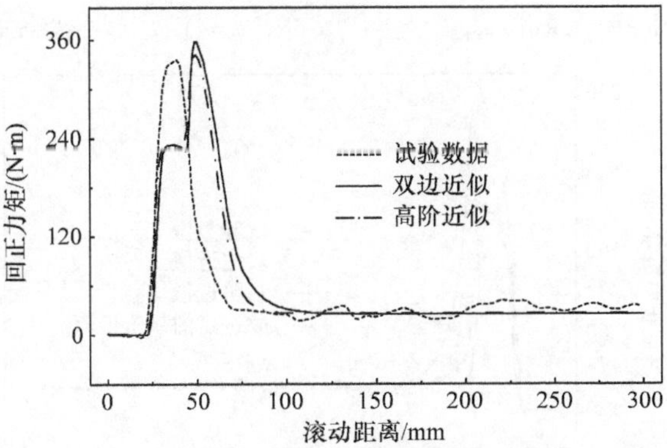

图 6.34　转动角阶跃 M_z 响应的尖峰

BFGoodRich P245/75R16，35psi，$F_z = 11776.6$N，$\psi = 11.47°$，花岗岩路面洒滑石粉

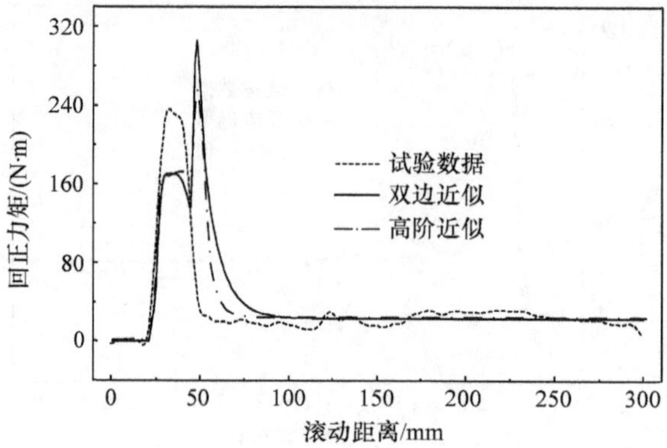

图 6.35　转动角阶跃 M_z 响应的尖峰

BFGoodRich P245/75R16，35psi，$F_z = 6702.0$N，$\psi = 11.41°$，花岗岩路面洒滑石粉

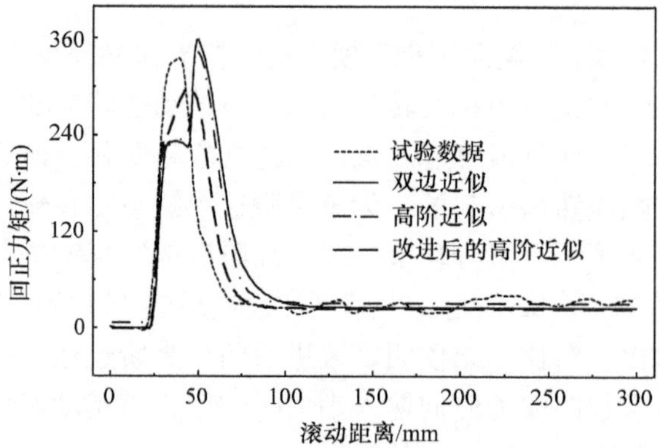

图 6.36　转动角阶跃 M_z 响应的改进

BFGoodRich P245/75R16，35psi，$F_z = 11776.6$N，$\psi = 11.47°$，花岗岩路面洒滑石粉

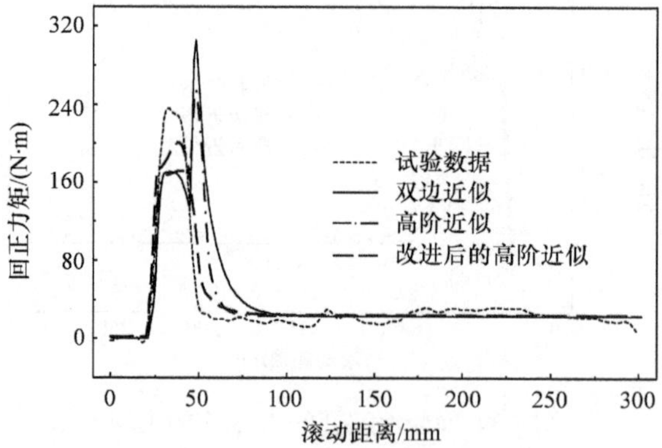

图 6.37　转动角阶跃 M_z 响应的改进

BFGoodRich P245/75R16，35psi，$F_z = 6702.0$N，$\psi = 11.41°$，花岗岩路面洒滑石粉

6.3 复杂工况下的轮胎非稳态力学特性模型[3]

汽车行驶工况非常复杂：加速与减速会使轮胎与路面间产生纵向力，转弯时悬架带动轮胎产生相对地面的侧倾角，弯道行驶时转偏率会影响轮胎的力学特性。本节讨论复杂工况下轮胎的非稳态特性。

1. 纵向力作用下的轮胎非稳态侧偏特性

当纵向滑移很小时，轮胎的稳态纵向力 F_x 可表示为

$$F_x = K_x S_x = \frac{K_x}{V_r} V_{sx}, \quad V_r = \Omega R_e \tag{6.77}$$

很明显，稳态时的轮胎纵向力可以看成由胎面与路面之间的阻尼效应产生的，其阻尼系数与接地印迹的更新速度 V_r 成反比。在非稳态过程中，部分纵向滑移会被胎体的弹性所吸收，其物理模型如图 6.38 所示。其中，V_{sx} 为胎面与路面之间的有效纵向滑移速度；V_{sxn} 是轮胎的名义纵向滑移速度，定义为

$$V_{sxn} = V_x - V_r \tag{6.78}$$

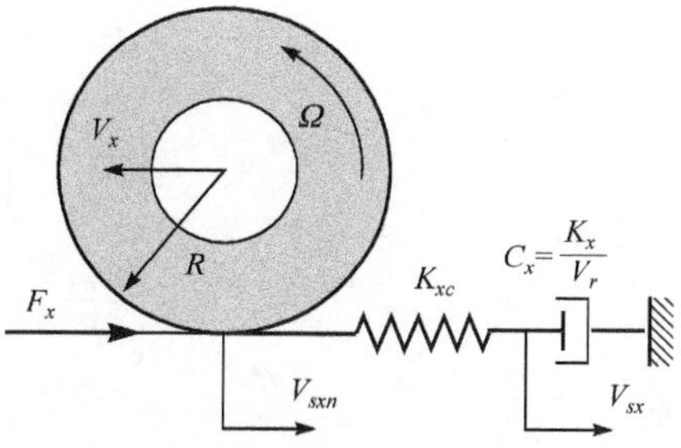

图 6.38　轮胎非稳态纵滑特性的物理模型示意图

从图 6.38 描述的动态系统可得

$$\begin{cases} F_x = \dfrac{K_x}{V_r} V_{sx} \\ \dot{F}_x = K_{xc}\left(V_{sxn} - V_{sx}\right) \end{cases} \tag{6.79}$$

式(6.79)表达的是纵向滑移很小时的轮胎非稳态线性力学特性。而当纵向滑移很大时，由于轮胎和路面之间摩擦特性的饱和作用，纵向力会表现为非线性。根据准稳态和有效滑移率的概念有

$$F_x = \frac{K_{x\varepsilon}}{V_r} V_{sx} \tag{6.80}$$

其中，$K_{x\varepsilon}$ 是轮胎在实际工作点处的局部有效纵滑刚度，定义为

$$K_{x\varepsilon} = \frac{\partial F_x}{\partial S_x} \tag{6.81}$$

将式(6.80)两端求导，并代入式(6.79)中可得

$$\begin{cases} V_{sx} + \dfrac{l_x}{V_r}\dot{V}_{sx} = V_{sxn} \\ S_x = V_{sx}/V_r \end{cases} \tag{6.82}$$

其中，S_x为胎面与路面之间的纵向有效滑移率；l_x为纵向松弛长度，定义为

$$l_x = \frac{K_{x\varepsilon}}{K_{xc}} \tag{6.83}$$

与侧向松弛长度相同，纵向松弛长度l_x也随着轮胎滑移和实际工作点的变化而不断更新。这里，有效刚度是S_x和S_y的双变量函数，可以表示为

$$K_{x\varepsilon} = \frac{\partial F_x}{\partial S_x} = F_z \bar{F}_x \frac{\partial \mu_x}{\partial S_x} + \mu_x F_z \frac{\partial \bar{F}_x}{\partial \phi_x}\frac{\partial \phi_x}{\partial S_x} \tag{6.84}$$

其中

$$\begin{cases} \dfrac{\partial \bar{F}_x}{\partial \phi_x} = \left(\dfrac{\phi_y}{\phi}\right)^2 \dfrac{\bar{F}}{\phi} + \left(\dfrac{\phi_x}{\phi}\right)^2 \dfrac{\mathrm{d}\bar{F}}{\mathrm{d}\phi} \\ \dfrac{\partial \phi_x}{\partial S_x} = \dfrac{K_x}{\mu_x F_z}\left(1 - \dfrac{S_x}{\mu_x}\dfrac{\partial \mu_x}{\partial S_x}\right) \end{cases} \tag{6.85}$$

而

$$K_{y\varepsilon} = \frac{\partial F_y}{\partial S_y} = F_z \bar{F}_y \frac{\partial \mu_y}{\partial S_y} + \mu_y F_z \frac{\partial \bar{F}_y}{\partial \phi_y}\frac{\partial \phi_y}{\partial S_y} \tag{6.86}$$

其中

$$\begin{cases} \dfrac{\partial \bar{F}_y}{\partial \phi_y} = \left(\dfrac{\phi_x}{\phi}\right)^2 \dfrac{\bar{F}}{\phi} + \left(\dfrac{\phi_y}{\phi}\right)^2 \dfrac{\mathrm{d}\bar{F}}{\mathrm{d}\phi} \\ \dfrac{\partial \phi_y}{\partial S_y} = \dfrac{K_y}{\mu_y F_z}\left(1 - \dfrac{S_y}{\mu_y}\dfrac{\partial \mu_y}{\partial S_y}\right) \end{cases} \tag{6.87}$$

其中，$\dfrac{\partial \mu_x}{\partial S_x}$和$\dfrac{\partial \mu_y}{\partial S_y}$可根据不同的路面摩擦特性确定。

这样，在稳态统一半经验模型描述的力和力矩特性基础上，利用式(6.82)和式(6.42)、式(6.43)得出纵向有效滑移率和侧向有效滑移率，就可以计算轮胎在有纵向滑移和侧向输入复合工况下的非稳态纵向力、侧向力和回正力矩，其仿真计算框图如图 6.39 所示。

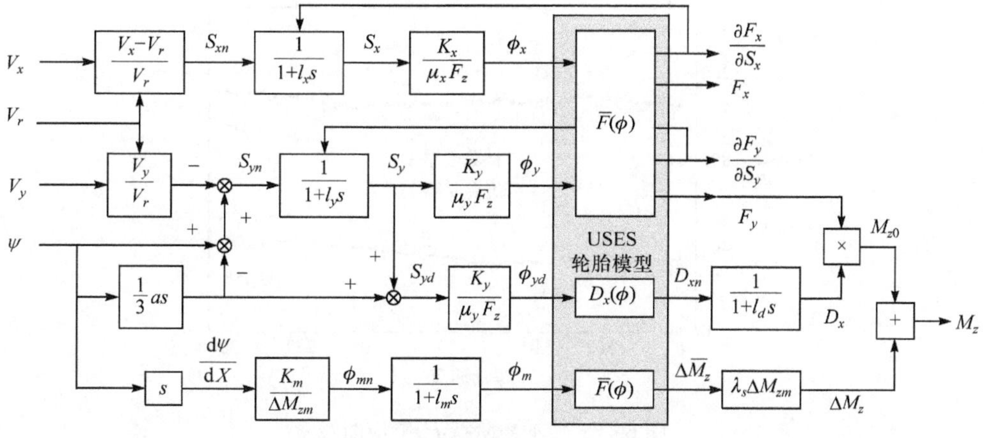

图 6.39　纵向力作用下的非稳态侧偏模型仿真计算框图

为了验证在有纵向力作用下的轮胎非稳态侧偏模型，本节在平板式轮胎试验台上进行了大量的纵滑侧偏非稳态试验，试验台测量系统的限制和轮胎不均匀性的影响，给瞬态纵向滑移率的测量带来了极大的困难。这里，利用测得的非稳态试验数据对试验过程中的瞬态纵向滑移率的空间历程进行反算，算法框图如图 6.40 所示。

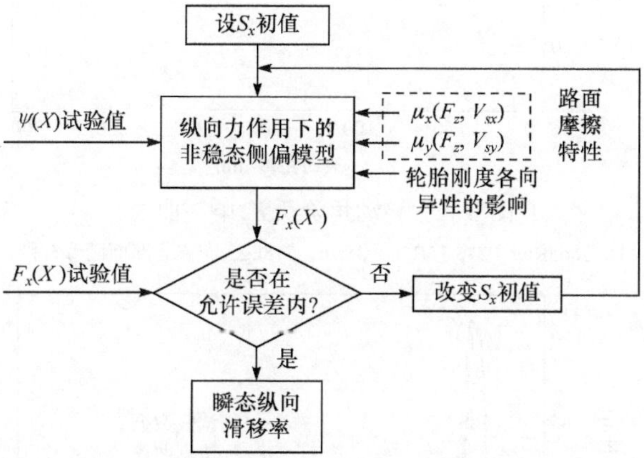

图 6.40　瞬态纵向滑移率的计算框图

利用反算得到的瞬态纵向滑移率，对非稳态的纵滑侧偏模型进行了大量的试验验证。限于篇幅，这里只给出了在不同载荷、纵向力和转动角输入下的部分仿真计算与试验的对比结果(图 6.41～图 6.46)。从比较结果可以看出，本节所建立的非稳态模型与试验数据取得了较好的一致性。

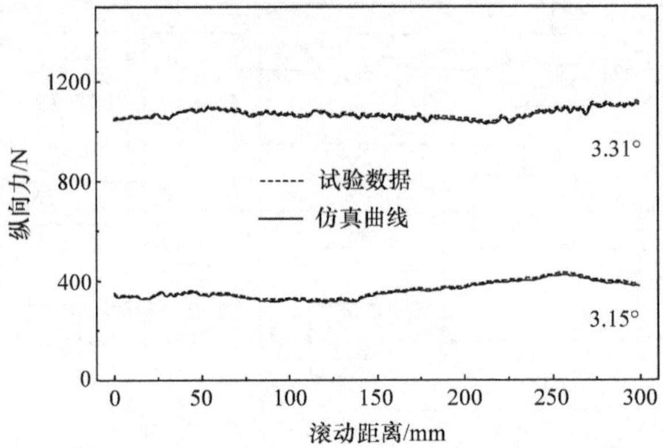

图 6.41　转动角阶跃 F_x 响应曲线

BFGoodRich P245/75R16，35psi，778kg，花岗岩路面洒滑石粉

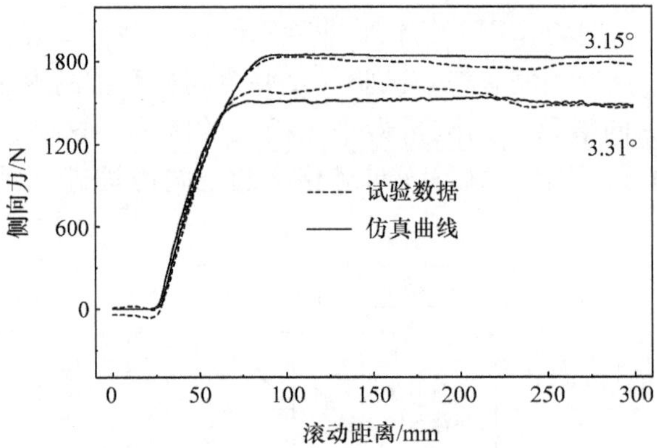

图 6.42　转动角阶跃 F_y 响应曲线

BFGoodRich P245/75R16，35psi，778kg，花岗岩路面洒滑石粉

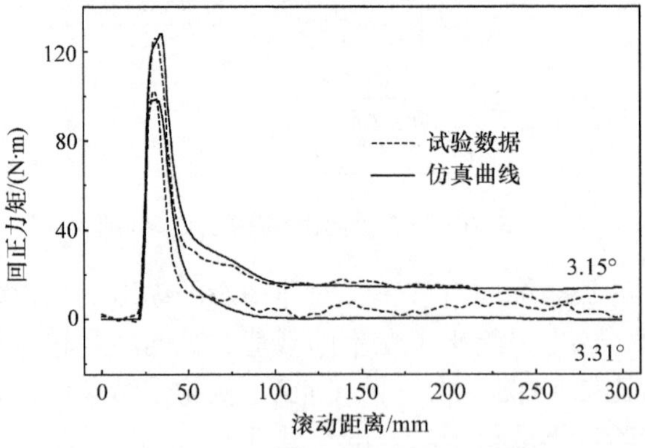

图 6.43　转动角阶跃 M_z 响应曲线

BFGoodRich P245/75R16，35psi，778kg，花岗岩路面洒滑石粉

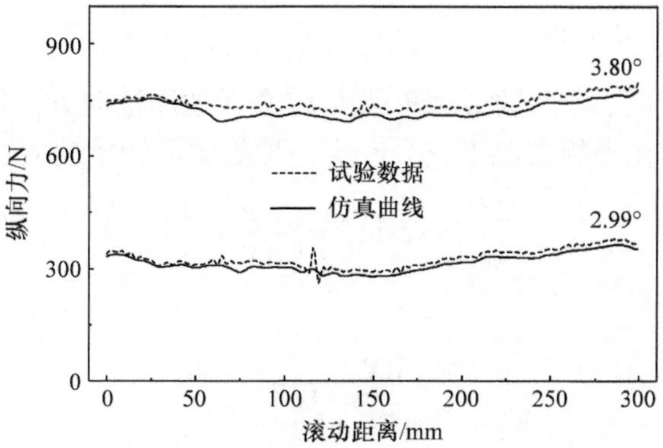

图 6.44　转动角阶跃 F_x 响应曲线

BFGoodRich P245/75R16，35psi，564kg，花岗岩路面洒滑石粉

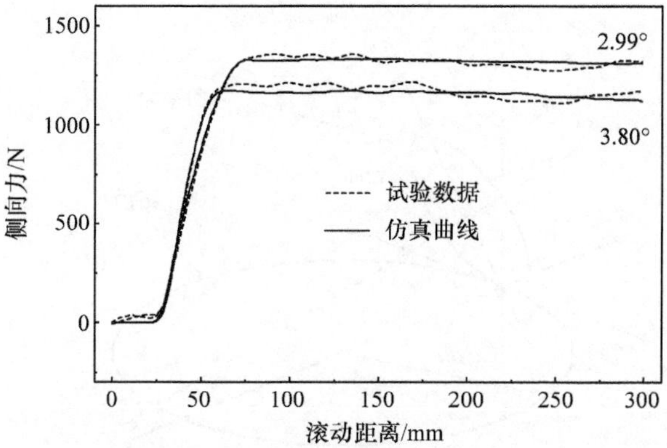

图 6.45　转动角阶跃 F_y 响应曲线

BFGoodRich P245/75R16，35psi，564kg，花岗岩路面洒滑石粉

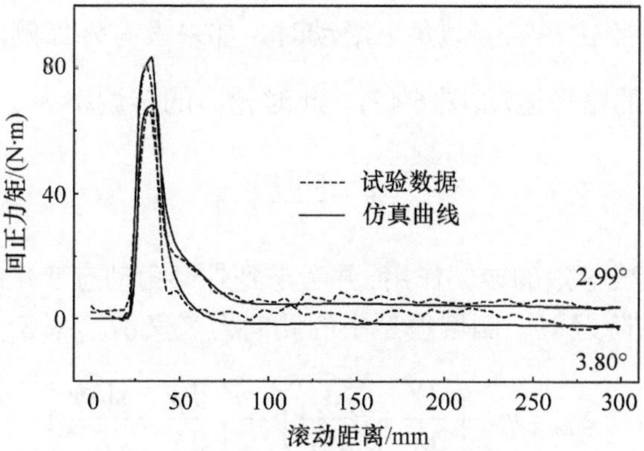

图 6.46　转动角阶跃 M_z 响应曲线

BFGoodRich P245/75R16，35psi，564kg，花岗岩路面洒滑石粉

2. 侧倾效应的初步研究

车轮有外倾角时，轮胎的滚动角速度 Ω 会在地面法向方向形成一个旋转分量 $\Omega\sin\gamma$(图 6.47)，在理想情况下它会产生一种等效的转偏效应：

$$\frac{\mathrm{d}\psi}{\mathrm{d}t}=\Omega\sin\gamma=\left(\frac{\mathrm{d}\psi}{\mathrm{d}X}\right)_\gamma\frac{\mathrm{d}X}{\mathrm{d}t} \tag{6.88}$$

考虑到

$$\frac{\mathrm{d}X}{\mathrm{d}t}=\Omega R_e \tag{6.89}$$

这样，由侧倾角 γ 产生的等效转偏为

$$\left(\frac{\mathrm{d}\psi}{\mathrm{d}X}\right)_\gamma=\frac{\sin\gamma}{R_e} \tag{6.90}$$

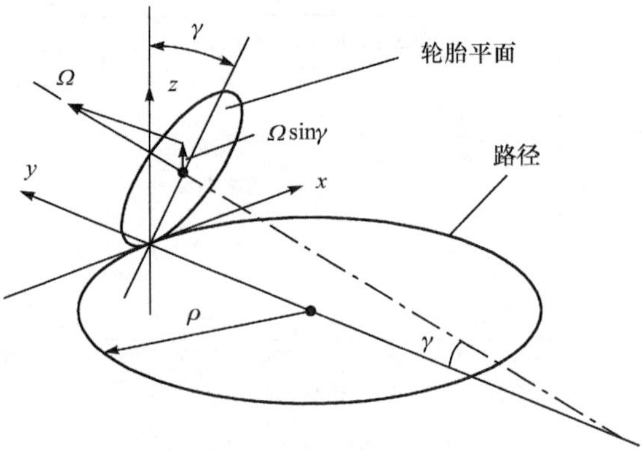

图 6.47　车轮侧倾时轮胎的转偏运动

实际上，当轮胎在一定侧倾角下滚动时，如果没有外加侧向力作用，将沿着曲率半径 $\rho=\dfrac{R_e}{\sin\gamma}$ 的路径运动(图 6.47)，此时轮胎的转偏率为

$$\varphi_\gamma=\frac{\sin\gamma}{R_e} \tag{6.91}$$

将外倾效应看成等效的转偏作用，并考虑到外倾角动态变化的情况，从式(6.74)可得，非稳态“高阶近似”侧偏模型中的侧向力名义滑移率 S_{yn} 为

$$S_{yn}=\psi-\left(\frac{\mathrm{d}Y}{\mathrm{d}X}+R\frac{\mathrm{d}\gamma}{\mathrm{d}X}\right)-\frac{a}{3}\left(\frac{\mathrm{d}\psi}{\mathrm{d}X}-\frac{\sin\gamma}{R_e}\right) \tag{6.92}$$

根据式(6.76)，轮胎回正力臂有效滑移率 S_{yd} 可表示为

$$S_{yd}=S_y+\frac{a}{3}\left(\frac{\mathrm{d}\psi}{\mathrm{d}X}-\frac{\sin\gamma}{R_e}\right) \tag{6.93}$$

从式(6.92)可以看出，非稳态“高阶近似”模型中对侧倾效应的描述与轮胎侧倾力学特性“刷子模型”是一致的。

而附加回正力矩 $\Delta M_z(s)$ 变为

$$\Delta M_z(s)=-\frac{K_m\left(\dfrac{\mathrm{d}\psi}{\mathrm{d}X}-\dfrac{\sin\gamma}{R_e}\right)}{1+\dfrac{2}{3}as} \tag{6.94}$$

这样，考虑车轮侧倾影响的轮胎非稳态侧偏特性模型的仿真计算框图如图 6.48 所示。

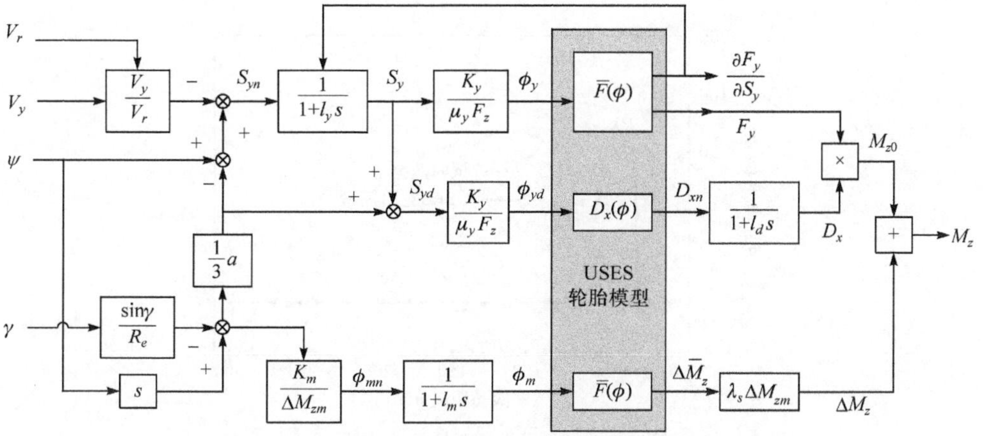

图 6.48　侧倾效应作用下的非稳态侧偏模型仿真计算框图

为了研究侧倾效应对轮胎非稳态力和力矩的影响，本节进行了大量的非稳态侧倾侧偏试验。图 6.49 和图 6.50 为在一定侧倾角下的转动角阶跃输入时的侧向力和回正力矩动态响应曲线。从图中的比较结果可以看出，力和力矩的仿真计算值要比相应的试验值大。这说明将侧倾影响直接作为等效转偏效应的算法(式(6.91))与实际的试验情况还有一定差距。

3. 侧倾和转偏的统一

实际上，由于轮胎径向刚度和扭转弹性的存在，侧倾效应和转偏效应的作用并不是完全等效的。当轮胎中心平面与地面法向方向成一定角度时，接地印迹上垂直压力的分布会偏向车轮倾斜一侧(图 6.51)，这样就形成了一个作用在轮胎上的翻倾力矩 M_x。由于胎体侧倾弹性的存在，轮胎在实际滚动时的有效外倾角 γ_e 会变小。

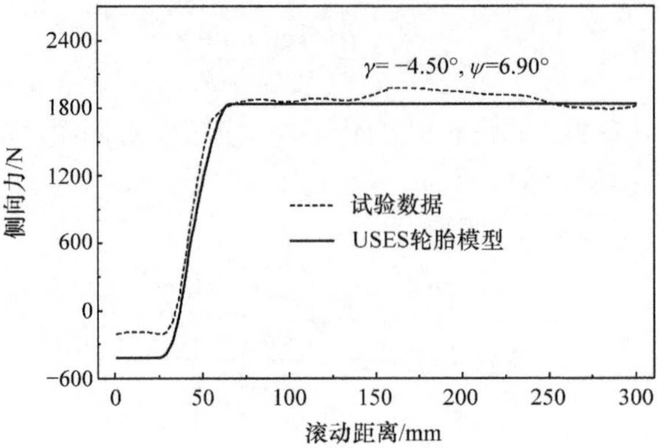

图 6.49　转动角阶跃 F_y 响应曲线

BFGoodRich P245/75R16，35psi，花岗岩路面洒滑石粉

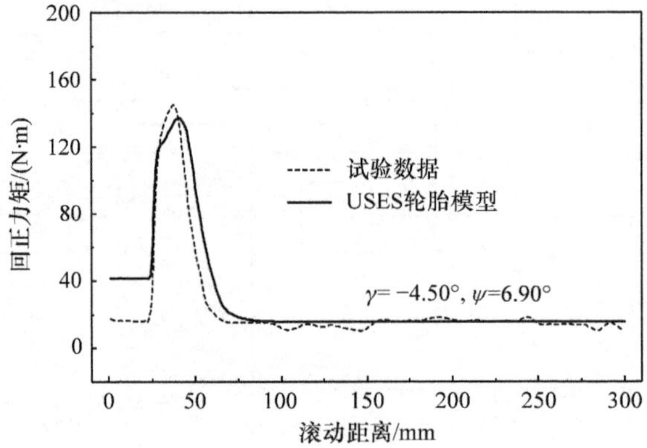

图 6.50　转动角阶跃 M_z 响应曲线

BFGoodRich P245/75R16，35psi，花岗岩路面洒滑石粉

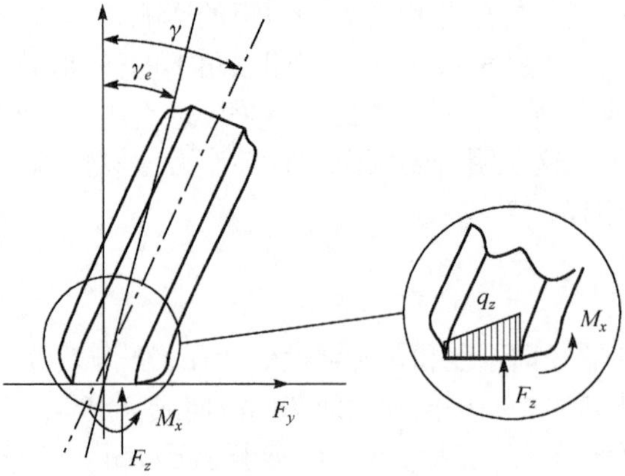

图 6.51　车轮外倾引起的胎体局部侧倾变形

$$\gamma_e = \eta_\gamma \gamma \tag{6.95}$$

其中，η_γ 为小于1的系数。

考虑到这种胎体局部侧倾变形的影响，将侧倾效应的转偏等效表达式(6.90)改进为

$$\left(\frac{\mathrm{d}\psi}{\mathrm{d}X}\right)_\gamma = \lambda_c \frac{\sin\gamma}{R_e} \tag{6.96}$$

其中，λ_c 称为胎体侧倾弹性系数。

这样，非稳态“高阶近似”侧偏模型中的名义滑移率 S_{yn} 变为

$$S_{yn} = \psi - \left(\frac{\mathrm{d}Y}{\mathrm{d}X} + R\frac{\mathrm{d}\gamma}{\mathrm{d}X}\right) - \frac{a}{3}\left(\frac{\mathrm{d}\psi}{\mathrm{d}X} - \lambda_c \frac{\sin\gamma}{R_e}\right) \tag{6.97}$$

轮胎回正力臂有效滑移率 S_{yd} 可以表示为

$$S_{yd} = S_y + \frac{a}{3}\left(\frac{\mathrm{d}\psi}{\mathrm{d}X} - \lambda_c \frac{\sin\gamma}{R_e}\right) \tag{6.98}$$

而附加回正力矩变为

$$\Delta M_z(s) = -\frac{K_m\left(\dfrac{\mathrm{d}\psi}{\mathrm{d}X} - \lambda_c \dfrac{\sin\gamma}{R_e}\right)}{1 + \dfrac{2}{3}as} \tag{6.99}$$

实际上，胎体侧倾弹性系数 λ_c 既可以从侧倾侧向力特性求出，也可由侧倾回正力矩特性得到。从轮胎力特性表达式可以得到

$$\lambda_c = \frac{K_{y\gamma}}{K_y}\frac{3R_e}{a} \tag{6.100}$$

而由回正力矩特性表达式(2.89)可得

$$\lambda_c = \frac{K_{m\gamma}}{K_m} R_e \tag{6.101}$$

在车轮侧倾角较小时，侧倾侧向力和侧倾回正力矩与侧倾角的关系都是线性的。因此，有理由认为，胎体侧倾弹性的影响对侧向力和回正力矩在数值上是相同的。这样，从理论上来说，式(6.100)和式(6.101)得出的结果应该是一致的。但是车轮侧倾时，轮胎接地印迹的形状还会发生一些变化，这可能会对侧倾侧向力特性的计算值有一定影响。

利用 BFGoodRich P245/75R16 轮胎在标准充气压力下的稳态侧偏试验、稳态侧倾试验和非稳态转动角阶跃输入试验的数据，分别用式(6.100)和式(6.101)对胎体侧倾弹性系数进行计算。图 6.52 为各垂直载荷下的计算结果。

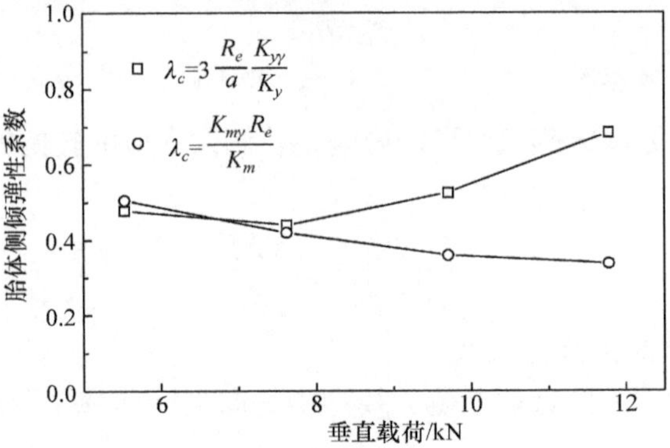

图 6.52　侧向力和回正力矩特性中的胎体侧倾弹性系数

BFGoodRich P245/75R16，35psi，花岗岩路面洒滑石粉

从比较结果可以看出，在轮胎垂直载荷较小时，两种方法的计算结果基本一致，而垂直载荷较大时存在一些差距。这还有待进一步的理论和试验研究。在实际建模仿真中可根据具体数据情况选择式(6.100)和式(6.101)进行计算。如果没有非稳态试验数据可采用式(6.100)进行计算，若缺少轮胎接地印迹几何数据，可采用式(6.101)进行计算。

在大量的轮胎非稳态侧倾侧偏试验数据的基础上，本节对改进后的考虑侧倾效应的非稳态侧偏特性模型进行了较全面的试验验证。图 6.53～图 6.56 为在不同载荷、不同侧倾角和不同非稳态侧向输入下的动态侧向力与回正力矩的仿真结果和试验数据的对比。从比较结果可以看出，改进后的考虑胎体侧倾弹性影响的轮胎非稳态模型与试验数据取得了很好的一致性。“胎体局部侧倾”概念的引入揭示了轮胎结构对侧倾力学特性的影响，使侧倾效应和转偏作用得到了很好的统一。这不仅有助于改进复杂工况下的轮胎非稳态力学特性模型，而且促进了现有的侧倾力学特性模型的进一步完善。

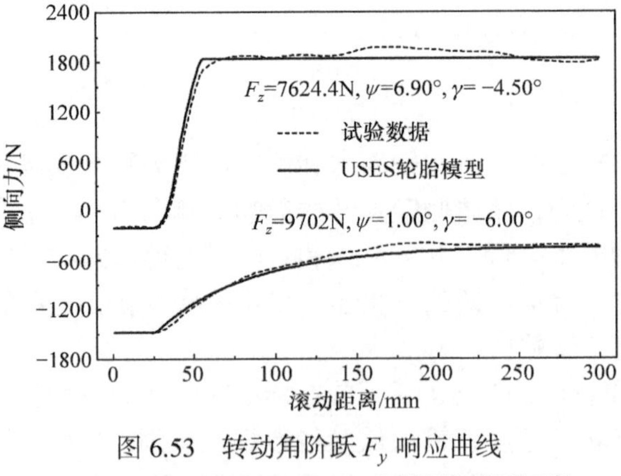

图 6.53　转动角阶跃 F_y 响应曲线

BFGoodRich P245/75R16，35psi，花岗岩路面洒滑石粉

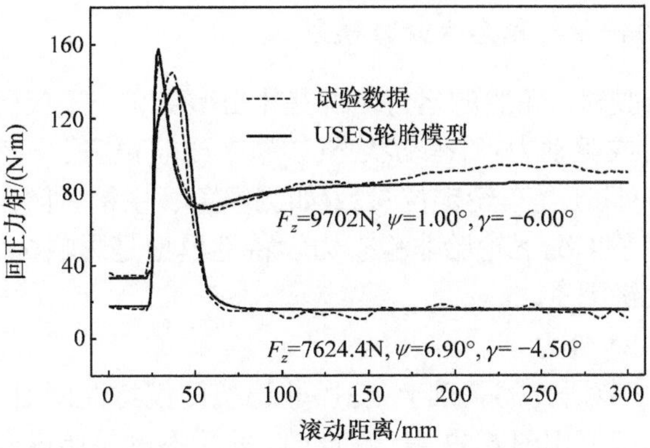

图 6.54　转动角阶跃 M_z 响应曲线

BFGoodRich P245/75R16，35psi，花岗岩路面洒滑石粉

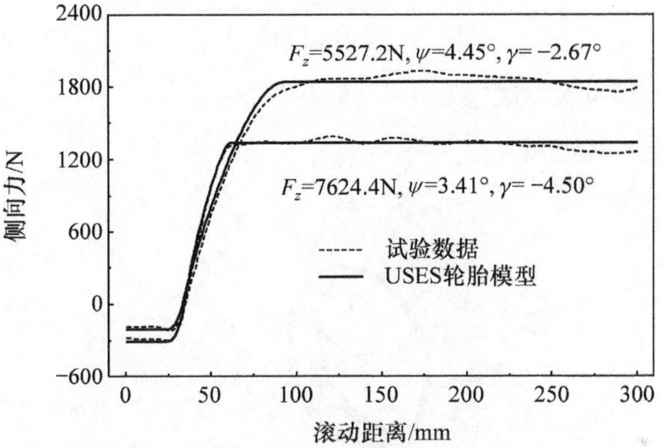

图 6.55　转动角阶跃 F_y 响应曲线

BFGoodRich P245/75R16，35psi，花岗岩路面洒滑石粉

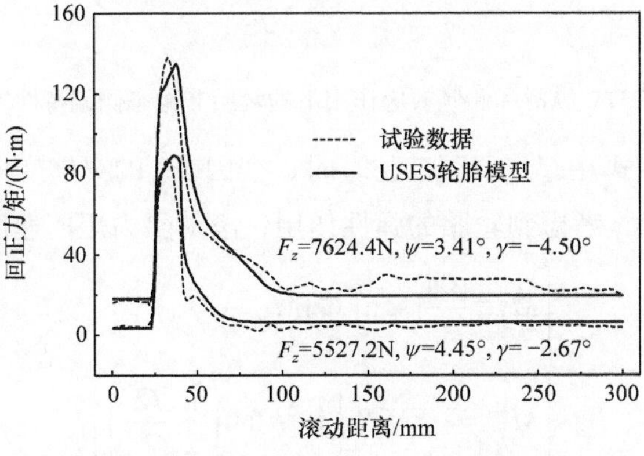

图 6.56　转动角阶跃 M_z 响应曲线

BFGoodRich P245/75R16，35psi，花岗岩路面洒滑石粉

4. 全工况下的轮胎非稳态六分力模型

汽车在实际行驶时，轮胎的运行工况是十分复杂的，不仅受力状态(如变载荷或变气压、制动力或驱动力)和运动状态(如稳态或非稳态、时变位移或时变角度等)在不断变化，而且还受车轮定位参数(如侧倾角、主销后倾角和主销内倾角等)的影响。因此，复杂工况下轮胎非稳态力学特性模型是影响全工况下汽车动力学仿真分析精度的关键因素。

1) 非稳态轮胎六分力

在 6.1 节和 6.2 节研究的基础上，轮胎非稳态侧偏特性模型在有纵滑和侧倾效应作用下的物理模型可用图 6.57 表示。此时，非稳态的轮胎纵向力 F_x、侧向力 F_y 和回正力矩 M_z 可由图 6.58 所示的仿真计算框图得出。而翻倾力矩可根据计算出的非稳态侧向力 F_y 利用公式得出。轮胎滚动阻力矩 M_y 的常见表达式为

$$M_y = -\text{sgn}(\Omega) F_z R_e f \tag{6.102}$$

其中，f 为轮胎的滚动阻力系数。

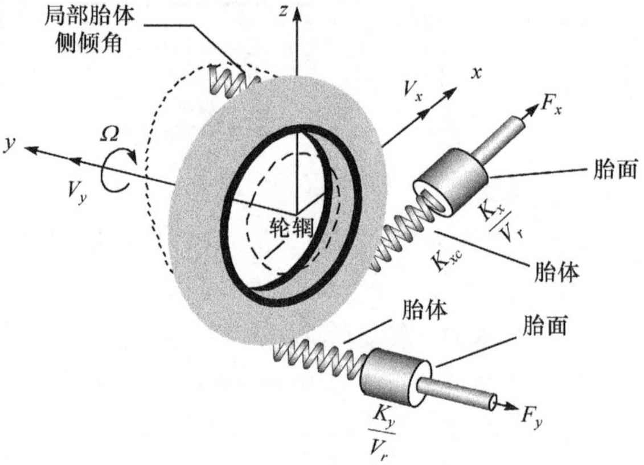

图 6.57　纵滑和侧倾效应作用下的轮胎非稳态侧偏特性模型

这种稳态表达式在起步和制动仿真时，会因 M_y 的突然变向而引起系统不正常的冲击。实际上，考虑到轮胎的弹性作用，滚动阻力矩的速度特性可表示为

$$\begin{cases} \dot{M}_y = \dfrac{|\Omega|}{\theta_\gamma}\left(\text{sgn}(\Omega) M_{ys} - M_y\right) \\ M_{ys} = -F_z f R_e \left(1 + h \tan\left(\dfrac{\pi}{2}\dfrac{\Omega}{\Omega_{c\gamma}}\right)\right) \end{cases} \tag{6.103}$$

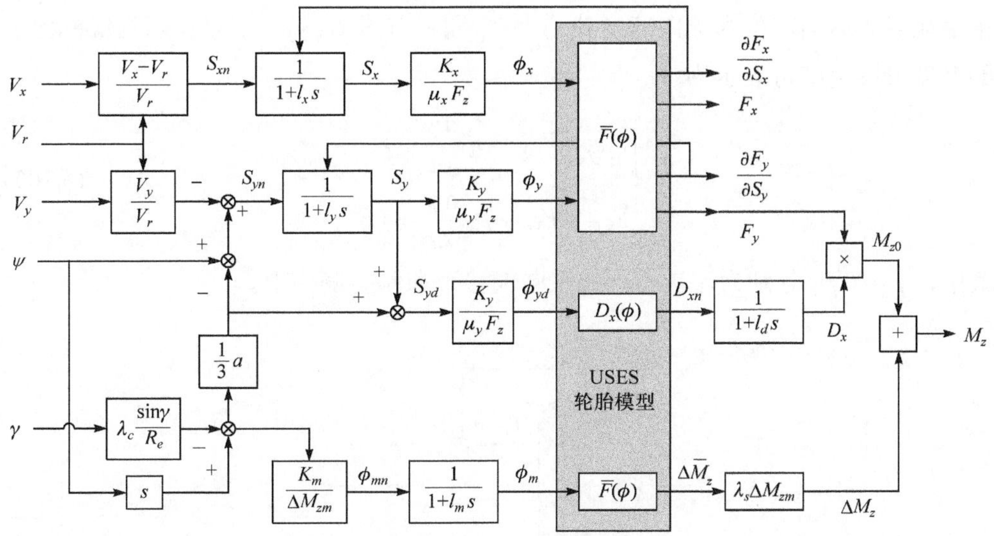

图 6.58　纵向力和外倾角作用下的非稳态侧偏模型仿真计算框图

其中，θ_γ 是松弛角；h 为滚动阻力增长系数；$\Omega_{c\gamma}$ 为轮胎临界转速，当 $\Omega = \Omega_{c\gamma}$ 时，由于轮胎驻波的出现，M_y 趋于无穷大。

2) 轮胎动载荷的影响

实际上，前面的非稳态轮胎力和力矩(F_x、F_y、M_z)计算公式的推导都是基于载荷缓变的假设。当车轮载荷变化较快时，由于轮胎接地印迹更新的行为和胎体弹性的作用，模型中的一些结构参数(主要是 K_x、K_y 和 D_{x0})不能立即达到相应的稳态值。这里引入了“结构松弛”的概念来描述其动态过程：

$$\begin{cases} K_x = \dfrac{K_{xs}}{1+l_x s}, & \Delta K_x < 0, K_x = K_{xs} \\ K_y = \dfrac{K_{ys}}{1+l_y s}, & \Delta K_y < 0, K_y = K_{ys} \\ D_{x0} = \dfrac{D_{x0s}}{1+l_y s}, & \Delta D_{x0} < 0, D_{x0} = D_{x0s} \end{cases} \tag{6.104}$$

其中，K_{xs}、K_{ys} 和 D_{x0s} 分别是各结构参数对应的稳态值。

这样，将松弛后的 K_x、K_y 和 D_{x0} 代入非稳态侧偏特性模型中，可以描述车轮的动载荷对轮胎非稳态力和力矩的影响。

3) 前轮定位参数的影响

前面滑移率的计算都未考虑车轮定位的影响。若计入主销定位的影响，设主销穿地点的纵向速度和侧向速度分别为V_{x0}和V_{y0}(图 6.59)，则非稳态侧偏模型中的名义滑移速度可表示为

$$\begin{cases} V_{sxn} = V_{x0} - \rho_y \dfrac{\mathrm{d}\psi}{\mathrm{d}t} - V_\gamma \\ V_{syn} = V_{y0} + \rho_x \dfrac{\mathrm{d}\psi}{\mathrm{d}t} + \dot{\gamma} R \end{cases} \tag{6.105}$$

其中，ρ_x、ρ_y分别为印迹中心的纵向偏移距和侧向偏移距。

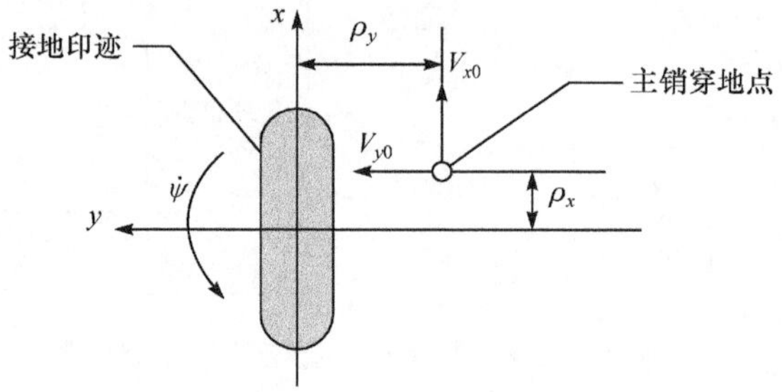

图 6.59 前轮定位参数的影响

更一般运动工况下的名义滑移率为

$$\begin{cases} S_{xn} = \dfrac{V_{x0} - \rho_y \dfrac{\mathrm{d}\psi}{\mathrm{d}t} - V_r}{V_r} \\ S_{yn} = \dfrac{V_{y0} + \rho_x \dfrac{\mathrm{d}\psi}{\mathrm{d}t} + \dot{\gamma} R}{V_r} \end{cases} \tag{6.106}$$

综上所述，全工况下轮胎非稳态六分力的全面仿真计算框图如图 6.60 所示。这里，轮胎非稳态六分力的计算基于三类参数。

(1) 轮胎运动参数，包括V_x、V_y、Ω、ψ、γ和z。根据汽车系统动力学模型，它们都是汽车运动广义坐标的函数。

(2) 轮胎结构参数，包括几何参数R、R_e、a、b，刚度参数C_z、K_x、K_y、K_{cx}、K_{cy}、$K_{y\gamma}$、$K_{m\gamma}$，曲率参数E_1、D_1、D_2，稳态结构参数D_{x0}、D_e、H_γ、h、θ_γ、$\Omega_{c\gamma}$和非稳态结构参数l_x、l_y、K_m。这些参数都是轮胎垂直载荷F_z的函数，需要根据实时的车轮载荷与运动状态加以更新。

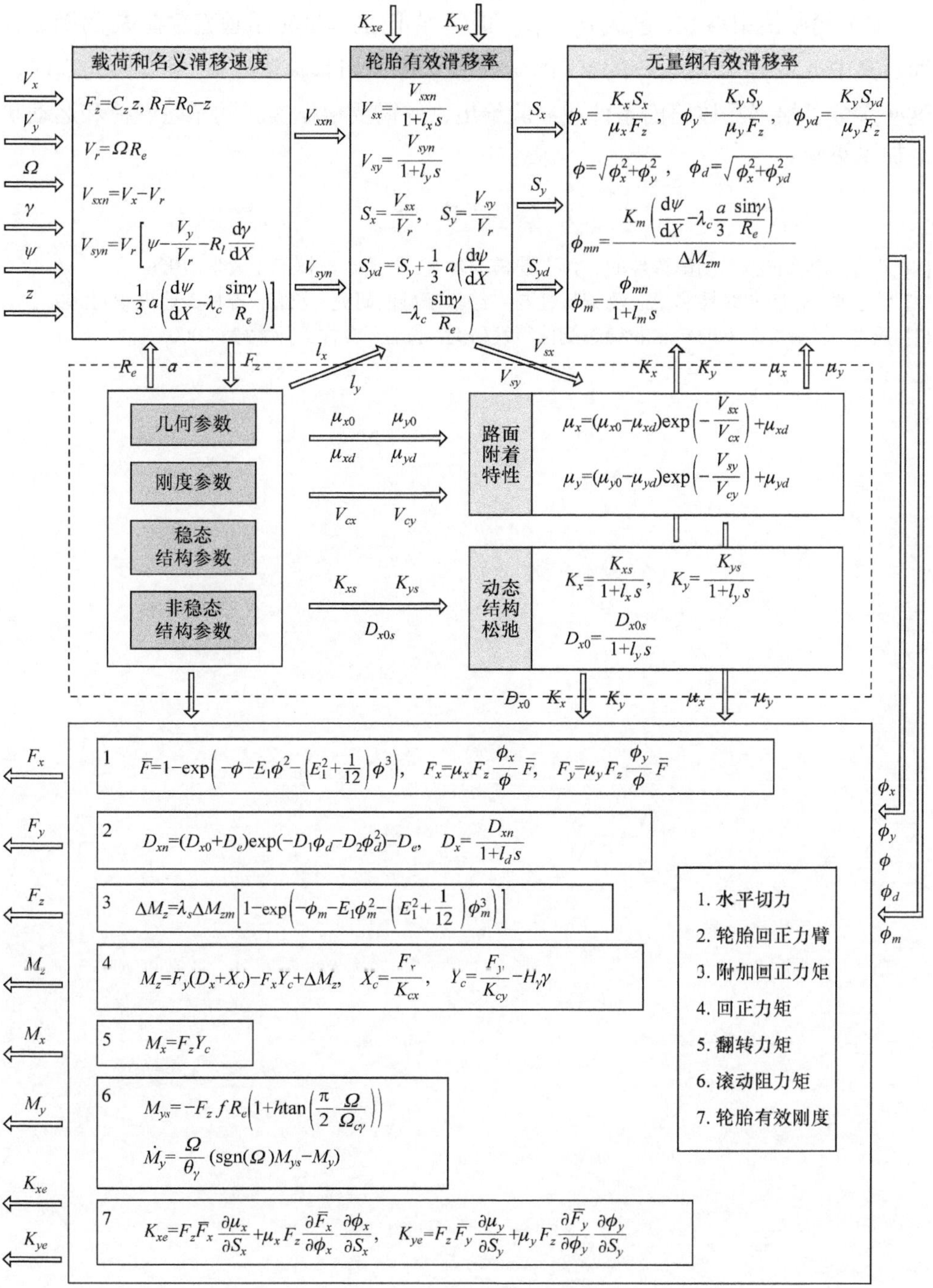

图 6.60　全工况下轮胎非稳态六分力的仿真计算框图

(3) 轮胎使用参数，包括 μ_x 、μ_y 和 f ，它们也都是轮胎垂直载荷 F_z 的函数，而且其中 μ_x 、μ_y 还与车轮的纵向滑移速度和侧向滑移速度有关。在实际仿真时，这些参数可根据具体路面条件或经验给出，并需要根据实时的车轮载荷和运动状态加以更新。

参考文献

[1] 刘青. 轮胎非稳态侧偏特性的分析、建模与仿真. 长春: 吉林工业大学, 1996.
[2] 侯永平. 轮胎非线性非稳态侧偏特性与半经验模型的研究. 长春: 吉林工业大学, 1999.
[3] 任雷. 复杂工况下的轮胎非稳态侧偏特性研究. 长春: 吉林工业大学, 2000.

第 7 章　轮胎动载侧偏非稳态特性

路面起伏和汽车运动状态变化引起的轮胎上垂直载荷的波动，会对轮胎力学特性产生较大的影响：轮胎侧向力出现动态波动并使平均侧向力降低。由此导致整车的转向特性、转向稳定性及转向动态响应变化，使汽车偏离预期轨道，造成整车的操纵稳定性变坏[1]。

为了深入研究轮胎力学特性，突破轮胎动载侧偏特性精确理论建模的阻碍，推动现代汽车动力学研究的发展，本章在“接触历程”概念的基础上，对动载下轮胎的侧偏力学特性进行细致的研究，推导轮胎动载侧偏特性的理论模型，建立适用于任意动载及侧偏角变化的轮胎动载侧偏离散仿真模型，并在理论模型的基础上，对比离散仿真模型结果，发展轮胎动载侧偏半经验模型[2]。

7.1　动载下轮胎侧偏特性的基本理论

轮胎侧偏力学特性模型研究，多以恒定载荷下改变侧偏角时轮胎的侧偏特性为主，而垂直动载下轮胎侧偏特性由于理论和试验的复杂性，研究甚少[3]。汽车不可避免地行驶于各种非平坦的路面，即使在相当平坦的路面上，当高速行驶时也不可避免地产生车轮垂直振动并引起轮胎与路面间垂直载荷的急剧变化，已有初步试验表明，动载下轮胎侧偏特性的改变通常会降低整车的操纵稳定性。

由于缺乏理论上的突破，垂直动载下轮胎侧偏特性理论模型至今尚未得到精确的建立，现有的模型多以经验模型为主，模型参数的物理意义不明确，模型适用范围和精度都受到一定的限制，这种状况对开展汽车动态仿真和主动控制等问题的进一步研究一直是一个障碍。研究轮胎垂直动载下侧偏特性的理论模型将对轮胎结构的改善及汽车操纵稳定性的深入研究有着重要的推动作用，对轮胎力学和现代汽车动力学的发展具有重大的理论价值和实际应用价值。

文献[4]中提出用“结构松弛”概念来计算动载下的轮胎水平力学特性，这只是根据局部经验的推想，尚缺乏较严密的理论基础和较广泛的试验验证。本章试图为此方面的研究建立一个比较坚实的理论基础。

在动载下轮胎水平力学特性与恒载下的特性相比，主要有以下特点：

(1) 轮胎接地印迹的非恒定性。由于垂直载荷的变动引起轮胎接地印迹长度与宽度的相应变化，这使印迹上各点的接触过程复杂化，并给各点应力和合力的计算带来困难。

(2) 水平力对垂直载荷变化的响应性。印迹上的应力有一个因轮胎滚动而逐渐建立的过程，因此当垂直载荷变化快时，水平力的响应有一个滞后的过程。

(3) 增载与减载水平力响应的不对称性。垂直载荷突增时，印迹上新增接触部分的剪切应力都是从零开始逐步建立的，因此响应的过程较长，而垂直载荷突减时，原印迹中两端有部分区域因突然脱离接触而使原有剪切应力突然消失，所以其响应要比垂直载荷增加时快得多。

以上三个特点实际上也是文献[4]提出“结构松弛”概念的依据。本节从轮胎接地印迹出发，分析轮胎动载侧偏滚动时印迹内应力形成机理，建立动载下轮胎侧偏特性的基本理论。

7.1.1　轮胎接地印迹长度与载荷的关系

轮胎的接地印迹近似为矩形，在恒定载荷下轮胎滚动时，印迹形状保持不变，但轮胎垂直载荷的变动将引起轮胎接地印迹长度与宽度的相应变化，现代的子午线轮胎接地印迹宽度变化很小，为了简化研究，可忽略动载时印迹宽度的变化，只考虑轮胎动载对接地印迹长度的影响[5]。

一般认为轮胎径向变形 $\Delta z = R_f - R_l$，如图 7.1 所示，则有[5]

$$a = \sqrt{2R_f \Delta z - (\Delta z)^2} \tag{7.1}$$

其中，$\Delta z = F_z / K_r$，K_r 为轮胎的垂直刚度。

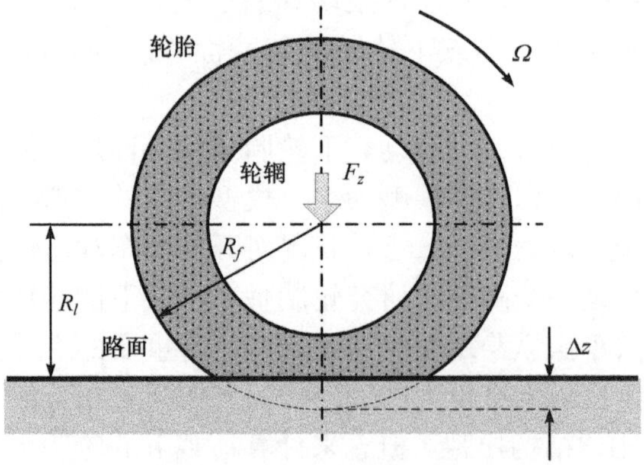

图 7.1　轮胎接地印迹半长与载荷的关系

图 7.2 是 195/55R15V 轮胎在 210kPa 胎压下，用式(7.1)计算得到的接地印迹半长值与实际测量值的对比曲线，容易看出计算结果明显大于实际的测量结果。

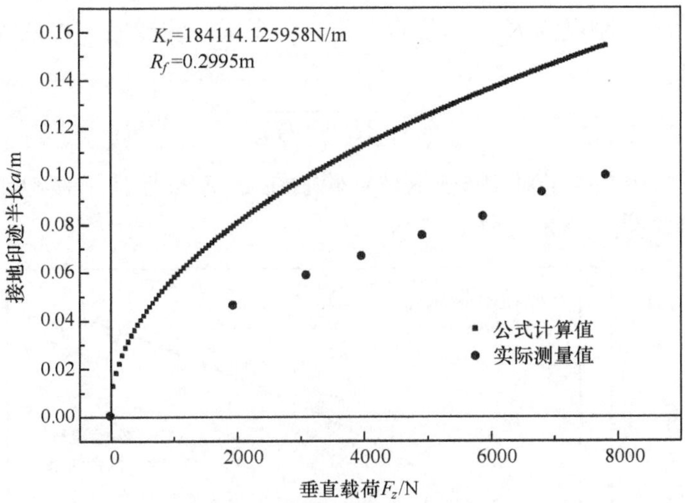

图 7.2　195/55R15V(210kPa)轮胎接地印迹半长计算值与测量值对比曲线

实际上，由于胎侧也存在径向变形，轮心与胎体带束环存在一定的偏心量 ρ (设其与垂直载荷呈线性关系)，如图 7.3 所示，则有

$$a = \sqrt{R_f^2 - (R_l + \rho)^2} \tag{7.2}$$

其中，$R_l = R_f - F_z/K_r$，$\rho = F_z/K_\rho$，故有

$$a = \sqrt{2R_f F_z\left(\frac{1}{K_r} - \frac{1}{K_\rho}\right) - F_z^2\left(\frac{1}{K_r} - \frac{1}{K_\rho}\right)^2} \tag{7.3}$$

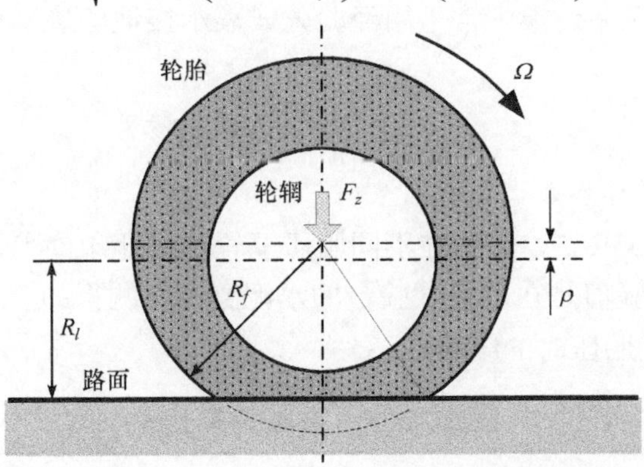

图 7.3　轮胎接地印迹半长与载荷的关系(考虑胎侧的径向变形)

令 $\frac{1}{K_b} = \frac{1}{K_r} - \frac{1}{K_\rho}$，即 $\frac{1}{K_r} = \frac{1}{K_\rho} + \frac{1}{K_b}$，其中 K_ρ 为胎侧刚度，K_b 为胎体带束环

刚度，则轮胎垂直刚度为 K_ρ 与 K_b 的串联。对于子午线轮胎，可认为轮胎周向压缩量较小，故有

$$a=\sqrt{2R_f F_z/K_b} \tag{7.4}$$

图 7.4 是利用式(7.4)对 195/55R15V 轮胎在 210kPa 胎压下接地印迹半长实际测量值的拟合结果，结果表明 $K_b > K_\gamma$。

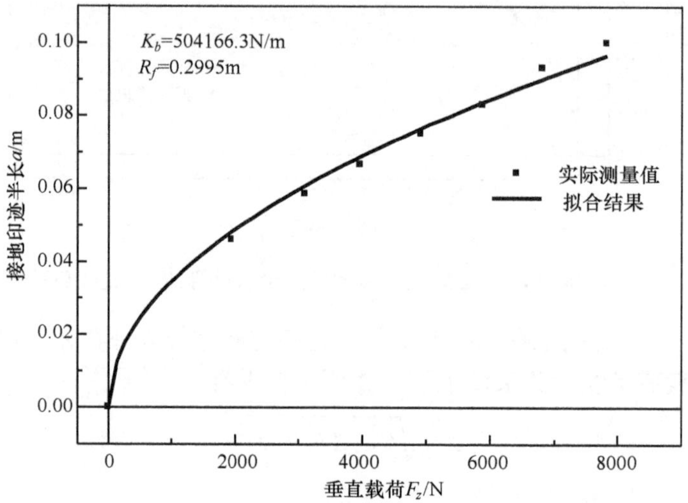

图 7.4　195/55R15V(210kPa)轮胎接地印迹半长拟合结果

无论从式(7.1)还是式(7.4)都可以看出，轮胎接地印迹半长 a 与垂直载荷 F_z 存在直接的关系，在轮胎建模中常采用经验公式表示接地印迹半长 a 与垂直载荷 F_z 间的关系[5]：

$$a=a_1\sqrt{F_z}+a_2 F_z \tag{7.5}$$

其中，a_1、a_2 为拟合参数。

图 7.5 是 195/55R15V 轮胎在不同胎压下轮胎接地印迹半长 a 与垂直载荷 F_z 间的关系曲线，试验值是在平板试验台的水泥路面上测得的。表 7.1 列出了拟合参数 a_1、a_2 在不同胎压时的结果。

表 7.1　拟合参数 a_1、a_2 在不同胎压时的值

胎压/kPa	160	210	260	310
a_1	0.00093	0.0009	0.00086	0.00086
a_2	4.0571×10^{-6}	2.3847×10^{-6}	1.425×10^{-6}	4.6066×10^{-7}

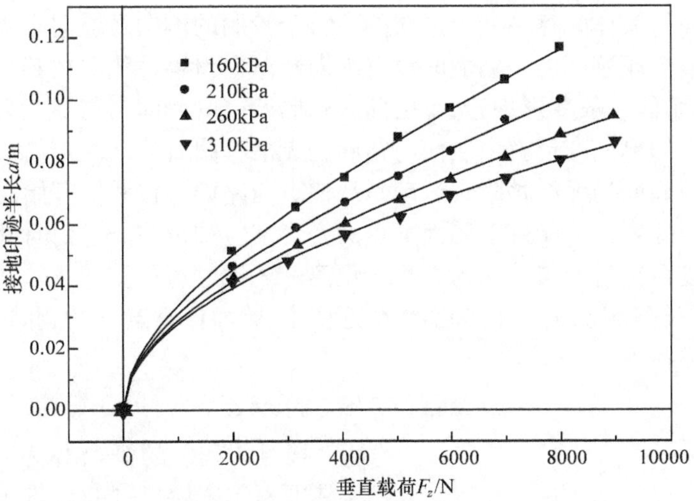

图 7.5　195/55R15V 轮胎接地印迹半长与垂直载荷的关系曲线

从图 7.5 中可以看出，在轮胎正常载荷范围内，接地印迹半长a与垂直载荷F_z接近线性关系，为简化建模，轮胎在小幅动载时接地印迹半长a可表示为

$$\begin{aligned} a &= a_0 + \left.\frac{\partial a}{\partial F_z}\right|_{F_z=F_{z0}} \tilde{F}_z \\ &= a_0 + h_a \tilde{F}_z \end{aligned} \tag{7.6}$$

其中，a_0为载荷为F_{z0}时的轮胎接地印迹半长；$\tilde{F}_z$为以F_{z0}为平均值的载荷波动；h_a为接地印迹半长对载荷在F_{z0}时的变化率，根据式(7.5)，可知

$$h_a = \frac{a_1}{2\sqrt{F_{z0}}} + a_2 \tag{7.7}$$

7.1.2　动载下轮胎接地印迹上各点的接触历程

在建立轮胎力学特性模型时，轮胎的接地印迹是注意的焦点。动载情况下，如何计算印迹内胎面与胎体间的变形，成为轮胎动载力学特性理论建模获得突破的关键。2000 年 10 月，首次提出的接触历程概念，奠定了动载甚至更复杂工况下轮胎建模的理论基础，并导出了可计算动载时接地印迹内各点“接触历程”的“入迹方程”(entry equation)，实现了轮胎动载力学特性理论建模实质性突破。本节从轮胎接地印迹内点“接触历程”的一般概念出发，介绍动载时印迹内点“接触历程”的计算方法。

1. “接触历程”概念

轮胎滚动时接地印迹内水平力是胎面各点应力的总和，而胎面各点的应力又是胎面在路面与胎体间存在变形形成的。对于轮胎的侧向及纵向小幅滚动，可以认为胎面在整个印迹区内与路面间没有纵向及侧向滑移，轮胎在某一位置时胎体的变形，根据胎体一般变形理论，是由此时轮胎所受的侧向力与回正力矩确定的，那么胎面各点的侧向变形就由胎面与路面的无滑移附着运动决定。

胎面点与路面的无滑移附着运动是从该点与路面“接触”开始的，与路面脱离时结束，因此要计算印迹上胎面某点的变形就应知道该点是何时开始进入印迹及其进入印迹后经过的与路面附着滚动距离——接触历程。

恒定载荷、稳态侧偏及不考虑胎体变形时，胎面任意点 P 的侧向变形从图 7.6 的几何关系容易得出。

$$\Delta y(x) = -(a-x)\tan\alpha \tag{7.8}$$

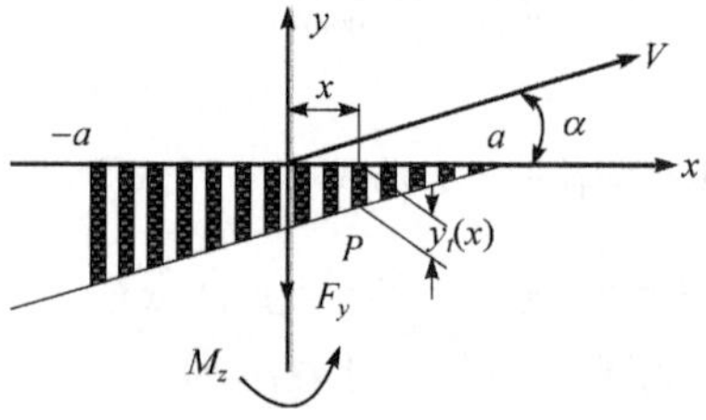

图 7.6 恒定载荷、稳态侧偏时印迹内任意点的侧向变形

从“接触历程”的概念出发，P 点的接触历程为其进入印迹后经过的与路面附着滚动距离 $(a-x)/\cos\alpha$，产生的侧向位移变化为 $-(a-x)\tan\alpha$，因胎体假设为刚性，故有胎面任意点 P 的侧向变形为 $\Delta y(x) = -(a-x)\tan\alpha$，在轮胎做小幅侧向滚动时，$\alpha$ 较小，可认为 P 点的接触历程为 $a-x$。

“接触历程”的概念可用于分析复杂运动时轮胎接地印迹内各点的变形，深入理解轮胎力学特性建模机理，进而建立各种工况下轮胎力学特性的理论模型。

2. 动载时进入印迹与脱离印迹条件

印迹内各点的接触历程取决于该点何时进入印迹及何时脱离印迹，而印迹是有前后两端的，轮胎在恒定载荷下滚动时，轮胎接地印迹内各点都是从前端进入、后端脱离印迹的，但在动载情况下，问题要复杂些。下面分别讨论动载时胎面点进入印迹及脱离印迹的条件。

如图 7.7 所示，轮胎在任意位置 X (轮心坐标)时接地印迹半长为 $a(X)$，印迹前端点(front point) P_f 的印迹坐标为 $x = a(X)$，经过时间 Δt 后，该点的印迹坐标为

$$x = a(X) - \frac{\mathrm{d}X}{\mathrm{d}t}\Delta t \tag{7.9}$$

此时，轮胎接地印迹半长为

$$a\left(X + \frac{\mathrm{d}X}{\mathrm{d}t}\Delta t\right) = a(X) + \frac{\mathrm{d}a}{\mathrm{d}t}\Delta t \tag{7.10}$$

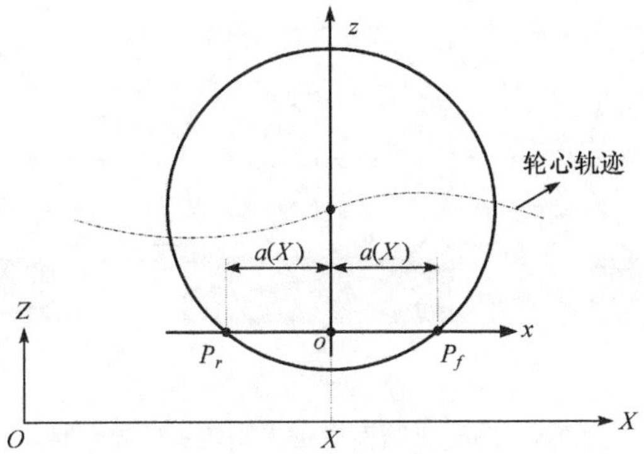

图 7.7　动载时印迹的前后端点

若 $x \leqslant a\left(X+\dfrac{\mathrm{d}X}{\mathrm{d}t}\Delta t\right)$，则表示该点仍在印迹内，即

$$\frac{\mathrm{d}a}{\mathrm{d}X} \geqslant -1 \tag{7.11}$$

X 位置时印迹后端点(rear point) P_r 的印迹坐标为 $x=-a(X)$，经过时间 Δt 后，该点的印迹坐标为

$$x=-a(x)-\frac{\mathrm{d}X}{\mathrm{d}t}\Delta t \tag{7.12}$$

此时，若 $x \leqslant -a\left(X+\dfrac{\mathrm{d}X}{\mathrm{d}t}\Delta t\right)$，则表示该点脱离印迹，即

$$\frac{\mathrm{d}a}{\mathrm{d}X} \leqslant 1 \tag{7.13}$$

综合上面的分析可知(图 7.8)：

(1) $-1 \leqslant \dfrac{\mathrm{d}a}{\mathrm{d}X} \leqslant 1$ 时，轮胎接地印迹内有点从前端进入，同时有点从后端脱离印迹，若动载引起的印迹变化一直满足此条件，则印迹内各点都是从前端进入，从后端脱离印迹；

(2) $\dfrac{\mathrm{d}a}{\mathrm{d}X} > 1$，轮胎接地印迹内同时有点从前端、后端进入；

(3) $\dfrac{\mathrm{d}a}{\mathrm{d}X} < -1$，轮胎接地印迹内同时有点从前端、后端脱离。

对于轮胎受典型正弦变化载荷作用的情况，设载荷变化的路径频率为 ω_s，幅值为 A_{F_z}，表示为

$$F_z(X)=F_{z0}+A_{F_z}\sin(\omega_s X) \tag{7.14}$$

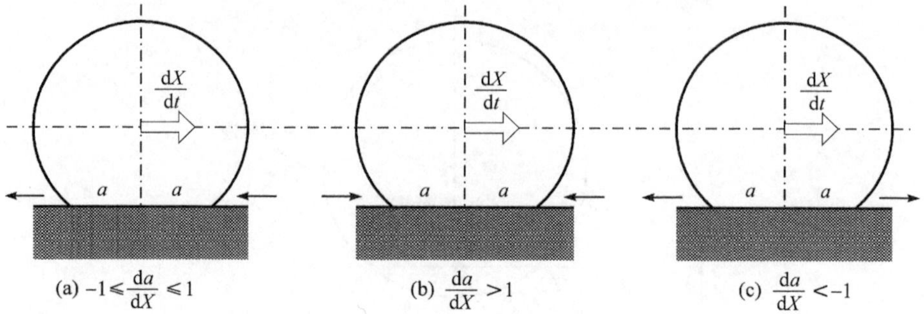

图 7.8　动载时胎面点进入与脱离印迹条件

相应地，接地印迹半长表示为

$$a(X)=a_0+h_aA_{F_z}\sin(\omega_sX) \tag{7.15}$$

则

$$\frac{da}{dX}=h_aA_{F_z}\omega_s\cos(\omega_sX) \tag{7.16}$$

即

$$-h_aA_{F_z}\omega_s\leqslant\frac{da}{dX}\leqslant h_aA_{F_z}\omega_s \tag{7.17}$$

若$h_aA_{F_z}\omega_s<1$，则满足印迹内各点从前端进入后端脱离印迹条件$-1\leqslant da/dX\leqslant1$。而$h_aA_{F_z}\omega_s<1$条件对于实际可能的正弦动载基本都是可以满足的，如对于胎压为210kPa时的195/55R15V轮胎，可知$a_1=0.0009$，$a_2=2.3847\times10^{-6}$，由式(7.7)可知当$F_{z0}=6000\text{N}$时，$h_a=8.1942\times10^{-6}$，即使动载幅值达到最大值$A_{F_z}=6000\text{N}$，动载的路径频率仍可达到$\omega_{z_\max}=20.34\text{rad/m}$，相应的动载波长约为0.3m。

对于载荷阶跃增加(载荷上阶跃)情况，满足条件$da/dX>1$；对于载荷阶跃减少(载荷下阶跃)情况，满足条件$da/dX<-1$。

3. 动载时轮胎接地印迹上各点的接触历程

图7.9为接地印迹内胎面某点P(其印迹坐标为x)在动载$F_z(X)$作用下有任意的小幅侧向及纵向运动时的接触历程。

动载时在满足接地印迹半长变化率$-1\leqslant da/dX\leqslant1$情况下，印迹上各点从前端进入后端脱离印迹，此时轮胎上各点的侧向剪切应力是在进入印迹后从零开始逐渐发展的，因而要计算印迹内某点P的应力就应知道该点是何时开始进入印迹的，以及进入印迹后经过的接触历程X_x。图7.9实线为轮胎的当前位置(轮心点的绝对坐标为X)，虚线所示为点P刚进入印迹时的轮胎位置(轮心点的绝对坐标为

X_0)，因此在印迹坐标为 x 的 P 点，其接触历程为

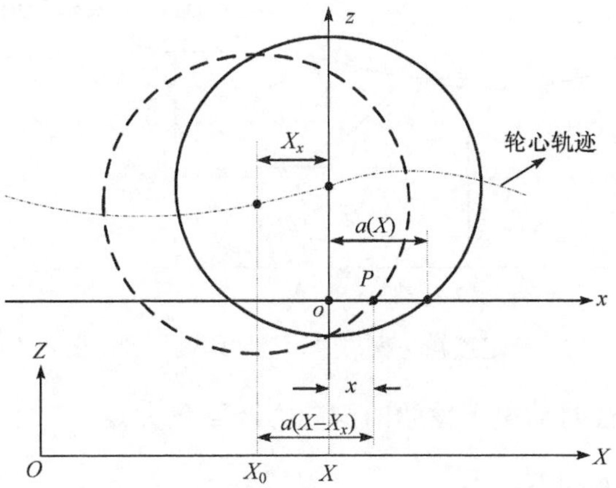

图 7.9　动载时印迹上一点的接触历程

$$X_x = X - X_0 \tag{7.18}$$

接地印迹半长 a 是 $F_z(X)$ 的函数，因此也是 X 的函数，当前状态的接地印迹半长记为 $a(X)$，而 P 点刚进入印迹时的原始接地印迹半长为

$$a_0(X,x) = a(X - X_x) \tag{7.19}$$

由图 7.9 的几何关系可以得到接触历程表达式为

$$X_x(X,x) = a(X - X_x) - x \tag{7.20}$$

在一般情况下，P 点的接触历程是 X 与 x 的双变量函数，而且在已知 $a(X)$ 规律后，由给定的 X 、x 值，从式(7.20)可以求得 P 点的接触历程 X_x 和原始接地印迹半长 $a(X_0)$。式(7.20)也可改写为

$$a_0(X,x) + X_0 = X + x \tag{7.21}$$

原始接地印迹半长 $a_0(X,x)$ 的变化当然也符合因 $F_z(X)$ 变化造成的接地印迹长度变化规律，故

$$a_0(X,x) = a(X_0) \tag{7.22}$$

式(7.22)可改写为

$$a(X_0) + X_0 = X + x \tag{7.23}$$

方程(7.23)称为“进入印迹状态方程”，简称“入迹方程”，它与印迹长度方程(7.22)一起可以解得 P 点进入印迹时的轮心坐标 $X_0(X,x)$ 和当时的接地印迹半长 $a_0(X,x)$。图 7.10 可以提供这一求解“入迹方程”的图示方法：由 $X+x$ 点作 45° 直线与 $a(X)$ 曲线相交，即得 $a(X_0)$ 与对应的 X_0，而 $X - X_0 = X_x(X,x)$ 就是 $P(X,x)$ 点进入印迹后轮心经过的距离，即 P 点的“接触历程”。

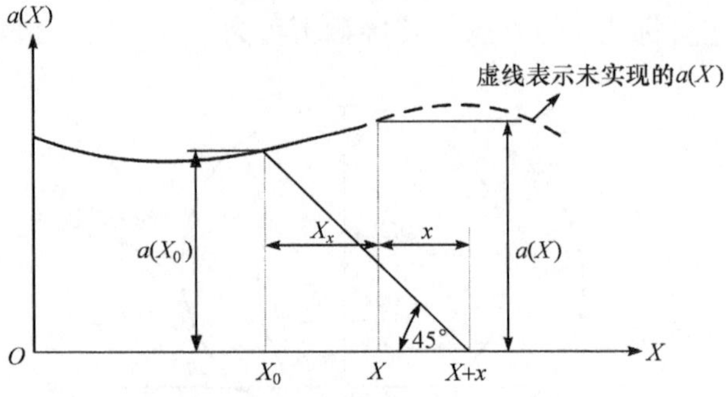

图 7.10　确定接触历程与原始接地印迹半长的图示方法

7.1.3　胎体侧向刚性时动载下轮胎的侧向力及回正力矩

建模的假设条件如下：

(1) 轮胎的所有侧向弹性都集中在胎面上，而将胎体侧向视为刚性；

(2) 轮胎小侧偏角滚动且侧偏角恒定，印迹接触面为水平平面，印迹区内无滑移发生；

(3) 不考虑胎宽影响；

(4) 无外加的纵向力，轮胎的侧倾角为零；

(5) 在初始状态时印迹内胎面的变形和轮胎绝对位移均等于零。

1. 一般理论模型

由前面分析可知，轮胎垂直载荷 $F_z\left(X_0\right)$ 的变动，将直接导致轮胎接地印迹半长 $a\left(X\right)$ 发生变化，设轮心位置为 X 时接地印迹内胎面任意点的接触历程为 X_x，如图 7.11 所示，因胎体无侧向变形，故在轮心位置为 X 时接地印迹内胎面各点的侧向变形为

$$\Delta y\left(X,x\right)=-X_x\left(X,x\right)\tan\alpha \tag{7.24}$$

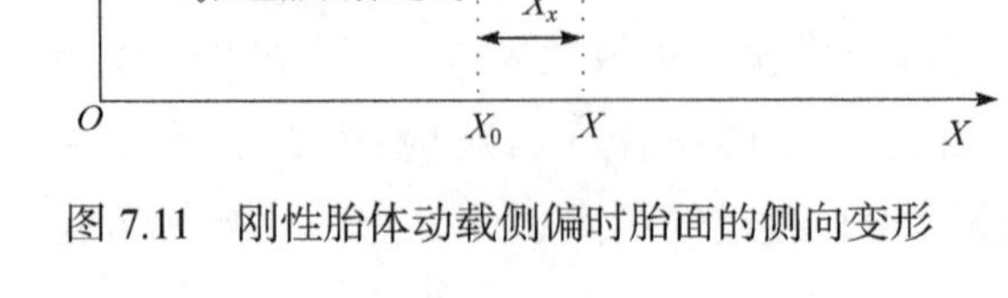

图 7.11　刚性胎体动载侧偏时胎面的侧向变形

侧向应力为

$$q_y(X,x)=k_{ty}\Delta y(X,x)=-k_{ty}\tan\alpha X_x(X,x) \tag{7.25}$$

其中，k_{ty} 为单位长度上的胎面侧向剪切刚度，假设不受轮胎动载影响。轮胎侧向力 $F_y(X)$ 与回正力矩 $M_z(X)$ 可由对 q_y 的积分求得

$$\begin{cases} F_y(X)=\int_{-a(X)}^{a(X)} q_y(X,x)\mathrm{d}x=-k_{ty}\tan\alpha\int_{-a(X)}^{a(X)} X_x(X,x)\mathrm{d}x \\ M_z(X)=\int_{-a(X)}^{a(X)} xq_y(X,x)\mathrm{d}x=-k_{ty}\tan\alpha\int_{-a(X)}^{a(X)} xX_x(X,x)\mathrm{d}x \end{cases} \tag{7.26}$$

对于当前的轮心位置 X，$X_x(X,x)$ 是 x 的函数，式(7.26)积分即得动载下恒定侧偏角时轮胎侧向力 F_y 与回正力矩 M_z 随轮心位置 x 的变化值。

在 $F_z(X)$ 不变的特例下，$a(X)=a=\text{const}$，$X_x=a-x$，则

$$F_y(X)=-k_{ty}\tan\alpha\int_{-a}^{a}(a-x)\mathrm{d}x=-2a^2k_{ty}\tan\alpha \tag{7.27}$$

$$M_z(X)=-k_{ty}\tan\alpha\int_{-a}^{a}x(a-x)\mathrm{d}x=\frac{2}{3}a^3k_{ty}\tan\alpha \tag{7.28}$$

此时，$F_y(X)$ 与 $M_z(X)$ 都是常数且与以往小侧偏角下的稳态侧偏特性的结论相同。

2. 小幅动载的侧向力理论模型

当轮胎受小幅动载 $F_z(X)=F_{z0}+\tilde{F}_z(X)$ 时，轮胎接地印迹半长也将在稳态值 a_0 的基础上产生小幅变化 $\tilde{a}(X)$(假设 $\tilde{a}'(X)\approx 0$)。

如图 7.12 所示，当 $X=X_0$ 时，有

$$\begin{aligned} a(X_0)&=a_0+\tilde{a}(X_0) \\ &=a_0+\tilde{a}\left[X-(a_0-x)-\tilde{a}(X_0)\right] \end{aligned} \tag{7.29}$$

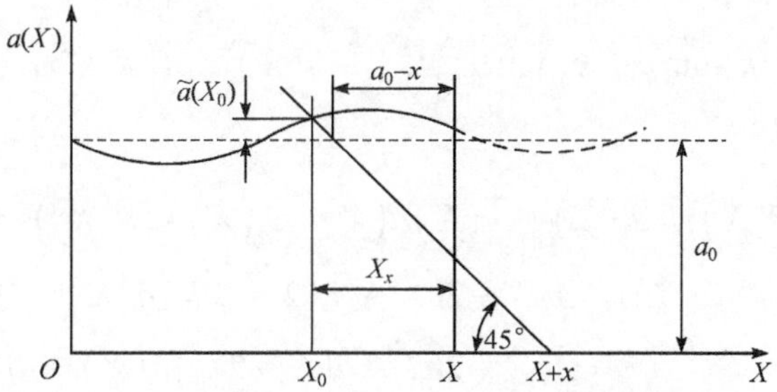

图 7.12　轮胎小幅动载时接地印迹变化

将 $\tilde{a}(X_0)$ 关于 $X-(a_0-x)$ 进行 Taylor 级数展开，有

$$\tilde{a}(X_0) \approx \tilde{a}\left[X-(a_0-x)\right]-\tilde{a}'\left[X-(a_0-x)\right]\tilde{a}(X_0) \tag{7.30}$$

忽略导数项，有

$$\tilde{a}(X_0) \approx \tilde{a}\left[X-(a_0-x)\right] \tag{7.31}$$

故

$$a(X_0)=a_0+\tilde{a}\left[X-(a_0-x)\right] \tag{7.32}$$

则由进入印迹状态方程(7.23)得在轮心位置为 X 时接地印迹内坐标为 x 的胎面各点的接触历程 X_x 为(考虑式(7.32))

$$\begin{aligned} X_x &= a(X_0)-x \\ &= a_0-x+\tilde{a}\left[X-(a_0-x)\right] \end{aligned} \tag{7.33}$$

考虑式(7.29)～式(7.31)，得

$$\begin{aligned} F_y(X) &= -k_{ty}\tan\alpha\int_{-a(X)}^{a(X)} X_x(X,x)\mathrm{d}x \\ &= -2a_0 a(X)k_{ty}\tan\alpha-k_{ty}\tan\alpha\int_{-a(X)}^{a(X)}\tilde{a}\left[X-(a_0-x)\right]\mathrm{d}x \\ &= -2a_0^2 k_{ty}\tan\alpha-2a_0\tilde{a}(X)k_{ty}\tan\alpha-k_{ty}\tan\alpha\int_{-a(X)}^{a(X)}\tilde{a}\left[X-(a_0-x)\right]\mathrm{d}x \end{aligned} \tag{7.34}$$

由式(7.34)可以得出，$F_y(X)$ 由两部分构成：稳态成分 $F_{y0}=-2a_0^2k_{ty}\tan\alpha$ 及动载导致接地印迹半长变化引起的动态成分 $\tilde{F}_y(X)$，表示为

$$\tilde{F}_y(X)=-2a_0\tilde{a}(X)k_{ty}\tan\alpha-k_{ty}\tan\alpha\int_{-a(X)}^{a(X)}\tilde{a}\left[X-(a_0-x)\right]\mathrm{d}x \tag{7.35}$$

令 $\tilde{A}(x)=\int\tilde{a}(x)\mathrm{d}x$，则有

$$\begin{aligned} \tilde{F}_y(X) &= -2a_0\tilde{a}(X)k_{ty}\tan\alpha-k_{ty}\tan\alpha\tilde{A}\left[X-(a_0-x)\right]\Big|_{-a(X)}^{a(X)} \\ &= -2a_0\tilde{a}(X)k_{ty}\tan\alpha-k_{ty}\tan\alpha\left[\tilde{A}\left(X+\tilde{a}(X)\right)-\tilde{A}\left(X-2a_0-\tilde{a}(X)\right)\right] \end{aligned} \tag{7.36}$$

进一步简化，有

$$\tilde{A}\left(X+\tilde{a}(X)\right)=\tilde{A}(X)+\tilde{A}'(X)\tilde{a}(X)=\tilde{A}(X)+\left(\tilde{a}(X)\right)^2\approx\tilde{A}(X) \tag{7.37a}$$

$$\begin{aligned} \tilde{A}\left(X-2a_0-\tilde{a}(X)\right) &= \tilde{A}(X-2a_0)-\tilde{A}'(X-2a_0)\tilde{a}(X) \\ &= \tilde{A}(X-2a_0)-\tilde{a}(X-2a_0)\tilde{a}(X)\approx\tilde{A}(X-2a_0) \end{aligned} \tag{7.37b}$$

将式(7.37)代入式(7.36)得

$$\tilde{F}_y(X) = -2a_0\tilde{a}(X)k_{ty}\tan\alpha - k_{ty}\tan\alpha\left(\tilde{A}(X) - \tilde{A}(X-2a_0)\right) \tag{7.38}$$

对式(7.38)关于 X 进行 Laplace 变换，得

$$\tilde{F}_y(s) = -2a_0k_{ty}\tan\alpha\left[1+\frac{1}{2a_0s}\left(1-\mathrm{e}^{-2a_0s}\right)\right]\tilde{a}(s) \tag{7.39}$$

则传递函数为

$$\begin{aligned} H_{\tilde{F}_y,\tilde{a}} &= \frac{\tilde{F}_y(s)}{\tilde{a}(s)} = -2a_0k_{ty}\tan\alpha\left[1+\frac{1}{2a_0s}\left(1-\mathrm{e}^{-2a_0s}\right)\right] \\ &= \frac{F_{y0}}{a_0}\left[1+\frac{1}{2a_0s}\left(1-\mathrm{e}^{-2a_0s}\right)\right] \end{aligned} \tag{7.40}$$

设 ω_s 为路径频率，令 $s=\mathrm{j}\omega_s$，代入式(7.40)得出对应于印迹变化的侧向力频率特性函数为

$$H_{\tilde{F}_y,\tilde{a}} = \frac{2F_{y0}}{a_0}\left(1-\frac{E(s)}{2}\right) \tag{7.41}$$

图 7.13 为侧向刚性胎体轮胎任意小幅印迹长度变化时侧向力频率特性曲线。

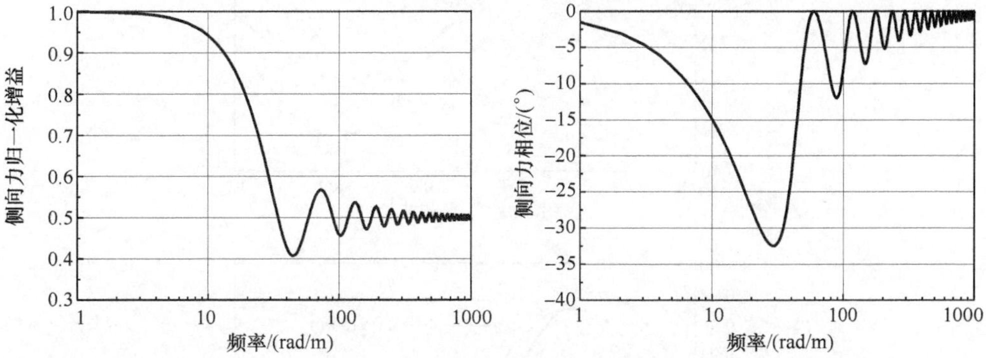

图 7.13　侧向刚性胎体轮胎任意小幅印迹长度变化侧向力频率特性曲线

由式(7.6)容易得到

$$H_{\tilde{a},\tilde{F}_z} = h_a \tag{7.42}$$

所以对应于垂直载荷 F_z 变化的侧向力频率特性函数为

$$H_{\tilde{F}_y,\tilde{F}_z} = H_{\tilde{F}_y,\tilde{a}}H_{\tilde{a},\tilde{F}_z} = 2F_{y0}\frac{h_a}{a_0}\left(1-\frac{E(s)}{2}\right) \tag{7.43}$$

显然，图 7.13 也同时反映了侧向刚性胎体轮胎任意小幅动载时侧向力的频率特性。

3. 载荷正弦变化时的侧向力及回正力矩

设轮胎受正弦变化载荷的作用，载荷变化的路径频率为 ω_s ，幅值为 A_{F_z} ，表示为

$$F_z(X)=F_{z0}+A_{F_z}\sin\left(\omega_s X\right) \tag{7.44}$$

相应地，接地印迹半长表示为

$$a(X)=a_0+h_a A_{F_z}\sin\left(\omega_s X\right) \tag{7.45}$$

由前面的讨论可知，小幅动载变化满足印迹内各点从前端进入后端脱离印迹条件 $-1\leqslant \mathrm{d}a/\mathrm{d}X\leqslant 1$ ，轮胎在任意位置时印迹内各点的接触历程可由入迹方程(7.23)求得，再由式(7.26)就可求得此时轮胎的侧向力和回正力矩。图 7.14 给出了不同路径频率 ω_s 时的仿真结果。

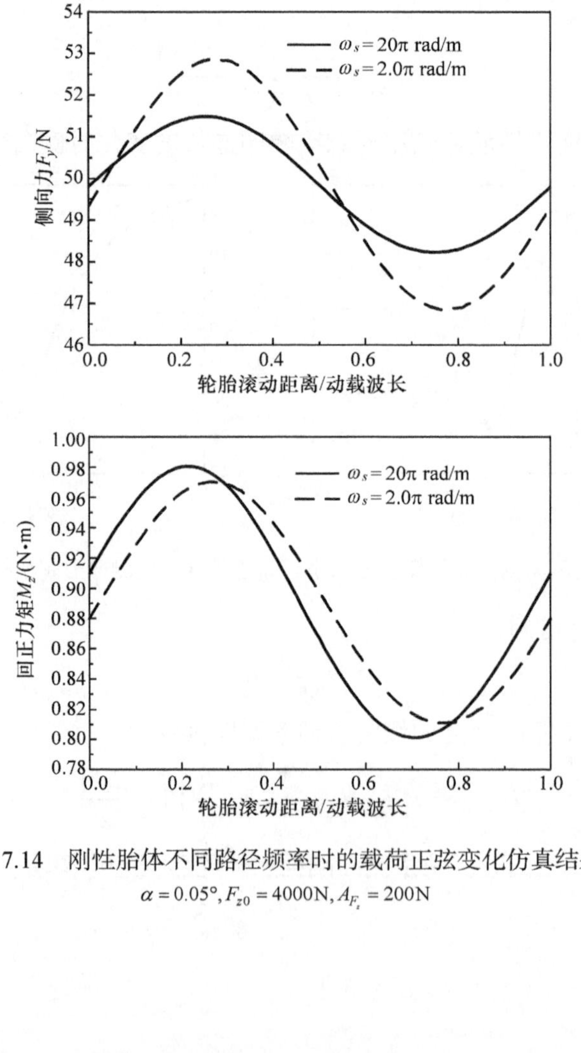

图 7.14　刚性胎体不同路径频率时的载荷正弦变化仿真结果

$\alpha=0.05°, F_{z0}=4000\text{N}, A_{F_z}=200\text{N}$

从图 7.14 中可以看出，胎体侧向刚性、动载路径频率增大 10 倍时，侧向力的松弛效果并不显著，而且回正力矩的峰值会随动载路径频率增大而增大，其原因有待于进一步探讨。

7.1.4　胎体侧向弹性时动载下轮胎的侧向力及回正力矩

建模的假设条件如下：

(1) 考虑轮胎胎体的侧向弹性；

(2) 轮胎只做小幅侧向运动，没有转向运动，印迹接触面为水平平面，印迹区内无滑移发生；

(3) 不考虑胎宽影响；

(4) 无外加的纵向力，轮胎的侧倾角为零；

(5) 在初始状态时印迹内胎面的变形和轮胎绝对位移均等于零。

1. 考虑胎体平移变形的一般理论模型

建立如图 7.15 所示的坐标系，假设胎体只存在侧向平移变形，轮胎在动载 $F_z(X)$ 作用下做任意小幅侧向运动 $Y(X)$，但没有转向运动。胎体在当前位置 X 时的侧向平移变形为

$$y_{c0}(X)=\frac{F_y(X)}{K_{c0}(X)} \tag{7.46}$$

其中，胎体的侧向平移刚度 $K_{c0}(X)$ 一般也是垂直载荷的函数，因而也是 X 的函数。胎体在当前位置时的纵向坐标 $Y_c(X)$ 为

$$Y_c(X)=Y(X)+y_{c0}(X) \tag{7.47}$$

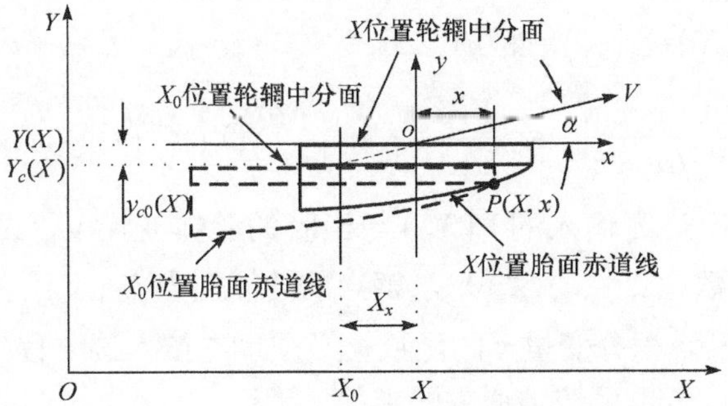

图 7.15　考虑胎体平移弹性动载侧偏时胎面的侧向变形

下面分析印迹内胎面任意点 $P(X,x)$ 相对胎体的侧向变形。如图 7.15 所示，点 $P(X,x)$ 在轮心为 X_0 时处于接地印迹的前端点，即

$$Y_t\left(X,x\right)=Y_t\left(X_0,a\left(X_0\right)\right) \tag{7.48}$$

由印迹端点无应力条件(印迹前端边界条件、入迹条件)有

$$Y_t\left(X,a\left(x\right)\right)=Y_c\left(X\right) \tag{7.49}$$

当 $X=X_0$ 时印迹前端边界条件成为(考虑式(7.47))

$$Y_t\left(X_0,a\left(X_0\right)\right)=Y_c\left(X_0\right)=Y\left(X_0\right)+y_{c0}\left(X_0\right) \tag{7.50}$$

点 $P\left(X,x\right)$ 相对胎体的侧向变形为 $\Delta y\left(X,x\right)=Y_t\left(X,x\right)-Y_c\left(X\right)$，考虑式(7.46)～式(7.48)及式(7.50)，有

$$\begin{aligned}\Delta y\left(X,x\right)&=Y\left(X_0\right)+y_{c0}\left(X_0\right)-Y\left(X\right)-y_{c0}\left(X\right)\\&=Y\left(X_0\right)-Y\left(X\right)-\left(F_y\left(X\right)/K_{c0}\left(X\right)-F_y\left(X_0\right)/K_{c0}\left(X_0\right)\right)\end{aligned} \tag{7.51}$$

侧向应力为

$$q_y\left(X,x\right)=k_{ty}\Delta y\left(X,x\right) \tag{7.52}$$

轮胎侧向力 $F_y\left(X\right)$ 可由对 q_y 的积分求得，即

$$\begin{aligned}F_y\left(X\right)&=\int_{-a(X)}^{a(X)}q_y\left(X,x\right)\mathrm{d}x\\&=k_{ty}\int_{-a(X)}^{a(X)}\left(Y\left(X_0\right)-Y\left(X\right)\right)\mathrm{d}x\\&\quad-k_{ty}\int_{-a(X)}^{a(X)}\left(F_y\left(X\right)/K_{c0}\left(X\right)-F_y\left(X_0\right)/K_{c0}\left(X_0\right)\right)\mathrm{d}x\end{aligned} \tag{7.53}$$

在一定的 X 下，$a\left(X\right)$ 为已知值，可以提到积分号前，故(注意 $K_{ty}=2a^2k_{ty}$)

$$F_y\left(X\right)=-K_{ty}\frac{Y\left(X\right)}{a\left(X\right)}-K_{ty}\frac{F_y\left(X\right)}{a\left(X\right)K_{c0}\left(X\right)}-k_{ty}\int_{-a(X)}^{a(X)}\left(-Y\left(X_0\right)-y_{c0}\left(X_0\right)\right)\mathrm{d}x \tag{7.54}$$

考虑 $K_{ty}\left(X\right)/K_{c0}\left(X\right)=l_y\left(X\right)$，故有

$$F_y(X)=\frac{1}{1+l_y(X)/a(X)}\left[-K_{ty}\frac{Y\left(X\right)}{a\left(X\right)}+k_{ty}\int_{-a(X)}^{a(X)}\left(Y\left(X_0\right)+y_{c0}\left(X_0\right)\right)\mathrm{d}x\right] \tag{7.55}$$

按式(7.55)可由过去输入的 $Y\left(X_0\right)$ 与当时的胎体变形 $y_{c0}\left(X_0\right)$ 以及当前的输入 $Y\left(X\right)$ 与结构参数 $a\left(X\right)$、$l_y(X)$ 来求解当前的侧向力 $F_y\left(X\right)$。但注意，$X_0\left(X,x\right)$ 既是 X 的函数，又是积分变量 x 的函数，必须事先按入迹方程(7.23)求得。

回正力矩 $M_z\left(X\right)$ 也可按类似方法求得

$$\begin{aligned}M_z\left(X\right)&=\int_{-a(X)}^{a(X)}xq_y\left(X,x\right)\mathrm{d}x\\&=k_{ty}\int_{-a(X)}^{a(X)}\left(Y\left(X_0\right)+y_{c0}\left(X_0\right)-Y\left(X\right)-y_{c0}\left(X\right)\right)x\mathrm{d}x\end{aligned} \tag{7.56}$$

特殊地，当轮胎小侧偏角滚动且侧偏角恒定时，有

$$Y(X)=Y(X_0)+X_x\tan\alpha \tag{7.57}$$

将式(7.57)代入式(7.55)及式(7.56)，有

$$\begin{cases} F_y(X)=-\dfrac{k_{ty}}{1+l_y(X)/a(X)}\displaystyle\int_{-a(X)}^{a(X)}\left(X_x\tan\alpha-y_{c0}(X_0)\right)\mathrm{d}x \\ M_z(X)=k_{ty}\displaystyle\int_{-a(X)}^{a(X)}\left(-X_x\tan\alpha+y_{c0}(X_0)-y_{c0}(X)\right)x\mathrm{d}x \end{cases} \tag{7.58}$$

2. 考虑胎体一般变形的一般理论模型

下面建立考虑胎体一般变形，即胎体侧向平移变形、胎体侧向弯曲变形和胎体扭转变形时轮胎在动载 $F_z(X)$ 作用下做任意小幅侧向运动 $Y(X)$ 的理论模型。如图 7.16 所示，在轮胎滚动位置 X 时对应印迹内胎面任意点 $P(X,x)$，胎体相对轮辋中分面的侧向变形为

$$y_c(X,x)=\frac{F_y(X)}{K_{c0}(X)}+\frac{F_y(X)}{K_{cb}(X)}\xi\left(\frac{x}{a(X)}\right)+\frac{M_z(X)}{N_\theta(X)}x \tag{7.59a}$$

则胎体的纵向坐标 $Y_c(X,x)$ 为

$$Y_c(X,x)=Y(X)+y_c(X,x) \tag{7.59b}$$

其中，胎体的刚度参数 $K_{c0}(X)$、$K_{cb}(X)$ 及 $N_\theta(X)$ 一般也是垂直载荷的函数，因而也是 X 的函数。

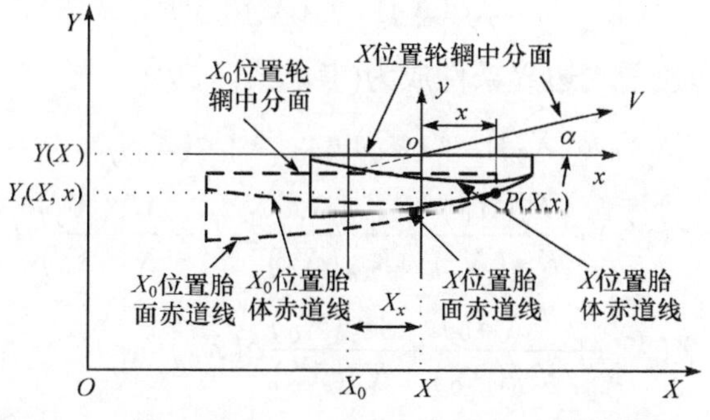

图 7.16　考虑胎体一般变形动载侧偏时胎面的侧向变形

同样分析点 $P(X,x)$ 相对胎体的侧向变形。如图 7.16 所示，点 $P(X,x)$ 在轮心为 X_0 时处于接地印迹的前端点，即 $x=a(X_0)$，有

$$Y_t(X,x)=Y_t(X_0,a(X_0)) \tag{7.60}$$

由入迹条件(7.49)及(7.50)有

$$\begin{aligned}\Delta y(X,x)&=Y(X_0)-Y(X)-y_c(X,x)+y_c(X_0,a(X_0))\\&=Y(X_0)-Y(X)-\left(y_c(X,x)-y_c(X_0,a(X_0))\right)\end{aligned}\tag{7.61}$$

侧向应力为

$$q_y(X,x)=k_{ty}\Delta y(X,x)\tag{7.62}$$

轮胎侧向力 $F_y(X)$ 可由对 q_y 的积分求得，即

$$\begin{aligned}F_y(X)&=\int_{-a(X)}^{a(X)}q_y(X,x)\mathrm{d}x\\&=k_{ty}\int_{-a(X)}^{a(X)}\left(Y(X_0)-Y(X)\right)\mathrm{d}x-k_{ty}\int_{-a(X)}^{a(X)}\left(y_c(X,x)-y_c(X_0,a(X_0))\right)\mathrm{d}x\end{aligned}\tag{7.63}$$

在一定的 X 下，$a(X)$ 为已知值，可以提到积分号前，故(注意 $K_{ty}=2a^2k_{ty}$、$\varepsilon_0=2ak_{ty}/K_{c0}$ 及 $\varepsilon_b=2ak_{ty}/K_{cb}$)

$$F_y(X)=\frac{1}{1+\varepsilon_0(X)+\varepsilon_b(X)}\left[k_{ty}\int_{-a(X)}^{a(X)}\left(Y(X_0)+y_c(X_0,a(X_0))\right)\mathrm{d}x-K_{ty}\frac{Y(X)}{a(X)}\right]\tag{7.64}$$

按式(7.64)由过去输入的 $Y(X_0)$ 与当时的胎体变形 $y_c(X_0,a(X_0))$ 以及当前的输入 $Y(X)$ 与结构参数 $a(X)$、$\varepsilon_0(X)$、$\varepsilon_b(X)$ 来求解当前的侧向力 $F_y(X)$。同理，必须事先按入迹方程(7.23)得 $X_0(X,x)$。

$$Y_t(X,a(X))=Y_c(X,a(X))\tag{7.65}$$

当 $X=X_0$ 时印迹前端边界条件成为(考虑式(7.59))

$$\begin{aligned}Y_t(X_0,a(X_0))&=Y_c(X_0,a(X_0))=Y(X_0)+y_c(X_0,a(X_0))\\&=Y(X_0)+\frac{F_y(X_0)}{K_{c0}(X_0)}+\frac{F_y(X_0)}{K_{cb}(X_0)}\xi(1)+\frac{M_z(X_0)}{N_\theta(X_0)}a(X_0)\\&=Y(X_0)+\frac{F_y(X_0)}{K_{c0}(X_0)}+\frac{M_z(X_0)}{N_\theta(X_0)}a(X_0)\end{aligned}\tag{7.66}$$

回正力矩 $M_z(X)$ 也可按类似方法求得(注意 $\varepsilon_\theta=\dfrac{2}{3}a^3k_{ty}/N_\theta$)：

$$\begin{aligned}M_z(X)&=\int_{-a(X)}^{a(X)}xq_y(X,x)\mathrm{d}x\\&=\frac{1}{1+\varepsilon_\theta(X)}k_{ty}\int_{-a(X)}^{a(X)}\left(Y(X_0)+y_c(X_0,a(X_0))\right)x\mathrm{d}x\end{aligned}\tag{7.67}$$

图 7.17 给出了载荷正弦变化时，不同路径频率 ω_s 时的仿真结果。从图中可以看出，弹性胎体时动载路径频率增大 3 倍，侧向力的松弛效果就已很显著。

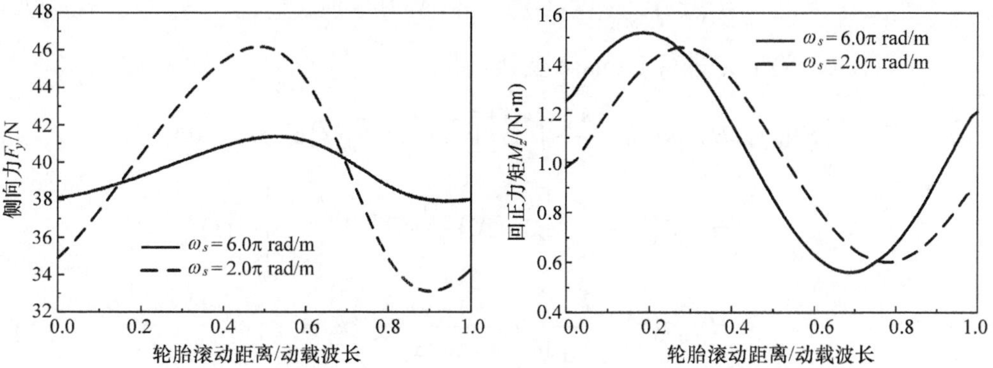

图 7.17　弹性胎体时不同路径频率的载荷正弦变化仿真结果

$\alpha = 0.05°, F_{z0} = 4000\text{N}, A_{F_z} = 2000\text{N}$

3. 考虑胎体平移变形小幅动载侧向力的理论模型

由前面分析可知，刚性胎体时轮胎在小幅动载作用下侧向力也将产生小幅变动，当考虑胎体弹性时，变动的侧向力会使胎体变形产生相应变动，并最终影响侧向力的生成。下面建立考虑胎体的平移弹性、轮胎小侧偏角滚动且侧偏角恒定时的小幅动载理论模型。假设胎体的侧向平移刚度 $K_{c0}(X)=\text{const}$，考虑 $l_y(X)/a(X)=\varepsilon_0(X)$，由式(7.58)得

$$\begin{aligned}F_y(X) &= -\frac{k_{ty}}{1+\varepsilon_0(X)}\int_{-a(X)}^{a(X)}\left(X_x\tan\alpha - y_{c0}(X_0)\right)\mathrm{d}x \\ &= -k_{ty}\tan\alpha\int_{-a(X)}^{a(X)}X_x\mathrm{d}x - \frac{k_{ty}}{K_{c0}}\int_{-a(X)}^{a(X)}\left(F_y(X)-F_y(X_0)\right)\mathrm{d}x\end{aligned} \tag{7.68}$$

令 $F_y(X)=F_{y0}+\tilde{F}_y(X)$，代入式(7.68)，得

$$F_{y0}+\tilde{F}_y(X) = -k_{ty}\tan\alpha\int_{-a(X)}^{a(X)}X_x\mathrm{d}x - \frac{k_{ty}}{K_{c0}}\int_{-a(X)}^{a(X)}\left(\tilde{F}_y(X)-\tilde{F}_y(X_0)\right)\mathrm{d}x \tag{7.69}$$

由式(7.34)可知，稳态成分 F_{y0} 为

$$F_{y0} = -2a_0^2 k_{ty}\tan\alpha \tag{7.70a}$$

动态成分 $\tilde{F}_y(X)$ 为

$$\tilde{F}_y(X) = -2a_0\tilde{a}(X)k_{ty}\tan\alpha - k_{ty}\tan\alpha\left(\tilde{A}(X) - \tilde{A}(X-2a_0)\right)$$
$$-\frac{k_{ty}}{K_{c0}}\int_{-a(X)}^{a(X)}\left(\tilde{F}_y(X) - \tilde{F}_y(X_0)\right)\mathrm{d}x \tag{7.70b}$$

对式(7.70b)关于 X 进行 Laplace 变换，得

$$\begin{aligned}\tilde{F}_y(s) &= H_{\tilde{F},\tilde{a}}\tilde{a}(s) - \frac{k_{ty}}{K_{c0}}\int_{-a(X)}^{a(X)}\left[\tilde{F}_y(s) - \tilde{F}_y(s)\mathrm{e}^{-(a_0-x)s}\right]\mathrm{d}x \\ &= H_{\tilde{F},\tilde{a}}\tilde{a}(s) - \frac{k_{ty}}{K_{c0}}\left[2a(X) - \frac{1}{s}\mathrm{e}^{-(a_0-x)s}\Big|_{-a(X)}^{a(X)}\right]\tilde{F}_y(s) \\ &= H_{\tilde{F},\tilde{a}}\tilde{a}(s) - \frac{k_{ty}}{K_{c0}}\left(2a_0 - \frac{1-\mathrm{e}^{-2a_0s}}{s}\right)\tilde{F}_y(s)\end{aligned} \tag{7.71}$$

设 ω_s 为路径频率，令 $s=\mathrm{j}\omega_s$，代入式(7.71)得

$$\tilde{F}_y(\mathrm{j}\omega_s) = H_{\tilde{F},\tilde{a}}\tilde{a}(\mathrm{j}\omega_s) + \frac{H_{\tilde{F},\tilde{Y}}}{K_{c0}}\tilde{F}_y(\mathrm{j}\omega_s) \tag{7.72}$$

其中

$$H_{\tilde{F},\tilde{a}} = \frac{F_{y0}}{a_0}\left(2 - E(s)\right), \quad H_{\tilde{F},\tilde{Y}} = -2a_0k_{ty}E(s) \tag{7.73}$$

考虑胎体平移弹性动载小侧偏角时轮胎侧向力模型可用图 7.18 表示，则考虑胎体平移弹性时，对轮胎接地印迹长度变化的侧向力的传递函数为

$$H_{\tilde{F},\tilde{a}} = 2\frac{F_{y0}}{a_0}\frac{1-E(s)/2}{1+\varepsilon_0E(s)} \tag{7.74}$$

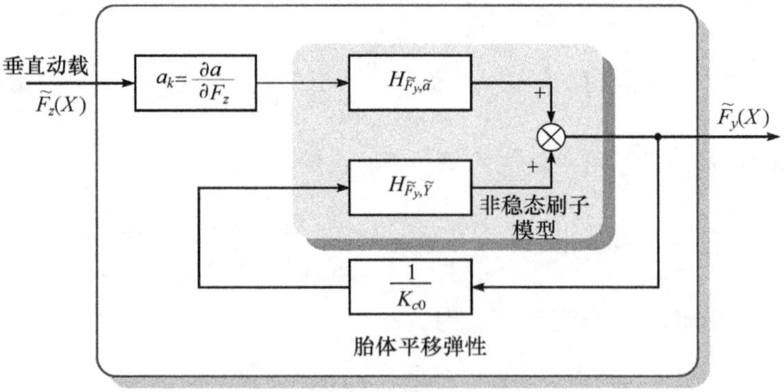

图 7.18　考虑胎体平移变形小幅动载侧偏理论模型框图

相应地，对轮胎垂直载荷变化的侧向力的传递函数为

$$H_{\tilde{F},\tilde{F}_z} = 2F_{y0}\frac{h_a}{a_0}\frac{1-E(s)/2}{1+\varepsilon_0 E(s)} \tag{7.75}$$

胎体平移弹性对动载时轮胎侧向力频率特性的影响如图 7.19 所示。

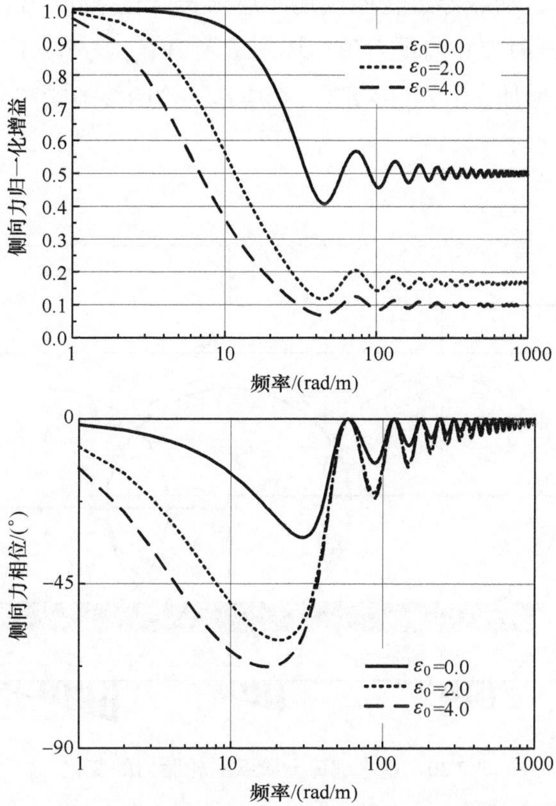

图 7.19　胎体平移弹性对动载时轮胎侧向力频率特性的影响

7.1.5　其他典型动载下轮胎的侧向力及回正力矩

轮胎在滚动过程中因路面不平等因素产生的载荷变动是相当复杂的。前面几节着重研究了动载导致轮胎接地印迹半长变化率 $-1 \leqslant \mathrm{d}a/\mathrm{d}X \leqslant 1$ 时的侧偏特性，而对于不满足此条件的轮胎动载侧偏特性的理论建模研究因其复杂性，没能进行更多的讨论。本节分析动载导致轮胎接地印迹半长变化率 $\mathrm{d}a/\mathrm{d}X > 1$ 和 $\mathrm{d}a/\mathrm{d}X < -1$ 工况中较典型的两种动载，即载荷上阶跃、载荷下阶跃变化时轮胎的侧向力及回正力矩的变化规律。为了简化问题，突出动载下轮胎侧向力及回正力矩变化的定性规律，在本节的分析中如无特别指明，轮胎均做恒定小侧偏角滚动(接地印迹内

无滑移)，且假设胎体侧向为刚性。

1. 载荷上阶跃

载荷上阶跃时，动载导致轮胎接地印迹半长变化率 $\mathrm{d}a/\mathrm{d}X>1$。设轮胎在垂直载荷 F_{z1} 作用下侧向力和回正力矩均达到稳态值 F_{y1}、M_{z1} 后，滚至 $X=X_n$ 处垂直载荷 $F_z(X)$ 突然增加，由 $F_{z1}\to F_{z2}$，相应地，轮胎接地印迹半长由原来的 a_1 跃增至 a_2，如图 7.20 所示。

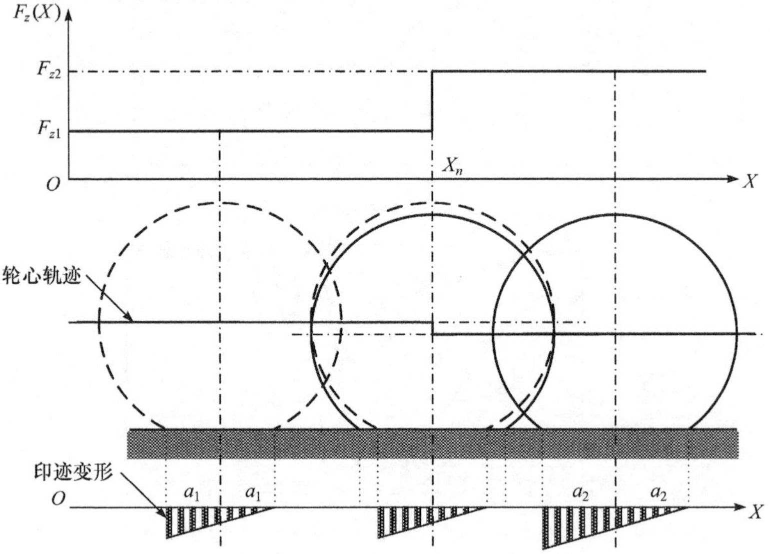

图 7.20　垂直载荷上阶跃时轮胎力的变化

当轮胎继续向前滚动时，接地印迹内侧向应力的变化可看成如下两个过程叠加的结果：原来印迹长度上形成的侧向力及回正力矩逐步退出印迹的过程(简称退出过程)；基于新的印迹长度下侧向力及回正力矩逐步由零到稳态值的过程(简称进入过程)。下面分别分析这两个过程。

1) 退出过程

如图 7.21 所示，X 方向的坐标原点设在开始退出状态时轮胎轮心位置，容易看出，当 $0\leqslant X\leqslant a_2-a_1$ 时，轮胎侧向力并不会因为退出过程的进行而产生侧向力损失，但回正力矩在此过程中线性增加 $F_{y1}(a_2-a_1)$；当 $a_2-a_1\leqslant X\leqslant a_1+a_2$ 时，侧向力将由 F_{y1} 逐渐减少到 0，同时回正力矩也逐渐减少到 0；当 $a_1+a_1\leqslant X$ 时，退出过程结束，载荷 F_{z1} 影响消失。仔细分析如下：

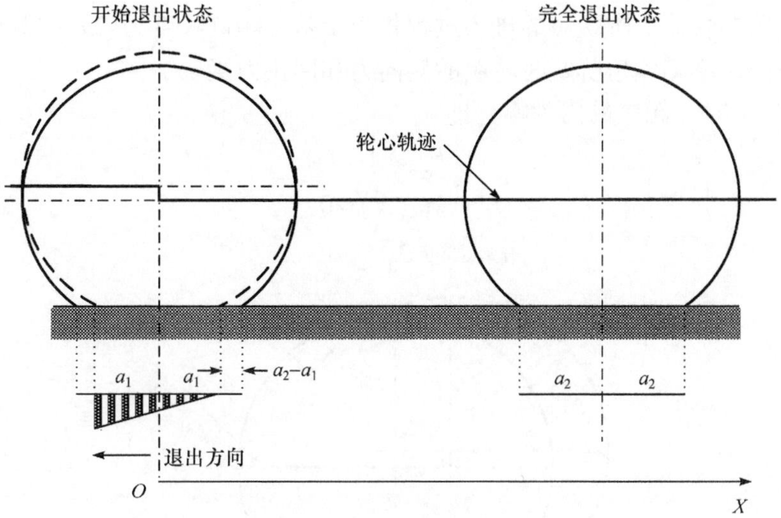

图 7.21　垂直载荷上阶跃时的退出过程

当$0\leqslant X\leqslant a_2-a_1$时，有

$$\begin{cases}F_y(X)=F_{y1}=-2a_1^2k_{ty}\tan\alpha\\ M_z(X)=M_{z1}-F_{y1}X=-F_{y1}\left(X+\dfrac{a_1}{3}\right)\end{cases}\tag{7.76a}$$

当$a_2-a_1\leqslant X\leqslant a_1+a_2$时，如图 7.22 所示，有

$$\begin{cases}F_y(X)=-k_{ty}\tan\alpha\displaystyle\int_{-(a_2-X)}^{a_1}X_x\mathrm{d}x\\ \qquad=-\dfrac{1}{2}(a_1+a_2-X)^2k_{ty}\tan\alpha\\ M_z(X)=-k_{ty}\tan\alpha\displaystyle\int_{-(a_2-X)}^{a_1}X_xx\mathrm{d}x-F_y(X)X\\ \qquad=-\left\{\dfrac{a_1}{2}\left[a_1^2-(a_2-X)^2\right]-\dfrac{1}{3}\left[a_1^3+(a_2-X)^3\right]\right\}k_{ty}\tan\alpha-F_y(X)X\end{cases}\tag{7.76b}$$

其中，$X_x=a_1-x$为载荷F_{z1}时印迹内坐标为x的点接触历程。

当$a_1+a_1\leqslant X$时，有

$$\begin{cases}F_y(X)=0\\ M_z(X)=0\end{cases}\tag{7.76c}$$

2) 进入过程

如图 7.23 所示，X方向的坐标原点设在开始进入状态时轮胎轮心位置，容易

看出，轮胎在载荷上阶跃后的进入过程相当于基于印迹长度为 $2a_2$ 的侧偏角阶跃过程。下面讨论侧偏角阶跃时轮胎的侧向力和回正力矩。

当 $X=0$ 时，轮胎的力为零，即

$$\begin{cases} F_y(X)=0 \\ M_z(X)=0 \end{cases} \tag{7.77}$$

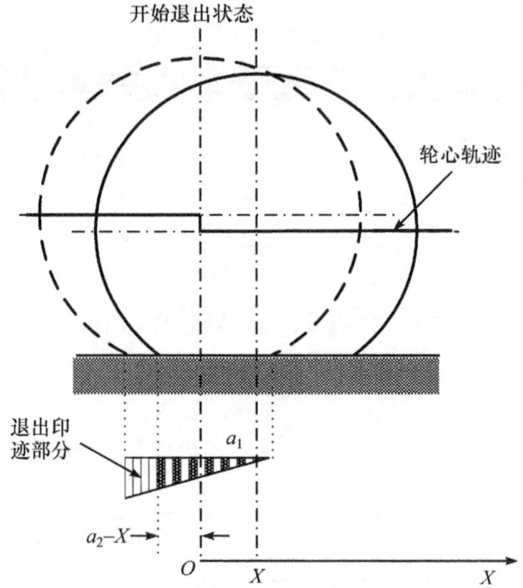

图 7.22　垂直载荷上阶跃时印迹部分退出的过程

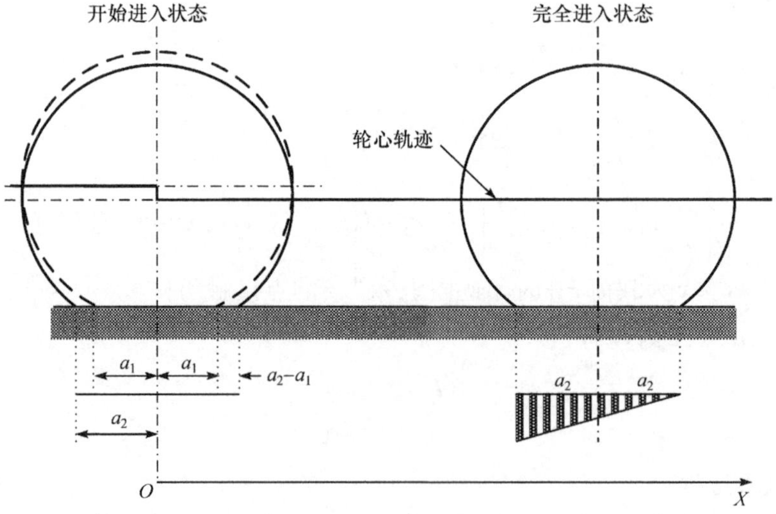

图 7.23　垂直载荷上阶跃时的进入过程

当 $X<2a_2$ 时，考察印迹内各点的接触历程，因此时印迹内各点并不都是从印迹前端进入的，故各点的接触历程计算要区别对待：轮胎接地印迹内胎面的变形如图 7.24 所示，对于从印迹前端进入的点(即 $a_2-X\leqslant x\leqslant a_2$) 的接触历程为 $X_x=a_2-x$ ，而对于在 X=0 时就在印迹内的点(即 $-a_2\leqslant x\leqslant a_2-X$) ，其接触历程为 $X_x=X$ ，故

$$F_y(X)=-k_{ty}\tan\alpha\int_{-a_2}^{a_2-X}X\mathrm{d}x-k_{ty}\tan\alpha\int_{a_2-X}^{a_2}(a_2-x)\mathrm{d}x$$

$$=-(3a_2-X)Xk_{ty}\tan\alpha+\frac{1}{2}\left[a_2^2-(a_2-X)^2\right]k_{ty}\tan\alpha \tag{7.78a}$$

$$M_z(X)=-k_{ty}\tan\alpha\int_{-a_2}^{a_2-X}Xx\mathrm{d}x-k_{ty}\tan\alpha\int_{a_2-X}^{a_2}(a_2-x)x\mathrm{d}x$$

$$=-\frac{1}{6}k_{ty}\tan\alpha\left\{3X(X-2a_2)(X-a_2)-2\left[a_2^3-(a_2-X)^3\right]\right\} \tag{7.78b}$$

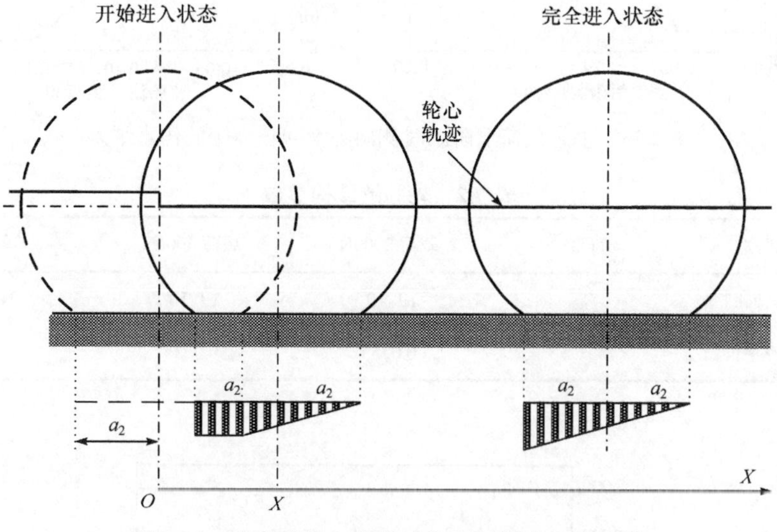

图 7.24　垂直载荷上阶跃时印迹逐渐进入的过程

当 $X\geqslant 2a_2$ 时，轮胎达到完全进入状态，有

$$\begin{cases}F_y(X)=-2a_2^2k_{ty}\tan\alpha\\M_z(X)=\dfrac{2}{3}a_2^3k_{ty}\tan\alpha\end{cases} \tag{7.78c}$$

3) 载荷上阶跃的仿真结果

图 7.25 为载荷上阶跃时的仿真曲线，包括退出过程及进入过程的仿真结果。图 7.26(a)为垂直载荷上阶跃变化曲线。轮胎的结构参数如表 7.2 所示。

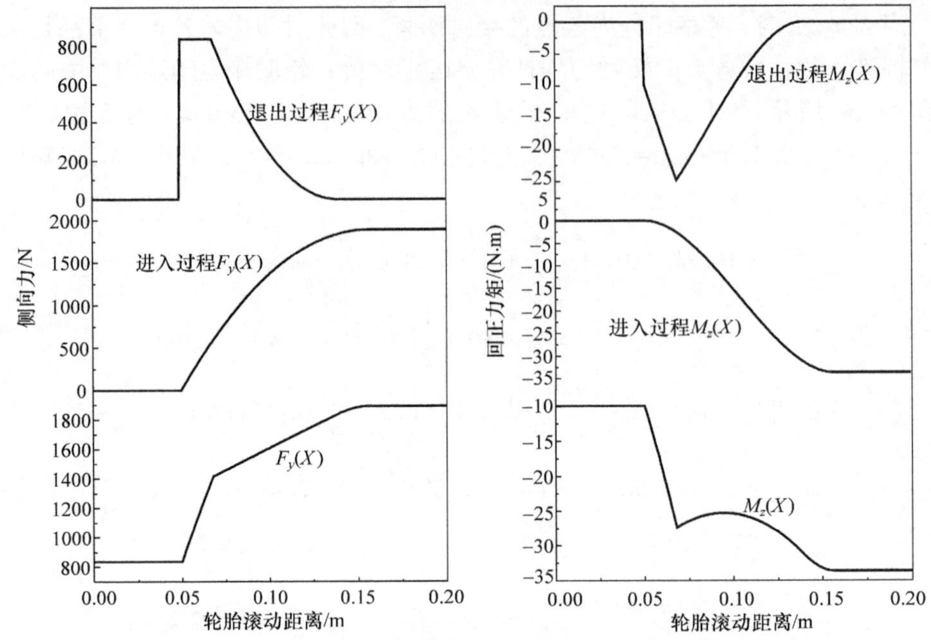

图 7.25　垂直载荷上阶跃时侧向力及回正力矩的仿真结果

表 7.2　轮胎的结构参数

参数名称	符号	载荷 2000N	载荷 4000N	单位
胎面分布侧向刚度	k_{ty}	19×10^6	19×10^6	N/m^2
接地印迹半长	a	0.0355	0.0534	m

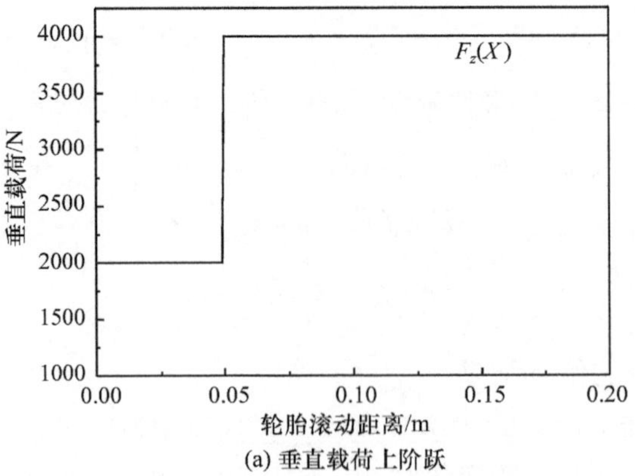

(a) 垂直载荷上阶跃

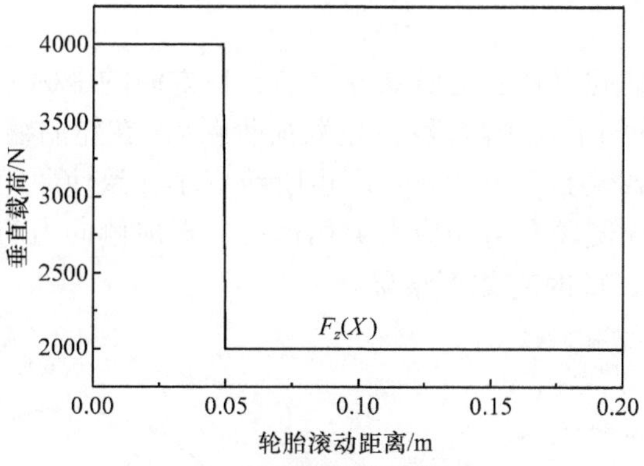

(b) 垂直载荷下阶跃

图 7.26　垂直载荷阶跃变化曲线

2. 载荷下阶跃

如图 7.27 所示，设轮胎在垂直载荷 F_{z1} 作用下侧向力和回正力矩均达到稳态值 F_{y1}、M_{z1} 后，滚至 X=X_n 处垂直载荷 $F_z(X)$ 突然减少，由 $F_{z1} \to F_{z2}$，相应地，轮胎接地印迹半长由原来的 a_1 减至 a_2。

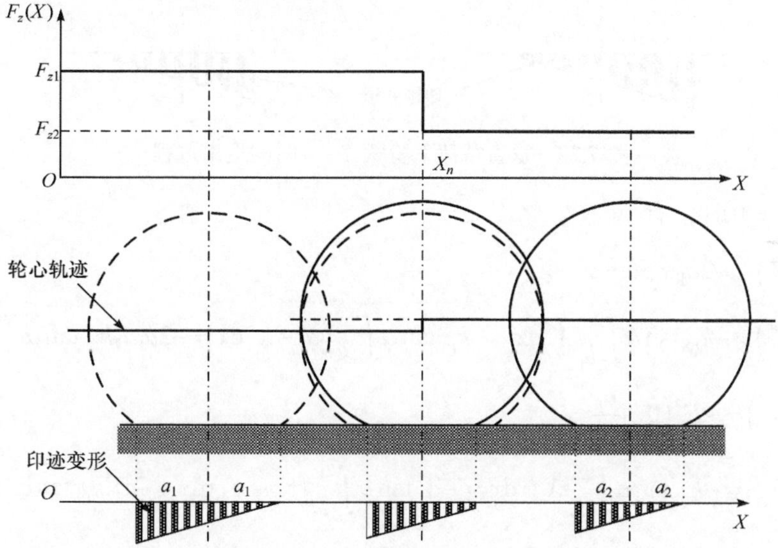

图 7.27　垂直载荷下阶跃时轮胎力的变化

同样，与载荷上阶跃情况相似，当轮胎继续向前滚动时，接地印迹内侧向应力的变化可看成如下两个过程叠加的结果：原来印迹长度上形成的侧向力及回正力矩逐步退出印迹的过程(简称退出过程)；基于新的印迹长度下侧向力及回正力矩逐步由零到稳态值的过程(简称进入过程)。下面分别分析这两个过程。

1) 退出过程

定义退出过程的起点在载荷阶跃开始前，X 方向的坐标原点设在此时轮胎轮心位置。退出过程分如下几个阶段：发生载荷阶跃后，在轮胎继续滚动前，即 $X=0$ 时，载荷下阶跃导致轮胎接地印迹长度也阶跃变小，致使原印迹中两端有部分区域因突然脱离接触而使原有剪切应力突然消失，形成侧向力与回正力矩的阶跃变化，如图 7.28 所示，此时有如下结果。

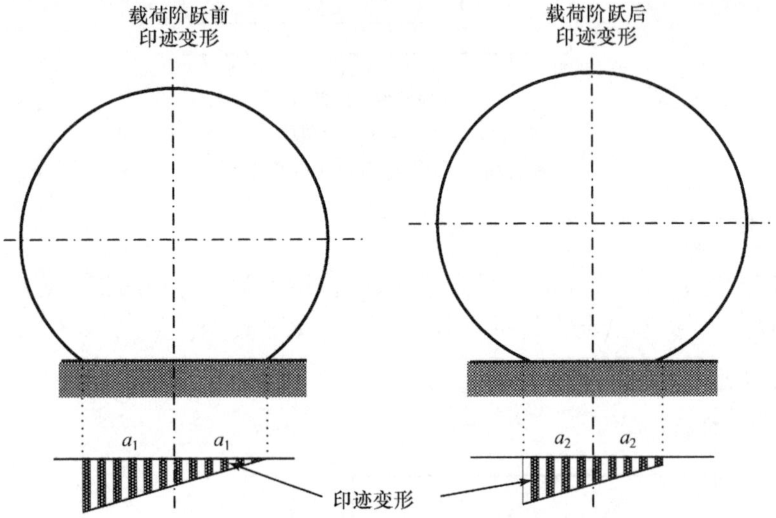

图 7.28　垂直载荷下阶跃 $X=0$ 时的退出过程

当 $X=0$ 时，有

$$\begin{cases}F_y\left(0^-\right)=-2a_1^2k_{ty}\tan\alpha \\ F_y\left(0^+\right)=-k_{ty}\tan\alpha\int_{-a_2}^{a_2}X_x\mathrm{d}x=-k_{ty}\tan\alpha\int_{-a_2}^{a_2}\left(a_1-x\right)\mathrm{d}x=-2a_1a_2k_{ty}\tan\alpha \\ M_z\left(0^-\right)=-F_y\left(0^-\right)\dfrac{a_1}{3} \\ M_z\left(0^+\right)=-k_{ty}\tan\alpha\int_{-a_2}^{a_2}X_xx\mathrm{d}x=-k_{ty}\tan\alpha\int_{-a_2}^{a_2}\left(a_1-x\right)x\mathrm{d}x=\dfrac{2}{3}a_2^3k_{ty}\tan\alpha\end{cases} \tag{7.79a}$$

当 $0<X\leqslant 2a_2$ 时，如图 7.29 所示，有

$$\begin{aligned}F_y\left(X\right)&=-k_{ty}\tan\alpha\int_{-(a_2-X)}^{a_2}X_x\mathrm{d}x \\ &=-\left[2a_1a_2-\left(a_1+a_2\right)X+\frac{1}{2}X^2\right]k_{ty}\tan\alpha\end{aligned} \tag{7.79b}$$

$$M_z(X) = -k_{ty}\tan\alpha\int_{-(a_2-X)}^{a_2} X_x x\mathrm{d}x - F_y(X)X$$
$$= -\left\{\frac{a_1}{2}\left[a_2^2-(a_2-X)^2\right]-\frac{1}{3}\left[a_2^3+(a_2-X)^3\right]\right\}k_{ty}\tan\alpha - F_y(X)X \quad (7.79\text{c})$$

其中，$X_x = a_1 - x$ 为载荷 F_{z1} 时印迹内坐标为 x 的点接触历程。

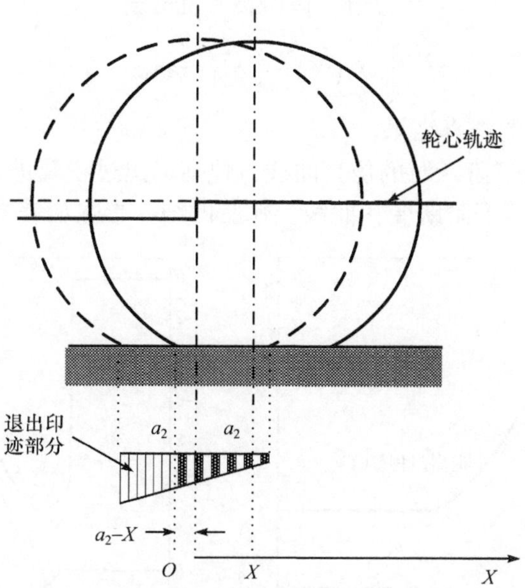

图 7.29　垂直载荷下阶跃时印迹部分退出的过程

当 $2a_2 \leqslant X$ 时，退出过程结束，有

$$\begin{cases} F_y(X) = 0 \\ M_z(X) = 0 \end{cases} \quad (7.79\text{d})$$

2) 进入过程

X 方向的坐标原点设在开始进入状态时轮胎轮心位置，容易看出，轮胎在载荷下阶跃后的进入过程也相当于基于印迹长度为 $2a_2$ 的侧偏角阶跃过程，此时轮胎的侧向力和回正力矩与前面的讨论相同。

当 X=0 时，轮胎的力为零，即

$$\begin{cases} F_y(X) = 0 \\ M_z(X) = 0 \end{cases} \quad (7.80\text{a})$$

当 $X < 2a_2$ 时，轮胎力处于由零向稳态值过渡的过程，侧向力及回正力矩表示为

$$\begin{cases} F_y(X) = -(3a_2 - X)Xk_{ty}\tan\alpha + \dfrac{1}{2}\left[a_2^2 - (a_2 - X)^2\right]k_{ty}\tan\alpha \\ M_z(X) = -\dfrac{1}{6}k_{ty}\tan\alpha\left\{3X(X-2a_2)(X-a_2) - 2\left[a_2^3 - (a_2 - X)^3\right]\right\} \end{cases} \tag{7.80b}$$

当 $X \geqslant 2a_2$ 时，轮胎为完全进入状态，侧向力及回正力矩达到稳态值，表示为

$$\begin{cases} F_y(X) = -2a_2^2 k_{ty}\tan\alpha \\ M_z(X) = \dfrac{2}{3}a_2^3 k_{ty}\tan\alpha \end{cases} \tag{7.80c}$$

3) 载荷下阶跃的仿真结果

图 7.30 为载荷下阶跃时的仿真曲线，包括退出过程及进入过程的仿真结果。图 7.26(b)为垂直载荷下阶跃变化曲线。轮胎的结构参数如表 7.2 所示。

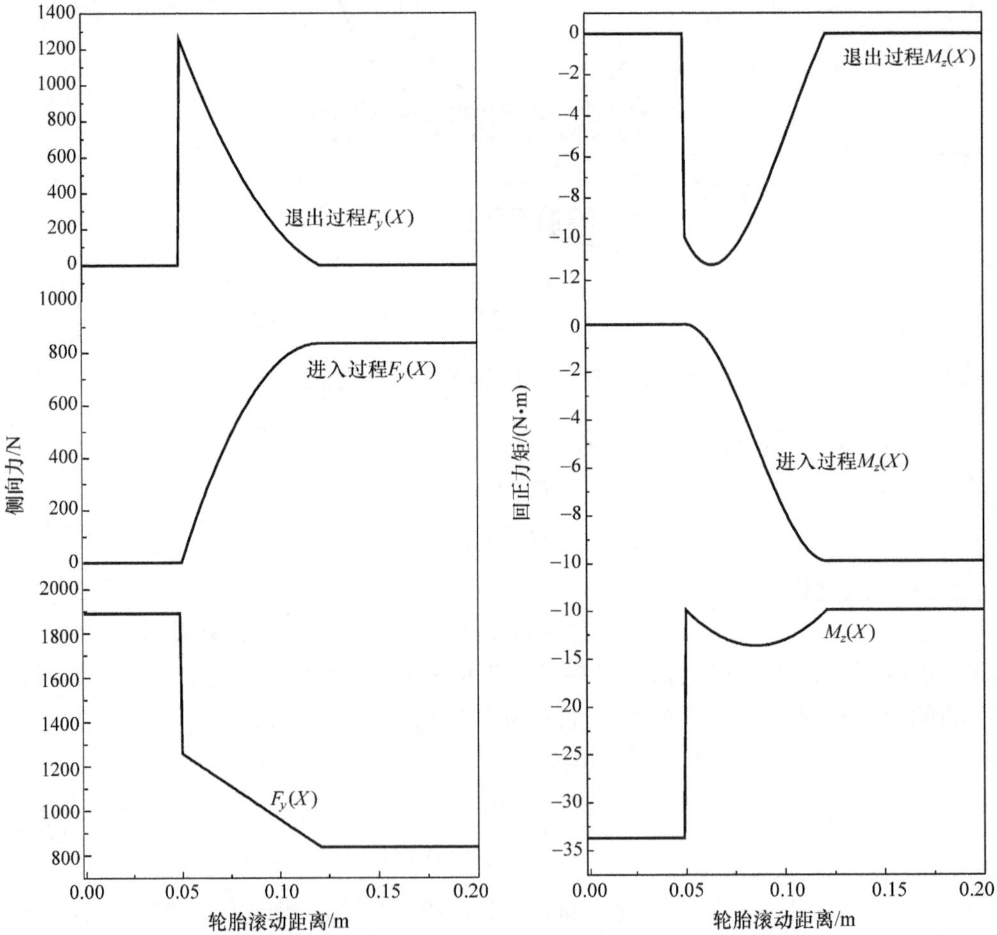

图 7.30　垂直载荷下阶跃时侧向力及回正力矩的仿真结果

7.2　轮胎动载侧偏特性离散仿真模型

汽车行驶中轮胎的载荷变动是相当复杂的。7.1 节着重研究了动载导致轮胎接地印迹半长变化率 $-1 \leqslant \mathrm{d}a/\mathrm{d}X \leqslant 1$ 及载荷上、下阶跃时轮胎的动载侧偏特性，而对于不满足此条件的轮胎动载侧偏特性的理论建模研究因其复杂性，没能进行更多的讨论；此外，前面的研究集中为小侧偏角下、小幅动载时印迹内没有滑移情况下的轮胎侧偏特性，而当侧偏角较大时或者动载幅值很大时(即使此时侧偏角较小)，轮胎接地印迹内也会有滑移产生。因此，为了研究轮胎在任意动载及任意侧向运动下的力学特性，有必要探求新的研究方法，而建立轮胎动载侧偏特性研究的离散仿真模型是一种较好的选择。

此外，轮胎离散仿真模型建立的主要目的在于发展轮胎的半经验模型，为验证半经验模型的仿真结果提供一个可信赖的对比标准。

7.2.1　轮胎离散刷子模型

在轮胎离散刷子模型中仍采用刷子模型中对胎面单元的假设：胎面单元作为分立的弹性体沿胎体圆周均匀地径向附着在胎体上，建模中将胎面单元视为无质量的弹簧。因关注的是轮胎侧偏特性建模，故只考虑胎面单元在轮胎侧向产生的变形。

设轮胎接地印迹的离散仿真步长为 Δe ，则印迹的等分数为 $n = 2a/\Delta e$ ，轮胎滚动位置的离散仿真步长为 ΔX ，并取 $X = k\Delta e$ (k 为正整数)。轮胎离散刷子模型用来计算轮胎滚动位置为 $X = n\Delta X (n = 0 \sim \infty)$ 时，印迹内各离散点胎面的变形及由此产生的轮胎力。

讨论之初，仍假设印迹内无滑移。轮胎滚动位置为 X 时，对于印迹内胎面一点 P ，此时印迹坐标为 x ，在轮胎滚动 ΔX 后，其印迹坐标将增加 Δx ，相应地，其侧向变形增加 Δy ，即

$$\begin{cases} \Delta x = -\Delta X \\ \Delta y = -\Delta X \tan\alpha \end{cases} \tag{7.81}$$

若此 P 点仍在印迹内，则有

$$\begin{cases} x(X + \Delta X) = x(X) - \Delta X \\ y(X + \Delta X) = y(X) - \Delta X \tan\alpha \end{cases} \tag{7.82}$$

将轮胎动载进行离散化处理，如图 7.31 所示，每一仿真步后载荷的变化视为

载荷阶跃过程，则动载将引起轮胎接地印迹长度相应的Δa变化，即

$$\Delta a = a(X+\Delta X) - a(X) \tag{7.83}$$

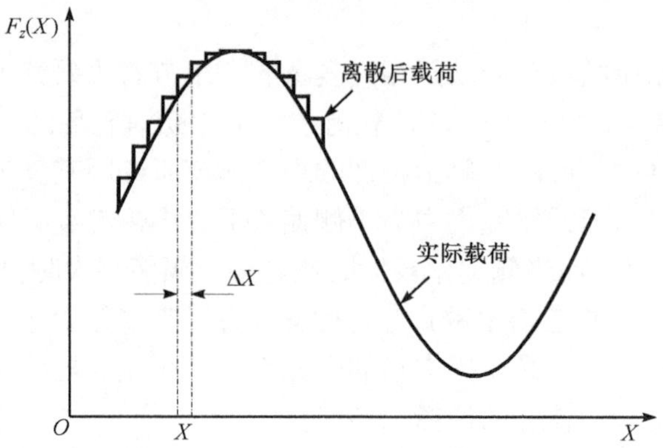

图 7.31　垂直载荷的离散化处理

从X到$X+\Delta X$如果是载荷上阶跃过程，即$\Delta a > 0$，若$\Delta a \geqslant \Delta X$，如图 7.32 所示，则轮胎滚过$\Delta X$后印迹内各点的变形为

$$y(X+\Delta X)=\begin{cases}-\left(a(X+\Delta X)-x\right)\tan\alpha, & a(X+\Delta X)-\Delta X \leqslant x \leqslant a(X+\Delta X)\\ -\Delta X\tan\alpha, & a(X)-\Delta X \leqslant x \leqslant a(X+\Delta X)-\Delta X\\ y(X)-\Delta X\tan\alpha, & -a(X)-\Delta X \leqslant x \leqslant a(X)-\Delta X\\ -\Delta X\tan\alpha, & -a(X+\Delta X) \leqslant x \leqslant -a(X)-\Delta X\end{cases} \tag{7.84}$$

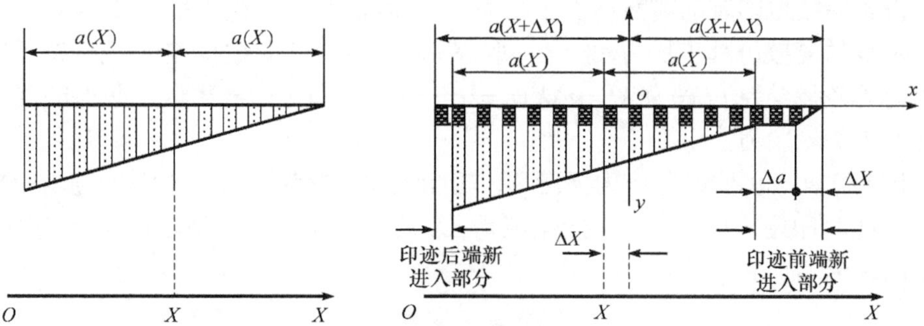

图 7.32　垂直载荷上阶跃时一个仿真步长印迹变形

若$\Delta a < \Delta X$，则轮胎滚过ΔX后印迹内各点的变形为

$$y(X+\Delta X)=\begin{cases}-\left(a(X+\Delta X)-x\right)\tan\alpha, & a(X+\Delta X)-\Delta X \leqslant x \leqslant a(X+\Delta X)\\ -\Delta X\tan\alpha, & a(X)-\Delta X \leqslant x \leqslant a(X+\Delta X)-\Delta X\\ y(X)-\Delta X\tan\alpha, & -a(X+\Delta X) \leqslant x \leqslant a(X)-\Delta X\end{cases} \tag{7.85}$$

从 X 到 $\Delta X+X$ 是载荷下阶跃过程，即 $\Delta a<0$，如图 7.33 所示，则轮胎滚过 ΔX 后印迹内各点的变形为

$$y(X+\Delta X)=\begin{cases}-\left(a(X+\Delta X)-x\right)\tan\alpha, & a(X+\Delta X)-\Delta X\leqslant x\leqslant a(X+\Delta X)\\ y(X)-\Delta X\tan\alpha, & -a(X+\Delta X)\leqslant x\leqslant a(X+\Delta X)-\Delta X\end{cases}\tag{7.86}$$

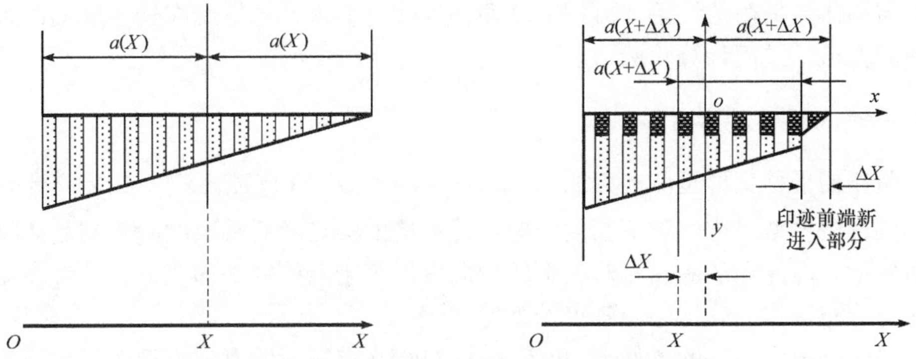

图 7.33　垂直载荷下阶跃时一个仿真步长印迹变形

在计算轮胎滚过 ΔX 印迹内各点的变形后，可根据印迹内压力分布确定各点的附着或滑移状态，最终确定印迹内胎面各点的变形量。设轮胎接地印迹内压力分布函数 $\eta(\sigma)$ 如式(2.5)及式(2.10)所示，取参数 $n=1,\lambda=1,\varDelta/a=0.0$，则有

$$q_z(x)=\begin{cases}\dfrac{5F_z}{8a}\left[1-\left(\dfrac{x}{a}\right)^4\right], & -a\leqslant x\leqslant a\\ 0, & x\leqslant -a, x\geqslant a\end{cases}\tag{7.87}$$

显然，印迹内胎面的最大侧向变形受路面所能提供的最大摩擦力限制，即

$$y(X+\Delta X)=\begin{cases}y(X+\Delta X), & \left|y(X+\Delta X)\right|\leqslant \mu q_z(x)/k_{ty}\\ \mu q_z(x)/k_{ty}, & y(X+\Delta X)>\mu q_z(x)/k_{ty}\\ -\mu q_z(x)/k_{ty}, & y(X+\Delta X)<-\mu q_z(x)/k_{ty}\end{cases}\tag{7.88}$$

再对印迹内胎面点进行离散化处理，取轮胎接地印迹的离散仿真步长为 Δe，则印迹的等分数为 $n=2a/\Delta e$，依据式(7.84)～式(7.88)确定印迹内各离散点 x_i 的侧向变形 y_i，则轮胎离散刷子模型可表示为

$$\begin{cases}F_y(X)=k_{ty}\sum\limits_{i=1}^{n}y_i\Delta e=\dfrac{2ak_{ty}}{n}\sum\limits_{i=1}^{n}y_i\\ M_z(X)=k_{ty}\sum\limits_{i=1}^{n}y_i\Delta e x_i=\dfrac{2ak_{ty}}{n}\sum\limits_{i=1}^{n}x_i y_i\end{cases}\tag{7.89}$$

7.2.2 胎体弹性的影响

轮胎的侧向力及回正力矩是在轮胎滚动的过程中逐渐形成的，胎体的弹性变形将使轮胎力的形成有一个松弛过程[6]。胎体的变形是轮胎力作用的结果，而轮胎力又是胎面与胎体间变形形成的。在轮胎的任意滚动位置，胎体的变形都是胎面力与胎体力平衡的结果，可用一个循环迭代过程来计算轮胎在任意滚动位置时胎体的变形，进而计算轮胎力。

1. 考虑平移胎体变形

胎体的平移变形是侧向力的函数，即 $y_c(X)=F_y(X)/K_{c0}(X)$，在建立此时轮胎侧偏离散模型时应注重下面的问题：①印迹前端点及后端点的胎面与胎体间无相对变形，即此点的胎面相对轮辋的侧向变形等于胎体的平移变形；②考虑印迹内压力分布影响，确定印迹各点的附着/滑移。

在印迹内无滑移的条件下，可采用式(7.90)来求得轮胎离散模型在任意滚动位置时轮胎胎体的平移变形：

$$y_c(X)=\frac{2ak_{ty}}{n}\sum_{i=1}^{n}y_i\bigg/\left(K_{c0}(X)+2ak_{ty}\right) \tag{7.90}$$

其中，y_i 为印迹内胎面各离散点 x_i 的纵坐标值。考虑滑移时，根据印迹内压力分布确定印迹各点的附着/滑移情况，并考察轮胎力的变化情况，确定收敛条件，其计算框图如图 7.34 所示。

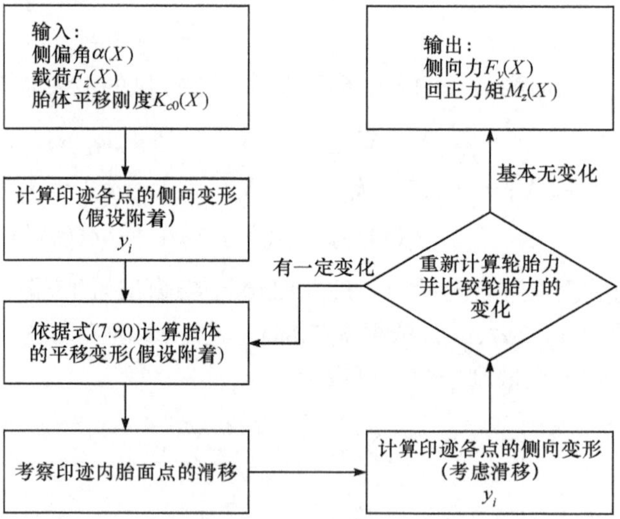

图 7.34　考虑胎体平移变形时轮胎动载离散模型的计算框图

2. 考虑胎体一般变形

考虑平移、弯曲及扭转等胎体一般变形时，在接地印迹内无滑移的条件下，可采用式(7.91)来求得轮胎离散模型在任意滚动位置时轮胎的侧向力及回正力矩：

$$\begin{cases} F_y(X)=\dfrac{2ak_{ty}}{n}\sum\limits_{i=1}^{n}y_i\Big/\big(1+\varepsilon_0(X)+\varepsilon_b(X)\big) \\ M_z(X)=\dfrac{2ak_{ty}}{n}\sum\limits_{i=1}^{n}x_iy_i\Big/\big(1+\varepsilon_\theta(X)\big) \end{cases} \tag{7.91}$$

其中，y_i 为印迹内胎面各离散点 x_i 的纵坐标值。根据此时轮胎力计算胎体的变形，有

$$y_c(x_i)=\frac{F_y(X)}{K_{c0}(X)}+\frac{F_y(X)}{K_{cb}(X)}\xi\left(\frac{x_i}{a}\right)+\frac{M_z(X)}{N_\theta(X)}x_i \tag{7.92}$$

再确定胎面变形量，进而根据印迹内压力分布确定印迹各点的附着/滑移情况，并考察轮胎力的变化情况，确定收敛条件。其计算框图如图 7.35 所示。

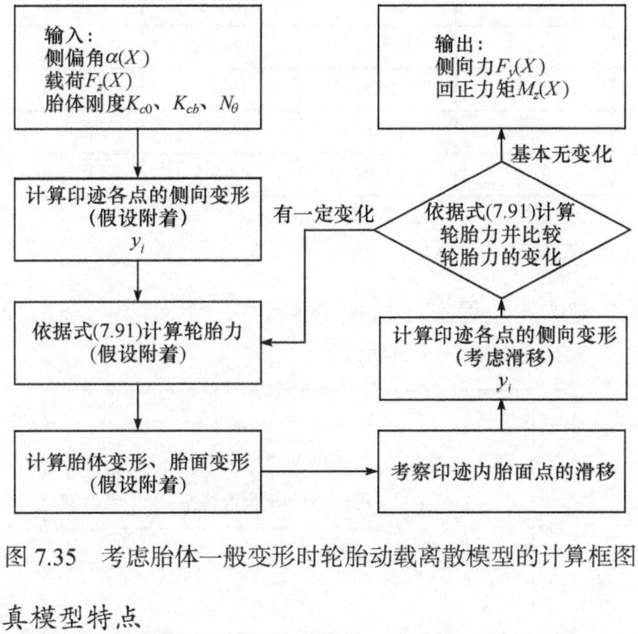

图 7.35　考虑胎体一般变形时轮胎动载离散模型的计算框图

3. 离散仿真模型特点

本节建立的轮胎动载侧偏特性离散仿真模型有以下特点：

(1) 适用于任意轮胎动载侧偏纯工况及复合工况的仿真研究，不必考虑动载导致轮胎接地印迹半长变化率 $\mathrm{d}a/\mathrm{d}X$ 对建模的制约；

(2) 轮胎力学特性空间域的仿真，考虑印迹内滑移及胎体的一般变形；

(3) 为了提高仿真精度及程序中处理的简易性，轮胎滚动的仿真步长取与印迹等分步长相同，即 $\Delta X = \Delta e$；

(4) 印迹等分步长取固定值，印迹长度的变动只引起印迹等分数的相应变化；

(5) 整个印迹分为正半长和负半长两个区域，每个区域用一个动态数组存储胎面单元变形量，各数组元素按下标从小到大对应胎面单元从印迹中心到印迹两端；

(6) 每一仿真步后载荷的变化视为载荷阶跃过程。

7.2.3 轮胎离散仿真模型的验证

从两个方面验证所建立的轮胎动载侧偏离散仿真模型的正确性：①轮胎稳态特性的验证；②轮胎侧偏角阶跃非稳态特性的验证。轮胎结构参数如表 7.3 所示。

表 7.3 轮胎的结构参数

参数名称	符号	载荷 2000N	载荷 4000N	载荷 6000N	单位
胎面分布侧向刚度	k_{ty}	10×10^6	10×10^6	10×10^6	N/m²
胎体平移刚度	K_{c0}	1.25×10^5	1.25×10^5	1.25×10^5	N/m
胎体扭转刚度	N_θ	2000	4000	6000	N · m/rad
胎体弯曲刚度	K_{cb}	10×10^6	8×10^6	6×10^6	N/m
接地印迹半长	a	0.0450	0.0665	0.0840	m

1. 稳态特性验证

利用胎体复杂变形轮胎稳态特性理论模型的计算结果与离散模型计算结果进行对比，结果如图 7.36 和图 7.37 所示。

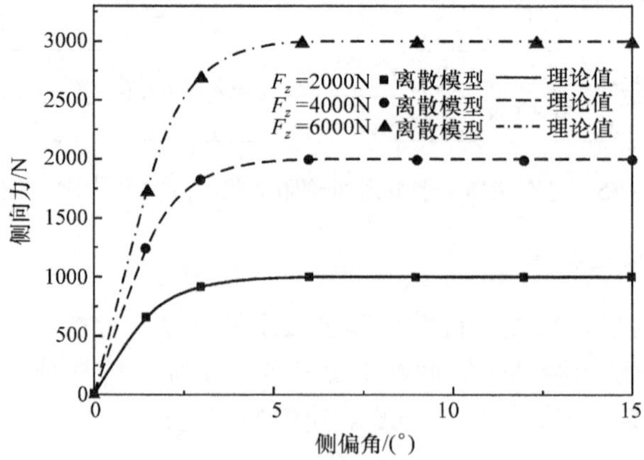

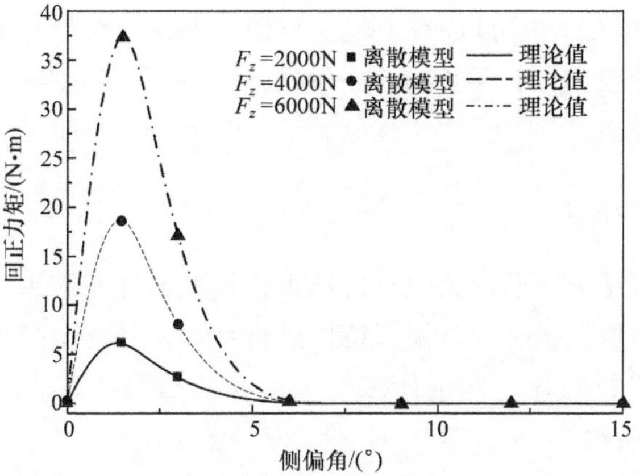

图 7.36　理论模型与离散模型稳态特性对比

μ=0.5

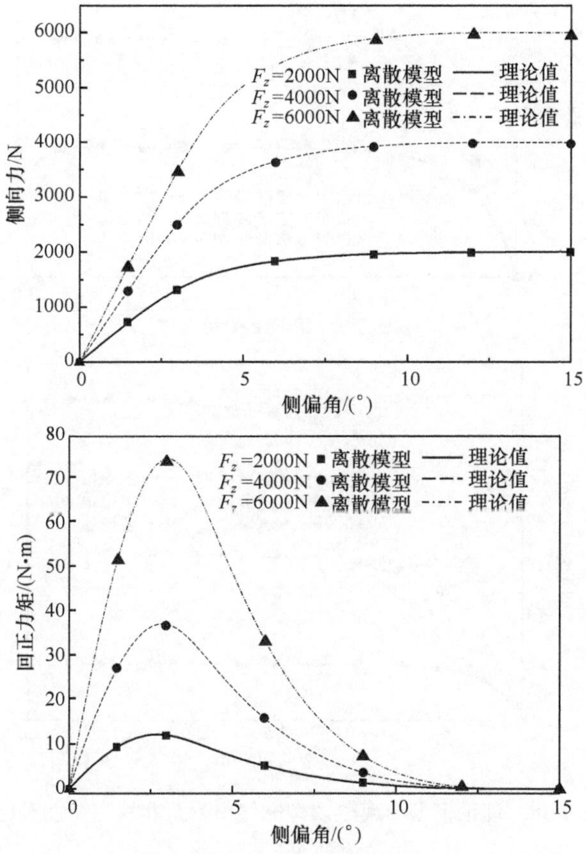

图 7.37　理论模型与离散仿真模型稳态特性对比

μ=1.0

从图 7.36 和图 7.37 中可以看出，轮胎离散模型计算结果与考虑胎体复杂变形轮胎稳态特性理论模型的计算结果是一致的，验证了离散轮胎模型对轮胎稳态特性表达的正确性。

2. 非稳态特性验证

基于考虑胎体复杂变形轮胎稳态特性理论模型的计算结果，利用松弛长度的概念，对轮胎侧偏角阶跃时的非稳态特性进行计算，并将结果与轮胎离散模型相同工况时的结果进行对比，验证离散模型对非稳态特性表达的正确性，结果如图 7.38 和图 7.39 所示。

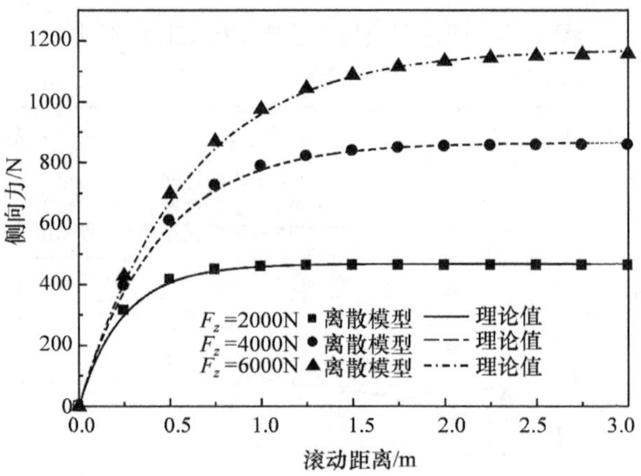

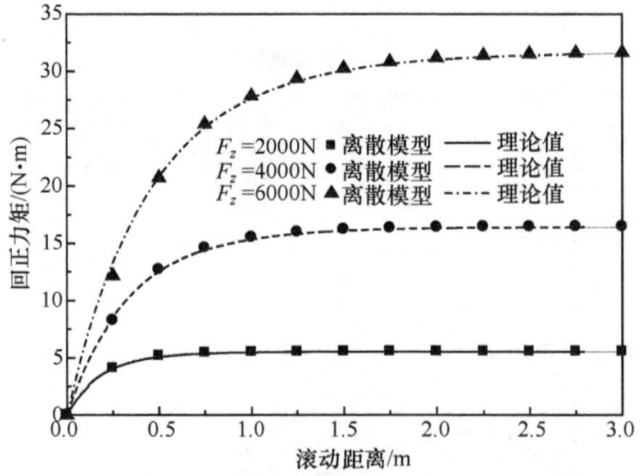

图 7.38　理论模型与离散模型侧偏角阶跃非稳态特性对比

μ=0.5，α=1°

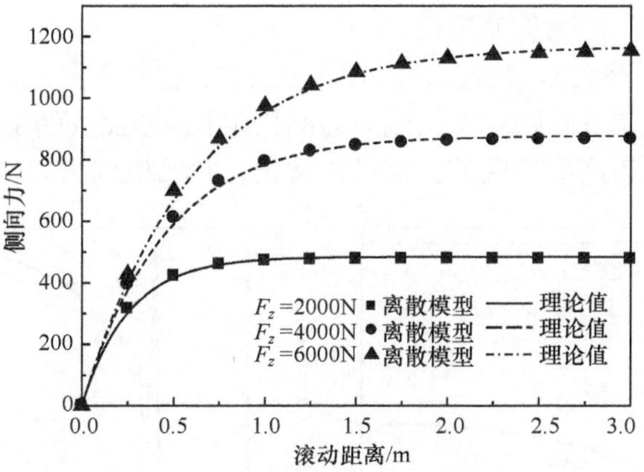

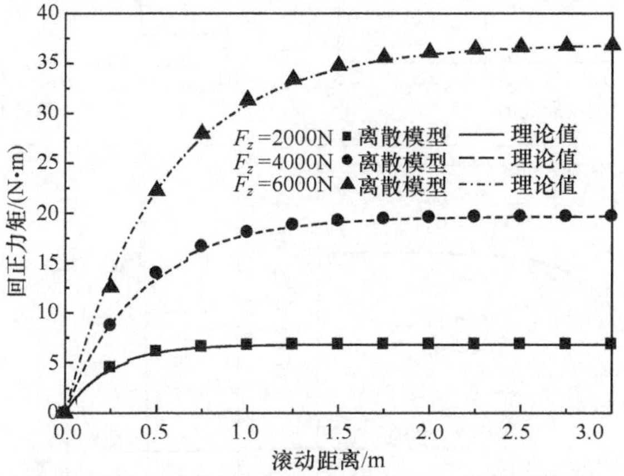

图 7.39　理论模型与离散模型侧偏角阶跃非稳态特性对比

μ=1.0，α=1°

从图 7.38 和图 7.39 中可以看出，对于轮胎侧偏角阶跃时轮胎侧向力及回正力矩从零过渡到稳态值的过程，轮胎离散模型计算结果与考虑胎体弹性引起的松弛效应的理论模型非稳态力计算结果基本是一致的，此对比结果部分验证了离散模型对轮胎非稳态特性表达的正确性。

本节建立的轮胎离散模型，为验证轮胎动载侧偏特性半经验模型提供了一个可信赖的对比标准。

7.2.4　轮胎动载侧偏特性仿真结果

图 7.40 和图 7.41 为考虑胎体平移弹性、不同摩擦系数路面轮胎动载侧偏特性仿真结果。

图 7.40 为不同路面摩擦系数、载荷上阶跃时，轮胎侧向力及回正力矩的仿真曲线，可以看出，载荷上阶跃时轮胎力的形成有一个明显的松弛过程，且路面摩

擦系数越大，轮胎的松弛长度越长。

图 7.41 为不同路面摩擦系数、载荷下阶跃时，轮胎侧向力及回正力矩的仿真曲线，可以看出载荷下阶跃时轮胎侧向力的松弛长度受路面摩擦系数影响较大，说明载荷下阶跃时印迹滑移区的比例迅速增长，轮胎侧向力很快达到稳态值。

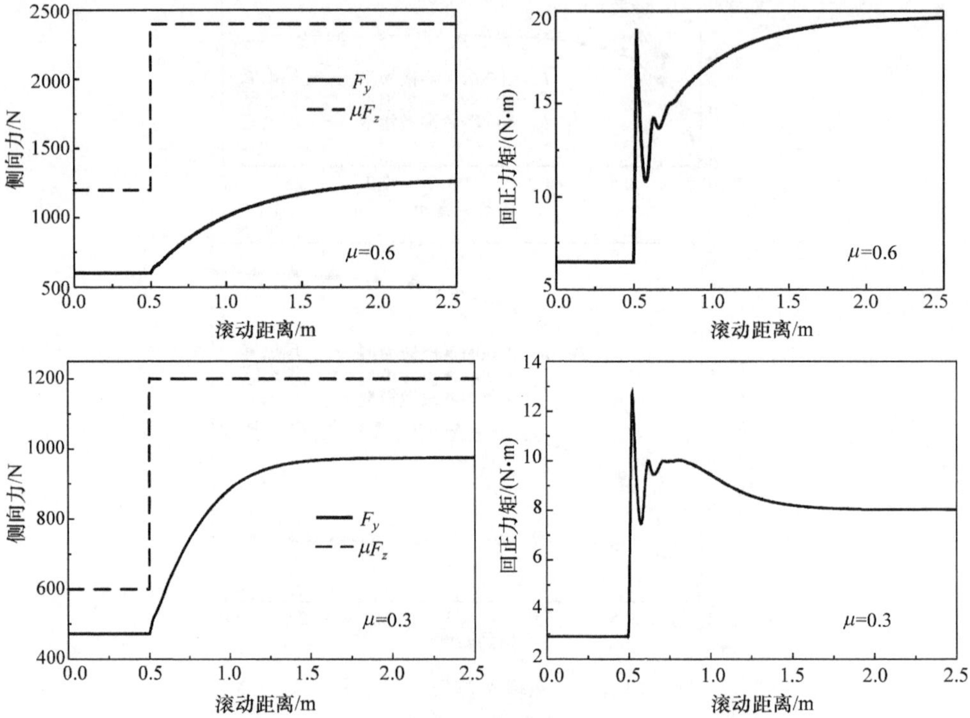

图 7.40　载荷上阶跃的仿真结果

$\alpha = 1°, F_{z1} = 2000\text{N}, F_{z2} = 4000\text{N}$

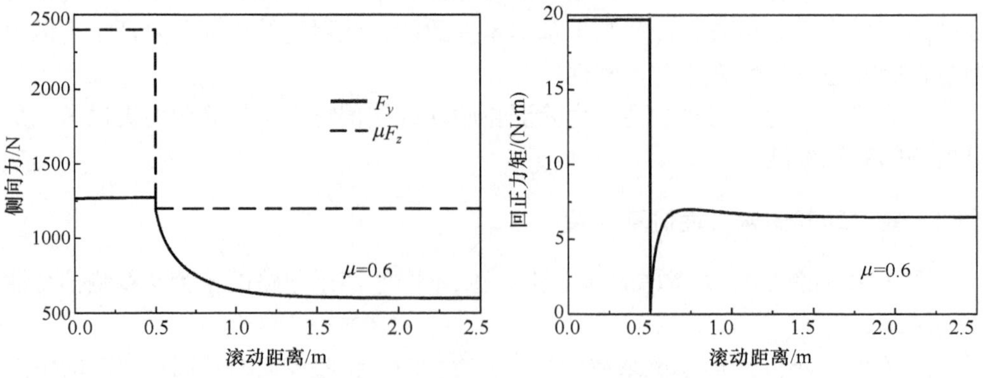

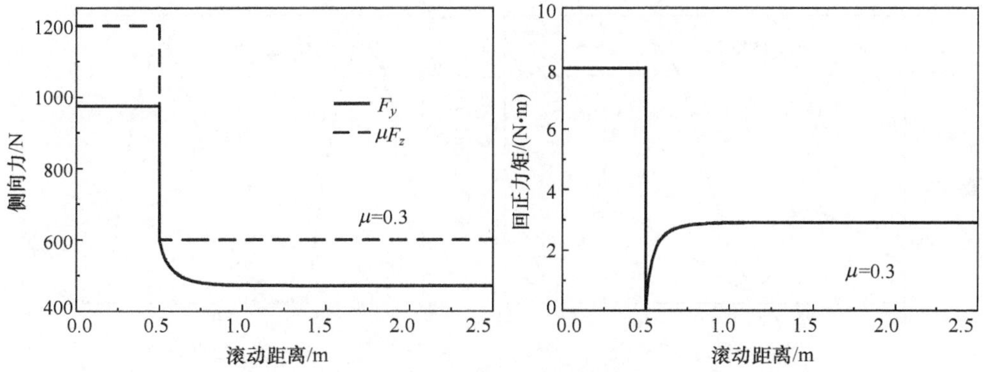

图 7.41　载荷下阶跃的仿真结果

$\alpha = 1°, F_{z1} = 4000\text{N}, F_{z2} = 2000\text{N}$

图 7.42 和图 7.43 为考虑胎体一般变形时轮胎动载侧偏特性的仿真计算结果。考虑胎体的一般变形能更加正确地反映轮胎结构参数对动载侧偏特性的影响，揭示动载时轮胎侧偏特性的一般规律。

图 7.42 为不同幅值的载荷正弦变化仿真结果，可以看出载荷幅值的增大会显著降低轮胎力的平均值，且在轮胎力波动过程中，动载幅值对上升过程的轮胎力变化影响不明显，而对下降过程的轮胎力变化影响明显。这说明动载幅值的影响主

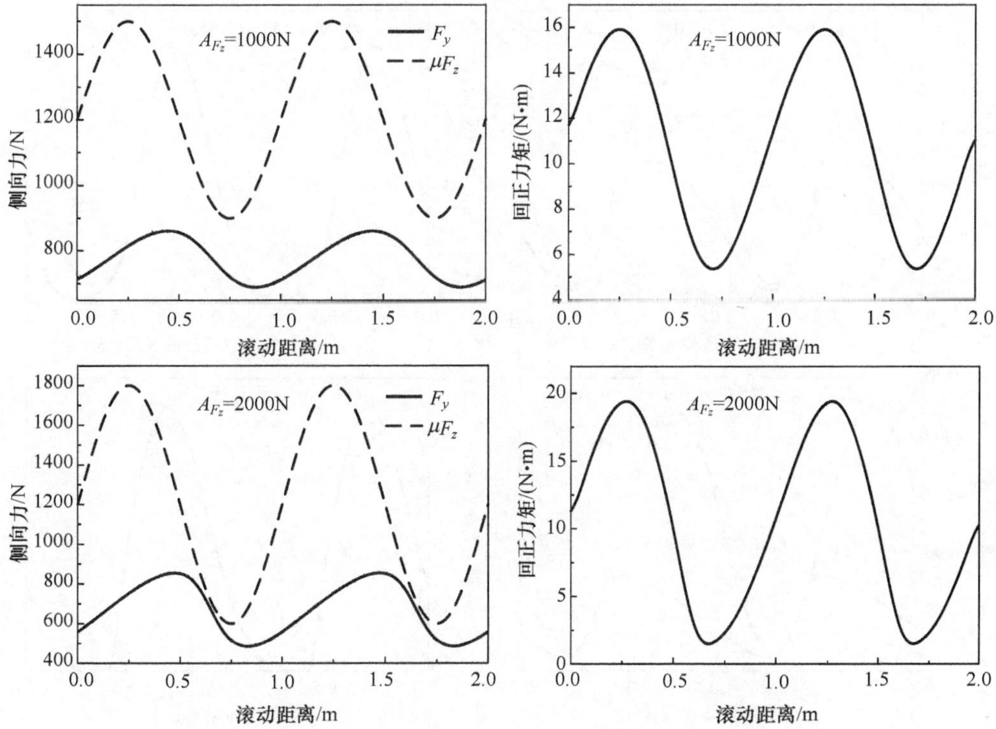

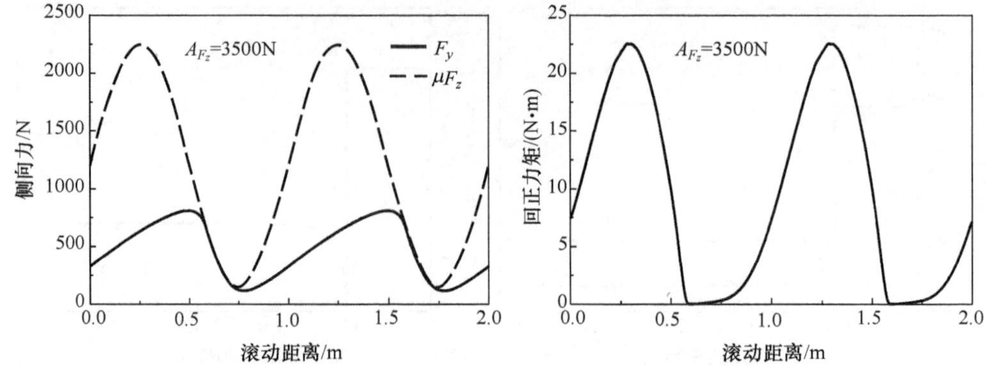

图 7.42　考虑胎体一般变形时不同幅值的载荷正弦变化仿真结果

$\alpha = 1°, F_{z1} = 4000\text{N}, \mu=0.3, \omega_s = 2\pi$ rad/m

要体现在载荷变小过程中通过使印迹内产生滑移来降低轮胎的侧向力及回正力矩。

图 7.43 为不同路径频率的载荷正弦变化仿真结果，可以看出载荷路径频率的增大也会显著降低轮胎力的平均值，且在轮胎力波动过程中，路径频率对轮胎力上升过程的变化影响显著，而对轮胎力下降过程的变化影响不明显。这说明动载路径频率的影响主要体现在载荷增大过程中通过轮胎力的松弛特性来降低轮胎的侧向力及回正力矩。

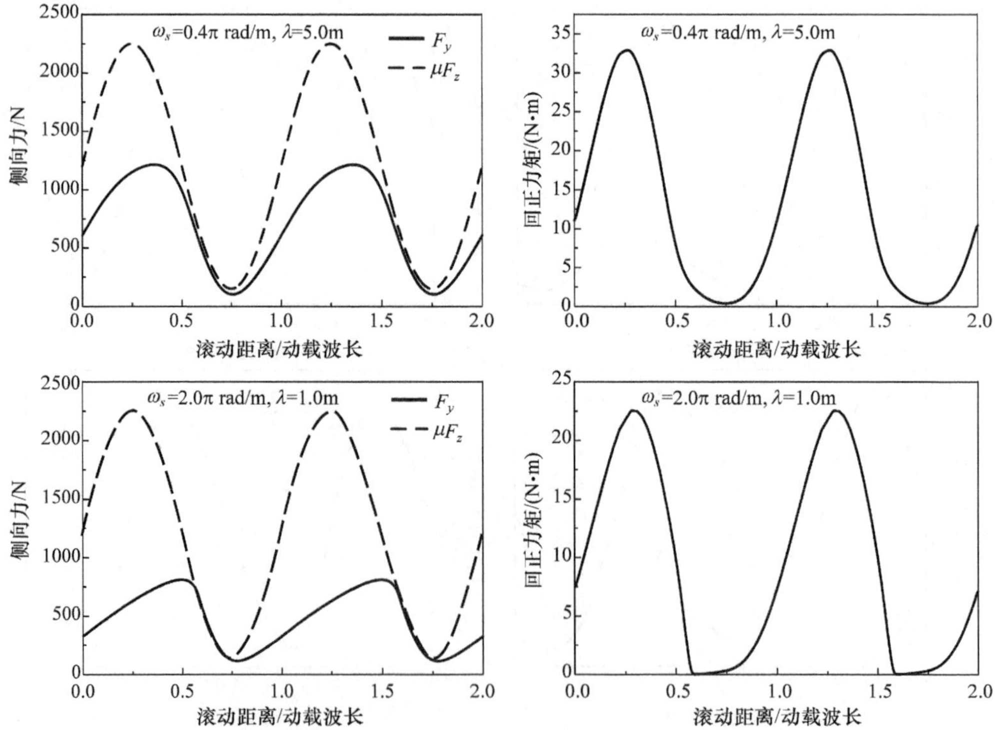

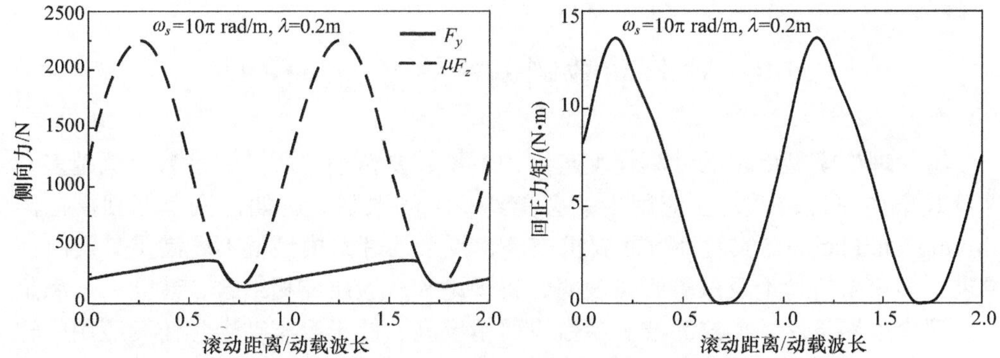

图 7.43　考虑胎体一般变形时不同路径频率的载荷正弦变化仿真结果

$\alpha = 1°, F_{z1} = 4000\text{N}, \mu=0.3, A_{F_z} = 3500\text{N}$

图 7.44 和图 7.45 为轮胎动载侧偏非稳态变化仿真结果。以上仿真计算所用的轮胎结构参数如表 7.3 所示。

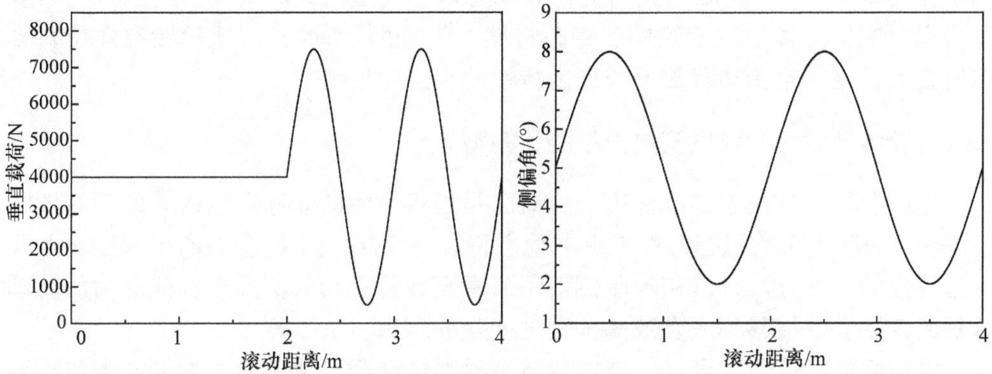

图 7.44　轮胎动载侧偏非稳态变化复合工况图

$\mu = 1.0$

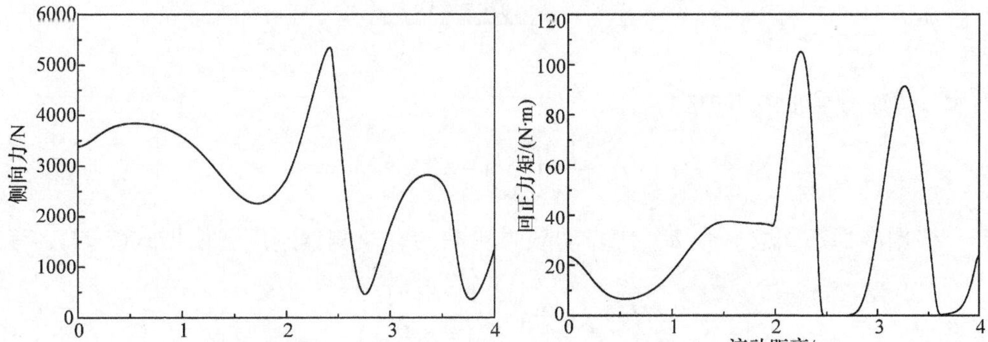

图 7.45　轮胎动载侧偏非稳态变化的仿真结果

μ=1.0

7.3　轮胎动载侧偏特性半经验模型

轮胎理论模型要求的计算精度越高，模型越要精细，所需的参数也就越多，计算效率往往就越低，在应用中就会受到一定的限制。例如，汽车驾驶模拟器(driving simulator)在实时性方面要求较高，复杂的理论模型就不能满足其实时性要求。多年来的理论及试验研究表明，将理论和试验研究相结合，建立一个满足一定理论边界条件、形式简洁、参数少而精度高、便于汽车动力学仿真应用的轮胎侧偏特性半经验模型是轮胎侧偏力学特性研究的主要方向。

轮胎运动状态的改变会使轮胎力有一个逐渐形成的过程，在半经验模型中常用松弛长度的概念来描述轮胎力在空间域的这种变化特性[6-10]。本章在对轮胎动载侧偏理论模型研究的基础上，通过引入"结构松弛"的概念描述动载对轮胎侧偏刚度的影响[4]；在轮胎侧偏角变化非稳态理论模型研究的基础上，引入"有效滑移率"的概念描述轮胎侧偏非稳态特性[9,10]；并基于此，对比轮胎离散仿真模型的结果，建立轮胎动载侧偏非稳态特性的半经验模型。

7.3.1　轮胎动载侧偏特性侧向力半经验模型

轮胎非稳态建模中"准稳态"的概念是指将轮胎的非稳态输入等效为有效的稳态输入，利用轮胎稳态特性求解非稳态特性。"准稳态"概念引申出求解轮胎非稳态特性的一种方法，即在轮胎侧偏角或垂直载荷变动的情况下，侧向力的波动可看成轮胎有效滑移率或有效侧偏刚度变化的结果。

由前面的理论研究可知，考虑胎体平移弹性动载小侧偏角时的侧向力与轮胎接地印迹长度间的传递函数为

$$H_{\tilde{F},\tilde{a}}=2\frac{F_{y0}}{a_0}\frac{1-E(s)/2}{1+\varepsilon_0E(s)} \tag{7.93}$$

其中，$F_{y0}=-2a_0{}^2k_{ty}\tan\alpha$；

$$E(s)=\frac{1}{2a_0}\int_{-a_0}^{a_0}\left(1-\mathrm{e}^{-(a_0-x)s}\right)\mathrm{d}x \tag{7.94}$$

根据准稳态概念，令 $\tilde{K}_{y\varepsilon}$ 代表动载时轮胎的有效侧偏刚度，依据式(7.93)，有

$$H_{\tilde{K}_{y\varepsilon},\tilde{a}}=4a_0k_{ty}\frac{1-E(s)/2}{1+\varepsilon_0E(s)} \tag{7.95}$$

假设 $1-E(s)/2$ 的一阶近似表达式为

$$1-E(s)/2=\frac{1}{1+ka_0s} \tag{7.96}$$

当路径频率较低时，$s\to 0$，$1-E(s)/2$ 的零阶边界条件及一阶边界条件为

$$\begin{cases}\lim\limits_{s\to 0}\left(1-E(s)/2\right)=1\\ \lim\limits_{s\to 0}\left(1-E(s)/2\right)'=-\dfrac{a_0}{2}\end{cases} \tag{7.97}$$

将式(7.96)代入式(7.97)表示的低频边界条件，可得 $k=1/2$，因此 $1-E(s)/2$ 的一阶近似表达式为

$$1-E(s)/2=\frac{1}{1+a_0s/2} \tag{7.98}$$

将式(7.98)代入式(7.95)，有

$$H_{\tilde{K}_{y\varepsilon},\tilde{a}}=4a_0k_{ty}\frac{1}{1+\left(\dfrac{1}{2}+\varepsilon_0\right)a_0s} \tag{7.99}$$

将式(7.99)变换到空间域，可得

$$\tilde{K}_{y\varepsilon}+\left(\frac{1}{2}+\varepsilon_0\right)a_0\frac{\mathrm{d}\tilde{K}_{y\varepsilon}}{\mathrm{d}X}=4a_0k_{ty}\tilde{a} \tag{7.100}$$

式(7.100)表明，恒定小侧偏角时，轮胎小幅动载会引起侧向力的变化，根据准稳态概念，可认为是轮胎有效侧偏刚度动态变化的结果，且有效侧偏刚度变化可用一个一阶松弛系统来描述，其松弛长度为 $(1/2+\varepsilon_0)a_0$。将上述结论进行经验扩展，认为大侧偏角工况时仍有

$$\tilde{K}_{y\varepsilon}+l_{K_y}\frac{\mathrm{d}\tilde{K}_{y\varepsilon}}{\mathrm{d}X}=\tilde{K}_y \tag{7.101}$$

其中，$\tilde{K}_y$ 表示侧偏刚度的名义增量，此时松弛长度采用以下表达式：

$$l_{K_y}=\frac{a_0}{2}+\frac{K_{y\varepsilon}}{K_{c0}} \tag{7.102}$$

其中，$K_{y\varepsilon}$ 为当前工况时轮胎的实时有效侧偏刚度，只与轮胎的载荷及印迹的有效侧偏角有关，可从轮胎稳态侧偏特性获得。

上述分析表明，恒定侧偏角时轮胎动载侧偏侧向力特性可用轮胎侧偏刚度的松弛特性来描述，这为文献[4]“结构松弛”概念的提出提供了理论解释，同时本节的分析还提供了轮胎侧偏刚度“结构松弛”的松弛长度计算方法。

7.3.2 轮胎侧偏非稳态特性半经验模型

考虑胎体平移弹性的轮胎非稳态侧偏特性理论模型为

$$\begin{cases} H_{\tilde{F}_y,\tilde{\alpha}} = -2ak_{ty}\dfrac{E(s)}{s\big(1+\varepsilon_0 E(s)\big)} \\ H_{\tilde{M}_z,\tilde{\alpha}} = -2a^2k_{ty}\dfrac{E_1(s)}{s\big(1+\varepsilon_0 E(s)\big)} \end{cases} \tag{7.103}$$

引入 E 函数的“高阶近似”表达式，即

$$\begin{cases} E(s) = \dfrac{as}{1+\dfrac{2}{3}as} \\ E_1(s) = \dfrac{-\dfrac{1}{3}as}{\left(1+\dfrac{1}{3}as\right)\left(1+\dfrac{2}{3}as\right)} \end{cases} \tag{7.104a}$$

它满足 E 函数在 $s\to 0$ 的从零阶到二阶的所有导数边界条件，将式(7.104a)代入式(7.103)，可得到小幅侧偏角变化时轮胎侧向力及回正力矩传递函数为

$$H_{\tilde{F}_y,\tilde{\alpha}} = \frac{-2a^2k_{ty}}{1+\left(\dfrac{2}{3}+\varepsilon_0\right)as} = \frac{-K_y}{1+\left(\dfrac{2}{3}+\varepsilon_0\right)as} \tag{7.104b}$$

$$H_{\tilde{M}_z,\tilde{\alpha}} = \frac{\dfrac{2}{3}a^3k_{ty}}{\left[1+\left(\dfrac{2}{3}+\varepsilon_0\right)as\right]\left(1+\dfrac{1}{3}as\right)} = \frac{K_y\dfrac{a}{3}}{\left[1+\left(\dfrac{2}{3}+\varepsilon_0\right)as\right]\left(1+\dfrac{1}{3}as\right)} \tag{7.104c}$$

令 $l_{S_y} = \left(\dfrac{2}{3}+\varepsilon_0\right)a$，并将式(7.104b)变换到空间域，可得

$$\tilde{F}_y + l_{S_y}\frac{\mathrm{d}\tilde{F}_y}{\mathrm{d}X} = -K_y\tilde{\alpha} \tag{7.105}$$

令名义滑移率增量 $\tilde{S}_{yn} = -\tan\alpha \approx -\alpha$，$\tilde{S}_{y\varepsilon}$ 代表轮胎的有效滑移率变化，根据准稳态概念，可得

$$\tilde{F}_y = K_y\tilde{S}_{y\varepsilon} \tag{7.106}$$

将式(7.106)代入式(7.105)，有

$$\tilde{S}_{y\varepsilon} + l_{S_y}\frac{\mathrm{d}\tilde{S}_{y\varepsilon}}{\mathrm{d}X} = \tilde{S}_{yn} \tag{7.107}$$

式(7.107)表明，在小幅侧偏角变化时，轮胎的侧向力变化可认为是轮胎有效

滑移率动态变化的结果，且有效滑移率变化可用一个一阶松弛系统来描述，其松弛长度为$\left(\dfrac{2}{3}+\varepsilon_0\right)a$。

由回正力矩传递函数(7.104c)可知：

$$H_{\tilde{M}_z,\tilde{\alpha}}=-H_{\tilde{F}_y,\tilde{\alpha}}D_{x\varepsilon} \tag{7.108}$$

$$D_{x\varepsilon}=\frac{a}{3}\bigg/\left(1+\frac{1}{3}as\right) \tag{7.109}$$

式(7.109)中的$1+1/3as$因子看成对稳态回正力臂的松弛效应，其松弛长度为$l_d=a/3$。

将上述结论进行经验扩展，认为大侧偏角工况时仍有式(7.107)成立，此时松弛长度采用以下表达式：

$$l_{S_y}=\frac{2a}{3}+\frac{K_{y\varepsilon}}{K_{c0}} \tag{7.110}$$

其中，$K_{y\varepsilon}$为当前工况时轮胎的实时有效侧偏刚度，只与轮胎的载荷及印迹的有效侧偏角有关，可从轮胎稳态侧偏特性获得。

7.3.3　轮胎动载侧偏非稳态特性半经验模型

在轮胎运动的实际工况中，载荷与侧偏角都会呈现出非稳态的变化，因此建立轮胎动载侧偏非稳态特性半经验模型对汽车的动力学仿真应用更有实际意义。

同时考虑轮胎动载及侧偏角非稳态变化，以及胎体平移弹性，计算轮胎侧向力可用图 7.46 表示。

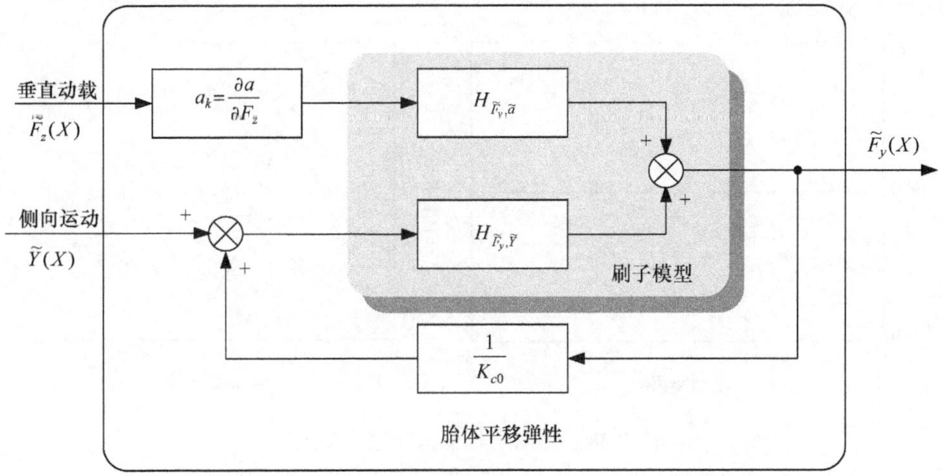

图 7.46　考虑胎体侧向平移变形的轮胎动载侧偏理论模型框图

通过引入“结构松弛”及“有效滑移率”的概念，并考虑轮胎载荷增加时，垂直载荷对印迹内剪切应力形成的作用是逐步建立的，也有一个松弛过程，同时取与轮胎侧偏刚度“结构松弛”相同的松弛长度，可建立如图 7.47 所示轮胎动载侧偏非稳态特性的半经验模型。

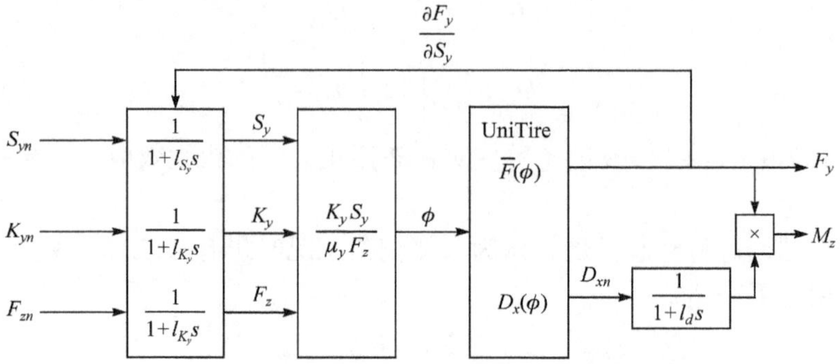

图 7.47　轮胎动载侧偏非稳态特性的半经验模型仿真计算框图

图 7.48 和图 7.49 为恒定载荷下，轮胎侧偏角非稳态变化时侧向力与回正力矩的离散仿真模型与半经验模型的对比曲线；图 7.50 和图 7.51 为恒定侧偏角下，轮胎载荷非稳态变化时侧向力与回正力矩的离散仿真模型与半经验模型的对比曲线；图 7.52 和图 7.53 为载荷及侧偏角都非稳态正弦变化时，轮胎侧向力与回正力矩的仿真对比结果。

从仿真对比图中可以看出，轮胎动载侧偏半经验模型与离散仿真模型的计算结果有较好的一致性，这说明“结构松弛”及“有效滑移率”概念能很好地表达轮胎的动载侧偏非稳态特性。

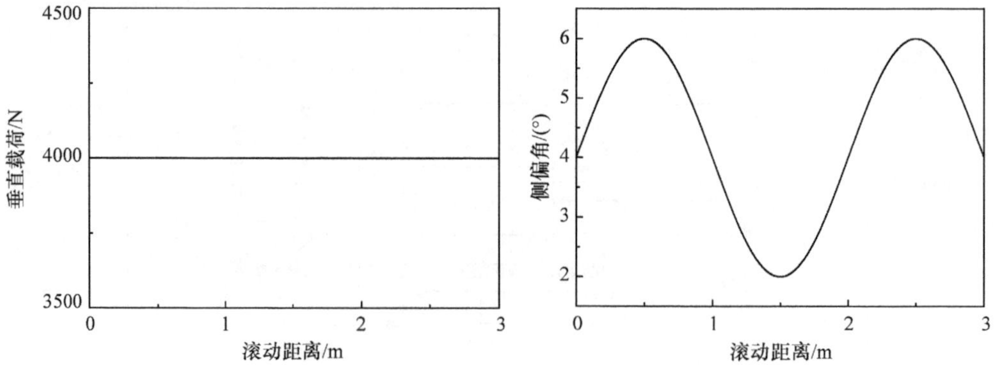

图 7.48　侧偏角非稳态变化工况图

$\mu=1.0$

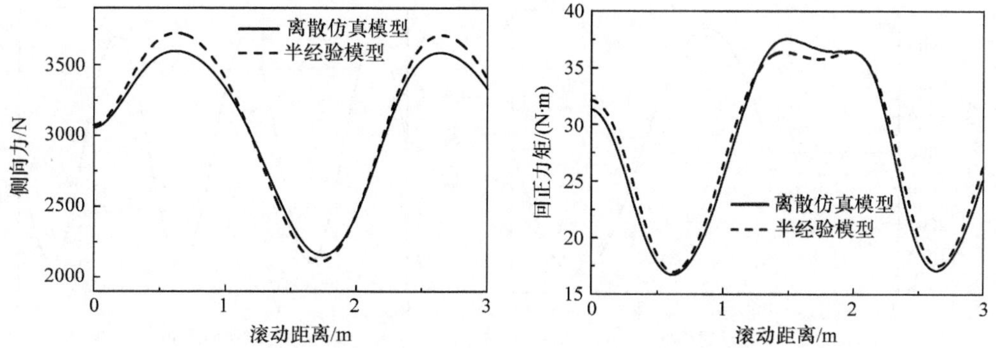

图 7.49　侧偏角非稳态变化的仿真对比结果

$\mu=1.0$

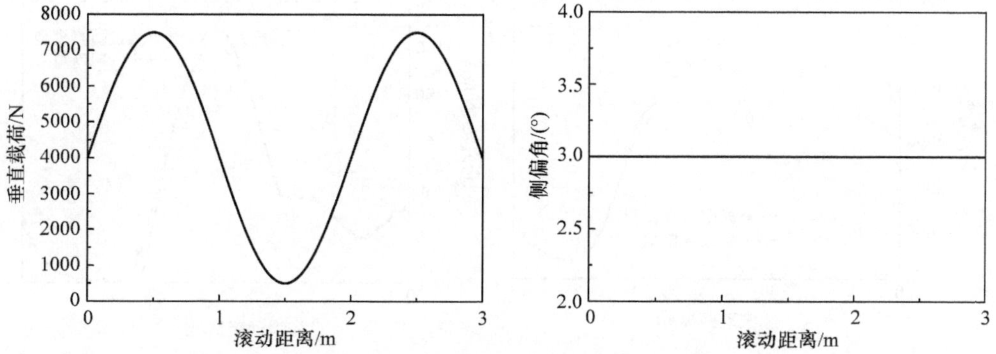

图 7.50　轮胎垂直载荷非稳态变化工况图

$\mu=1.0$

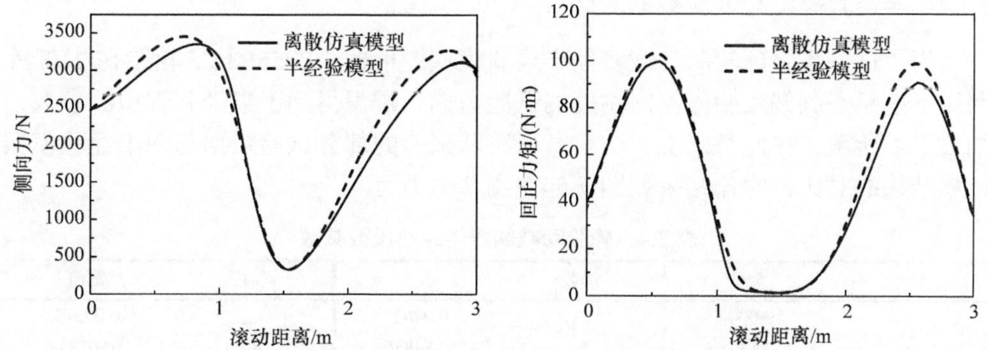

图 7.51　轮胎垂直载荷非稳态变化的仿真对比结果

$\mu=1.0$

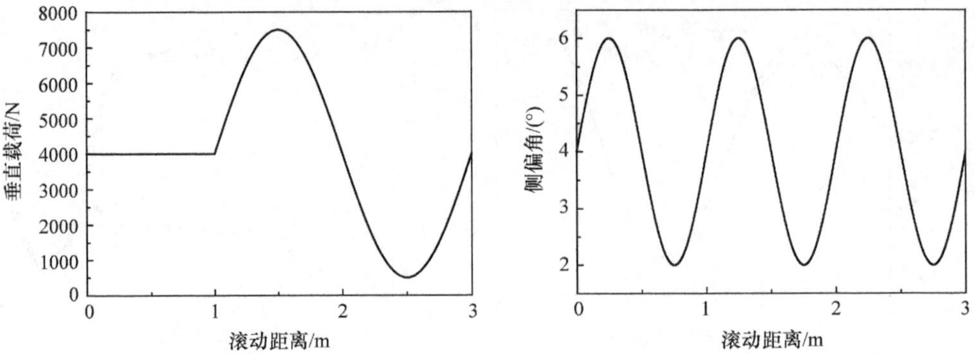

图 7.52 轮胎动载侧偏非稳态变化复合工况图

$\mu = 1.0$

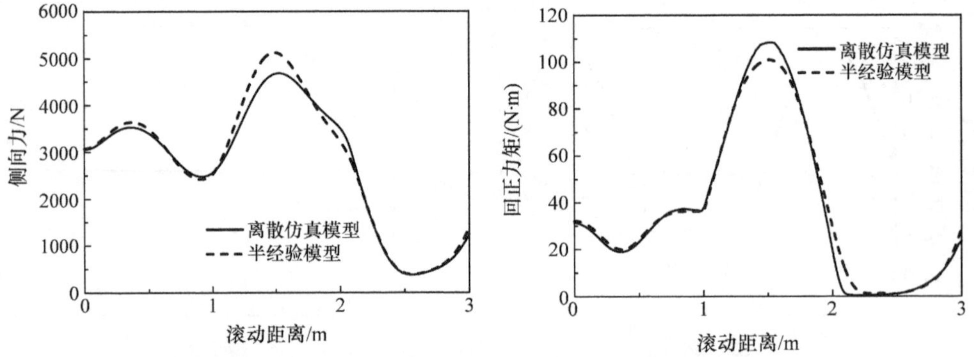

图 7.53 轮胎动载侧偏非稳态变化的仿真对比结果

$\mu = 1.0$

7.3.4 半经验模型与试验数据对比

为了进一步验证轮胎动载侧偏半经验模型，根据 195/55R15V 轮胎在 210kPa 胎压下的稳态侧偏及胎体侧向刚度的试验数据，辨识得到了半经验模型的参数，如表 7.4 所示，在此基础上，进行载荷阶跃试验的部分试验数据与用半经验模型计算结果的对比，对比结果如图 7.54～图 7.61 所示。

表 7.4 轮胎动载侧偏半经验模型参数

参数	数值	参数	数值	参数	数值
a_1	0.0009	S_5	0.04621	m_4	0.00513
a_2	2.3847×10^{-6}	S_6	0.84456	m_5	−0.01833
K_{c0}/(N/m)	128.38×10^{3}	S_7	0	m_6	0.006
S_1	2.52×10^{13}	S_8	0	m_7	0.85778
S_2	-3.1×10^{16}	m_1	0.00372	m_8	2.20287
S_3	0.12071	m_2	0.03627	m_9	0.1094
S_4	−0.0948	m_3	−0.003	m_{10}	2.2618×10^{18}

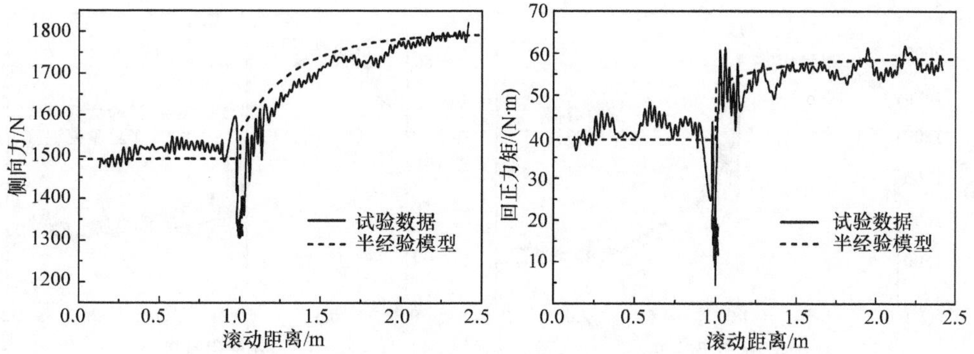

图 7.54　载荷上阶跃时轮胎力变化的试验数据与模型仿真结果对比

$\alpha = 2.0°, F_{z1} = 3979\text{N}, F_{z2} = 4861\text{N}$

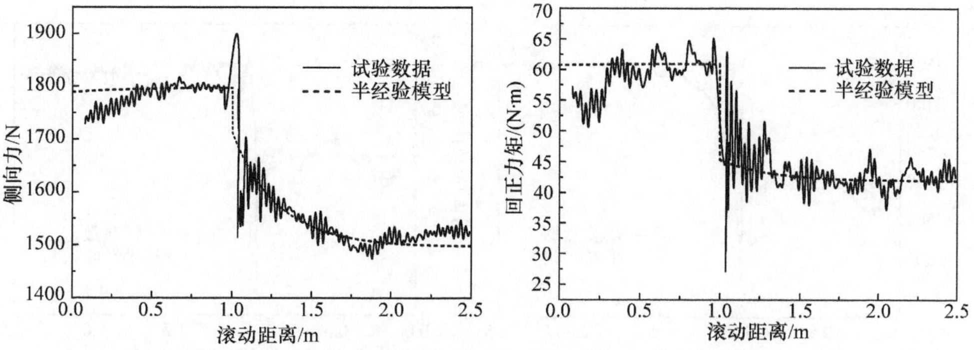

图 7.55　载荷下阶跃时轮胎力变化的试验数据与模型仿真结果对比

$\alpha = 2.0°, F_{z1} = 4861\text{N}, F_{z2} = 3979\text{N}$

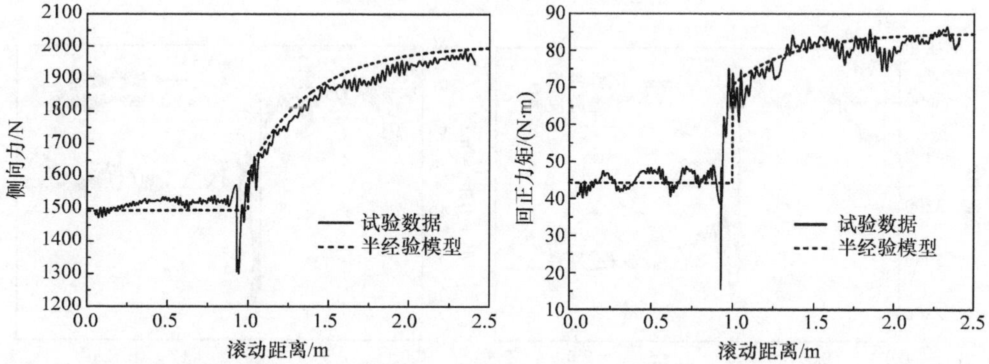

图 7.56　载荷上阶跃时轮胎力变化的试验数据与模型仿真结果对比

$\alpha = 2.0°, F_{z1} = 3979\text{N}, F_{z2} = 5821\text{N}$

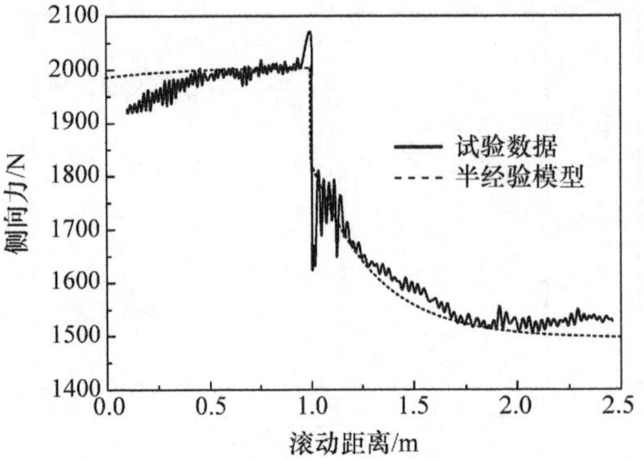

图 7.57　载荷下阶跃时轮胎力变化的试验数据与模型仿真结果对比

$\alpha = 2.0°, F_{z1} = 5821\text{N}, F_{z2} = 3979\text{N}$

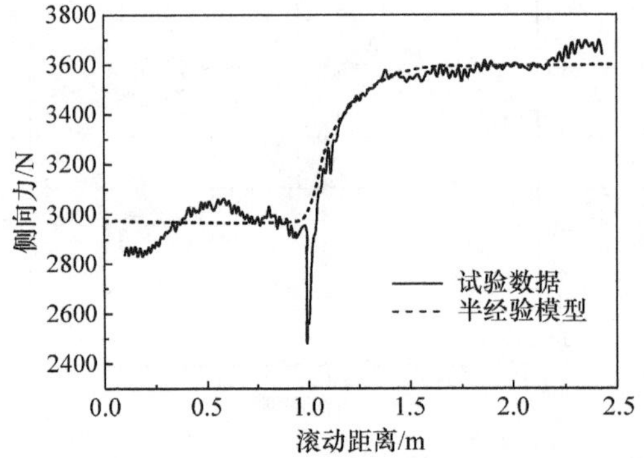

图 7.58　载荷上阶跃时轮胎力变化的试验数据与模型仿真结果对比

$\alpha = 6.0°, F_{z1} = 3979\text{N}, F_{z2} = 4861\text{N}$

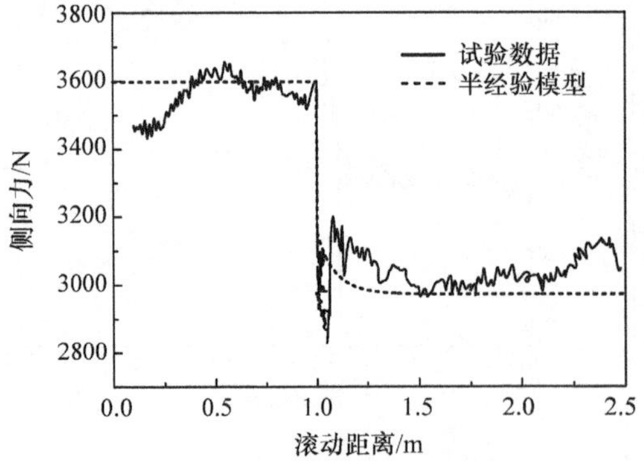

图 7.59　载荷下阶跃时轮胎力变化的试验数据与模型仿真结果对比

$\alpha = 6.0°, F_{z1} = 4861\text{N}, F_{z2} = 3979\text{N}$

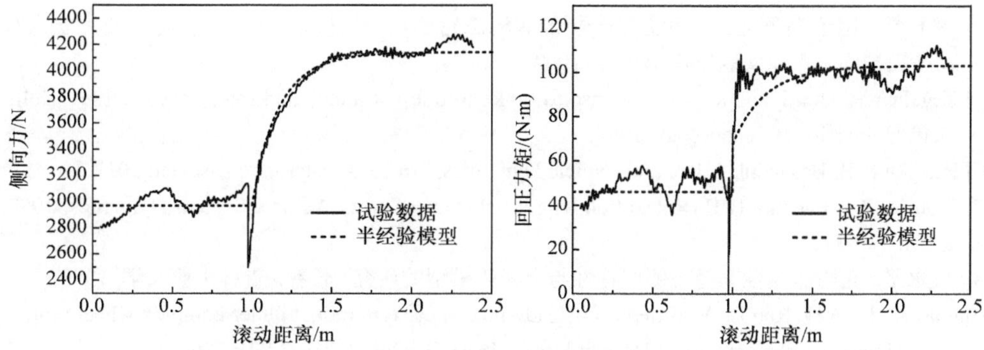

图 7.60　载荷上阶跃时轮胎力变化的试验数据与模型仿真结果对比

$\alpha = 6.0°, F_{z1} = 3979\text{N}, F_{z2} = 5821\text{N}$

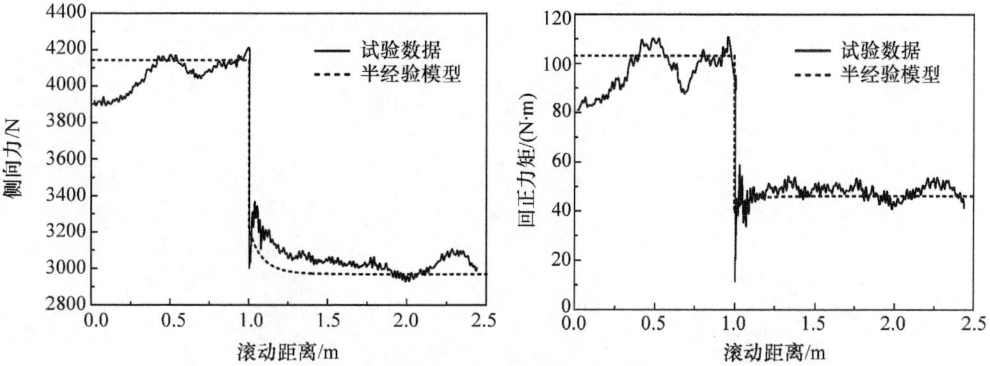

图 7.61　载荷下阶跃时轮胎力变化的试验数据与模型仿真结果对比

$\alpha = 6.0°, F_{z1} = 5821\text{N}, F_{z2} = 3979\text{N}$

表 7.4 中，a_1、a_2 为接地印迹半长的参数，接地印迹半长表达式为式(7.5)；K_{c0} 为胎体侧向平移刚度，其值可从试验中辨识得到，单位为 N/m；S 及 m 系列参数为 UniTire 轮胎模型参数，可从 195/55R15V 轮胎在 210kPa 胎压下的稳态侧偏特性试验数据中辨识得出。

从图 7.54～图 7.61 中可以看出，轮胎动载侧偏半经验模型的计算结果与试验数据有很好的一致性。

参 考 文 献

[1] 郭孔辉. 汽车操纵动力学原理. 南京: 江苏科学技术出版社, 2011.
[2] 卢荡. 轮胎动载侧偏特性建模及对汽车操纵稳定性影响. 长春: 吉林大学, 2003.
[3] 孙逢春. 时变激励下轮胎侧偏动力特性研究. 北京: 北京理工大学, 1989.

[4] 郭孔辉. 用于汽车全工况动力学分析的非稳态轮胎六分力模型. 长春: 吉林工业大学汽车动态模拟国家重点实验室内部报告, 1997.

[5] Zegelaar P. The dynamic tyre response to brake torque variations and road unevennesses. Delft: Delft University of Technology, 1998.

[6] Pacejka H B, Besselink I. Tire and Vehicle Dynamics. 3rd ed. Amsterdam: Elsevier, 2012.

[7] Maurice J P, Pacejka H B. Relaxation length behavior of tyres. Vehicle System Dynamics, 1997, 27(S): 339-342.

[8] 侯永平. 轮胎非线性非稳态侧偏特性与半经验模型的研究. 长春: 吉林工业大学, 1999.

[9] Guo K H, Lu D, Ren L. A unified non-steady non-linear tyre model under complex wheel motion inputs including extreme operating conditions. JSAE Review, 2001, 22(4): 396-402.

[10] 任雷. 复杂工况下的轮胎非稳态侧偏特性研究. 长春: 吉林工业大学, 2000.

第 8 章　轮胎中高频动态特性

汽车的行使工况很复杂，在受到较高频率的激励时，如高速驶过短波长不平路面或突然的制动、驱动，会引起带束相对轮辋的振动，此时轮心处的力响应与稳态时有很大的差异。为了研究轮胎受到较高频率激励时的动态响应，本章以UniTire轮胎稳态及非稳态模型为基础，从子午线轮胎的物理结构及其平面内模态振型出发，分别建立垂直方向上的动态模型和平面内的动态模型[1]。平面内的动态模型主要由五部分组成：带束环单元、胎侧和压缩空气、轮辋单元、垂向接地弹簧、松弛滑移模型。带束环单元表达轮胎受到较高频率激励时的惯性特性；胎侧和压缩空气被模拟成垂向、纵向、周向的轮-环刚度和阻尼，表示带束平面内振动的固有频率和振型；轮辋单元的转动作为一个单独的自由度加入模型的动力学方程中；垂向接地弹簧表达轮胎接地后垂向较大的变形；松弛滑移模型根据带束环的运动输入，计算轮胎与路面的切向力。而对于短波长不平路面的接触问题，通过轮胎的包容特性，将轮胎的准静态响应转换为等效路面，实现对所建立的单点动态模型的等效激励。

8.1　轮胎在不平路面上的等效激励

由于轮胎结构的复杂性，以及弹性胎面与不平路面接触的复杂性，不平路面对轮胎的激励非常复杂。轮胎是一个弹性体，在滚过不平路面时，在有限的印迹长度内会对路面有包容作用，即路面扰动通过轮胎后，对轮胎的作用被轮胎滤波的特性。本章研究轮胎的动态特性时，轮胎的主体被假想成刚性的环，它与路面单点接触，显然，单点接触模型不能表现出轮胎对不平路面的包容作用，需要研究路面对单点模型的等效激励。

1. 低速时轮胎滚过不平路面的响应

如图 8.1 所示，轮胎低速滚过不平路面时，主要表现出三种响应：

(1) 垂直力的变化；

(2) 纵向力的变化；

(3) 转动速度的变化。

由于这种试验一般在转毂或平板式试验台上测量，试验时轮心的空间位置固定，转毂或平台相对轮心移动，所以轮心的水平速度不变，这样当轮胎转动速度发生变化时，也表现为有效滚动半径的变化。

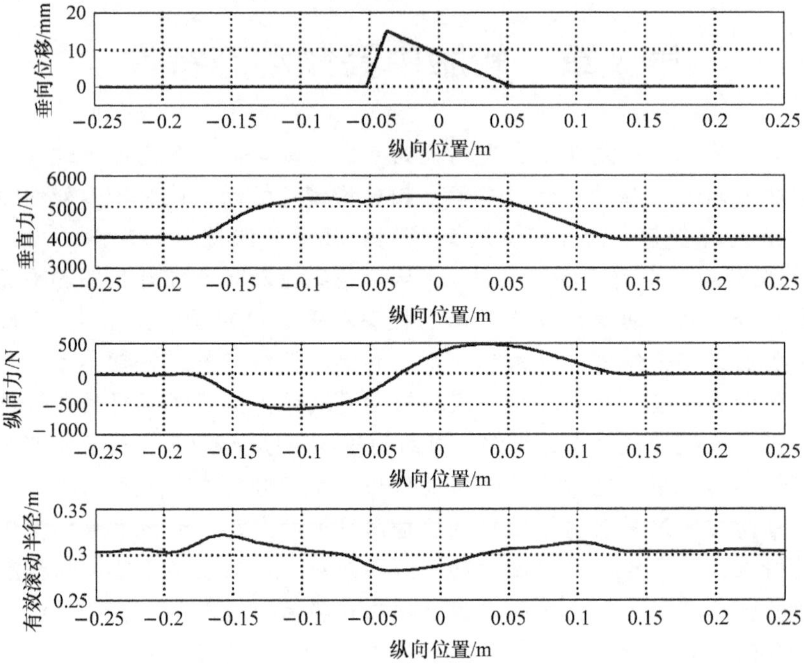

图 8.1　轮胎低速滚过不平路面时的响应

高速时，转动速度的变化能产生额外显著的纵向力，轮胎的滤波效应使轮胎以恒定载荷缓慢地在不平路面上滚动时，轮心的轨迹比实际路面平缓得多，如图 8.2 所示。

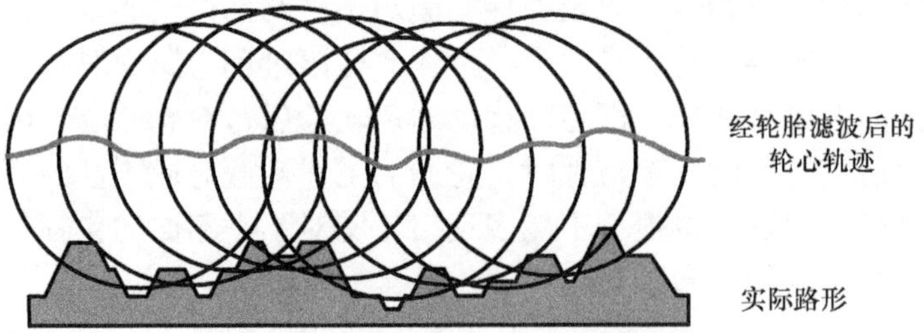

图 8.2　轮胎对路面的滤波效果

低速时，轮胎的动态响应是在转毂试验台上测量的，如图 8.3 所示，转毂周长为 5m，试验时，选用两种典型的不平路面形状，即 10mm×20mm、20mm×20mm(高×宽)矩形凸块，凸块垂直于转毂的圆周方向，横向固定在转毂表面上。试验时轮胎只能绕轮心转动，轮心的空间位置固定，转毂转动，带动轮胎转动，转毂的表面线速度为 2km/h。

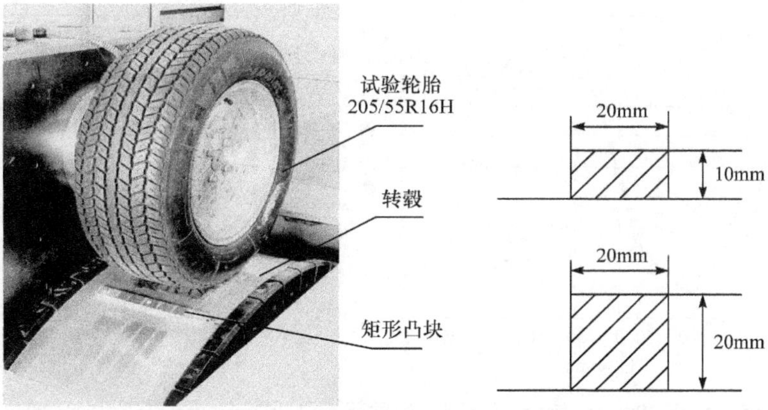

图 8.3　不平路面轮胎低速转毂试验

下面分别研究载荷、胎压、路面形状对轮胎低速动态响应的影响，为便于观察，横坐标用位移表示，且对数据进行了平移，试验结果是 10 次测量的平均值。图 8.4～图 8.7 是轮胎在一定胎压下，以不同的初始载荷滚过同一种不平路面时，纵向力和垂直力的变化。从图中可以看出，对于特定的胎压和路面形状，轮胎以轴高固定的方式下滚过凸块时，纵向力和垂直力都有较大变化，纵向力相对于矩形凸块的中心线是近似反对称的，而垂直力相对于中心线是近似对称的，造成中心线两侧值差异的原因是轮胎弹性材料的迟滞特性，如果轮胎在各位置停留足够长的时间，那么轮胎力的变化应该相对于矩形中心线是对称的(纵向力反对称)。从图中还可以看到，各载荷间，纵向力的相对变化幅度不大，只是范围随载荷的增加有所扩展，但垂直力的相对变化幅度很大，而且最小的初始载荷，垂直力的变化幅度反而最大，当初始载荷达到一定程度后，如图 8.5 所示，垂直力的变化会出现三个峰值，初始载荷 F_{z0}=4704N 曲线的第一个峰值与初始载荷 F_{z0}=6468N 曲线的第一个峰值近似相等。

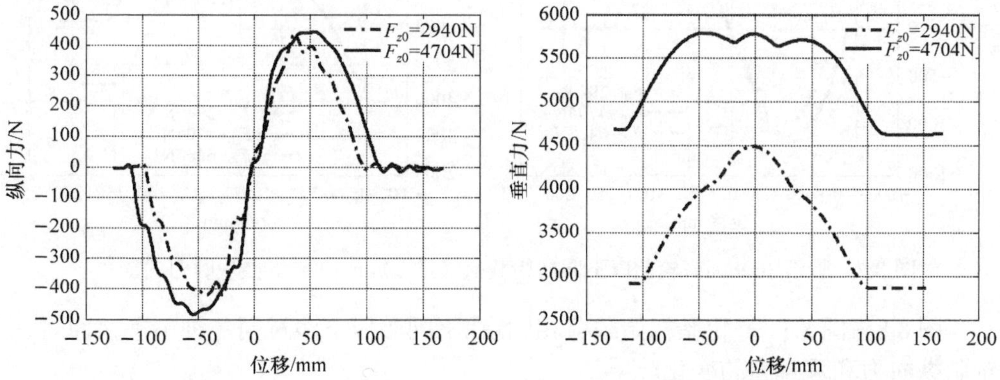

图 8.4　胎压 250kPa，轮胎以不同初始载荷滚过 10mm×20mm 凸块时力的变化

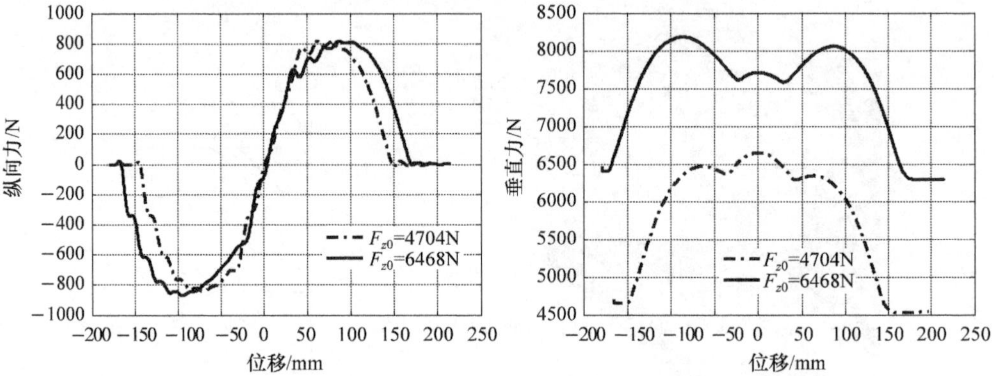

图 8.5　胎压 200kPa，轮胎以不同初始载荷滚过 20mm×20mm 凸块时力的变化

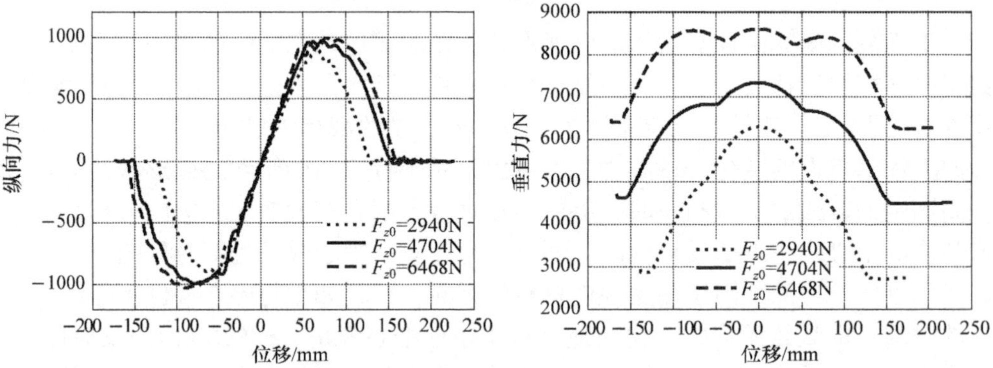

图 8.6　胎压 250kPa，轮胎以不同初始载荷滚过 20mm×20mm 凸块时力的变化

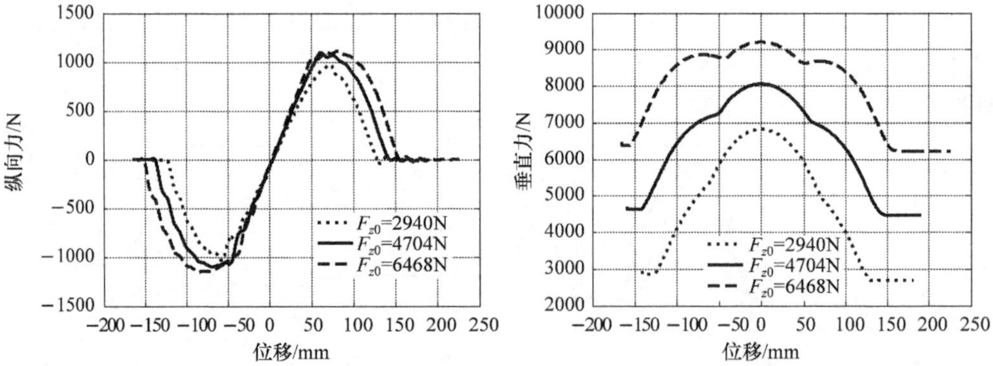

图 8.7　胎压 300kPa，轮胎以不同初始载荷滚过 20mm×20mm 凸块时力的变化

图 8.8～图 8.11 是轮胎初始载荷相同、在不同胎压下滚过同一种不平路面时，轮胎纵向力和垂直力的变化。

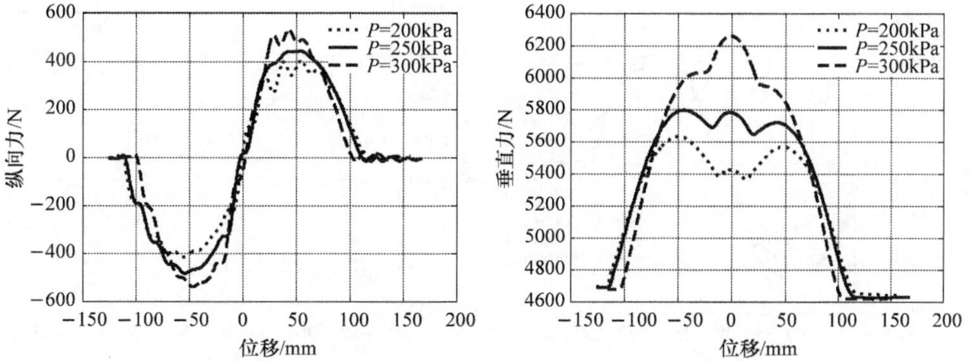

图 8.8 初始载荷 4704N，轮胎在不同胎压下滚过 10mm×20mm 凸块时力的变化

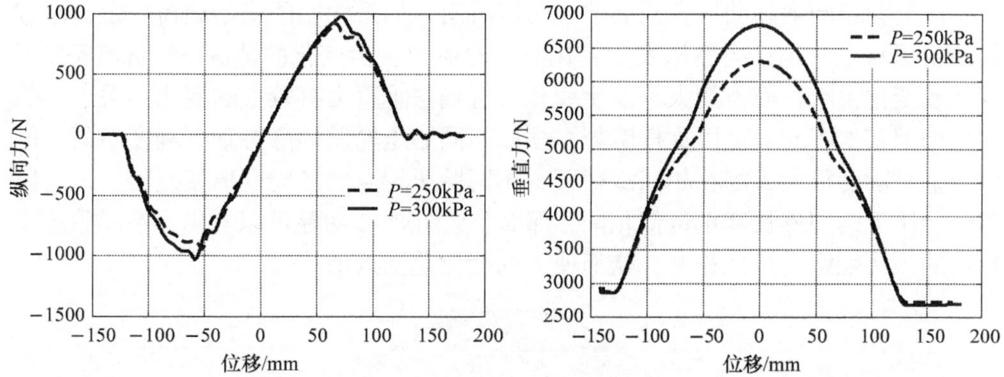

图 8.9 初始载荷 2940N，轮胎在不同胎压下滚过 20mm×20mm 凸块时力的变化

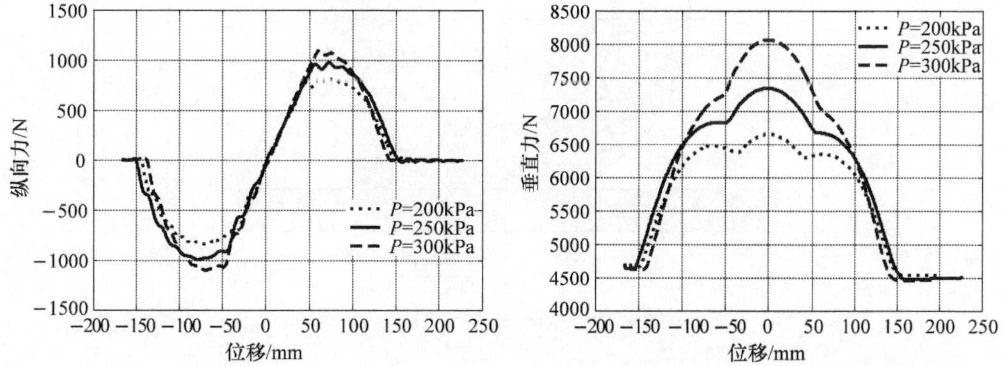

图 8.10 初始载荷 4704N，轮胎在不同胎压下滚过 20mm×20mm 凸块时力的变化

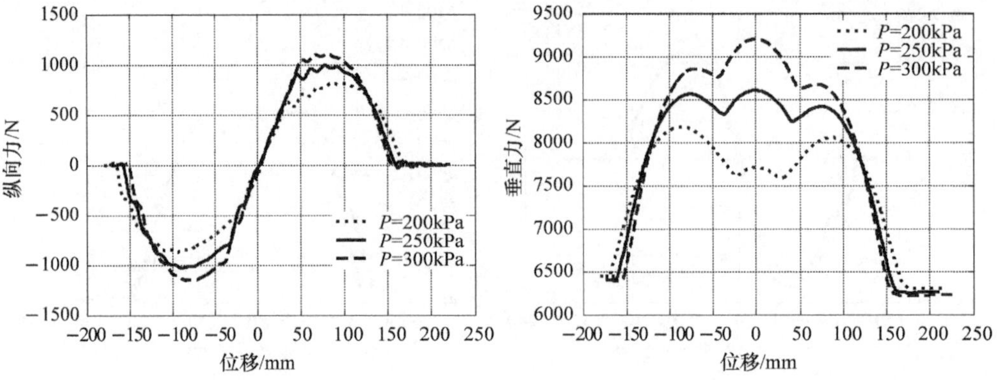

图 8.11　初始载荷 6468N，轮胎在不同胎压下滚过 20mm×20mm 凸块时力的变化

从上面轮胎力随胎压变化的情况可以看出，如果轮胎的初始载荷一定，滚过的凸块形状也一定，当胎压发生变化时，轮胎力发生变化的范围(横坐标)近似不变，或变化很小，而力的大小发生变化，特别是垂直力有较大的变化。关于力的变化范围基本不变，可以这样解释，虽然不同胎压轮胎的静态垂直刚度不同，但由于垂直刚度很大，则在相同载荷下，不同胎压轮胎的径向变形相差很小，所以各个胎压下的印迹长度也近似相同，那么，从图 8.12 明显可以看出，不同胎压下轮胎的预接触距离近似相等，从而使力的变化范围近似相等。

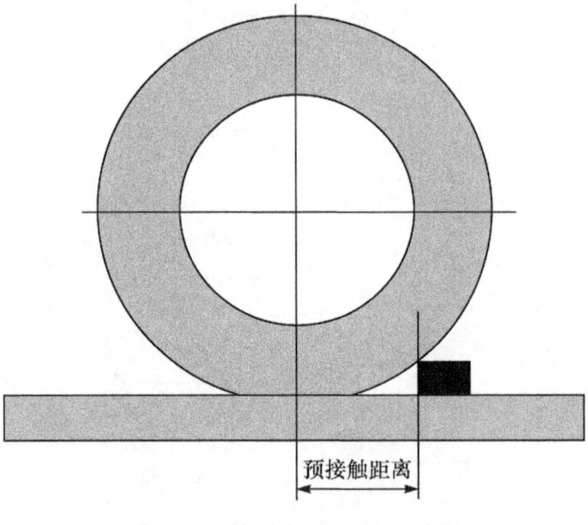

图 8.12　轮胎与凸块的预接触

而胎压不同，虽然印迹长度变化不大，但印迹内的压力分布有很大的差异，所以造成垂直力变化的差异。

图 8.13～图 8.16 是轮胎初始载荷和胎压一定、滚过不同的凸块形状时轮胎力的变化。

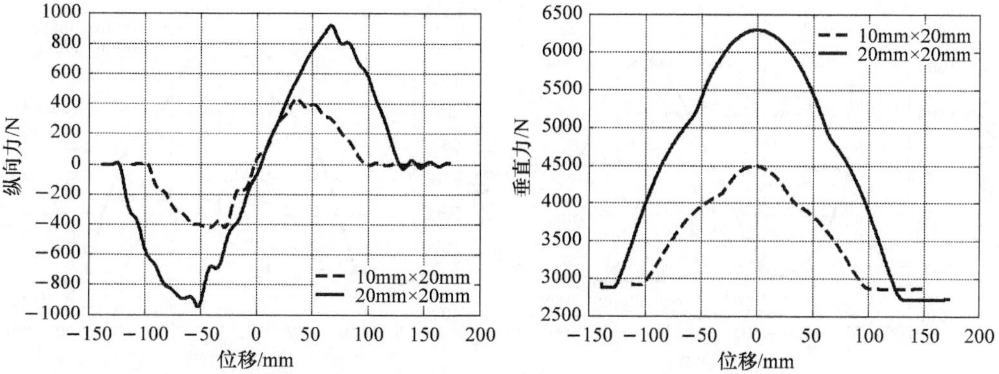

图 8.13　初始载荷 2940N，胎压 250kPa 轮胎滚过不同凸块时力的变化

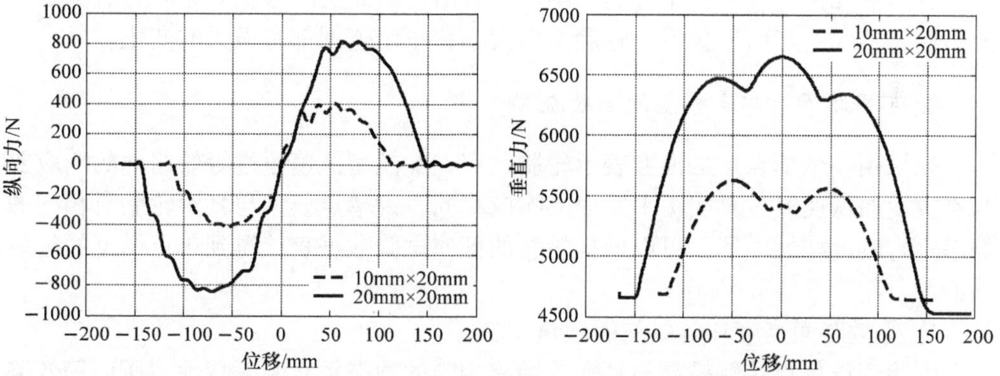

图 8.14　初始载荷 4704N，胎压 200kPa 轮胎滚过不同凸块时力的变化

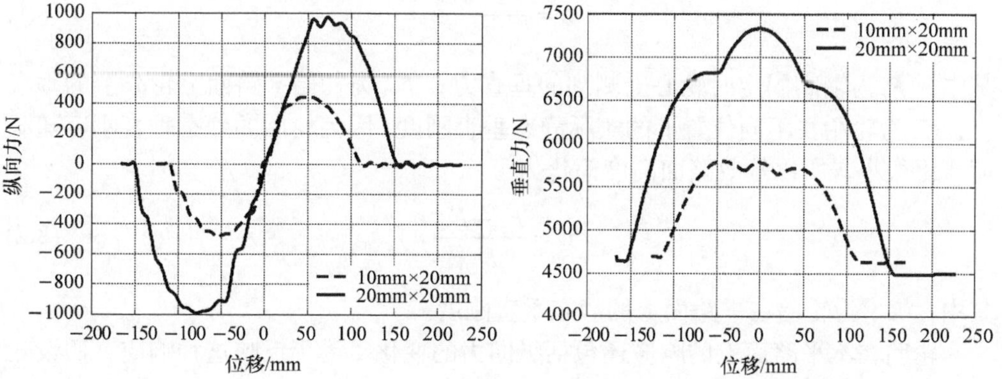

图 8.15　初始载荷 4704N，胎压 250kPa 轮胎滚过不同凸块时力的变化

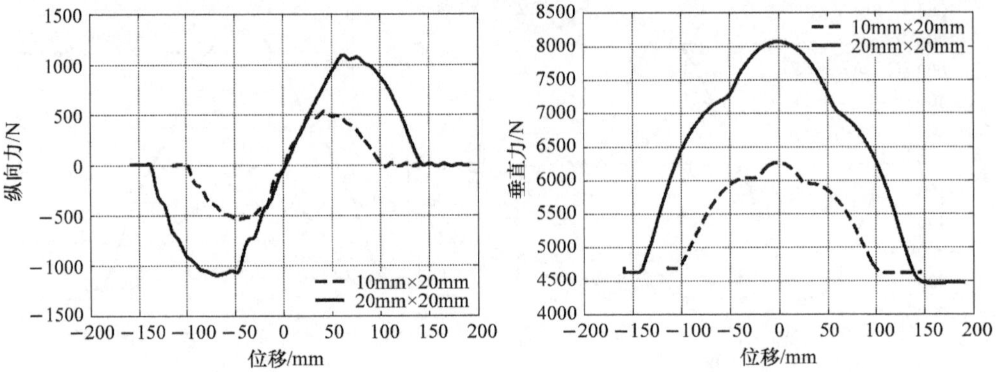

图 8.16　初始载荷 4704N，胎压 300kPa 轮胎滚过不同凸块时力的变化

从凸块几何尺寸对轮胎力的影响可以看出，路面实际形状对轮胎力有决定性的影响，不同的路面形状下，轮胎力的大小和作用范围都有很大的变化。

2. 不平路面对单点模型的等效激励

如果用一个单点接触模型表示轮胎，那么此模型低速通过等效路面的响应要与真实轮胎低速通过真实不平路面的响应相同，设单点模型与真实轮胎有相同的静态垂直刚度特性，那么可以根据轮胎的低速试验数据直接得到单点模型的等效路面。

1) 等效路面高度和等效路面倾角

因为假设单点接触模型与真实轮胎有相同的静态垂直刚度特性，所以等效路面高度 w 为

$$w = \frac{F_z - F_{z0}}{K_z} \tag{8.1}$$

其中，F_z 为轴高固定时轮心上测到的垂直力；F_{z0} 为初始平路面上轮心上的垂直力；K_z 为轮胎在不同位置上的实际静态垂直刚度。因为轮胎的静态垂直刚度随载荷变化很小，所以等效路面高度简化为

$$w = \frac{F_z - F_{z0}}{K_{z0}} \tag{8.2}$$

其中，K_{z0} 为轮胎在平路面上的静态垂直刚度。

轮胎在不平路面上的响应还包括纵向力的变化，为了反映这种响应，假设轮胎滚过不平路面时，是转过一系列倾角不断变化的水平路面，而且路面与轮胎法向力方向垂直，如图 8.17 所示，设等效路面倾角为 β，则

$$\beta = \arctan\left(\frac{F_x - F_{x0}}{F_z}\right) \tag{8.3}$$

其中，F_{x0} 为初始时平路面上的纵向力，它是由滚动阻力引起的(试验数据中已经去除了初始时的纵向力)。图 8.18～图 8.20 是各种工况下的等效路面高度和等效路面倾角，从图中和式(8.2)可以看出，对于同一种胎压下的等效路面，等效路面高度与垂直力有相同的变化趋势，当考虑载荷对垂直刚度的影响时，同一初始载荷下，载荷和等效路面高度的变化趋势会有一些差异。对比图 8.18 和图 8.19 可以看出，胎压对路面的等效路面高度和等效路面倾角都有影响，但不同胎压下等效输入的作用范围比较接近，这是由于在不同的胎压、相同的载荷下，轮胎有比较接近的印迹长度，而且小载荷时，不同胎压下的等效路面高度和等效路面倾角都比较接近。凸块尺寸不同，等效路面明显不同。

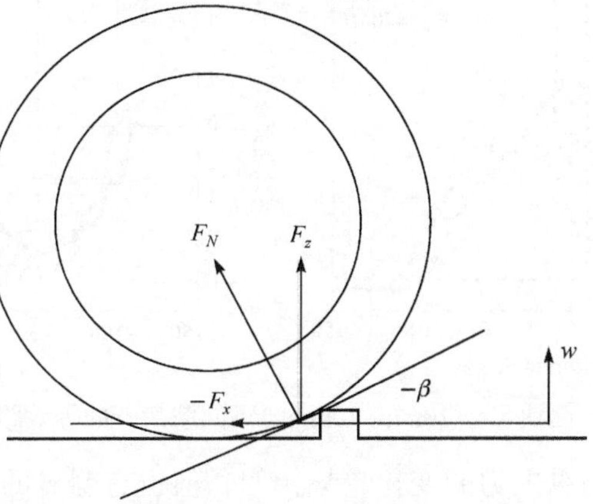

图 8.17　等效路面高度和等效路面倾角

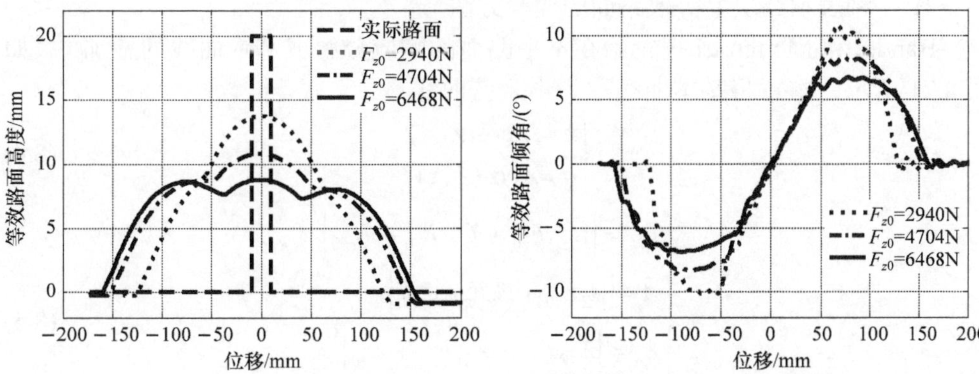

图 8.18　胎压 250kPa、凸块尺寸 20mm×20mm，不同载荷下的等效路面高度和等效路面倾角

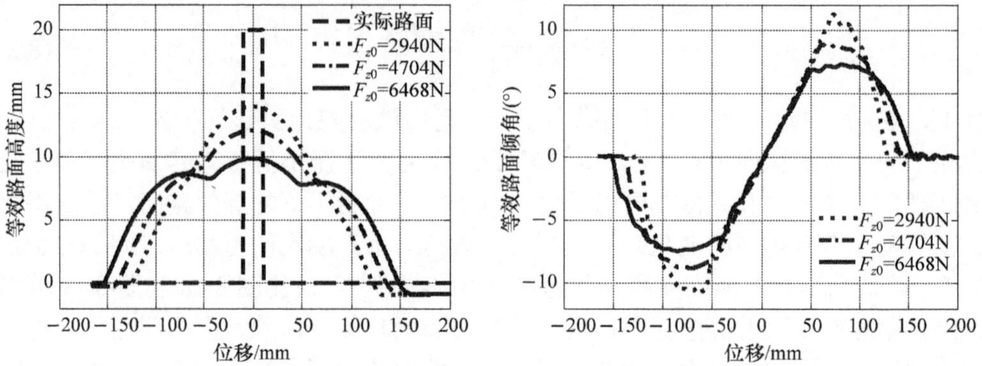

图 8.19 胎压 300kPa、凸块尺寸 20mm×20mm，不同载荷下的等效路面高度和等效路面倾角

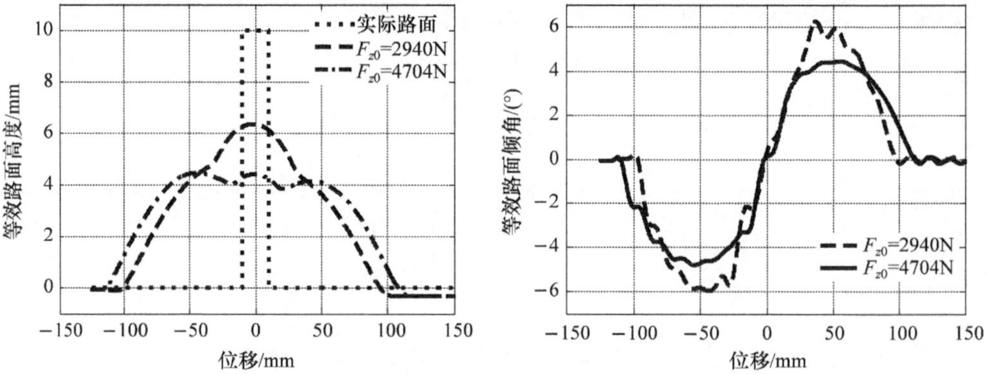

图 8.20 胎压 250kPa，凸块尺寸 10mm×20mm，不同载荷下的等效路面高度和等效路面倾角

等效路面倾角与纵向力的变化趋势相似，但也有明显的不同，与纵向力的变化相反，初始载荷越小，等效路面倾角的变化幅度越大。

2) 一种表示凸块上等效路面的经验方法

Bandel 和 Monguzzi 把轮胎在不平路面的响应分解成基本曲线的叠加[2]，如图 8.21 所示，本章将基本曲线取为半余弦曲线：

$$\begin{cases} h = H\cos(\lambda_H x) \\ a = A\cos(\lambda_A x) \end{cases} \tag{8.4}$$

$$\begin{cases} L_H = \left| L_{H2}F_{z0}^2 + L_{H1}F_{z0} + L_{H0} \right| \\ A = \left| A_2F_{z0}^2 + A_1F_{z0} + A_0 \right| \\ \lambda_A = \left| \lambda_{A2}F_{z0}^2 + \lambda_{A1}F_{z0} + \lambda_{A0} \right| \\ L_A = \left| L_{A2}F_{z0}^2 + L_{A1}F_{z0} + L_{A0} \right| \end{cases} \tag{8.5}$$

其中，H 、λ_H 与载荷没有建立联系，认为在同一胎压和路面形状的情况下，等效路面高度的基本曲线不随载荷变化；等效路面高度曲线的平移长度 L_H，与初始载荷建立二次多项式的关系；有效倾角中 A、λ_A、L_A 都和载荷建立起了二次多项式的关系，下面是采用对式(8.4)平移、叠加的方法，利用图 8.22 中的等效路面高度和等效路面倾角进行拟合的结果。图 8.23 和图 8.24 为不同垂直载荷下等效路面的试验和拟合结果。

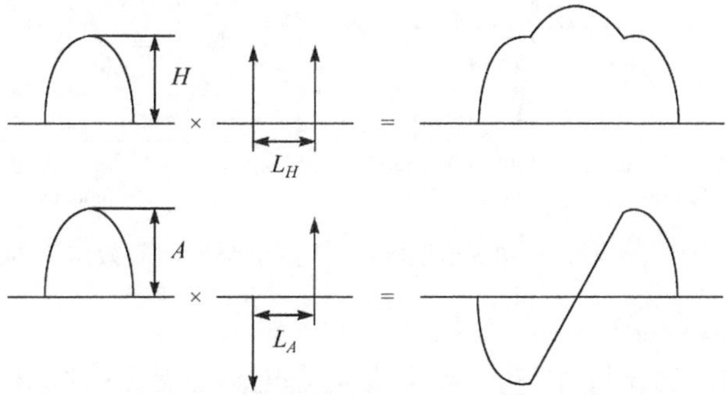

图 8.21　凸块的基本曲线及等效路面高度和等效路面倾角的获得

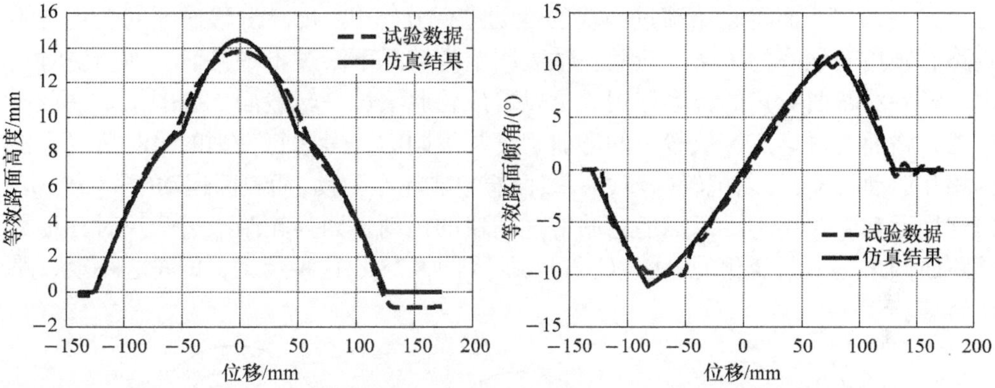

图 8.22　胎压 250kPa、凸块尺寸 20mm×20mm、F_{z0}=2940N 时等效路面的试验和拟合结果

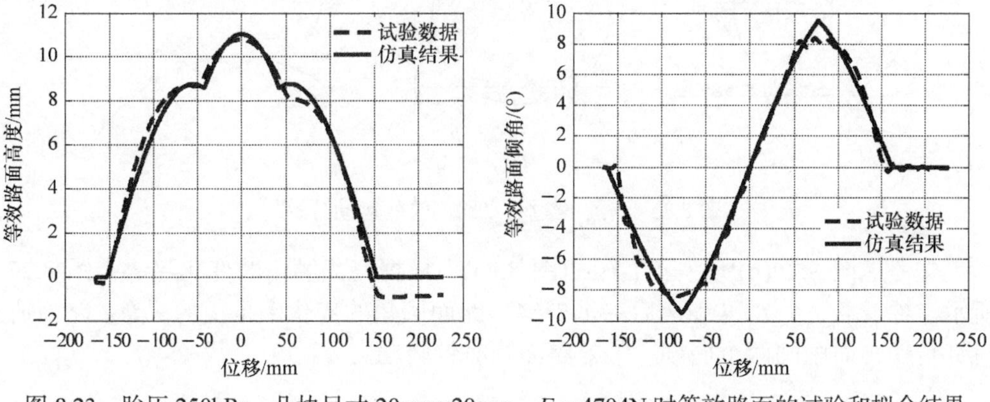

图 8.23　胎压 250kPa、凸块尺寸 20mm×20mm、F_{z0}=4704N 时等效路面的试验和拟合结果

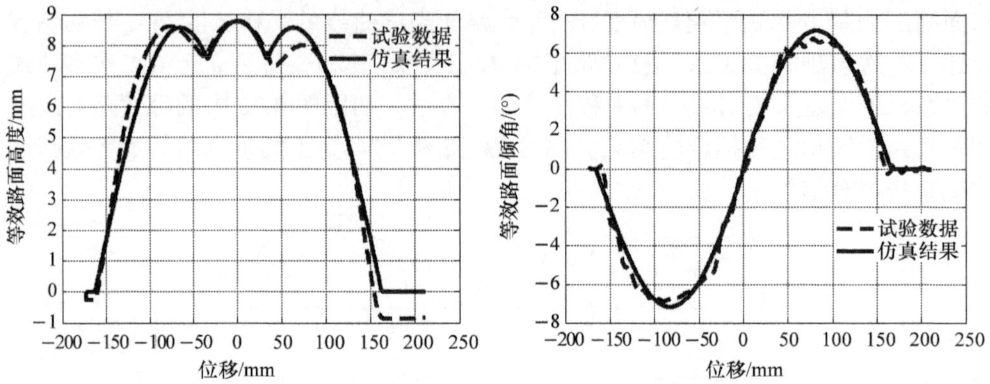

图 8.24 胎压 250kPa、凸块尺寸 20mm×20mm、F_{z0}=6468N 时等效路面的试验和拟合结果

3) 等效路面倾角变化

轮胎滚过不平路面时，滚动速度会发生变化，必然会引起滑移速度的变化。理论和试验表明，轮胎滚过不平路面时，滑移速度的变化与等效路面倾角变化率有很大关系。下面将轮胎滚过凸块的运动进行分解[3]，推导滑移速度的变化与等效路面倾角变化率的关系。轮胎在轴高固定的情况下滚过不平路面，如凸块时，由于轮胎对路面尖角的包容作用，可以看成轮胎滚过一转毂面，如图 8.25 所示。当然，路面上每个点等效毂面的弯曲程度是不同的，考虑每一刻的瞬时情况，根据相互运动关系，可以把轮胎转过一毂面想象成轮心不动，而毂面运动(图 8.25(c))，但这种运动方式还不足以描述轮胎滚过凸块的运动，因为轮胎滚过凸块时，定义的路面倾角是不断变化的，所以还需要加入图 8.25(b)这种运动，即轮心不动、路面转动。

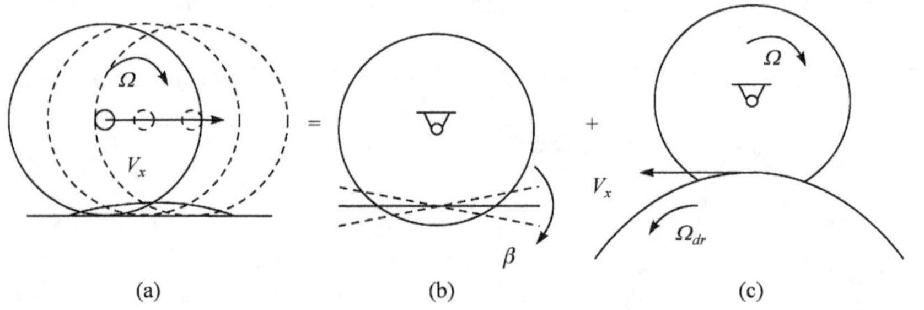

图 8.25 轮胎滚过不平路面时的运动分解

先考虑图 8.25(b)所示运动方式(图 8.26)，根据路面倾角的变化趋势，图 8.27 所示，对于第一个 $T/4$ 和最后一个 $T/4$，路面倾角的变化率是负的，等效路面逆时针转动，而中间两个周期，等效路面顺时针转动。

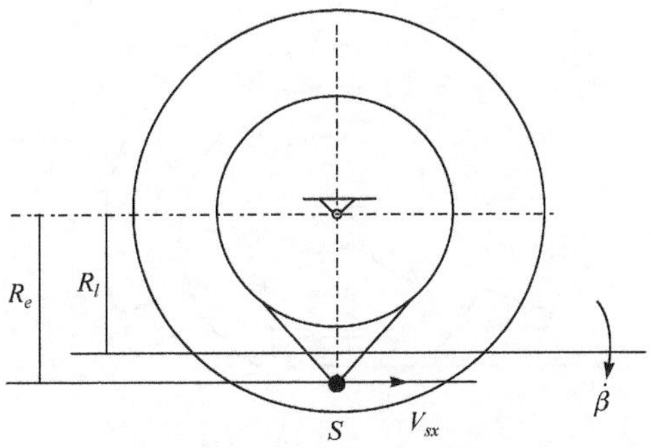

图 8.26　等效路面的定轴转动

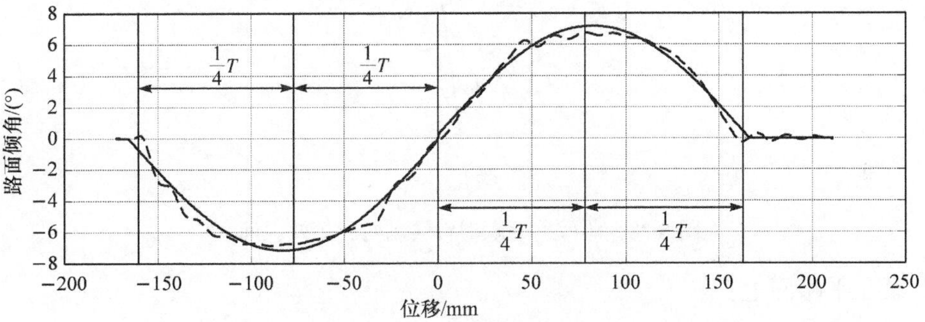

图 8.27　路面倾角的变化

等效路面顺时针转动和逆时针转动时，等效毂面的弯曲方向是不同的，当路面顺时针转动时，毂面是向下弯曲的，是凸的；逆时针转动时，毂面是向上弯曲的，是凹的，先看顺时针转动的情况，如图 8.26 所示，这时点 S 相对于路面是向前移动的，考虑 β 的方向后，有

$$V_{sx}=V_x-\Omega R_{e0}+(R_{e0}-R_l)\frac{\mathrm{d}\beta}{\mathrm{d}t} \tag{8.6}$$

此时的毂面是凸的，如图 8.28 所示，图中 d_t 表示负载下胎面的厚度，r_b 为带束半径，Ω_{dr} 为等效毂面的转速，R_{dr} 为毂面的曲率半径，V_x 为毂面的切向线速度，Ω 为轮胎转速，这里认为带束是不可拉伸的，而且在印迹范围内，认为胎面单元与毂面垂直，则有下面的关系：

$$\Omega r_b=\Omega_{dr}(R_{dr}+d_t)=V_x\left(1+\frac{d_t}{R_{dr}}\right) \tag{8.7}$$

则毂面上的轮胎自由滚动半径为

$$R_{e,dr}=\frac{V_x}{\Omega}=\frac{r_b}{1+\dfrac{d_t}{R_{dr}}} \tag{8.8}$$

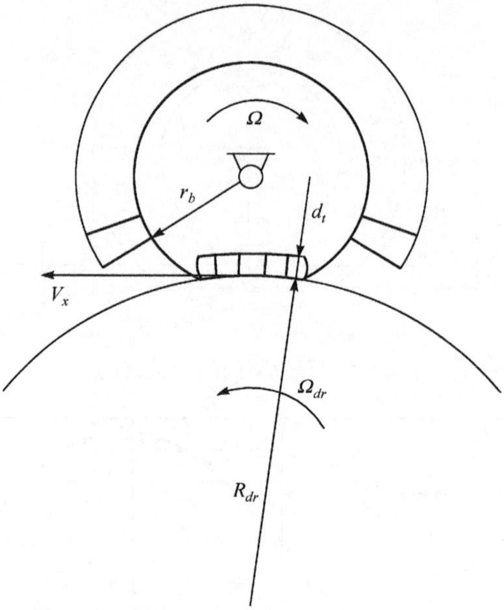

图 8.28　等效路面顺时针转动时的等效毂面

而在平路面上：

$$R_{e0} \approx r_b \tag{8.9}$$

则胎面的厚度近似为

$$d_t = R_0 - R_{e0} \tag{8.10}$$

其中，R_0 为轮胎的自由半径，则毂面上的有效滚动半径为

$$R_{e,dr} = \frac{R_{e0}}{1+(R_0 - R_{e0})/R_{dr}} \tag{8.11}$$

而 $(R_0 - R_{e0})/R_{dr}$ 是一个很小的量，根据泰勒公式，忽略高阶小量，式(8.11)可以简化为

$$R_{e,dr} = R_{e0}\left(1-\frac{R_0 - R_{e0}}{R_{dr}}\right) \tag{8.12}$$

根据式(8.6)和式(8.12)，忽略二阶小量，则轮胎滚过不平路面时的滑移速度计算公式为

$$V_{sx} = V_{sx} - \Omega R_{e0}\left(1-\frac{R_0 - R_{e0}}{R_{dr}}\right) + (R_{e0} - R_l)\frac{\mathrm{d}\beta}{\mathrm{d}t} \tag{8.13}$$

$$R_{e0} = \frac{\mathrm{d}\beta}{\mathrm{d}s} \approx \frac{\mathrm{d}\beta}{\mathrm{d}t}\frac{1}{V_x} \tag{8.14}$$

$$V_{sx} = V_{sx} - \Omega R_{e0} + (R_0 - R_l)\frac{\mathrm{d}\beta}{\mathrm{d}t} \tag{8.15}$$

当等效路面逆时针转动时，图 8.26 中的 S 点相对于路面是向后运动的，因为这时等效路面倾角变化率是负的，所以考虑路面定轴转动后的滑移率计算公式，依然可以写成式(8.6)的形式。但这时等效毂面是凹的，如图 8.29 所示。

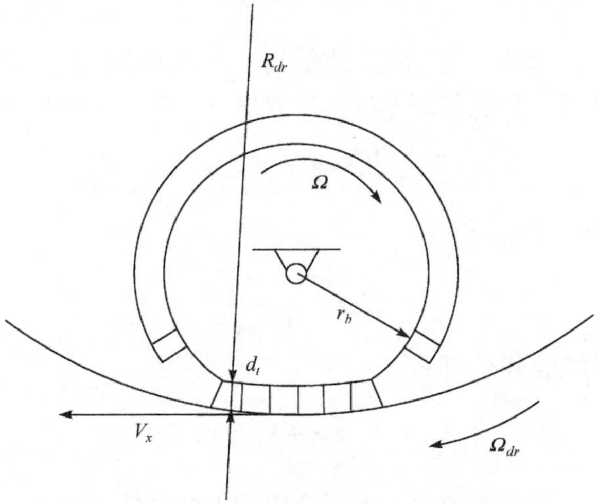

图 8.29　等效路面逆时针转动时的等效毂面

这时仍然假设带束不可拉伸，接地印迹内胎面单元与路面垂直，则

$$\Omega r_b = \Omega_{dr}(R_{dr} - d_t) = V_x\left(1 - \frac{d_t}{R_{dr}}\right) \tag{8.16}$$

参考式(8.8)～式(8.11)，有

$$R_{e,dr} = \frac{R_{e0}}{1-(R_0 - R_{e0})/R_{dr}} \tag{8.17}$$

则根据泰勒公式，式(8.17)的一阶近似公式为

$$R_{e,dr} = R_{e0}\left(1 + \frac{R_0 - R_{e0}}{R_{dr}}\right) \tag{8.18}$$

因为此时等效路面倾角变化率是负的，所以有

$$R_{dr} = -\frac{\mathrm{d}\beta}{\mathrm{d}s} \approx -\frac{\mathrm{d}\beta}{\mathrm{d}t}\frac{1}{V_x} \tag{8.19}$$

则考虑了这种毂面转动影响的滑移速度计算公式为

$$V_{sx} = V_{sx} - \Omega R_{e0}\left(1 + \frac{R_0 - R_{e0}}{R_{dr}}\right) + (R_{e0} - R_l)\frac{\mathrm{d}\beta}{\mathrm{d}t} \tag{8.20}$$

将式(8.19)代入式(8.20)，有

$$V_{sx} = V_{sx} - \Omega R_{e0} + (R_0 - R_l)\frac{\mathrm{d}\beta}{\mathrm{d}t} \tag{8.21}$$

从上面的公式可以看出，轮胎滚过不平路面时，轮胎总的变形量和等效路面倾角变化率对滑移速度有很大影响。而且当考虑路面倾角的符号后，滑移速度可以用一个表达式表示。

从试验数据中得到的β含有噪声或仿真中是状态变量时，β的导数不准确或无法得到，这里介绍一种近似的办法：使β通过一个一阶滤波系统：

$$\tau\frac{\mathrm{d}\beta_{\mathrm{est}}}{\mathrm{d}t} + \beta_{\mathrm{est}} = \beta \tag{8.22}$$

此一阶滤波系统的传递函数为

$$H(s) = \frac{1}{1 + s\tau} \tag{8.23}$$

τ对应于此滤波系统的截止频率：

$$\tau = \frac{1}{\omega_c} \tag{8.24}$$

则根据原始数据和滤波后的数据，可近似得到β的导数：

$$\frac{\mathrm{d}\beta_{\mathrm{est}}}{\mathrm{d}t} = \frac{\beta - \beta_{\mathrm{est}}}{\tau} \tag{8.25}$$

8.2 垂直方向简单动态模型

在研究汽车的舒适性时，由于悬架系统的截止频率较低，往往不考虑从轮胎传递来的高频振动，但当涉及簧下质量的振动、噪声及寿命等问题时，就必须考虑高频振动的影响，在以往研究整车垂直方向上的振动时，常把轮胎-车轮看成一个单质量的质量弹簧系统，其刚度近似等于轮胎的静态垂直刚度，这种模型只适合路径频率比较低的情况，当频率较高时，就不能反映出轮心处真实的力响应，因为这时轮胎和轮辋有相对运动。

1. 轮胎模态试验

轮胎模态试验能反映轮胎受到高频激励时的振动特性，下面是研究轮胎 205/55R16H 的模态试验结果，试验时，在轮胎周向布置了 16 个传感器，用捶击法进行激励，试验时胎压为 250kPa，轮辋固定，轮胎处于空载状态。

图 8.30 中，R 为径向模态，T 为横向模态，R0 为轮胎的整体转动振型，R1 为轮胎错动，T0 为横向平动，T1 为轮胎摆动。应该说明的是，这种试验轮胎振型，其实反映的是轮胎带束的振型，在 R0、R1、T0、T1 四种模态中，带束都可以看成整体运动。图 8.30 的其他振动模态中，带束都发生弯曲变形，频率越高，带束弯曲变形得越剧烈。表 8.1 中是轮胎各阶模态的固有频率和阻尼比。

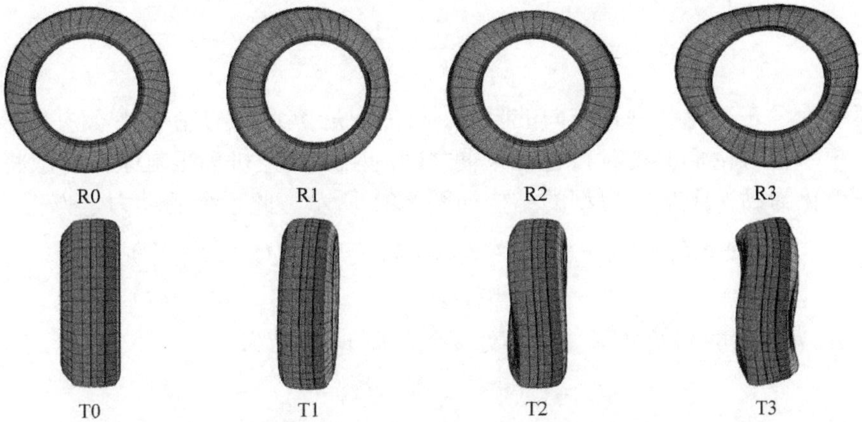

图 8.30 轮胎径向和横向前三阶振型

表 8.1 轮胎模态试验数据

	R0		R1		R2		R3	
径向	固有频率	阻尼比	固有频率	阻尼比	固有频率	阻尼比	固有频率	阻尼比
	81.77Hz	0.068	97.35Hz	0.044	122.93Hz	0.032	149.47Hz	0.024
	T0		T1		T2		T3	
横向	固有频率	阻尼比	固有频率	阻尼比	固有频率	阻尼比	固有频率	阻尼比
	47.20Hz	0.021	61.40Hz	0.029	116.02Hz	0.036	179.07Hz	0.036

2. 轮胎垂直方向建模

本章研究轮胎在不平路面中等频率下的轮胎动态特性时，假设带束做整体运动。若只研究轮胎垂直方向上的振动，则假设带束只有垂直方向的自由度，对应模态试验中的径向一阶模态，其固有频率为 97.35Hz(实际工况下，此阶模态的固有频率会有所下降)，则单质量系统固有频率的计算公式为

$$f = \frac{1}{2\pi}\sqrt{\frac{k}{m}} \tag{8.26}$$

根据估计出的带束环部分的质量及式(8.26)可以得到带束与轮辋间近似的等

效垂直刚度，$k=(2\pi f)^2 m=2.487\times10^6\,\text{N/m}$，而此胎压下，根据实测的试验数据，轮胎的静态垂直刚度(设为 K_z)只有 $2.440\times10^5\,\text{N/m}$ (进行线性近似)，显然这两个不是同一个刚度，把带束环与轮辋间等效的刚度定义成轮-环刚度，用 k_b 表示。为了表示出轮胎整体的径向垂直刚度，引入接地弹簧 k_{ct}，连接带束环和地面，如果轮-环弹簧刚度和接地弹簧刚度都进行线性假设，则在静态条件下，有

$$\frac{1}{K_z}=\frac{1}{k_b}+\frac{1}{k_{ct}} \tag{8.27}$$

模型为了表达轮胎垂直方向的阻尼，将一阻尼单元 c_b 与轮-环弹簧并联，带束以较高频率相对轮辋振动时，它与轮辋之间的阻尼产生机理很复杂，一般将这样的阻尼简化为黏性阻尼，模型的结构如图 8.31 所示。此系统的动力学方程为

$$\begin{cases} m_b\ddot{z}_b+c_b\dot{z}_b+(k_b+k_{ct})z_b=c_b\dot{z}_b+k_bz_b+k_{ct}q(t), & z_b-q(t)\leqslant\rho_0 \\ m_b\ddot{z}_b+c_b\dot{z}_b+k_bz_b=c_b\dot{z}_b+k_bz_b, & z_b-q(t)>\rho_0 \end{cases} \tag{8.28}$$

其中，ρ_0 为轮胎的初始变形。轮心处受到的垂直力 F_z 为

$$F_z=k_b(z_b-z_a)+c_b(\dot{z}_b-\dot{z}_a) \tag{8.29}$$

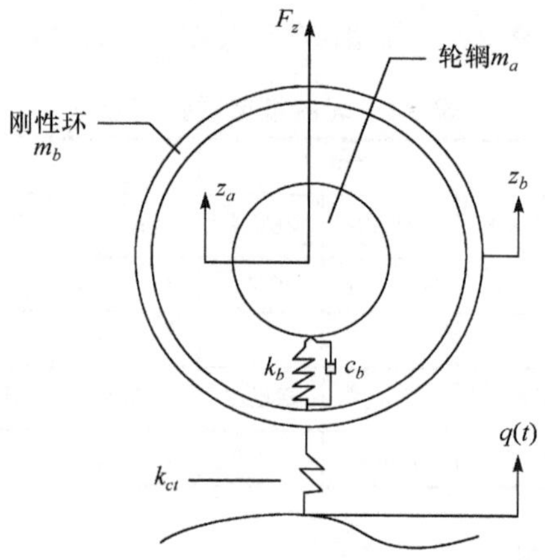

图 8.31　轮胎垂向动态模型

为了说明将带束模拟成整体运动的带束环对系统振动的影响，对整车 1/4 模型进行分析。当路面波长较长、系统所受振动频率很低(5Hz 以下)时，轮胎动变形很小，忽略其弹性与车轮质量，得到分析车身垂直振动最简单的单质量系统，如图 8.32 所示。当振动频率增加到 10～16Hz 时，就要考虑车轮整体的质量和弹性，整车 1/4 模型要用图 8.33 的模型代替，其中 k_s 和 c_s 为悬架的刚度和阻尼，K_z 表示轮胎的整体弹性，忽略内部阻尼。

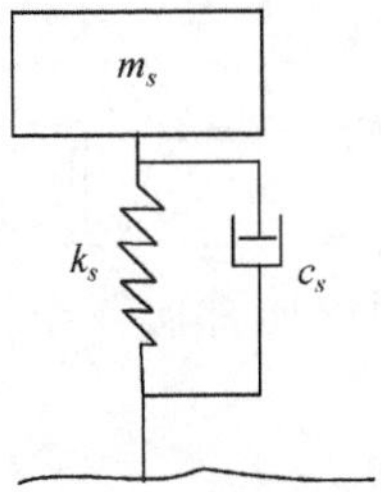

图 8.32　车身单质量系统模型图

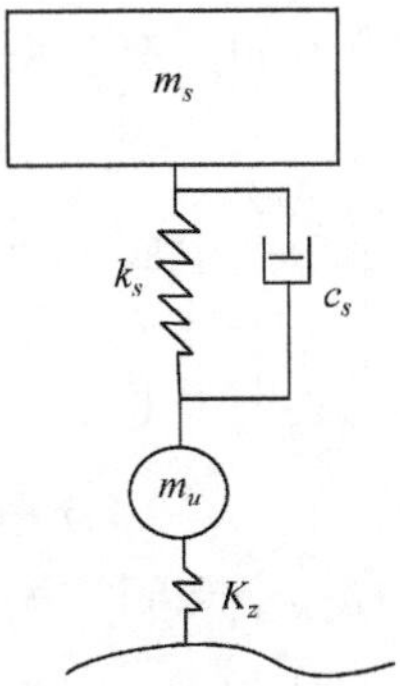

图 8.33　车身与车轮两个自由度振动系统

当系统所受激励的主要频率继续增加时，上述模型就不能代表实际的系统特性，此时轮胎不能看成系统中的一个独立单元，而应当看成一个子系统，带束和轮辋的运动要分开考虑，如图 8.34 所示。其中，m_s 为簧载质量，m_u 为除去带束环部分的簧下质量，k_s 和 c_s 为悬架系统的刚度和阻尼，轮胎子系统由带束环 m_b 、连接轮辋和带束环的轮-环弹簧 k_b 和阻尼 c_b 、连接带束环和地面的接地弹簧 k_{ct} 组成，其中轮-环弹簧刚度比较大，比轮胎的静态垂直刚度 K_z 高一个数量级，而从式(8.27)可以看出，K_z 与接地刚度 k_{ct} 是一个数量级。

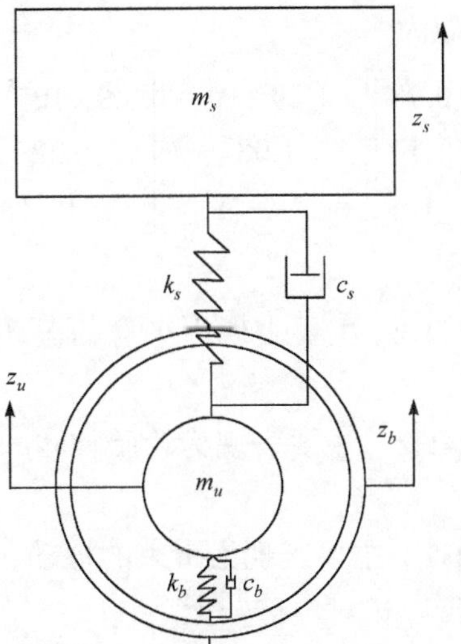

图 8.34　考虑带束振动的整车 1/4 模型

若考察此模型的固有频率和振型，只研究自由振动即可，此系统自由振动的运动方程为

$$\begin{bmatrix} m_s & 0 & 0 \\ 0 & m_u & 0 \\ 0 & 0 & m_b \end{bmatrix}\begin{bmatrix} \ddot{z}_s \\ \ddot{z}_u \\ \ddot{z}_b \end{bmatrix}+\begin{bmatrix} c_s & -c_s & 0 \\ -c_s & c_s+c_b & -c_b \\ 0 & -c_b & c_b \end{bmatrix}\begin{bmatrix} \dot{z}_s \\ \dot{z}_u \\ \dot{z}_b \end{bmatrix}+\begin{bmatrix} k_s & -k_s & 0 \\ -k_s & k_s & -k_b \\ 0 & -k_b & k_b+k_{ct} \end{bmatrix}\begin{bmatrix} z_s \\ z_u \\ z_b \end{bmatrix}=0 \quad (8.30)$$

其中，z_s、z_u、z_b为各部分垂直位移。由于各部分阻尼比都比较小，所以考察无阻尼系统的固有频率和固有振型即可：

$$\begin{vmatrix} k_s-m_s\omega^2 & -k_s & 0 \\ -k_s & (k_s+k_b)-m_u\omega^2 & -k_b \\ 0 & -k_b & (k_b+k_{ct})-m_b\omega^2 \end{vmatrix}=0 \quad (8.31)$$

为分析方便，假定各部分数值(与实际情况在一个数量级)，设$m_s=300\text{kg}$，$m_u=30\text{kg}$，$m_b=7\text{kg}$，$k_s=1\times10^4\text{N/m}$，$k_b=1\times10^6\text{N/m}$，$k_{ct}=1\times10^5\text{N/m}$，则三个固有频率近似为

$$f=\begin{bmatrix} 0.87 \\ 8.44 \\ 69 \end{bmatrix}\text{Hz}$$

对应各固有频率的振型近似为

$$\begin{bmatrix} 10.98 \\ 1.1 \\ 1 \end{bmatrix}\begin{bmatrix} -1.29\times10^{-2} \\ 1.08 \\ 1 \end{bmatrix}\begin{bmatrix} 3.9\times10^{-5} \\ -0.22 \\ 1 \end{bmatrix}$$

由以上计算可以看出：

一阶固有频率$f_1=0.87\text{Hz}$，主要表现为车身的振动，轮辋和带束相对位移很小；

二阶固有频率$f_2=8.44\text{Hz}$，主要表现为轮胎整体的振动，轮辋和带束相对位移很小；

三阶固有频率$f_3=69\text{Hz}$，主要表现为带束的振动，和轮辋、带束位移相比，车身位移非常小，轮辋和带束相对位移较大。

由以上分析可知，在中频振动时，几乎可以不考虑车身的振动，即可视为车身不动，而且，主要表现为带束的振动，轮辋的位移相对带束也很小，在很多轮胎动态特性试验研究中，为方便计算，假定轮辋是固定的。

3. 模型垂直方向上的等效输入

本章建立的模型为单点接触模型，真实路面不能作为模型的直接输入，而是将前文提出的等效路面高度作为模型的输入，而等效路面高度可以通过基本曲线的平移、叠加得到，等效路面高度基本曲线的形状与路面有关，而平移的距离与垂直载荷有关。

轮胎高速动态特性试验与前面轮胎的低速响应试验工况相同，即轮胎以轴高固定的方式跟随毂面转动，如图 8.3 所示，试验时胎压为 250kPa，为防止对传感器产生过大的冲击，高速轮胎动态试验中，使用 10mm×20mm 凸块，采用 30km/h、60km/h 两种毂面线速度，轮胎的初始载荷为 2940N 和 4704N 两种，共有四组垂直方向上的试验数据。

为了得到轮胎不同载荷下对单点模型的等效输入，对于一定的凸块尺寸，由前面的分析可知，基本曲线形状不随载荷改变，但基本曲线平移量 L_H 与载荷有关，由于用于拟合的试验数据只有两组，建立平移量与载荷的关系时，要特别注意载荷外延时，即载荷超过试验时的测量值，平移量不会有异常的变化，从试验数据可以看出，平移量与印迹长度有很大关系，所以平移量与载荷的关系采用式(8.32)：

$$L_H = L_{H2}\sqrt{F_z} + L_{H1}F_z \tag{8.32}$$

基本曲线的形式不变。图 8.35 和图 8.36 是不同载荷下，从试验得到的等效路面高度与通过平移基本曲线得到的仿真等效路面高度的对比，从图中可以看出试验值和拟合值很接近。图 8.37 是利用拟合得到的参数仿真得到的不同初始载荷下的等效路面高度。

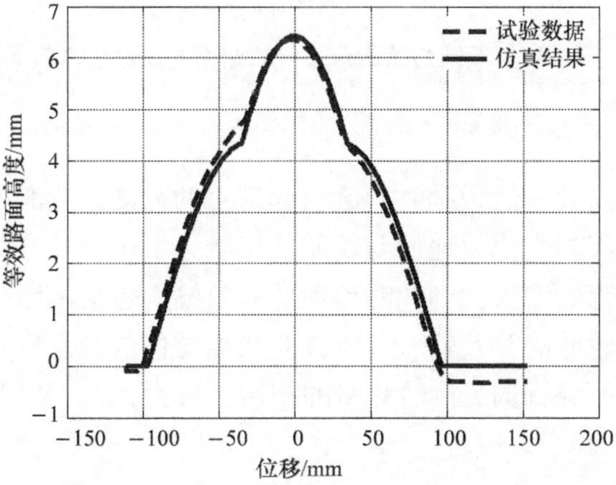

图 8.35　初始载荷为 2940N 时等效路面高度试验值与拟合值的比较

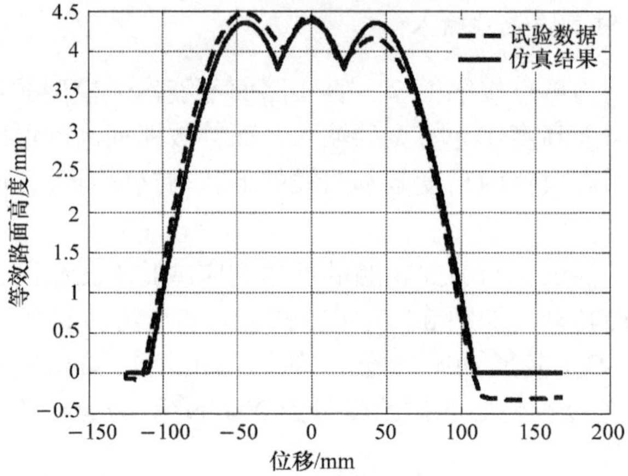

图 8.36　初始载荷为 4704N 时等效路面高度试验值与拟合值的比较

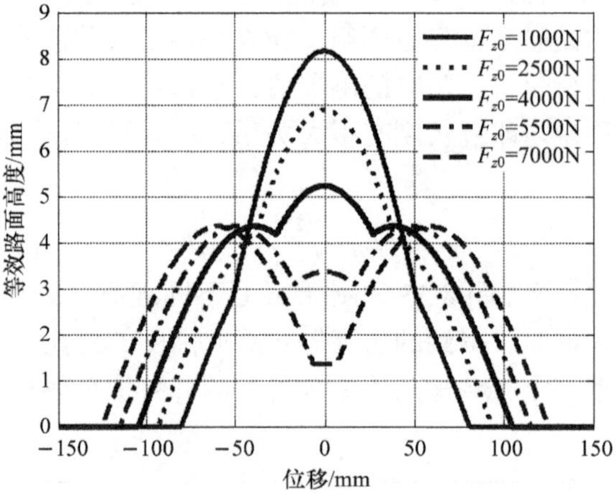

图 8.37　不同初始载荷下等效路面高度的仿真值

4. 试验数据与仿真结果的对比

当轮胎受到较高频率的激励时，会引起带束的振动，轮心处的力也发生剧烈变化，而且带束位移的变化使地面与轮胎的接触力发生变化，如果以轮胎与地面的接触力衡量路面等效输入，则此时地面的等效输入也会不断变化。下面先以这种方式表示地面给轮胎的等效输入，将试验数据与仿真结果进行对比，如图 8.38 和图 8.39 所示。设平路面时，接地弹簧的初始变形为 Z_{b0}，初始载荷为 F_{z0}，根据图 8.31，有

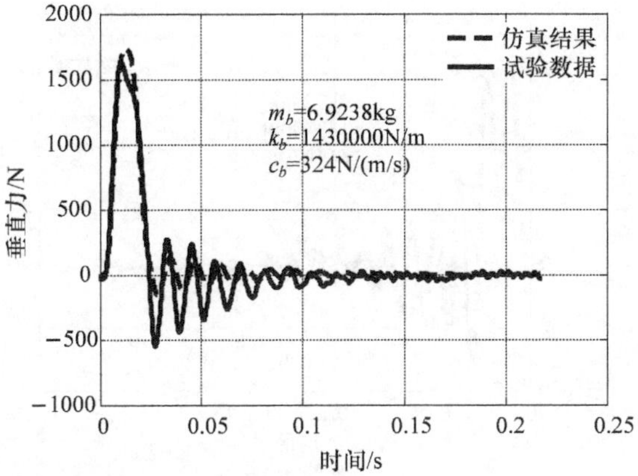

图 8.38　变等效输入，初始载荷 2940N、30km/h 时轮心垂直力变化试验与仿真对比

$$Z_{b0} = \frac{F_{z0}}{k_{ct}} \tag{8.33}$$

轮胎滚过凸块，轮胎与地面的接触力为

$$F_{cz} = k_{ct}(Z_{b0} - z_b) \tag{8.34}$$

从凸块位于路面的位置和印迹长度可知，大约在垂直力响应曲线的第一个负峰值前，轮胎接地印迹离开凸块，之后，轮胎开始自由振动。受到路面凸块激励时，F_z 的响应主要受路面等效输入的影响，而自由振动时，由轮-环刚度 k_b 和阻尼 c_b 决定其振动，从图中还可以看出，轻载高速时(图 8.39～图 8.41)轮心处垂直力有最大的变化幅度，这是由于这种工况下，激励的频率更接近带束垂直振动的固有频率。

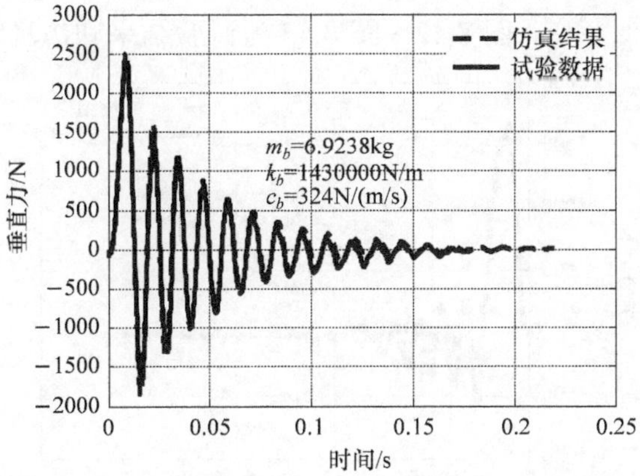

图 8.39　变等效输入，初始载荷 2940N、60km/h 时轮心垂直力变化试验与仿真对比

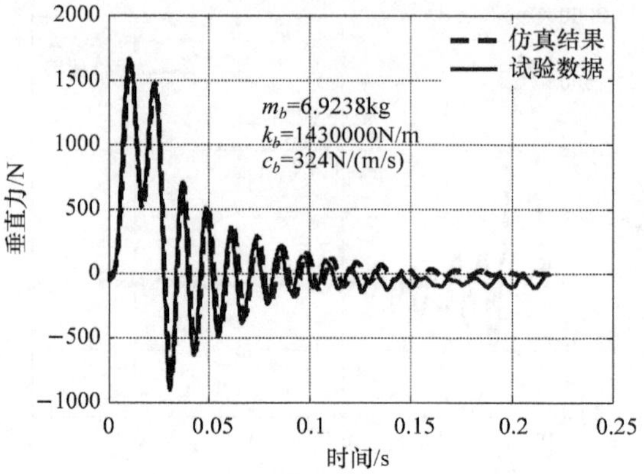

图 8.40　变等效输入，初始载荷 4704N、30km/h 时轮心垂直力变化试验与仿真对比

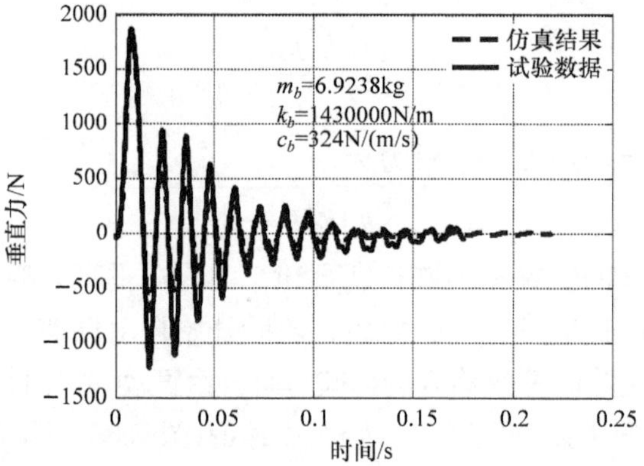

图 8.41　变等效输入，初始载荷 4704N、60km/h 时轮心垂直力变化试验与仿真对比

下面将固定的等效路面高度作为模型输入，即认为轮心位置不变时，轮胎对路面的包容效果近似不变，图 8.42～图 8.45 为试验结果和仿真结果的对比。从图

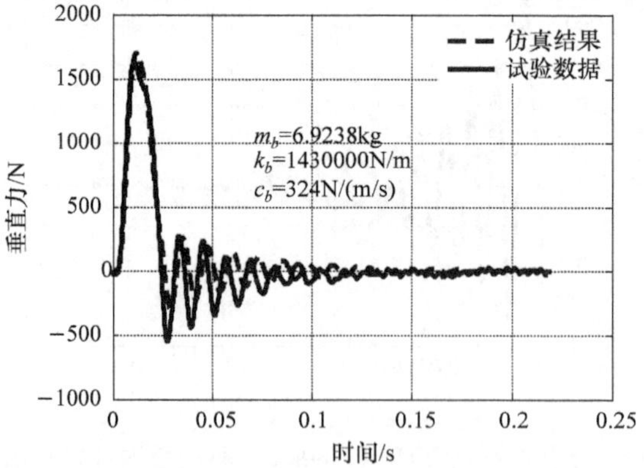

图 8.42　定等效输入，初始载荷 2940N、30km/h 时轮心垂直力变化试验与仿真对比

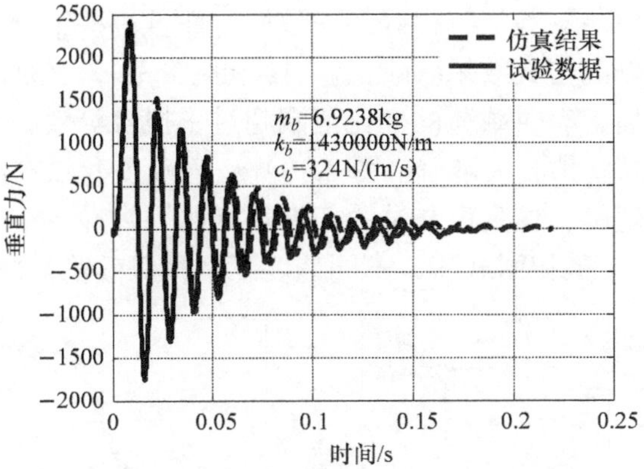

图 8.43　定等效输入，初始载荷 2940N、60km/h 时轮心垂直力变化试验与仿真对比

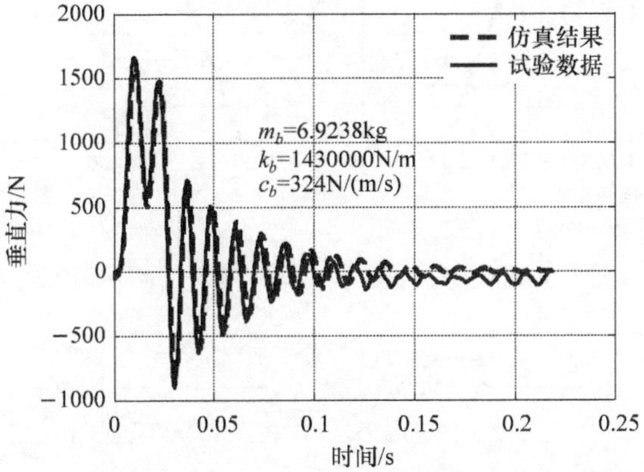

图 8.44　定等效输入，初始载荷 4704N、30km/h 时轮心垂直力变化试验与仿真对比

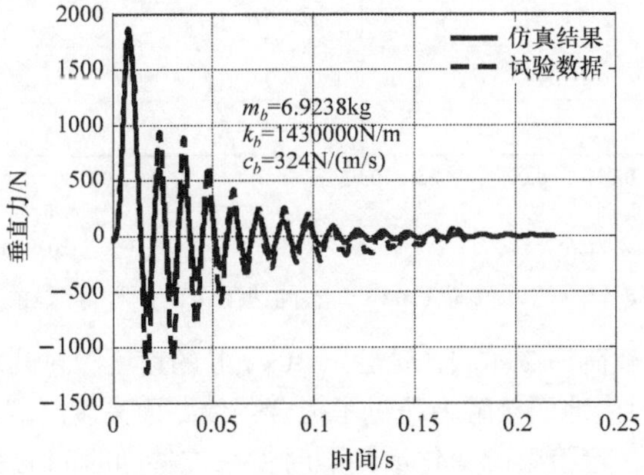

图 8.45　定等效输入，初始载荷 4704N、60km/h 时轮心垂直力变化试验与仿真对比

中可以看到，仿真值与试验值有很好的一致性，而且有些工况下，以恒定的等效路面高度输入有更好的仿真效果(对比图 8.42 和图 8.38)，这是因为考虑载荷变化对等效输入的影响后，有时载荷的变化范围超过了拟合等效高度时的试验数据载荷范围，等效路面高度预测欠准确。图 8.39 中，载荷变化没有超过拟合等效路面高度时所用载荷的范围，仿真值与试验值有很好的一致性。

图 8.46 和图 8.47 是相同载荷、不同速度下两种等效输入的对比。

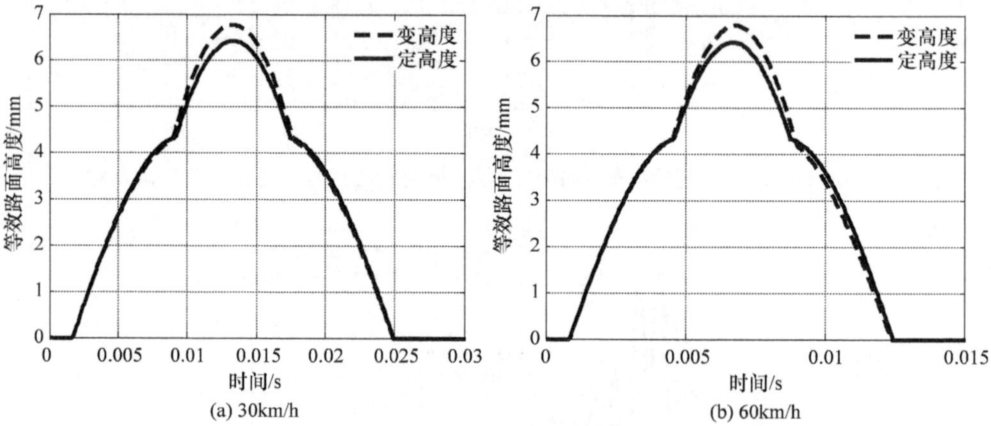

图 8.46　初始载荷 2940N、不同速度下的两种等效输入

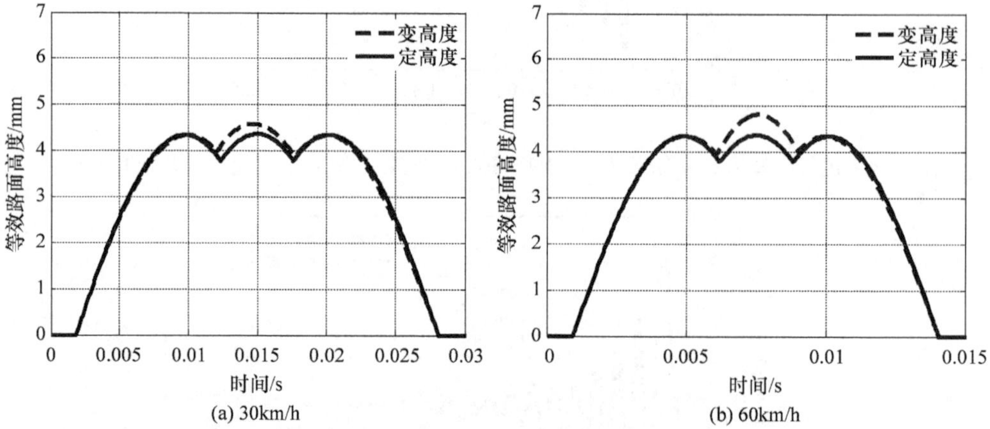

图 8.47　初始载荷 4704N、不同速度下的两种等效输入

图 8.48 是初始载荷为 2940N，轮胎以 30km/h 的速度滚过凸块时，与地面接触力的变化，部分时段内地面接触力超过了拟合等效路面高度时载荷的范围。图 8.49 是试验几个工况中，轮胎载荷变化最剧烈时带束位移随时间的变化，从图中可以看出，带束最大位移不超过 2mm，也就是说，轮胎受到较高频率激励时，虽然带束相对轮辋有运动，但相对位移量很小，所以仿真中，假设等效路面高度只与初

始载荷有关，也就是只与轮心高度有关，仍然有很好的仿真效果，而且不会发生载荷外延时，仿真出现较大偏差的后果，这也为轮胎与路面的接触问题和轮胎的动态响应问题分开考虑提供了可能，即根据轮心与地面的相对位置确定轮胎对路面的包容作用，转换为等效输入作为轮胎动态模型的输入。从前面对整车 1/4 模型的分析可知，当整车系统受到使带束发生相对轮辋振动的激励时，车身基本是不动的，带束的位移也比轮辋高几倍。所以，这种根据轮心固定试验得到的轮胎动态模型也适用于轮胎在实车上的情况，此时路面的等效输入也是根据轮心与地面的位置关系确定的。

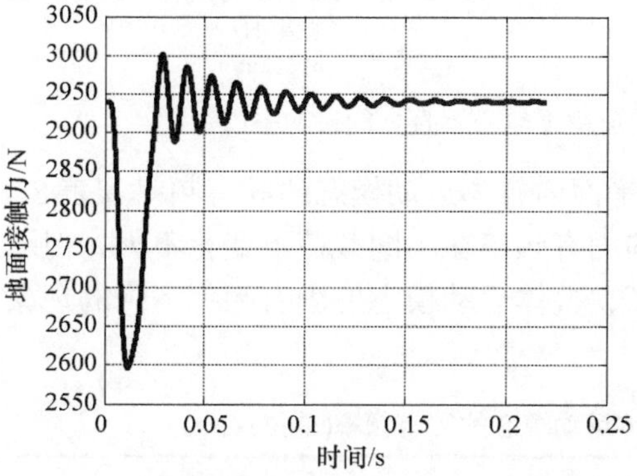

图 8.48　轮胎与路面接触力的变化仿真结果

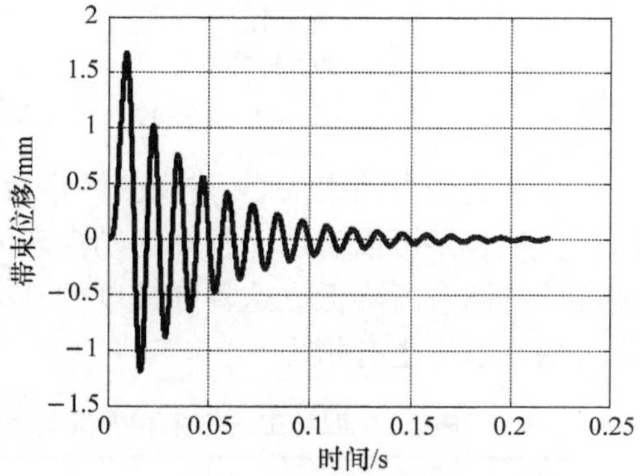

图 8.49　带束位移的变化仿真结果

模型中的质量参数根据实际轮胎得到，静态垂直刚度由试验得到，动态参数 k_b、c_b 根据模态试验估计，但得到的刚度值过大，因为轮胎在实际负载工况下，平面内带束整体运动模态的固有频率会发生变化，本章通过动态试验数据和模态试验数据相结合估计轮胎的动态参数，详见 8.3 节。图 8.50 和图 8.51 为几种工况下，轮心垂直力试验数据的自功率谱。

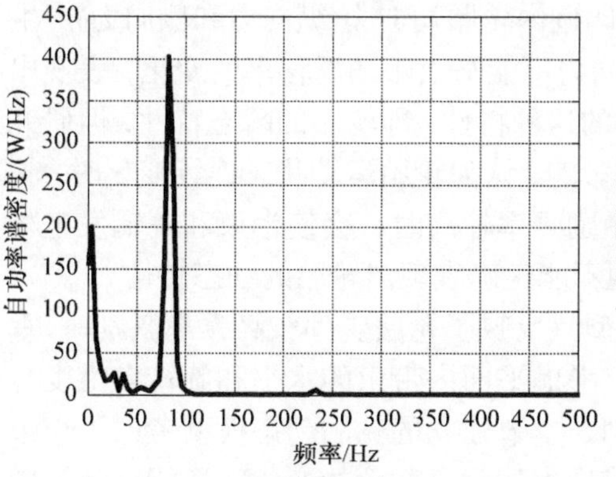

(a) 30km/h

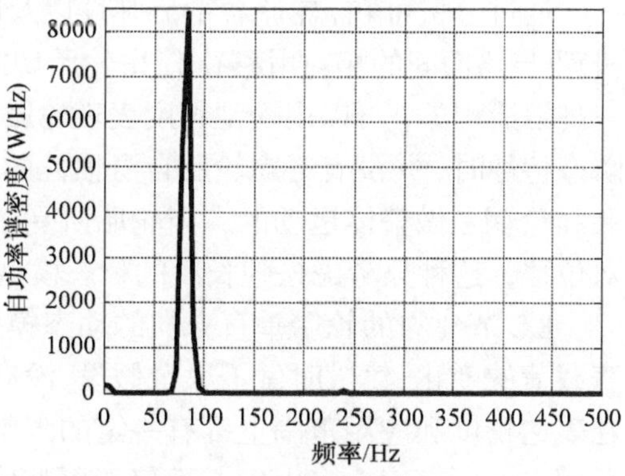

(b) 60km/h

图 8.50　初始载荷 2940N、不同速度下轮心垂直力的自功率谱

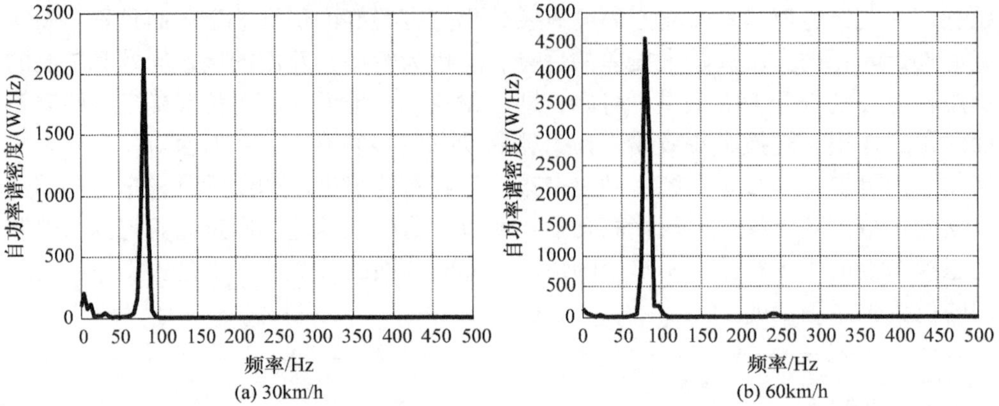

图 8.51　初始载荷 4704N、不同速度下轮心垂直力的自功率谱

从上面的自功率谱中，辨识到的带束平面内整体运动模态的固有频率如表 8.2 所示。从表中可以看出，整体运动模态的固有频率在不同载荷下变化不大，但随速度的升高有所降低。这种随速度的升高，整体运动模态的固有频率下降的现象在有的文献中也有指出。

表 8.2　四种工况下平面内带束整体运动模态的固有频率(单位：Hz)

速度	F_{z0}=2940N	F_{z0}=4704N
V=30km/h	83.71	83.71
V=60km/h	81.38	80.42

8.3　轮胎平面内动态模型

通过分析可知，轮胎各部分弹性以及印迹内轮胎切向力(纵向力和侧向力)产生机理(与路面间的相对滑移)，使得轮胎切向力不能马上跟随滑移率的变化，表现出一种迟滞现象，可以用松弛长度表现轮胎的这种特性，即轮胎的瞬态特性，但研究瞬态特性时，并没有考虑轮胎自身惯性的影响，认为轮胎运动状态连续变化时，轮胎和轮辋是做整体运动的，当轮胎所受激励频率较高时，会使带束和轮辋发生相对位移，这种只考虑松弛长度的瞬态模型不能正确表现出轮胎的动态特性。

8.2 节建立的轮胎垂直方向的动态模型只反映了轮胎受到较高频率激励时，垂直载荷的变化，建模时做了大量假设，没有考虑平面内带束的水平和旋转自由度，在表达精度和应用范围上都有一定的限制，本节建立的轮胎动态模型考虑了带束平面内的所有三个自由度，不仅能更准确地表达垂直载荷的变化，还能反映纵向力和轮胎相对轮轴转矩的变化。在建模中，仍然假设带束做整体运动，对应 8.2 节模态试验中的平面内带束的整体运动模态。

轮胎平面内的振动很复杂，最简单的模型是把轮胎、轮辋看成整体的单质量弹簧系统，当考虑了带束垂直方向上的自由度、纵向自由度和旋转自由度后，可以大大提高模型的频率适用范围。

平面内的轮胎动态模型主要由五部分组成：带束环单元、胎侧和压缩空气、轮辋单元、垂向接地弹簧、松弛滑移模型。带束环单元包括带束、胎面，还有一部分胎侧，简称带束环；胎侧和压缩空气模拟成纵向、垂向和周向三个方向上的轮-环弹簧和阻尼；垂向接地弹簧为了表示轮胎整体的变形，计算轮胎与地面垂直方向上的接触力；松弛滑移模型计算印迹内的切向力，松弛部分为了表示轮胎除轮-环弹簧外，其他部分纵向弹性对印迹内切向力产生的影响，这时把带束环相对地面的运动作为松弛滑移模型的输入，轮胎弹性和印迹内产生切向力时的等效阻尼效果，使轮胎力不能马上跟随输入，表现出迟滞特性，而松弛滑移模型就是指轮胎的稳态滑移特性。所建立模型为单点接触模型，而从应用松弛滑移模型的角度考虑，也可称为平面上模型。为了将该模型用在短波长不平路面上，要将路面输入做等效处理，即假设轮胎滚过一系列倾角不断变化的平路面。整个模型的结构如图 8.52 所示。

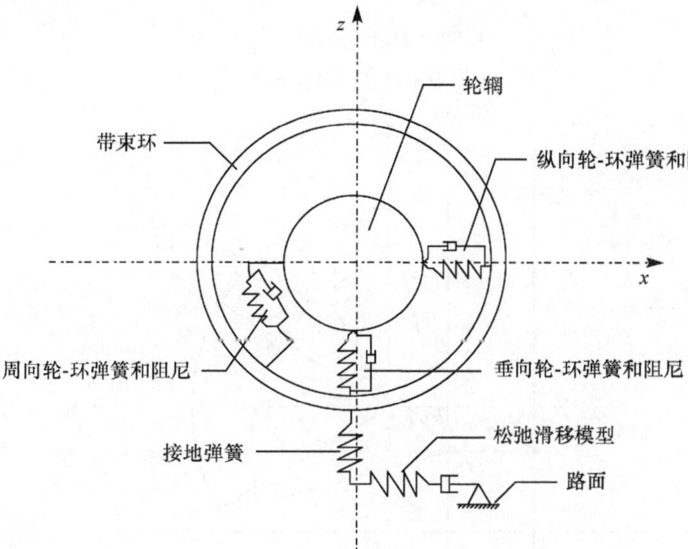

图 8.52　平面内轮胎动态模型简图

1. 平面内带束环自由运动方程

从轮胎物理结构上看，带束通过胎侧和压缩空气与轮辋相互作用，所以从物理原型上考虑，带束环和轮辋间在整个圆周上，具有分布的径向、切向的刚度和阻尼，推导带束环的运动方程时，考虑三个坐标系，如图 8.53 所示，其中 XOZ 为大地坐标系，X 轴平行于路面，指向轮胎接地印迹更新方向，Z 轴垂直于地面向上。$X_aO_aZ_a$ 为轮辋坐标系，与轮心相连，但不与轮辋转动，平行于大地坐标系。$X_bO_bZ_b$ 为带束坐标系，与带束环的质量中心相连，不与带束转动，也平行于大地坐标系。A 为带束环与轮辋没有发生相对位移前带束环上任意一点，它的位置由两部分决定，一是轮胎滚动角速度 Ω，使它与 Z_a 轴正向有相对转角 φ，二是轮辋相对于名义位置的小幅变动 θ_a，这时 A 和轮心连线与 Z_a 轴正向的夹角为 $\varphi+\theta_a$。B 为带束环相对轮辋运动后，A 点的新位置，同理，它和带束环质心连线与 Z_b 轴正向的夹角为 $\varphi+\theta_b$。轮心在固定坐标系中的坐标为 (x_a,z_a)，带束环质心在固定坐标系中的坐标为 (x_b,z_b)，w_b 为 A 点在与轮心连线方向上的径向变形，v_b 为 A 的切向变形。根据坐标变换关系[4]，A 在轮辋坐标系中的坐标为

$$\underline{a}_a=\begin{bmatrix} C(\varphi+\theta_a) & S(\varphi+\theta_a) \\ -S(\varphi+\theta_a) & C(\varphi+\theta_a) \end{bmatrix}\begin{bmatrix} 0 \\ r \end{bmatrix} \tag{8.35}$$

其中，C 表示 cos；S 表示 sin；r 为带束环半径。同理，B 在带束坐标系中的坐标为

$$\underline{b}_b=\begin{bmatrix} C(\varphi+\theta_b) & S(\varphi+\theta_b) \\ -S(\varphi+\theta_b) & C(\varphi+\theta_b) \end{bmatrix}\begin{bmatrix} 0 \\ r \end{bmatrix} \tag{8.36}$$

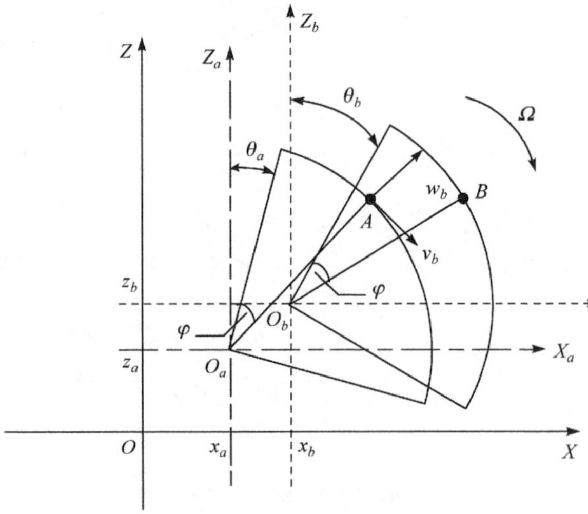

图 8.53　带束环上任意点的变形

考虑到 $X_aO_aZ_a$、$X_bO_bZ_b$ 都与 XOZ 姿态相同，则 A 和 B 在大地坐标系中的坐标分别为

$$\underline{a}_0 = \begin{bmatrix} x_a + rS(\varphi+\theta_a) \\ z_a + rC(\varphi+\theta_a) \end{bmatrix} \tag{8.37}$$

$$\underline{b}_0 = \begin{bmatrix} x_b + rS(\varphi+\theta_b) \\ z_b + rC(\varphi+\theta_b) \end{bmatrix} \tag{8.38}$$

带束相对轮辋移动后，A 的变形量为

$$\underline{r}_{AB} = \underline{b}_0 - \underline{a}_0 \tag{8.39}$$

此变形量是在大地坐标系下表示的，将其转换到 A 的切向和径向，有

$$\underline{r}_{\text{rot}} = \begin{bmatrix} C(\varphi+\theta_a) & S(\varphi+\theta_a) \\ -S(\varphi+\theta_a) & C(\varphi+\theta_a) \end{bmatrix} \left[\underline{b}_0 - \underline{a}_0\right] \tag{8.40}$$

将式(8.40)展开，考虑到θ_a和θ_b都是小量，则$\cos\theta_a \approx 1$，$\sin\theta_a \approx \theta_a$，$\cos\theta_b \approx 1$，$\sin\theta_b \approx \theta_b$，则式(8.40)可简化为

$$\underline{r}_{\text{rot}} = \begin{bmatrix} (x_b - x_a)C(\varphi+\theta_a) - (z_b - z_a)S(\varphi+\theta_a) + r(\theta_b - \theta_a) \\ (x_b - x_a)S(\varphi+\theta_a) + (z_b - z_a)C(\varphi+\theta_a) \end{bmatrix} \tag{8.41}$$

式(8.41)可简写为

$$\underline{r}_{\text{rot}} = R(\underline{x}_0 - \underline{x}_0) \tag{8.42}$$

$$\underline{r}_{\text{rot}} = \begin{bmatrix} v_b \\ w_b \end{bmatrix},\quad \underline{x}_b = \begin{bmatrix} x_b \\ z_b \\ \theta_b \end{bmatrix},\quad \underline{x}_a = \begin{bmatrix} x_a \\ z_a \\ \theta_a \end{bmatrix},\quad R = \begin{bmatrix} C(\varphi+\theta_a) & -S(\varphi+\theta_a) & r \\ S(\varphi+\theta_a) & C(\varphi+\theta_a) & 0 \end{bmatrix} \tag{8.43}$$

A 的变形速度为

$$\dot{r}_{\text{rot}} = \dot{R}(\underline{x}_b - \underline{x}_a) + R(\underline{\dot{x}}_b - \underline{\dot{x}}_a) \tag{8.44}$$

其中

$$\dot{R} = \left(\Omega + \dot{\theta}_a\right) \begin{bmatrix} S(\varphi+\theta_a) & -C(\varphi+\theta_a) & 0 \\ C(\varphi+\theta_a) & -S(\varphi+\theta_a) & 0 \end{bmatrix} \tag{8.45}$$

环上任意点的分布刚度矩阵 K_{rot} 和阻尼矩阵 C_{rot} 为

$$K_{\text{rot}} = \begin{bmatrix} k_{bv} & 0 \\ 0 & k_{bw} \end{bmatrix},\quad C_{\text{rot}} = \begin{bmatrix} c_{bv} & 0 \\ 0 & c_{bw} \end{bmatrix} \tag{8.46}$$

其中，k_{bv} 和 k_{bw} 为单位长度的带束环与轮辋间的切向刚度和径向刚度；c_{bv} 和 c_{bw} 为单位长度的带束环与轮辋间的切向阻尼和径向阻尼。则单位长度的环所受的内力 $\underline{f}_{\text{rot}}$ 为

$$\underline{f}_{\text{rot}} = \begin{bmatrix} f_{bv} \\ f_{bw} \end{bmatrix} = K_{\text{rot}}\underline{r}_{\text{rot}} + C_{\text{rot}}\dot{r}_{\text{rot}} \tag{8.47}$$

将此力再转换到大地坐标系上，这时不仅有力，还有 f_{bv} 对环心的力矩，即

$$m_{by} = r \times f_{bv} \tag{8.48}$$

则转换到轮心处的力和力矩为

$$\underline{f}_b = \begin{bmatrix} f_{bx} \\ f_{bz} \\ m_{by} \end{bmatrix} = \begin{bmatrix} C(\varphi+\theta_a) & S(\varphi+\theta_a) \\ -S(\varphi+\theta_a) & C(\varphi+\theta_a) \\ r & 0 \end{bmatrix} \begin{bmatrix} f_{bv} \\ f_{bw} \end{bmatrix} = R^{\mathrm{T}} \underline{f}_{\mathrm{rot}} \tag{8.49}$$

其中，$\underline{f}_b$ 表示由于单位长度的环的位置变动，对于环心作用的力和力矩，在环周上进行积分，得到在环心上总的内力 $\underline{F}_b$ 为

$$\underline{F}_b = \int_0^{2\pi} R^{\mathrm{T}} \underline{f}_{\mathrm{rot}} r \mathrm{d}\varphi \tag{8.50}$$

将式(8.42)、式(8.44)、式(8.45)和式(8.47)代入式(8.50)，得

$$\begin{aligned} \underline{F}_b = & \int_0^{2\pi} R^{\mathrm{T}} K_{\mathrm{rot}} R(\underline{x}_b - \underline{x}_a) r\mathrm{d}\varphi + \int_0^{2\pi} R^{\mathrm{T}} C_{\mathrm{rot}} R(\dot{\underline{x}}_b - \dot{\underline{x}}_a) r\mathrm{d}\varphi \\ & + \int_0^{2\pi} R^{\mathrm{T}} K_{\mathrm{rot}} \dot{R}(\underline{x}_b - \underline{x}_a) r\mathrm{d}\varphi \end{aligned} \tag{8.51}$$

将各式分别积分，得

$$\underline{F}_b = K_b(\underline{x}_b - \underline{x}_a) + C_b(\dot{\underline{x}}_b - \dot{\underline{x}}_a) + G_b(\underline{x}_b - \underline{x}_a) \tag{8.52}$$

其中

$$K_b = \begin{bmatrix} \pi r(k_{bv}+k_{bw}) & 0 & 0 \\ 0 & \pi r(k_{bv}+k_{bw}) & 0 \\ 0 & 0 & 2\pi k_{bv} r^3 \end{bmatrix} \tag{8.53}$$

$$C_b = \begin{bmatrix} \pi r(c_{bv}+c_{bw}) & 0 & 0 \\ 0 & \pi r(c_{bv}+c_{bw}) & 0 \\ 0 & 0 & 2\pi c_{bv} r^3 \end{bmatrix} \tag{8.54}$$

$$G_b = (\Omega + \dot{\theta}_a) \begin{bmatrix} 0 & -\pi r(c_{bv}+c_{bw}) & 0 \\ \pi r(c_{bv}+c_{bw}) & 0 & 0 \\ 0 & 0 & 0 \end{bmatrix} \tag{8.55}$$

带束环的自由运动方程为

$$M_b \ddot{\underline{x}} = -\underline{F}_b = -K_b(\underline{x}_b - \underline{x}_a) - C_b(\dot{\underline{x}}_b - \dot{\underline{x}}_a) - G_b(\underline{x}_b - \underline{x}_a) \tag{8.56}$$

其中，M_b 为质量矩阵，有

$$M_b=\begin{bmatrix} m_b & 0 & 0 \\ 0 & m_b & 0 \\ 0 & 0 & I_{by} \end{bmatrix} \tag{8.57}$$

式中，m_b 为带束环的质量；I_{by} 为带束环绕质心的转动惯量。则平面内自由运动的带束环的运动方程为

$$m_b\ddot{x}_b+c_b\left(\dot{x}_b-\dot{x}_a\right)+k_b\left(x_b-x_a\right)-c_b\left(\Omega+\dot{\theta}_a\right)\left(z_b-z_a\right)=0 \tag{8.58a}$$

$$m_b\ddot{z}_b+c_b\left(\dot{z}_b-\dot{z}_a\right)+k_b\left(z_b-z_a\right)-c_b\left(\Omega+\dot{\theta}_a\right)\left(x_b-x_a\right)=0 \tag{8.58b}$$

$$I_{by}\ddot{\theta}_b+c_{b\theta}\left(\dot{\theta}_b-\dot{\theta}_a\right)+k_{b\theta}\left(\theta_b-\theta_a\right)=0 \tag{8.58c}$$

其中，c_b 为轮-环平移阻尼，有

$$c_b=r\pi\left(c_{bv}-c_{cw}\right) \tag{8.59a}$$

k_b 为轮-环平移刚度，有

$$k_b=r\pi\left(k_{bv}+k_{cw}\right) \tag{8.59b}$$

$c_{b\theta}$ 为轮-环周向旋转阻尼，有

$$c_{b\theta}=2\pi c_{bv}r^3 \tag{8.60}$$

$k_{b\theta}$ 为轮-环周向旋转刚度，有

$$k_{b\theta}=2\pi k_{bv}r^3 \tag{8.61}$$

2. 与地面接触时带束环动力学方程

轮胎在地面上滚动时，带束环将受到来自地面的作用力，F_{cz} 为轮胎与地面垂直方向的接触力，F_{cT} 为轮胎由于制动或驱动沿路面方向上的力，则轮胎滚过不平路面时的动力学方程为

$$m_b\ddot{x}_b+c_{bx}\left(\dot{x}_b-\dot{x}_a\right)+k_{bx}\left(x_b-x_a\right)-c_{bz}\left(\Omega+\dot{\theta}_a\right)\left(z_b-z_a\right)=F_{cT}\cos\beta+F_{cz}\tan\beta \tag{8.62a}$$

$$m_b\ddot{z}_b+c_{bz}\left(\dot{z}_b-\dot{z}_a\right)+k_{bz}\left(z_b-z_a\right)-c_{bx}\left(\Omega+\dot{\theta}_a\right)\left(x_b-x_a\right)=-F_{cT}\sin\beta+F_{cz} \tag{8.62b}$$

$$I_{by}\ddot{\theta}_b+c_{b\theta}\left(\dot{\theta}_b-\dot{\theta}_a\right)+k_{b\theta}\left(\theta_b-\theta_a\right)=-R_eF_{cT}+M_{cy} \tag{8.62c}$$

其中，β 为等效路面倾角；M_{cy} 为轮胎滚动阻力矩；R_e 为轮胎有效滚动半径。将轮辋水平方向和垂直方向的位移和速度作为模型的输入，而绕轮心的旋转作为模型的一个自由度，有

$$I_{ay}\ddot{\theta}_a + c_{b\theta}\left(\dot{\theta}_a - \dot{\theta}_b\right) + k_{b\theta}\left(\theta_a - \theta_b\right) = M_{ay} \tag{8.63}$$

其中，θ_a 为轮辋在名义位置(由于稳定转动速度 Ω 到达的位置)上的微小变动；M_{ay} 是轮辋上的驱动或制动力矩，制动时为负。

推导带束环的自由运动方程时，得到的纵向和垂直方向上的刚度和阻尼都是一样的，但考虑到轮胎与地面接触后，带束环各方向约束状态发生变化，而且，为更灵活地进行参数估计，分别为纵向和垂直方向设置了不同的刚度和阻尼值。

轮胎在路面上负载后，在与路面接触的垂直方向有较大的变形，此变形比带束环的位移大很多，引入垂向接地弹簧 k_{ct} 就是为了正确表达轮胎的总体变形。从试验中可以看出，轮胎的垂直力和总体变形有一些非线性现象，而且与轮胎转动速度有关，由于轮-环弹簧 k_{bz} 和接地弹簧 k_{ct} 串联，形成轮胎垂直方向总的弹性，所以稳态时，轮胎的总变形 ρ_{z0} 是两个弹簧受到垂直力后各自变形之和，设接地弹簧的变形为 ρ_{cz}，垂向轮-环弹簧的变形为 ρ_b，垂直力为 F_z，则

$$\rho_{z0} = \rho_b + \rho_{cz} \tag{8.64}$$

$$\rho_b = \frac{F_z}{k_{bz}} \tag{8.65}$$

考虑轮胎变形与载荷的非线性关系，则有

$$F_z = K_{Fz1}\left(\rho_{cz} + \frac{F_z}{k_{bz}} + \Delta r\right) + K_{Fz2}\left(\rho_{cz}\frac{F_z}{k_{bz}} + \Delta r\right)^2 \tag{8.66}$$

其中，Δr 为转速对轮胎自由半径的影响。对式(8.66)求解，得到 F_z 和 $\rho_{cz} + \Delta r$ 的关系为

$$F_z = k_{bz}\left\{\frac{\left[k_{bz} - 2K_{Fz2}\left(\rho_{cz} + \Delta r\right) - K_{Fz1}\right] - \sqrt{\left(k_{bz} - K_{Fz1}\right)^2 - 4K_{Fz2}k_{bz}\left(\rho_{cz} + \Delta r\right)}}{2K_{Fz2}}\right\} \tag{8.67}$$

稳态时，由于轮-环弹簧和接地弹簧串联，垂直力 F_z 等于带束环与地面间的垂直接触力 F_{cz}，这样就得到了接地弹簧变形和力的非线性关系：

$$F_z = k_{bz}\left\{\frac{\left[k_{bz} - 2K_{Fz2}\left(\rho_{cz} + \Delta r\right) - K_{Fz1}\right] - \sqrt{\left(k_{bz} - K_{Fz1}\right)^2 - 4K_{Fz2}k_{bz}\left(\rho_{cz} + \Delta r\right)}}{2K_{Fz2}}\right\} \tag{8.68}$$

图 8.54 是相同的轮胎整体变形和接地弹簧变形情况下，垂直力与地面接触力的对比，轮胎胎压 250kPa，轮心速度 60km/h，公式参数由相关试验数据拟合得到。若两种弹性都做线性近似，则可参考式(8.27)。

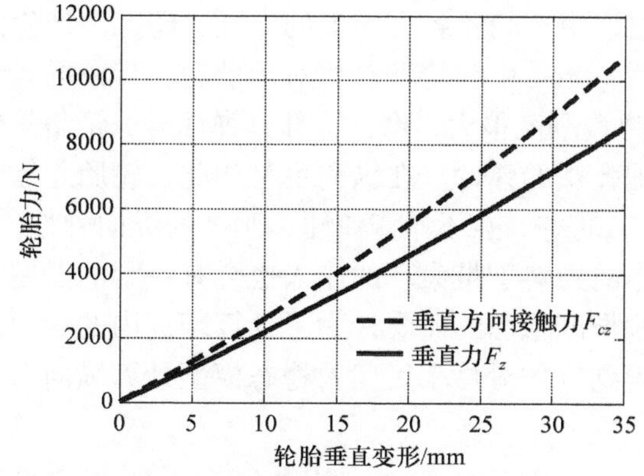

图 8.54　轮胎垂直变形与力的关系

当轮胎的运动状态发生变化时，接地弹簧的变形量也会动态变化，这时有

$$\rho_{cz} = \rho_{cz0} + w - z_b \tag{8.69}$$

其中，ρ_{cz0} 为接地弹簧的初始变形；w 为等效路面高度，参考式(8.2)。若 $\rho_{cz} + \Delta r < 0$，则轮胎脱离地面，$F_{cz} = 0$；若 $\rho_{cz} + \Delta r > 0$，则代入式(8.68)中求出带束环与地面的垂直方向接触力 F_{cz}。

由于假设轮胎滚过一系列与水平方向成β角的平路面，则轮胎在平路面上的法向力 F_{cN} 为

$$F_{cN} = \frac{F_{cz}}{\cos\beta} \tag{8.70}$$

将其代入有效滚动半径的经验公式中，得

$$R_e = P_{Re3}\sqrt{F_{cN}^3} + P_{Re2}\sqrt{F_{cN}^2} + P_{Re1}\sqrt{F_{cN}} + R_f + \Delta r \tag{8.71}$$

其中，R_f 为轮胎自由半径。带束环沿路面的切向的滑移速度为

$$V_{csx} = V_{cT} - V_{cr} = \dot{x}_b \cos\beta - \dot{z}_b \sin\beta - \left(\Omega + \dot{\theta}_b\right) R_e \tag{8.72}$$

根据 8.2 节的讨论，轮胎滚过不平路面时，滑移速度会发生变化，其值近似等于轮胎整体变形与等效路面倾角变化率之积，则考虑这个因素后，参考式(8.21)，滑移速度的表达式可修改为

$$V_{csx} = V_{cT} - V_{cr} = \dot{x}_b \cos\beta - \dot{z}_b \sin\beta - \left(\Omega + \dot{\theta}_b\right) R_e + \rho_z \frac{\mathrm{d}\beta}{\mathrm{d}t} \tag{8.73}$$

ρ_z 为轮胎的等效整体变形，有

$$\rho_z = \rho_{z0} + w - z_b + \Delta r \tag{8.74}$$

ρ_{z0} 为轮胎初始整体变形。

轮胎整体运动时，由于轮胎各方向上的弹性，印迹内产生的力相对轮胎的运动输入有一定的滞后，当带束和轮辋有相对运动后，带束的运动对于印迹内的力是输入，由于轮-环弹簧刚度很大，除去这部分弹性外，轮胎其他方向还有其他弹性，如垂直方向接地弹簧的弹性。在纵向也是如此，轮胎总体的纵向弹性是各部分弹性串联的结果，如纵向轮-环弹簧弹性、胎体的纵向弹性、胎面的纵向弹性。所以，在印迹内产生的力对于带束环的输入也会有一定的滞后，这种滞后可以用松弛长度来表现。根据准稳态的概念，为了计算印迹内的纵向力，可以先对纵向滑移率进行松弛，得到等效滑移率后代入稳态模型计算纵向力，纵向滑移率松弛模型为

$$S_{cx}+\frac{l_{ctx}}{V_{cr}}\frac{\mathrm{d}S_{cx}}{\mathrm{d}t}=S_{cxn} \tag{8.75}$$

将公式两边同时乘以带束环的滚动速度V_{cr}，有

$$V_{cr}S_{cx}+l_{ctx}\frac{\mathrm{d}S_{cx}}{\mathrm{d}t}=-V_{csx} \tag{8.76}$$

l_{ctx}称为纵向的接触松弛长度，它表征除去纵向轮-环弹簧弹性外，轮胎纵向其他弹性对印迹内纵向力的松弛效果，即

$$l_{ctx}=\frac{K_x}{K_{ctx}} \tag{8.77}$$

定义K_{ctx}为纵向的接地弹簧刚度，体现轮胎纵向除轮-簧弹簧外的其他弹性，大滑移率时，纵向力对滑移率会表现出很强的非线性，这时纵滑刚度就需要用状态纵滑刚度代替，即

$$K_{xe}=\frac{\mathrm{d}F_{cT}}{\mathrm{d}S_{cx}} \tag{8.78}$$

而滑移率对轮胎的纵向弹性影响不大，$K_{ctx}=K_{ctx0}$，K_{ctx0}为滑移率为零时的纵向接地弹簧刚度，则大滑移率时，有

$$l_{ctx}=\frac{K_{xe}}{K_{ctx}}=\frac{K_{xe}}{K_{ctx0}}=\frac{K_{xe}}{K_{x0}}\frac{K_{x0}}{K_{ctx0}}=\frac{K_{xe}}{K_{x0}}l_{ctx0} \tag{8.79}$$

其中，K_{x0}、l_{ctx0}表示滑移率为零时的纵滑刚度和松弛长度。通过仿真和试验数据对比发现，只考虑胎面的纵向平移弹性时，便有很好的仿真效果，滑移率为零时的纵向松弛长度等于接地印迹半长a，建立接地印迹半长与载荷的经验公式。考虑到纵向其他弹性对松弛长度的影响，对松弛长度进行修正，有

$$l_{ctx}=\lambda\frac{K_{xe}}{K_{x0}}a \tag{8.80}$$

其中，λ是与载荷有关的修正系数，载荷越大，λ越大。

本节使用 UniTire1.0 来表示轮胎的稳态纵滑特性，UniTire1.0 公式较为简洁，又有不错的拟合精度。模型中的系数利用所研究轮胎的稳态纵滑试验数据进行拟合，图 8.55 是 205/55R60 轮胎稳态纵滑试验数据和拟合曲线的对比。试验时胎压为 250kPa。图 8.56 是利用拟合的模型仿真的不同载荷下纵滑刚度随滑移率的变化。

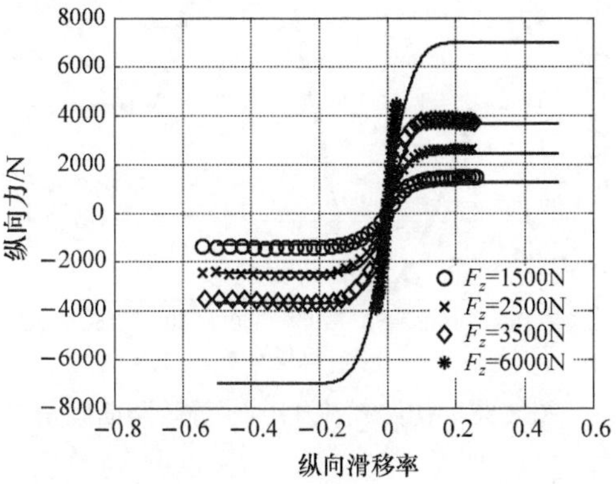

图 8.55　稳态纵滑时的试验和拟合曲线

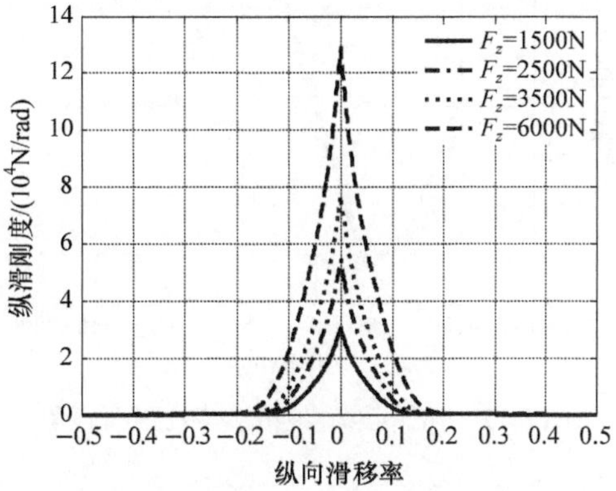

图 8.56　纵滑刚度和纵向滑移率的关系

得到 UniTire 轮胎模型中的参数后，便可以直接计算印迹内的纵向力

$$F_{cT} = \text{UniTire}\left(S_{cx}, F_{cN}\right) \tag{8.81}$$

3. 模型验证

本章模型验证所用数据和前面的数据来自同一组试验，轮胎分别以 30km/h 和 60km/h 的速度滚过 10mm×20mm 的矩形凸块，测量轮心处垂直力和纵向力随时间的变化。根据前文的公式推导，带束环作用给轮心的力和力矩为

$$F_{bax} = c_{bx}\left(\dot{x}_b - \dot{x}_a\right) + k_{bx}\left(x_b - x_a\right) - c_{bz}\left(\Omega + \dot{\theta}_a\right)\left(z_b - z_a\right) \tag{8.82a}$$

$$F_{baz} = c_{bz}\left(\dot{z}_b - \dot{z}_a\right) + k_{bz}\left(z_b - z_a\right) + c_{bx}\left(\Omega + \dot{\theta}_a\right)\left(x_b - x_a\right) \tag{8.82b}$$

$$M_{bay} = c_{b\theta}\left(\dot{\theta}_b - \dot{\theta}_a\right) + k_{b\theta}\left(\theta_b - \theta_a\right) \tag{8.82c}$$

模型垂直方向的等效输入和 8.2 节相同，获取该种工况下的等效路面倾角时，考虑到垂直输入和纵向输入的同时性，将等效路面倾角中的基本曲线开口宽度、平移距离都和等效路面高度中的一样，即各系数相同，那么只需要拟合基本曲线的高度即可。图 8.57 和图 8.58 是利用试验数据得到的等效路面倾角和平移基本曲线仿真得到的等效路面倾角的比较。图 8.59 和图 8.60 是根据式(8.22)～式(8.25)得到的轮心速度为 30km/h 时不同载荷的等效路面倾角变化率。同等效路面高度

的情况类似，等效路面倾角会随轮胎与路面间接触载荷的变化而改变，但在轴高固定的情况下，变化量很小，所以在轴高固定的情况下，可以用不随时间变化的等效路面倾角作为模型的纵向输入。

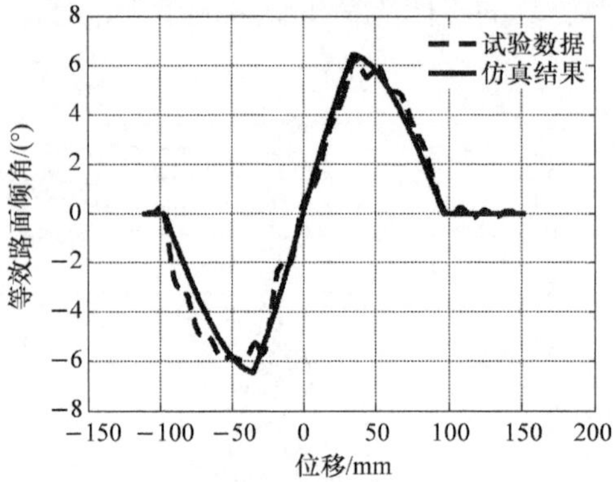

图 8.57　初始载荷 2940N 等效路面倾角

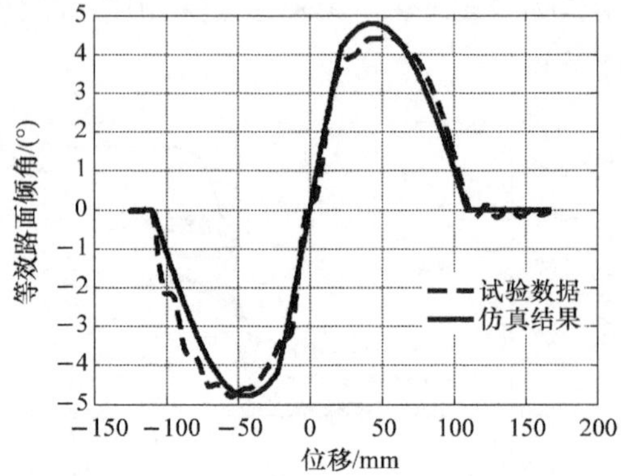

图 8.58　初始载荷 4704N 等效路面倾角

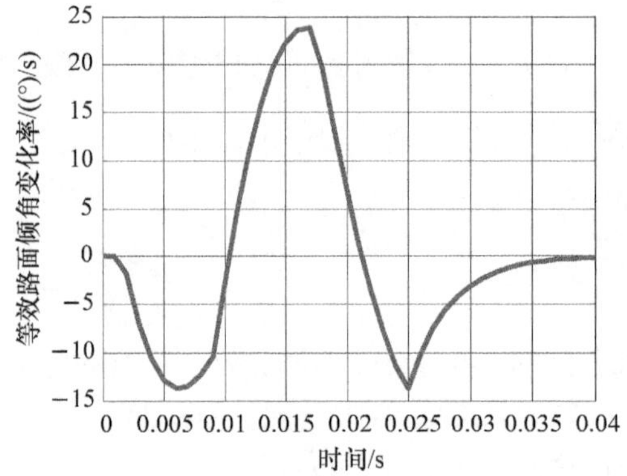

图 8.59　初始载荷 2940N 等效路面倾角变化率

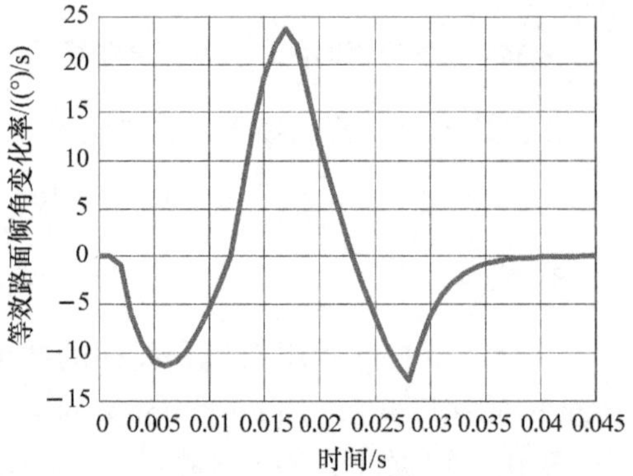

图 8.60　初始载荷 4704N 等效路面倾角变化率

模型中的参数根据模态试验和试验数据的功率谱密度进行估计，考虑到轮胎是小阻尼系统，阻尼比取值不超过 5%，图 8.61 和图 8.62 是不同工况下，纵向力试验数据的自功率谱，垂直力的自功率谱参考 8.2 节。从图中可以看出，带束和轮辋相对转动模态的固有频率和模态试验中的同模态固有频率相比，有大幅度的下降，而且，低速时，轮胎在切向的振动以这种模态为主。这种较低的固有频率反映模型中周向轮-环弹簧的刚度较低，而纵向平动的固有频率很高，在 100Hz 左右，比 8.2 节中展示的垂直方向上振动的固有频率还高近 20Hz 左右，这种较高固有频率的纵向平动在高速时才明显，低速时很难辨识。高速时，还能辨识到一些 200Hz 以上的更高频的振动，说明带束已有弯曲变形，不完全做整体运动。

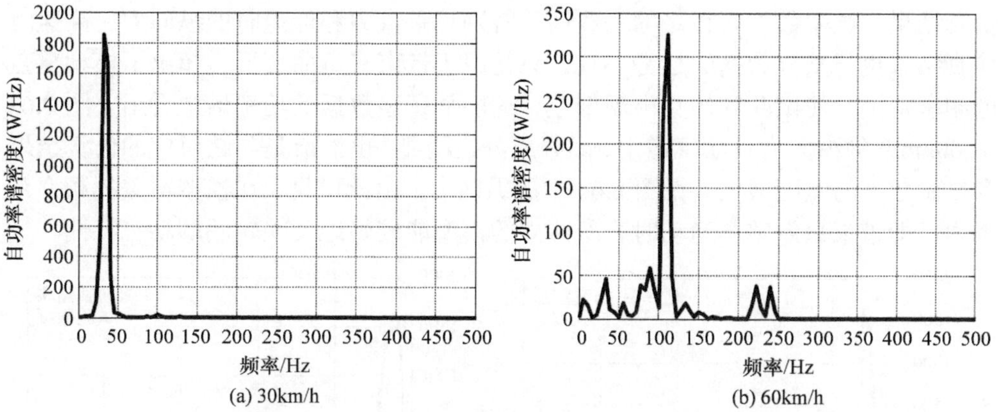

图 8.61　初始载荷 2940N 不同速度下纵向力的自功率谱

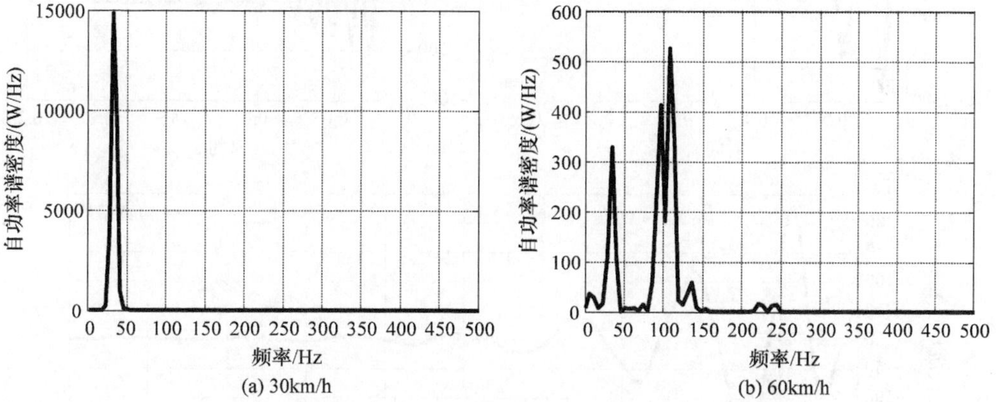

图 8.62　初始载荷 4704N 不同速度下纵向力的自功率谱

综上，可以利用试验数据的自功率谱和轮胎模态试验估计模型中的动态参数，即

$$k_{b\theta}=I_{by}\left(2\pi f_{b\theta}\right)^2 \tag{8.83}$$

$$k_{bx}=m_b\left(2\pi f_{bx}\right)^2 \tag{8.84}$$

$$k_{bz}=m_b\left(2\pi f_{bz}\right)^2 \tag{8.85}$$

$$c_{b\theta}=2\zeta_{b\theta}\sqrt{I_{by}k_{b\theta}} \tag{8.86}$$

$$c_{bx}=2\zeta_{bx}\sqrt{m_b k_{bx}} \tag{8.87}$$

$$c_{bz}=2\zeta_{bz}\sqrt{m_b k_{bz}} \tag{8.88}$$

图 8.63～图 8.66 是利用估计的轮胎质量参数、动态参数进行仿真计算后，仿真结果和试验数据的对比，由于轮辋受到的力矩无试验数据，只进行了仿真计算。

仿真结果和试验数据有很好的一致性，特别是垂直力和低速时的纵向力，高速时仿真结果也与试验数据的趋势一致，只是由于带束有弯曲变形，超出了模型覆盖的频率范围，使试验和仿真出现偏差，这能从试验数据的功率谱中看出，图 8.61 中 60km/h 的纵向力自功率谱中，高频成分最明显，也恰恰是与之对应的仿真结果和试验数据的差距最大，见图 8.64 中的纵向力。由此可见，在模型覆盖的频率范围内，即带束只做整体运动时，所建立的模型能较好地反映轮胎的动态特性。

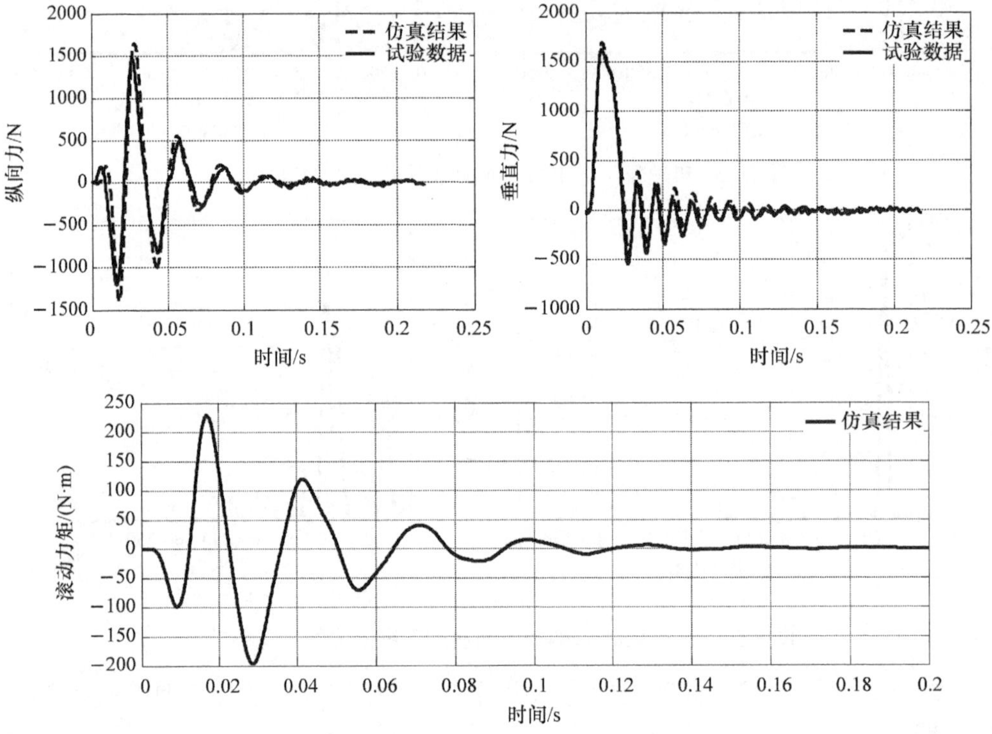

图 8.63　初始载荷 2940N、以 30km/h 的速度滚过 10mm×20mm 凸块轮心处力和力矩的变化

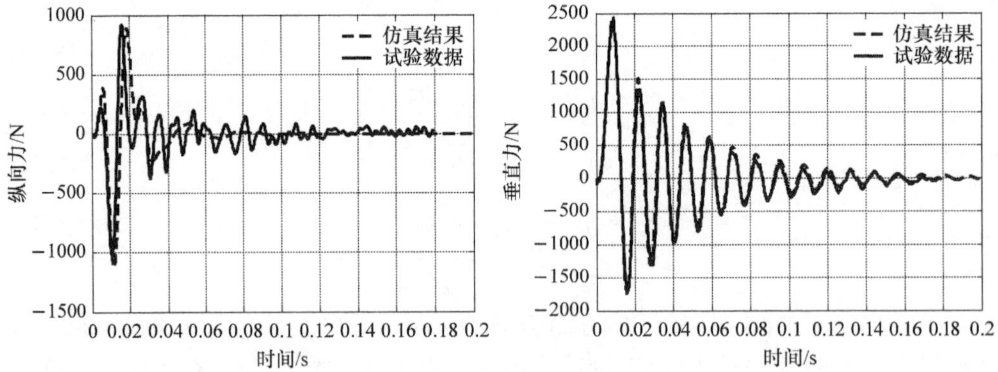

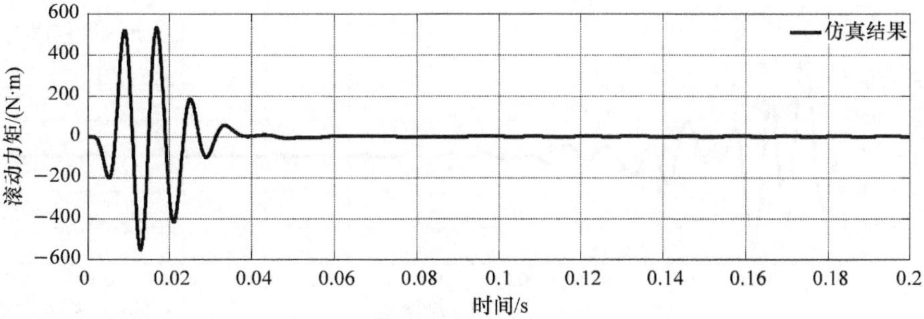

图 8.64　初始载荷 2940N、以 60km/h 的速度滚过 10mm×20mm 凸块轮心处力和力矩的变化

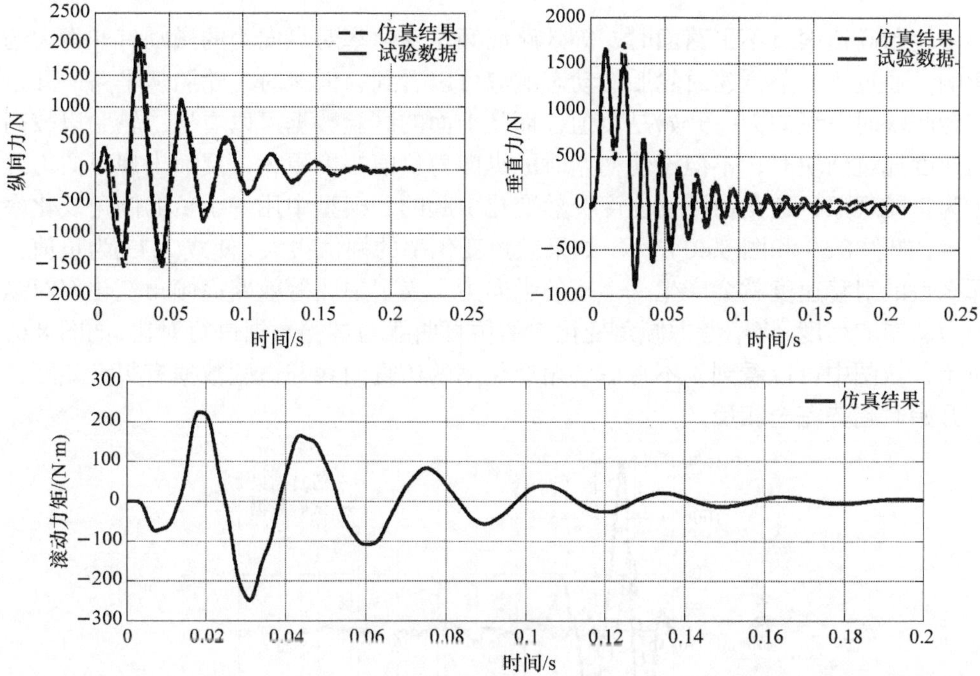

图 8.65　初始载荷 4704N、以 30km/h 的速度滚过 10mm×20mm 凸块轮心处力和力矩的变化

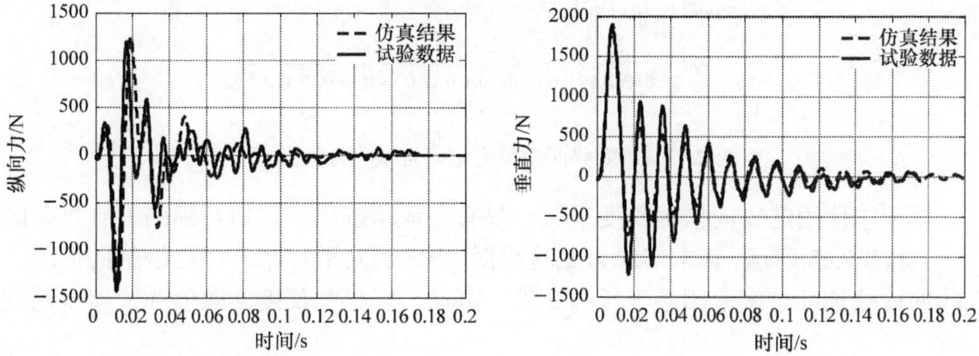

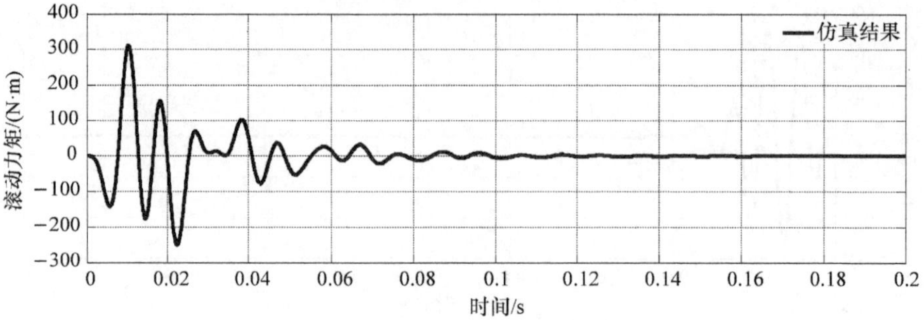

图 8.66　初始载荷 4704N、以 60km/h 的速度滚过 10mm×20mm 凸块轮心处力和力矩的变化

轮胎高速滚过不平路面时，等效路面倾角变化率对纵向力的激励有非常大的影响，通过 8.1 节低速时轮胎的动态响应可以看到，低速时，轮胎从平路面开始接触凸块时，纵向力一开始是负值，而从上面的试验数据可以看出，轮胎以较高的速度通过凸块时，不但没使初始时的纵向力负值幅度更大，反而出现纵向力开始为正的现象，这是由滚动速度突然变化引起的，模型中用一个负的倾角变化率表示，如图 8.59 和图 8.60 所示，如果倾角变化率的幅值很大，使式(8.73)为负值，那么负的滑移速度就会产生一个正的纵向力。为了说明等效路面倾角变化率对纵向力的影响程度，将不考虑倾角变化率的仿真曲线与试验数据进行对比，如图 8.67 所示，从图中可以看到，不考虑倾角变化率的仿真曲线与试验数据有很大差距，在开始时趋势完全相反。

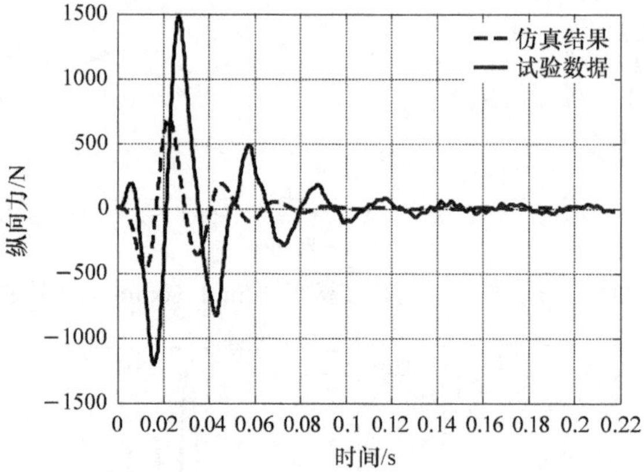

图 8.67　等效路面倾角变化率对纵向力的影响

模型中使用的纵向松弛长度很短，只有接地印迹半长，但对纵向力有显著的影响，如图 8.68 所示，其中实线为试验数据，虚线为对滑移率不进行松弛的情况，点线的松弛长度是接地印迹半长的 2 倍。可见，当松弛长度的取值和模型中用到

的数值相差很大时，仿真的纵向力与试验数据也有很大的差距，松弛长度越小，仿真曲线的相位和试验数据相比越超前，幅值越大。从图中还可以看到，不考虑松弛长度的仿真曲线与试验数据在开始的一小段符合得很好，这主要是因为开始时，滑移率很大，使得有效侧偏刚度趋于零，根据式(8.79)，松弛长度也趋于零，所以有这种现象。

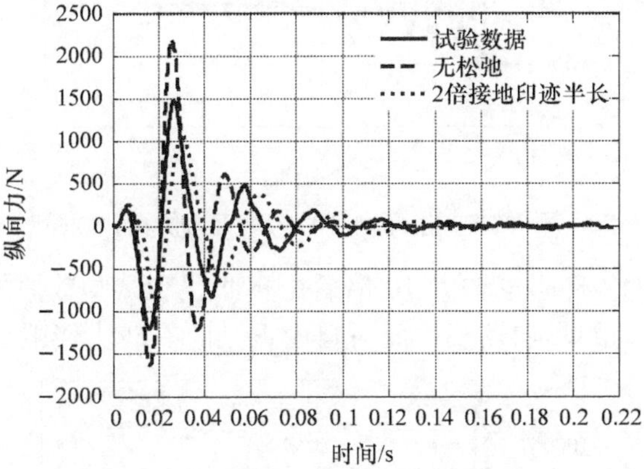

图 8.68　松弛长度对纵向力的影响

由于轮环之间的阻尼很小，相对阻尼系数不超过 5%，而且车轮和带束环的相对位移也很小，根据式(8.62)，当等效路面倾角较小时，带束环垂直方向和水平方向上的振动相互影响不大，这也是在 8.2 节中只考虑垂直方向振动时，仿真值和试验值仍很接近的原因。各自方向的刚度和阻尼对同方向的振动有较大影响，如图 8.69 所示，刚度越大，振动的固有频率越高，周期越小，幅值也相应更大，而轮-环纵向刚度变化时，垂直响应几乎不变，如图 8.70 所示，而阻尼影响峰值的尖锐程度和衰减的程度。

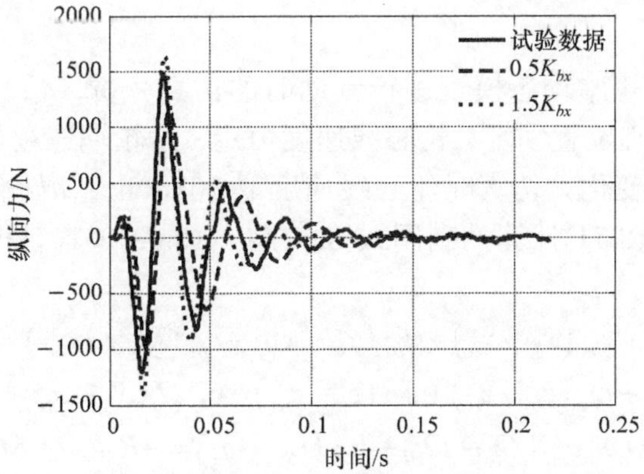

图 8.69　不同纵向轮-环刚度时的纵向力仿真和试验对比

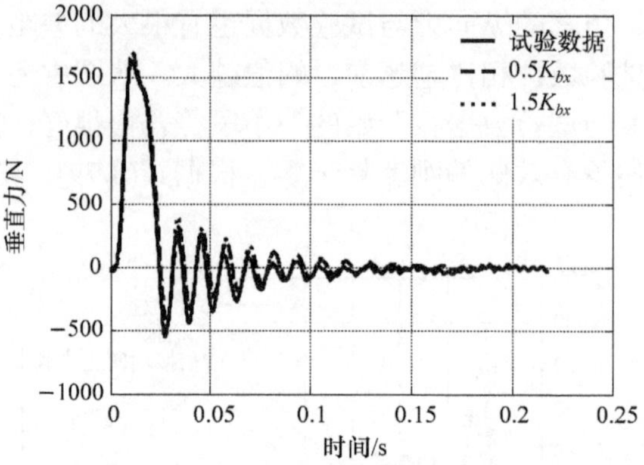

图 8.70 不同纵向轮-环刚度时的垂直力仿真和试验对比

图 8.71 是纵向轮-环阻尼增大 10 倍后仿真曲线和试验数据的对比，可见阻尼对过凸块时强迫振动的影响较小，而对自由振动时有较大影响。

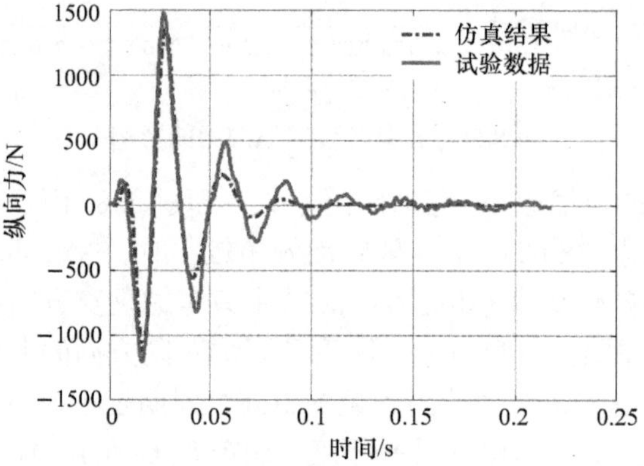

图 8.71 轮-环阻尼对轮胎力的影响

4. 制动时仿真

利用所建立的轮胎动态模型进行制动时的仿真分析，仿真时参考过凸块试验时的工况，即轮心位置固定，轮心线速度恒定，给轮辋连续加制动力矩，仿真轮心处力和力矩的变化。仿真时轮心线速度取 30km/h，初始载荷为 2940N。有效滚动半径根据式(8.71)计算。利用式(8.62)和式(8.63)很容易得到制动时的动力学方程为

$$m_b\ddot{x}_b + c_{bx}\left(\dot{x}_b - \dot{x}_a\right) + k_{bx}\left(x_b - x_a\right) - c_{bz}\Omega_z\left(z_b - z_a\right) = F_{cT} \tag{8.89a}$$

$$m_b\ddot{z}_b + c_{bz}\left(\dot{z}_b - \dot{z}_a\right) + k_{bz}\left(z_b - z_a\right) - c_{bz}\Omega_a\left(x_b - x_a\right) = F_{cz} \tag{8.89b}$$

$$I_{by}\ddot{\varphi}_b + c_{b\theta}\left(\Omega_b - \Omega_a\right) + k_{b\theta}\left(\varphi_b - \varphi_a\right) = -R_e F_{cT} + M_{cy} \tag{8.89c}$$

$$I_{ay}\ddot{\varphi}_a + c_{b\theta}\left(\Omega_a - \Omega_b\right) + k_{b\theta}\left(\varphi_a - \varphi_b\right) = M_{ay} \tag{8.89d}$$

其中，φ 和 Ω 分别是角位移和角速度，初始时设带束环和轮辋的角位移均为零，而角速度相同。相应的带束环作用到轮心的力和力矩为

$$F_{bax} = c_{bx}\left(\dot{x}_b - \dot{x}_a\right) + k_{bx}\left(x_b - x_a\right) - c_{bz}\Omega_a\left(z_b - z_a\right) \tag{8.90a}$$

$$F_{baz} = c_{bz}\left(\dot{z}_b - \dot{z}_a\right) + k_{bz}\left(z_b - z_a\right) - c_{bx}\Omega_a\left(x_b - x_a\right) \tag{8.90b}$$

$$M_{bay} = c_{b\theta}\left(\Omega_b - \Omega_a\right) + k_{b\theta}\left(\varphi_b - \varphi_a\right) \tag{8.90c}$$

图 8.72 是在轮辋上所加制动力矩的时间历程。图 8.73 是根据式(8.90c)由模型计算的因地面纵向力引起的轮辋上的力矩，稳定状态下，它与作用在轮辋上的制动力矩大小相等，方向相反。图 8.74 是制动时轮心处纵向力的变化，纵向力也会在每个恒定的制动力矩下趋于稳定值。图 8.75 是垂直力的变化。图 8.76 是车轮滚动速度的变化。从仿真结果可以看出，虽然相同时间间隔内制动力矩增加的幅度相同，但车轮滚动速度高时，纵向力的波动大，车轮滚动速度的平均下降幅度小，而车轮滚动速度越低，车轮滚动速度随制动力矩的增加下降得就越剧烈。垂直力在制动过程中变化幅度很小，但变化频率很快。

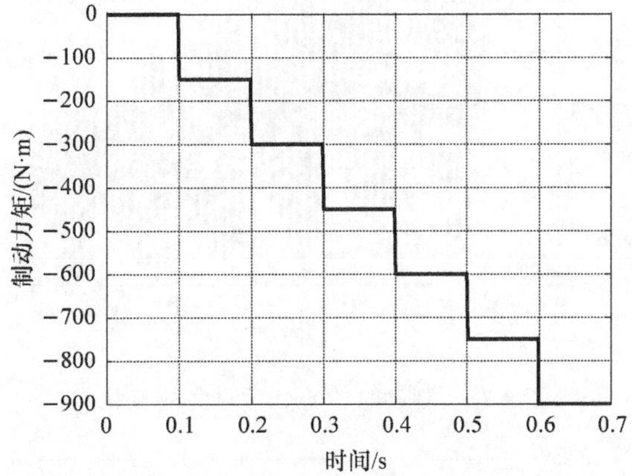

图 8.72　轮辋上的制动力矩

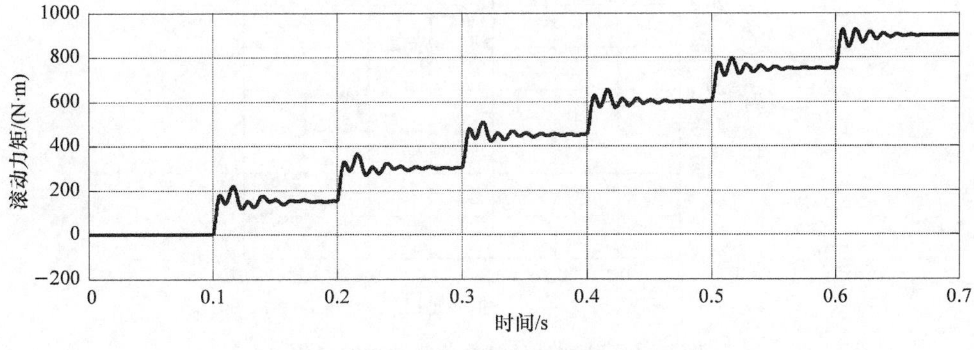

图 8.73　地面上制动力在轮辋上产生的力矩

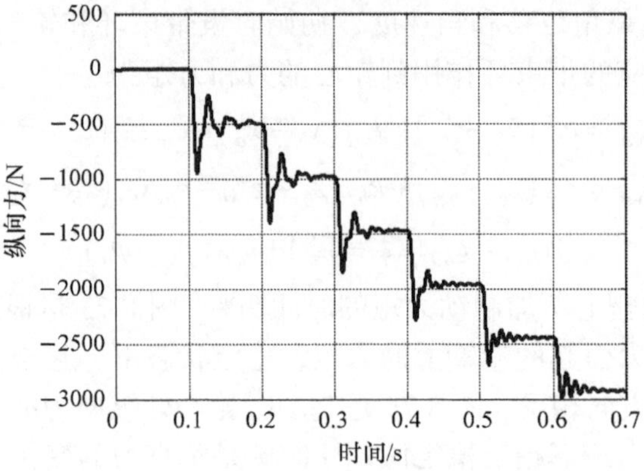

图 8.74　制动时轮心处纵向力的变化

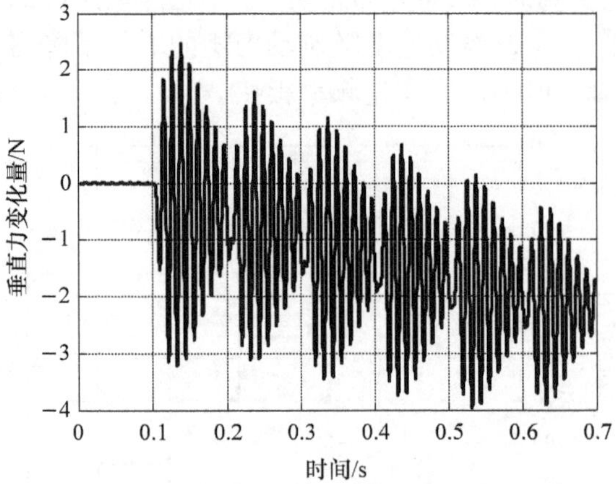

图 8.75　制动时轮心处垂直力的变化

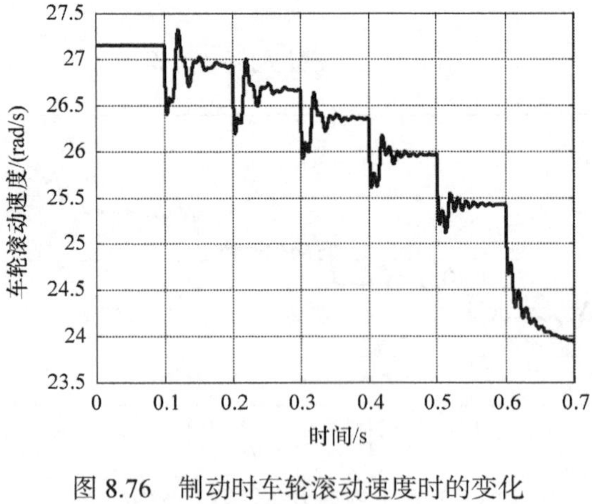

图 8.76　制动时车轮滚动速度时的变化

直接在轮辋加制动力矩时，不能仿真抱死的情况，因为轮胎抱死后，地面制动力便不再增加，这时再加反向力矩，轮胎就会反向驱动，与实际情况不符。为了对抱死的工况进行仿真，在原来模型的基础上加入一简化的制动器模型，用弹簧力模拟制动力矩，此时模型的输入不再是制动器制动力矩，而是制动压力。

这里所建立的制动器模型只假设车轮单方向滚动时，制动器起作用。设制动压力为 p，单位油压下制动器能产生的制动力矩为 k_p，此系数与制动器结构有关，为简化计算，假设 k_p 为常数，则制动器制动力矩为

$$T_{b\_\max} = k_p p \tag{8.91}$$

这是此压力下，制动器能提供的最大制动力。假设有效制动力矩为 T_b，用一个弹簧力模拟，有

$$T_b = K_b u_b \tag{8.92}$$

其中，u_b 为弹簧变形量；K_b 为弹簧刚度，在这里的单位为(N·m/m)。假设有效制动力矩不是随着制动压力瞬时加上的，这与实际情况相符，反映到式(8.92)上就是弹簧有一定的变形速度，而变形速度的大小与施加的制动器压力和当前车轮滚动速度有关，设

$$\dot{u}_b = \Omega_a \left[1 - \left(\frac{T_b}{T_{b\_\max}} \right)^2 \right], \quad \Omega_a > 0 \tag{8.93}$$

则只要车轮有相对于制动器的向前滚动，而有效制动力矩还未达到制动器制动力矩时，模拟弹簧便不断增长，有效制动力矩增加。在车轮抱死时，车轮转速会在零附近波动，如果 Ω_a 是负值，则需让模拟弹簧缩短，有效制动力减少，而这时的地面制动力大于有效制动力，便强迫车轮向正向转，使车轮滚动速度维持在零附近，所以有

$$\dot{u}_b = \Omega_a, \quad \Omega_a < 0 \tag{8.94}$$

图 8.77 是有效制动力矩的计算流程。质量松弛系统的相对阻尼系数与车轮滚动速度成正比，所以当轮胎抱死时，系统的相对阻尼系数接近于零，仿真出的纵向力波动过大。为了消除这种现象，可以给原来质量松弛系统中的纵向接触弹簧并联一个阻尼单元，如图 8.78 所示。

设纵向接触弹簧 K_{ctx} 的变形量为 u_{ct}，则根据力的平衡关系，有

$$\left(V_{csx} - \dot{u}_{ct} \right) \frac{K_x}{V_{cr}} = K_{ctx} u_{ct} + c_{ctx} \dot{u}_{ct} \tag{8.95}$$

而稳态时，有

$$u_{ct} = -\frac{F_{cT}}{K_{ctx}} = -\frac{K_x S_{cx}}{K_{ctx}} \tag{8.96}$$

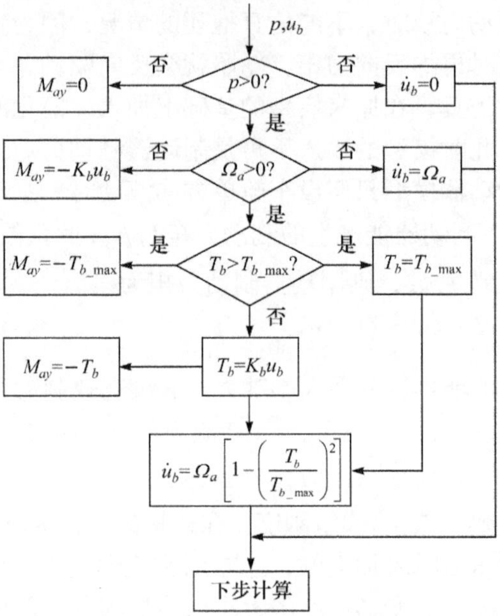

图 8.77　有效制动力矩计算流程

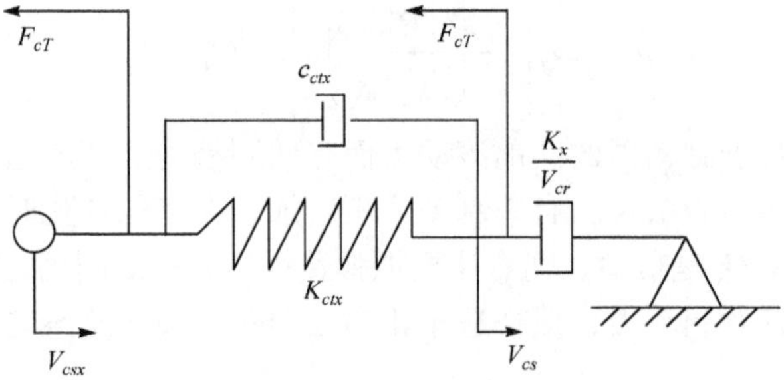

图 8.78　极低滚动速度时的质量松弛系统

将式(8.96)代入式(8.95)，并参考式(8.77)，有

$$\left(l_{ctx}+\frac{c_{ct}}{K_{cx}}V_{cr}\right)\dot{S}_{cx}+V_{cr}S_{cx}=-V_{csx} \tag{8.97}$$

在所用质量松弛系统的公式中，车轮滚动速度都取绝对值。式(8.97)只有在速度极低的情况下才使用，所以用滚动速度对 $\frac{c_{ct}}{K_{cx}}$ 加以限制，即

$$\frac{c_{ct}}{K_{cx}}=\frac{c_1}{1+c_2\left|V_{cr}\right|} \tag{8.98}$$

下面对三种工况进行仿真：一是制动压力在某时刻突然阶跃增高，使车轮抱死，经过一段时间后再完全放开制动，如图 8.79～图 8.82 所示；二是制动压力连续升高直到车轮抱死，之后放开，如图 8.83～图 8.86 所示；三是制动压力方波变化，车轮没有抱死，如图 8.87～图 8.90 所示。需要说明的是，前两种工况中，当车轮抱死时，车轮滚动速度会在零附近波动，这是制动器模型影响的结果，不是由轮胎自身的振动引起的。从图中可以发现，车轮的突然抱死和放开都会引起纵向力的大幅变化，而且，突然抱死时，纵向力变化的频率更快。车轮滚动速度会在抱死前迅速下降，如图 8.82 和图 8.86 所示。从图 8.83 和图 8.84 中可以发现，虽然车轮抱死后，制动器制动压力还不断增高，但由于已经达到了轮胎与地面的附着极限，地面制动力不再发生变化。各图中，由于轴高固定，垂直力变化幅度都不大，但变化频率都很高。

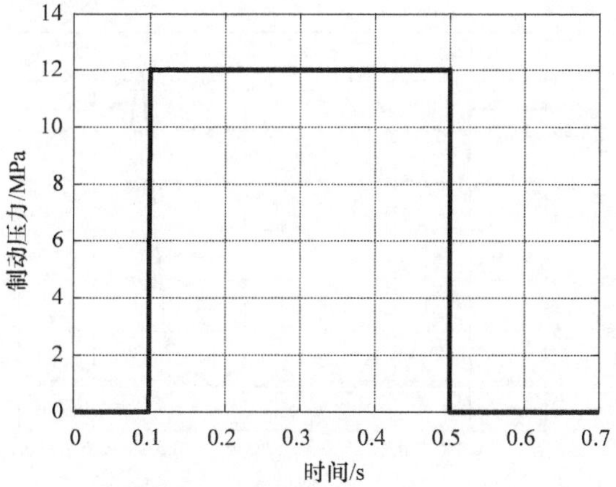

图 8.79　制动压力的阶跃变化

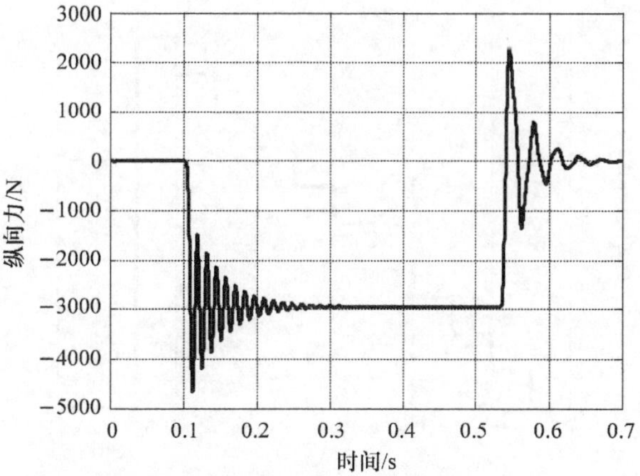

图 8.80　制动压力阶跃变化时轮心处纵向力的变化

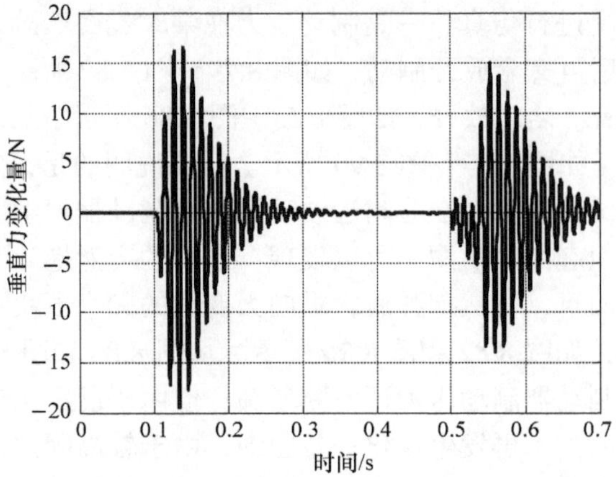

图 8.81　制动压力阶跃变化时轮心处垂直力的变化

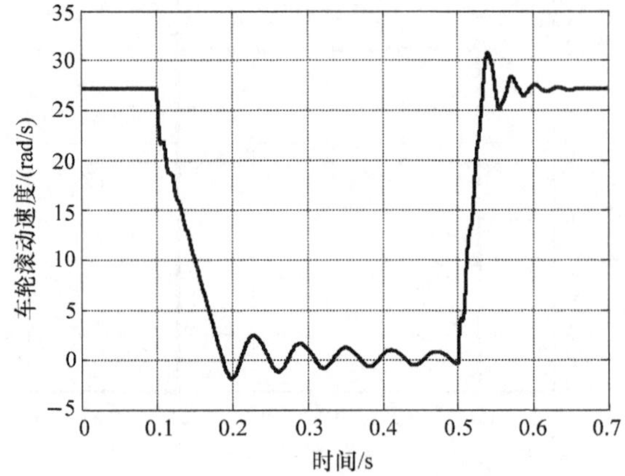

图 8.82　制动压力阶跃变化时车轮滚动速度的变化

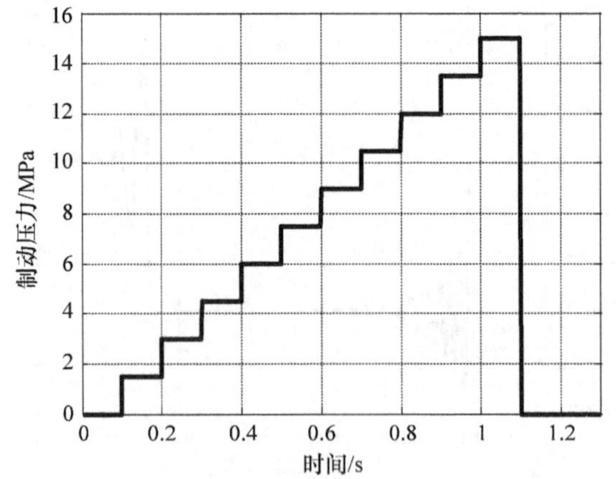

图 8.83　制动压力连续升高后突然下降

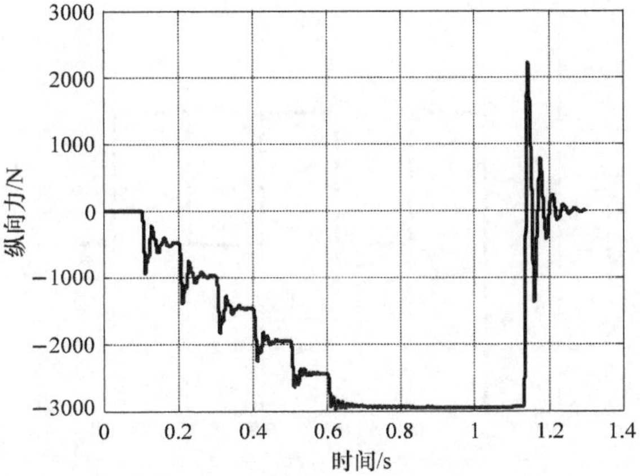

图 8.84　制动压力连续变化时轮心纵向力的变化

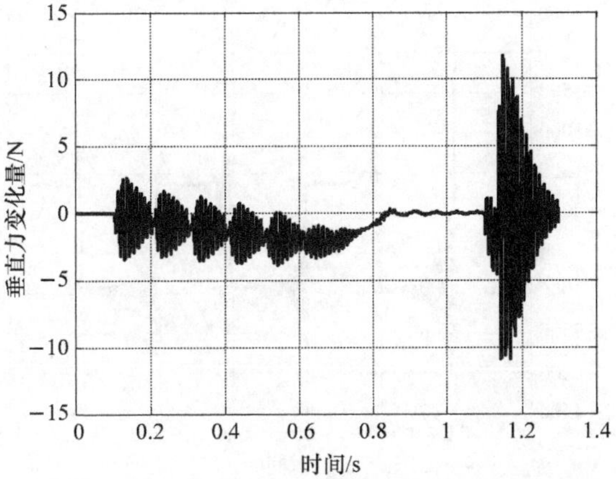

图 8.85　制动压力连续变化时轮心垂直力的变化

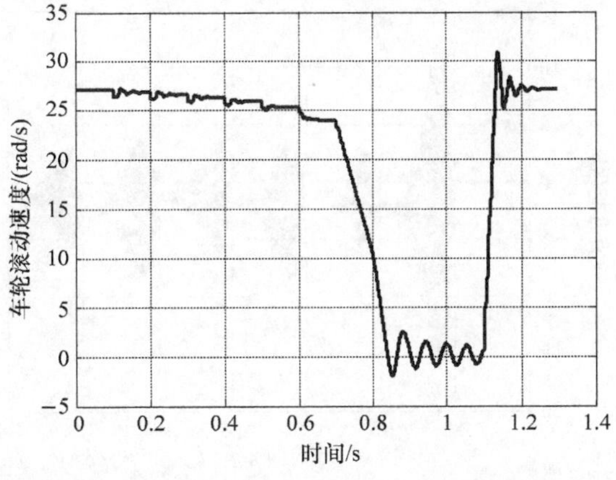

图 8.86　制动压力连续变化时车轮滚动速度的变化

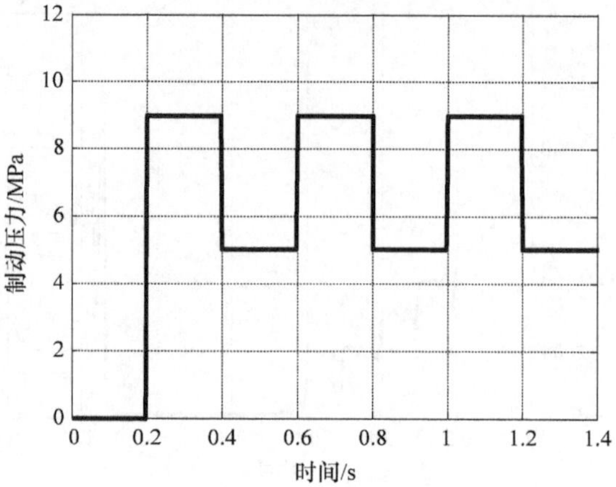

图 8.87　制动压力方波变化

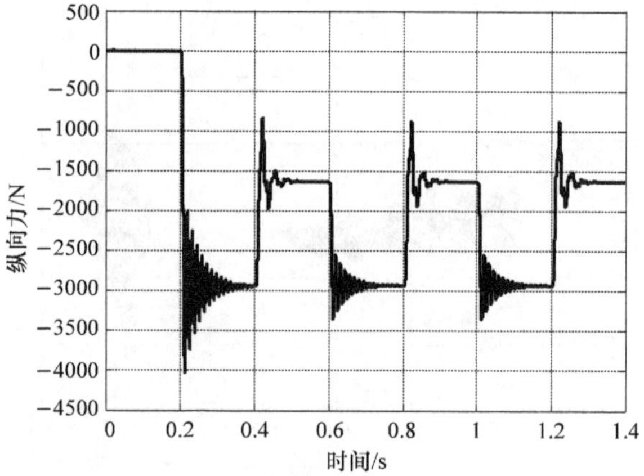

图 8.88　制动压力方波变化时轮心纵向力的变化

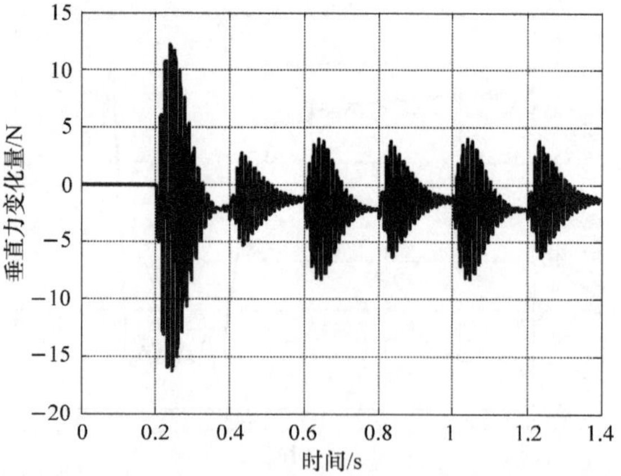

图 8.89　制动压力方波变化时轮心垂直力的变化

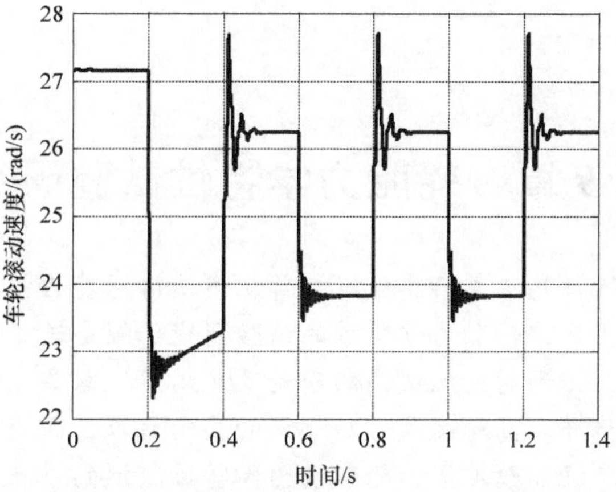

图 8.90　制动压力方波变化时车轮滚动速度的变化

参 考 文 献

[1] 吴海东. 不平路面中频激励轮胎动态特性研究. 长春: 吉林大学, 2007.

[2] Bandel P, Monguzzi C. Simulation model of the dynamic behavior of a tire running over an obstacle. Tire Science and Technology, 1988, 16(2): 62-77.

[3] Pacejka H B, Besselink I. Tire and Vehicle Dynamics. 3rd ed. Amsterdam: Elsevier, 2012.

[4] 洪嘉振. 计算多体系统动力学. 北京: 高等教育出版社, 1999.

第 9 章　轮胎力学特性试验研究

轮胎的多层异性结构、复杂变接触工作状态使得对其力学特性的研究充满挑战，自 20 世纪 30 年代，轮胎力学特性的试验研究已经走过了漫长的发展之路，取得了丰硕的成果，但面对持续提高的理论及应用研究需要，轮胎力学特性试验研究依然面临诸多难题。高精度是试验测试的共同要求，因轮胎多维输入多维输出的耦合特性，全工况高精度成为轮胎动力学特性测试的难点。

在轮胎力学理论研究基础上，本章明确轮胎试验设备的开发目标，建立轮胎自身特性测试设备与轮胎-路面摩擦特性测试设备相结合的全工况高精度测试技术。

9.1　平板式轮胎动特性试验台开发

平带式轮胎高速试验台虽可进行高速平路面测试，但因开发及维护成本高，且无法模拟真实路面及实现轮胎高频特性测试，不能作为理想的方案；小直径转鼓式轮胎试验台容易实现、成本也不高，但鼓面曲率的影响难以消除；大直径转鼓式轮胎试验台系统刚度较低，不利于轮胎高频测试，且开发成本较高；平板式轮胎试验台虽路面可更换、系统刚度高，但试验轮胎速度低。这种情况下，在轮胎动力学理论研究的基础上，提出以平板式轮胎动特性试验台结合高速胎面摩擦特性试验台实现对轮胎动力学特性全面测试的方案。

9.1.1　复合四连杆运动解耦机构

轮胎六分力是指印迹内轮胎所受应力在印迹中心处的 3 个方向合力与 3 个方向合力矩。试验中若随着轮胎侧倾角的变化印迹中心发生移动，首先会使六分力解算困难，更重要的是因印迹中心移动导致额外的轮胎侧向滑移，使得试验时的输入不能得到精确控制，无法得到准确的轮胎输入与输出试验结果。

当今已有轮胎试验台(MTS Flat-trac、Delft、JLU-Ⅰ、JLU-Ⅱ)机构中，因机构原理不完善，普遍存在侧倾运动时轮胎接地印迹中心移动的问题，引发不能消除的侧偏侧倾运动耦合边际效应。开发的第三代试验台 JLU-Ⅲ创新性地提出复合四连杆运动解耦机构，确保试验中印迹中心不移动，从根本上解决了侧倾动态测试不准确问题，如图 9.1 所示。

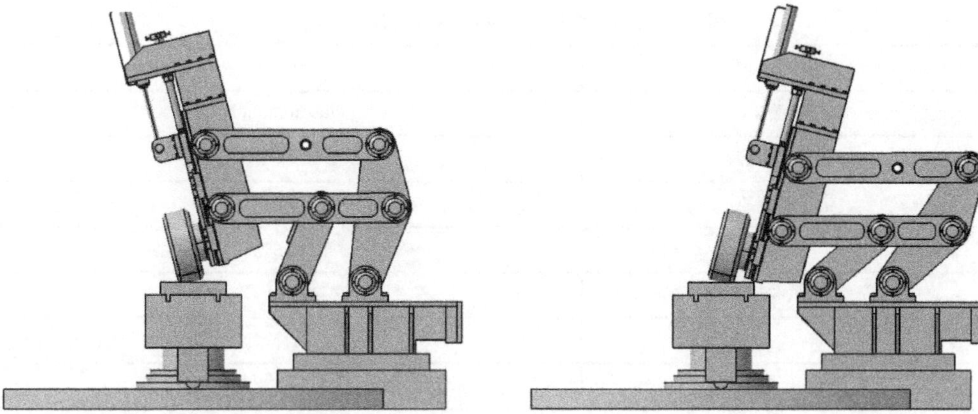

图 9.1　复合四连杆运动解耦机构

该机构保证轮胎的印迹中心位于虚拟侧倾中心处，在侧倾运动时该虚拟侧倾中心恒定不动，保证了轮胎运动输入的准确测量，也为轮胎六分力的快速解算提供了方便。

9.1.2　全工况轮胎测试

采用保证印迹中心恒定不动的侧倾运动机构及路面绕印迹中心转动的侧偏机构，开发了高刚度、路面可更换的平板式轮胎动特性试验台，如图 9.2 所示，该试验台主要由四个系统构成，即计算机主控制系统、液压伺服系统、机械运动系统和信号采集系统，其性能技术指标如表 9.1 所示。

图 9.2　全工况平板式轮胎动特性试验台

表 9.1　轮胎动特性试验台的性能技术指标

项目	指标
试验轮胎半径	200～400mm
轮胎垂直载荷	0～20kN
轮胎侧偏角	–25°～25°
轮胎外倾角	–12°～57°
滑台纵向速度	5～35cm/s
滑台载入力	10kN
滑台最大行程	5m

该试验台的特点如下：

(1) 多路面模拟。通过路面的更换，实现包括室内冰路面、沙箱软路面、钢板花纹路面及水泥路面等多路面模拟。

(2) 精细动态特性测量。轮胎动力学特性体现为滚动距离的函数，该试验台可控稳定低速为 0.05m/s，数据采集系统保证轮胎滚动 0.5mm 进行 1 次数据采集，实现对轮胎动力学特性精细研究。

(3) 全工况测试。该试验台可用于轮胎操纵稳定性、平顺特性测试，主要包括以下一些试验项目。

① 轮胎接地印迹上 3 方向的应力分布测量；
② 轮胎的垂直刚度特性试验；
③ 轮胎纯侧偏稳态特性试验；
④ 轮胎纯侧倾稳态特性试验；
⑤ 轮胎纯纵滑稳态特性试验；
⑥ 轮胎滚动阻力特性试验；
⑦ 侧偏纵滑复合工况下的稳态特性试验；
⑧ 侧偏侧倾复合工况下的稳态特性试验；
⑨ 转动角输入和侧向运动输入的瞬态响应试验；
⑩ 侧偏纵滑复合工况下的非稳态特性试验；
⑪ 侧偏侧倾复合工况下的非稳态特性试验；
⑫ 轮胎包容特性试验；
⑬ 动载侧偏特性试验；
⑭ 动载纵滑特性试验；
⑮ 动载侧倾特性试验；
⑯ 胎体侧向及扭转刚度试验；

⑰ 冰雪路面条件下轮胎力学特性试验；

⑱ 轮胎接地印迹形状测量。

9.1.3　印迹中心轮胎六分力解算

力及力矩解算时采用传感器的坐标系，如图 9.3 所示，同时规定下标 t 表示轮胎接地印迹中心的力与力矩，s 表示传感器力计算点的力与力矩。

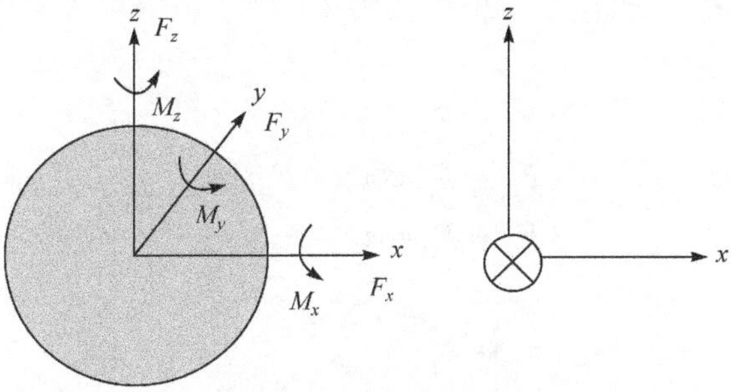

图 9.3　传感器的坐标系

与解算有关的轮胎侧倾角的正负也按此坐标系取,即轮胎外倾时为正侧倾角。

1. 轮胎外倾时 F_x、F_y、F_z 的解算

轮胎外倾时的受力如图 9.4 所示，由力平衡关系可得轮胎接地印迹处的三分力为

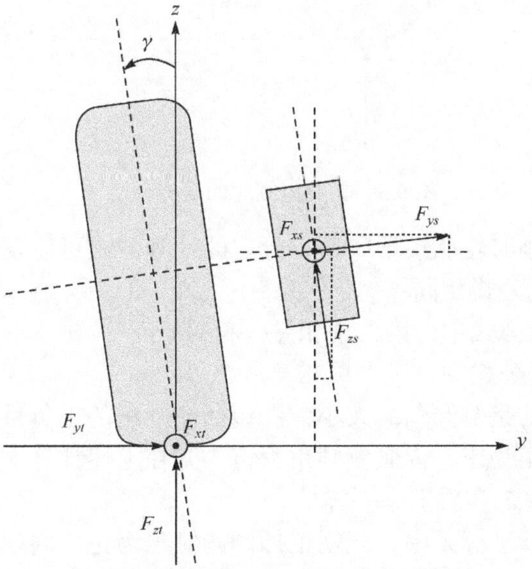

图 9.4　轮胎外倾时的受力分析

$$\begin{cases} F_{xt} = F_{xs} \\ F_{yt} = F_{ys}\cos\gamma - F_{zs}\sin\gamma \\ F_{zt} = F_{zs}\cos\gamma + F_{ys}\sin\gamma \end{cases} \tag{9.1}$$

2. 轮胎内倾时 F_x、F_y、F_z 的解算

轮胎内倾时的受力如图 9.5 所示，由力平衡关系可得轮胎接地印迹处的三分力为

$$\begin{cases} F_{xt} = F_{xs} \\ F_{yt} = F_{ys}\cos\gamma + F_{zs}\sin\gamma \\ F_{zt} = F_{zs}\cos\gamma - F_{ys}\sin\gamma \end{cases} \tag{9.2}$$

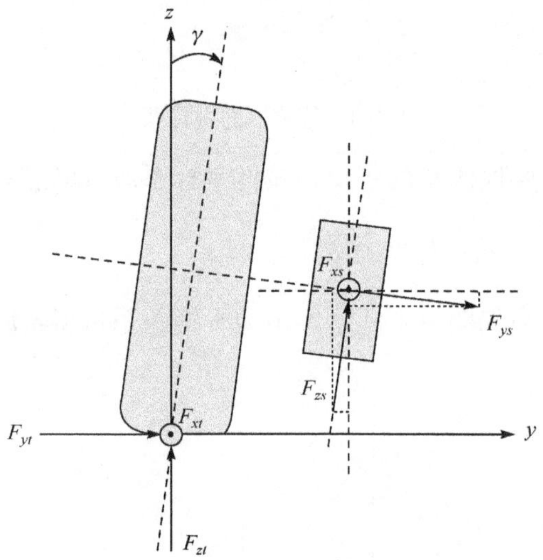

图 9.5　轮胎内倾时的受力分析

对比车轮内外倾时轮胎接地印迹三分力的计算公式可以发现：

(1) 纵向力计算公式相同；

(2) 侧向力计算公式中，第二项相差一符号；

(3) 垂直力计算公式中，第二项相差一符号。

上述计算用到的是侧倾角的大小，没包括侧倾角的正负号。当依据传感器坐标系规定外倾侧倾角为正，内倾侧倾角为负，并在上述计算式中代入侧倾角的符号时，式(9.1)与式(9.2)实质上是一样的。

因此，在传感器坐标系中，当规定外倾侧倾角为正，内倾侧倾角为负时，侧倾试验中接地印迹处轮胎的三分力统一用式(9.1)解算。

3. 轮胎外倾时 M_x、M_y、M_z 的解算

轮胎外倾时的力矩分析如图 9.6 所示，图中，R_l 为轮胎负载半径，l_y 为传感器力计算点沿传感器旋转轴线到车轮中分面的距离。首先，将传感器的力矩向轮胎接地印迹中心平移(不旋转)，得到平移后的力矩计算公式为

$$\begin{cases} M'_{xt} = M_{xs} + F_{zs}l_y - F_{ys}R_l \\ M'_{yt} = M_{ys} + F_{xs}R_l \\ M'_{zt} = M_{zs} - F_{zs}l_y \end{cases} \tag{9.3}$$

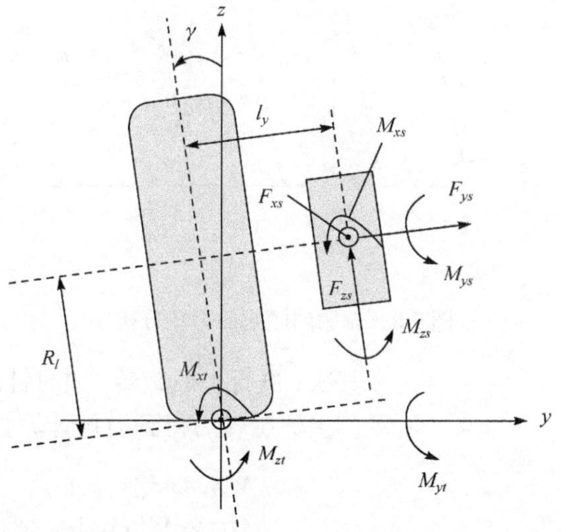

图 9.6　轮胎外倾时的力矩分析

其次，进行坐标旋转，顺时针旋转角 γ，如图 9.7 所示，坐标旋转后得到力矩计算公式为

$$\begin{cases} M_{xt} = M'_{xt} \\ M_{yt} = M'_{yt}\cos\gamma - M'_{zt}\sin\gamma \\ M_{zt} = M'_{zt}\cos\gamma + M'_{yt}\sin\gamma \end{cases} \tag{9.4}$$

将式(9.3)代入式(9.4)即可得到轮胎接地印迹处的三个力矩。

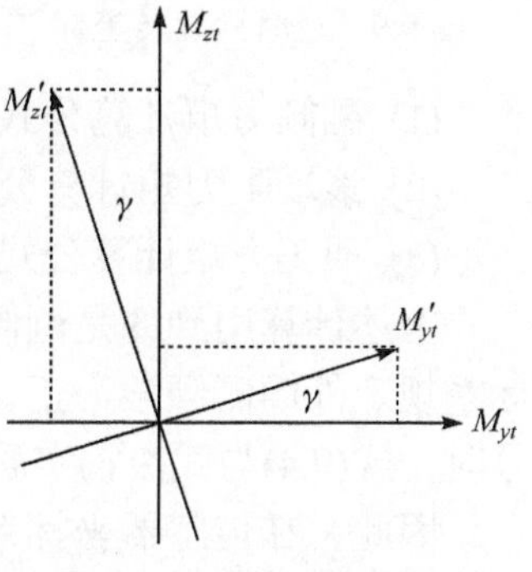

图 9.7　顺时针旋转坐标

4. 轮胎内倾时 M_x、M_y、M_z 的解算

轮胎内倾时的力矩分析如图 9.8 所示，首先，将传感器的力矩向轮胎接地印迹中心平移(不旋转)，得到平移后的力矩计算公式为

$$\begin{cases} M'_{xt} = M_{xs} + F_{zs}l_y - F_{ys}R_y \\ M'_{yt} = M_{ys} + F_{xs}l_y \\ M'_{zt} = M_{zs} - F_{zs}l_y \end{cases} \tag{9.5}$$

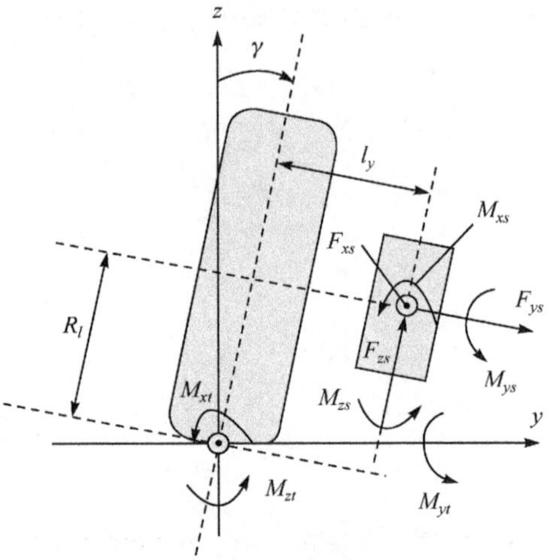

图 9.8　轮胎内倾时的力矩分析

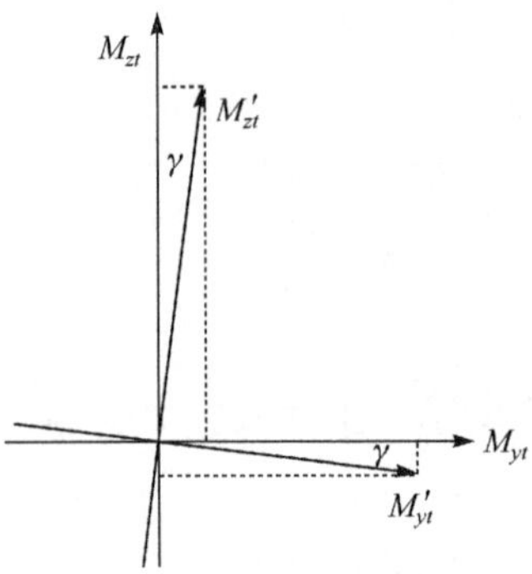

图 9.9　逆时针旋转坐标

其次，进行坐标旋转，逆时针旋转γ角，如图 9.9 所示，坐标旋转后得到力矩计算公式为

$$\begin{cases} M_{xt} = M'_{xt} \\ M_{yt} = M'_{yt}\cos\gamma + M'_{zt}\sin\gamma \\ M_{zt} = M'_{zt}\cos\gamma - M'_{yt}\sin\gamma \end{cases} \tag{9.6}$$

将式(9.5)代入式(9.6)即可得到轮胎接地印迹处的三个力矩。

对比车轮内外倾时轮胎力接地印迹三力矩的计算公式可以发现：

(1) 翻倾力矩计算公式相同；

(2) 滚动阻力矩计算公式中，第二项相差一符号；

(3) 回正力矩计算公式中，第二项相差一符号。

上述计算用到的是侧倾角的大小，没包括侧倾角的正负号。当依据传感器坐标系规定外倾侧倾角为正，内倾侧倾角为负，并在上述计算式中代入侧倾角的符号时，式(9.4)与式(9.6)实质上是一样的。

因此，在传感器坐标系中，规定外倾侧倾角为正、内倾侧倾角为负时，侧倾试验中接地印迹处轮胎的三分力可统一用式(9.4)解算。

5. 动态负载半径的解算

在轮胎接地印迹中心的六分力解算中，l_y 与 R_l 的值非常关键。

l_y 是由车轮补偿(wheel offset)及适配器的连接尺寸决定的，可在试验前测试得到，且在试验过程中该尺寸不发生变化，如图 9.10 所示。

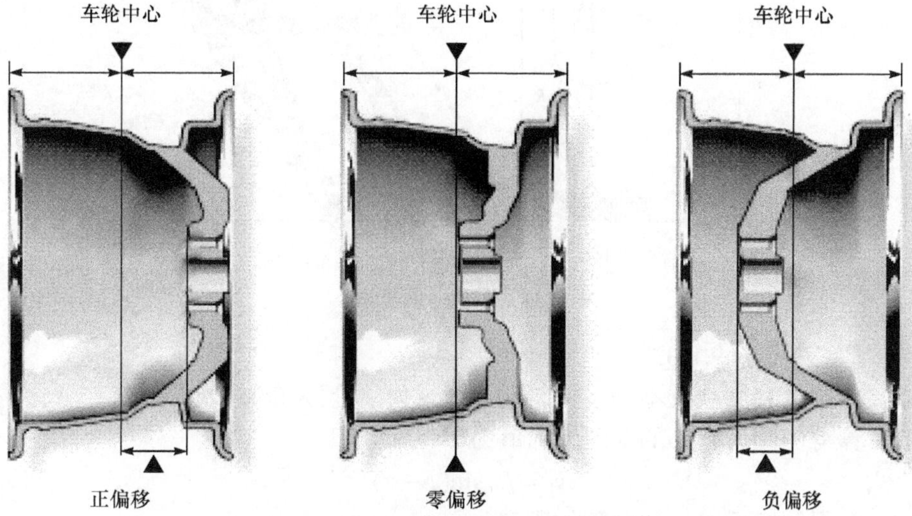

图 9.10　适配器连接尺寸示意图

R_l 是轮胎的负载半径，受侧向力、载荷、侧倾角及纵向力等影响，在试验中动态变化，因此正确解算动态负载半径非常关键，解算分为如下三个步骤。

步骤一(参考图 9.11)：

(1) 在零标位置(轮胎侧倾角为 0°)建立以虚拟侧倾中心为坐标原点的 xoy 坐标系；

(2) 在 xoy 坐标系下，测得轮心的坐标为 (l,h)。其中，$h = h_0 + \Delta h$，轮心到台面的距离为 h_0、台面偏离基准高度的距离为 Δh、轮心与虚拟侧倾中心的侧向水平距离为 l。

(3) 算得

$$R_0 = \sqrt{l^2 + h^2}, \quad \phi = \begin{cases} \arctan\left(\dfrac{h}{l}\right), & l \geqslant 0 \\ \pi + \arctan\left(\dfrac{h}{l}\right), & l < 0 \end{cases} \tag{9.7}$$

(4) 测得垂直加载缸位移传感器读数为 l_{z0} (该传感器向下运动时，位移传感器读数增加)。

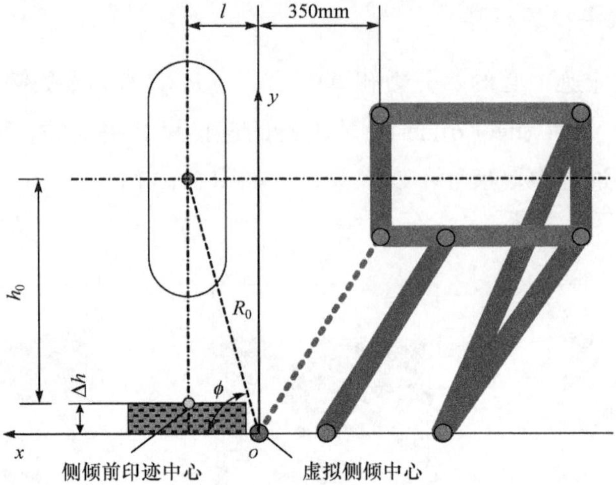

图 9.11　步骤一示意图

步骤二(参考图 9.12)：

(1) 保持垂直加载缸不动，使轮胎侧倾 γ 角(外倾为正)；

(2) 算得侧倾后轮心的 y 向坐标值为

$$y_1 = R_0 \sin(\phi - \gamma) \tag{9.8}$$

(3) 算得侧倾后轮心与台面的距离为

$$y = y_1 - \Delta h \tag{9.9}$$

(4) 算得 R_{l0} 为

$$R_{l0} = y / \cos\gamma \tag{9.10}$$

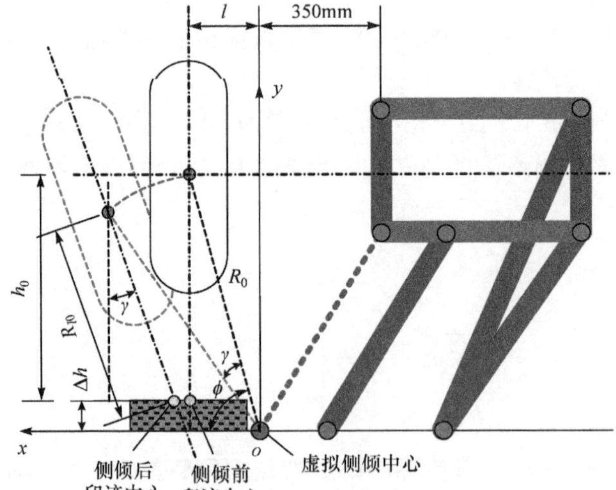

图 9.12　步骤二示意图

步骤三(参考图 9.13)：

(1) 保持轮胎侧倾角 γ，垂直加载缸运动实现轮胎加载，加载运动表示为

$$\Delta S = l_z - l_{z0} \tag{9.11}$$

其中，l_z 为垂直加载缸加载后位移传感器读数。

(2) 轮胎负载半径表示为

$$R_l = R_{l0} - \Delta S \tag{9.12}$$

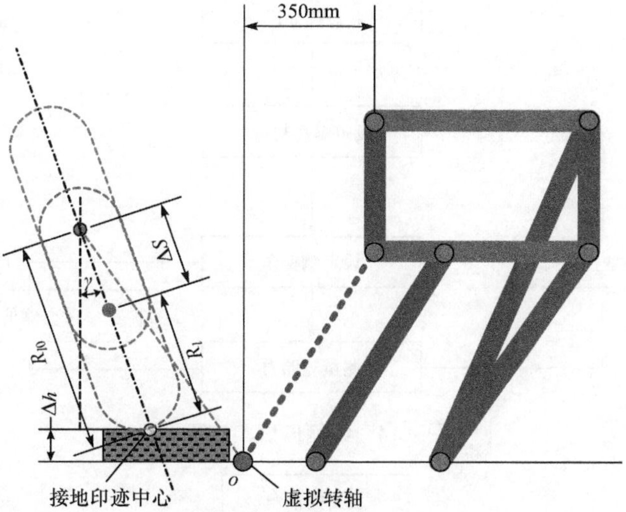

图 9.13　步骤三示意图

9.1.4　轮胎动力学特性试验方法

提出的轮胎动力学稳态特性试验方法包括：

(1) 纯侧偏试验方法；

(2) 纯纵滑试验方法；

(3) 纯侧倾试验方法；

(4) 侧倾侧偏复合试验方法；

(5) 侧偏纵滑复合试验方法。

提出的轮胎动力学非稳态特性及平顺特性试验方法包括：

(1) 侧偏角阶跃试验方法；

(2) 转动角阶跃试验方法；

(3) 阶跃动载侧偏/纵滑试验方法；

(4) 正弦动载侧偏/纵滑试验方法；

(5) 包容特性试验方法。

部分试验方法的操作流程如图 9.14～图 9.20 所示。

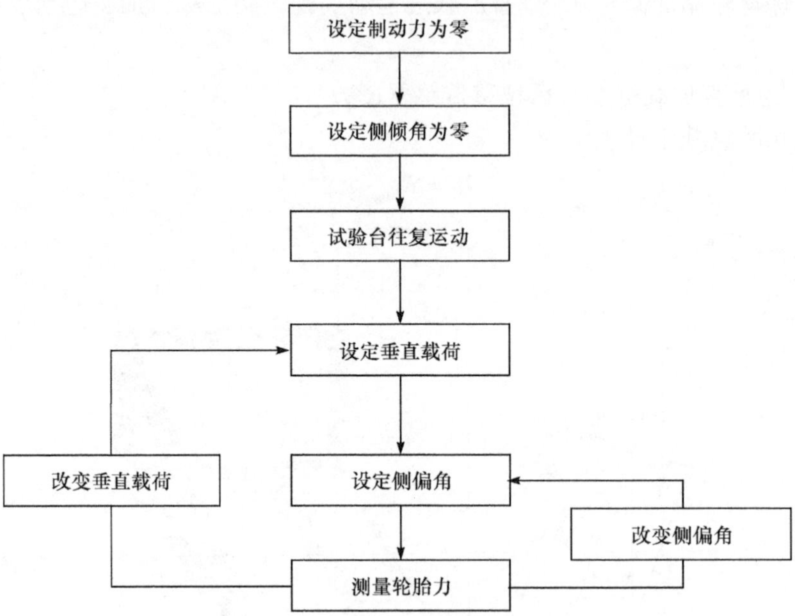

图 9.14　纯侧偏试验流程

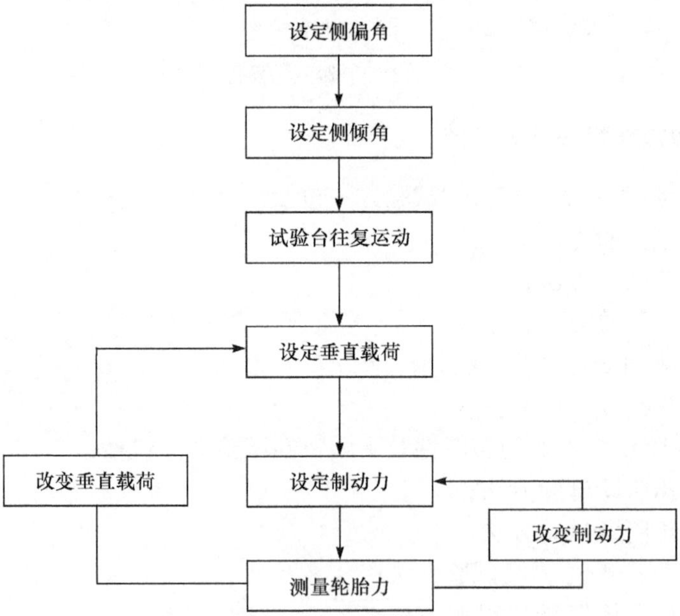

图 9.15　纯纵滑试验流程

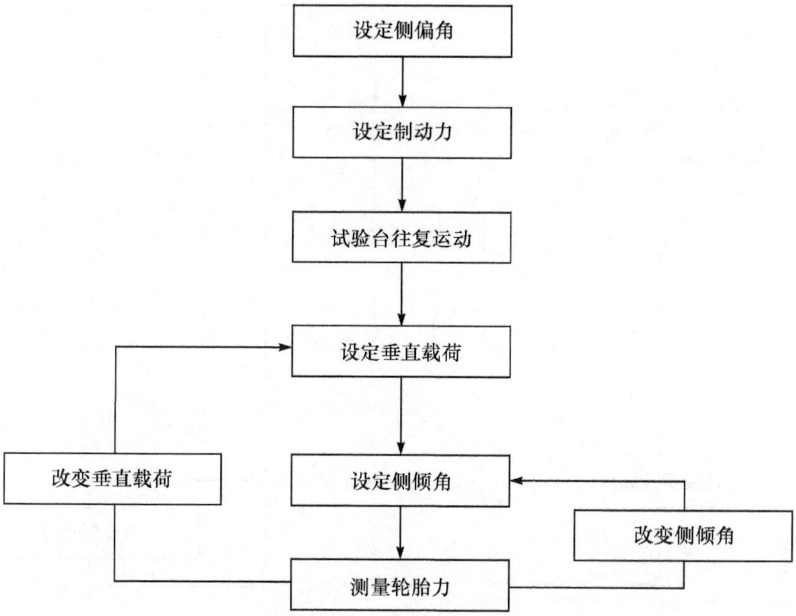

图 9.16　纯侧倾试验流程

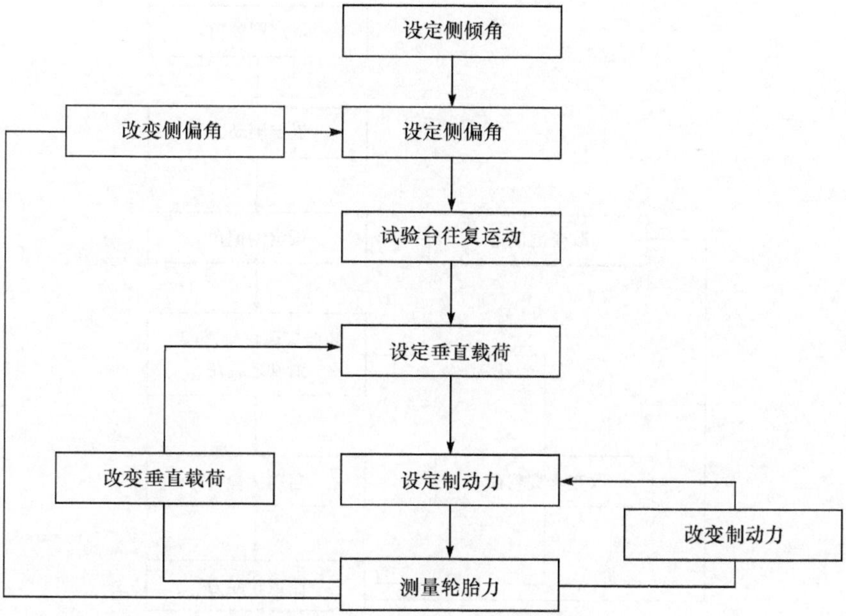

图 9.17　侧倾侧偏复合试验流程

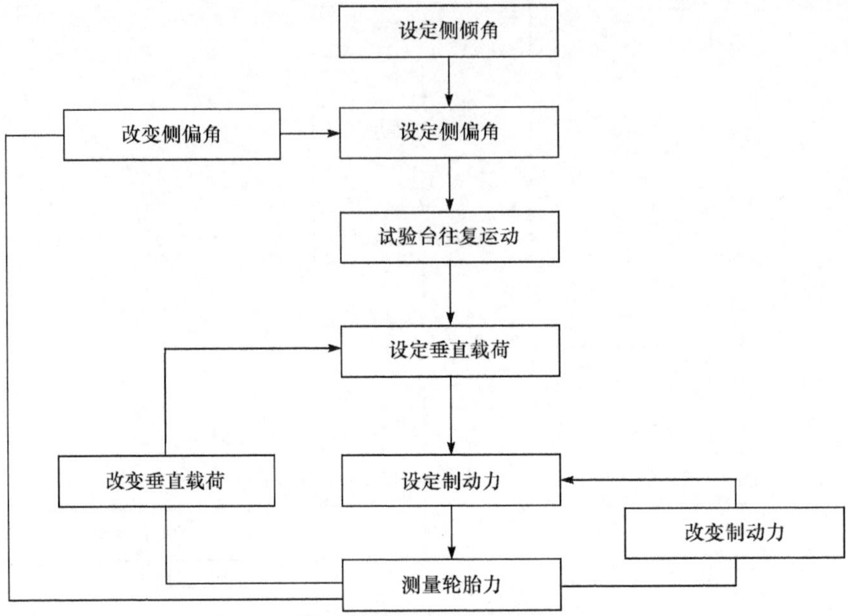

图 9.18　侧偏纵滑复合试验流程

图 9.19　侧偏角阶跃试验流程

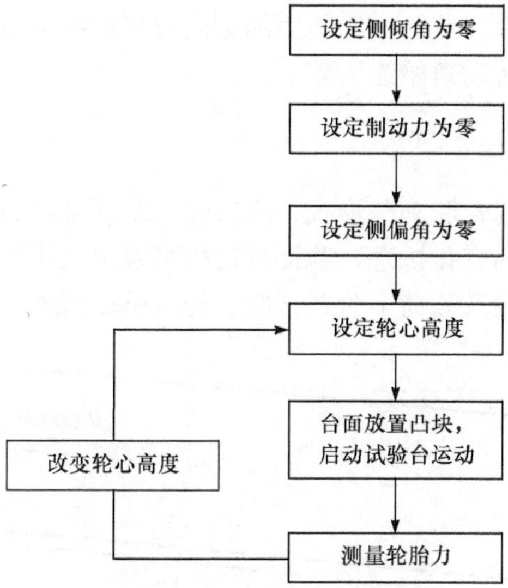

图 9.20　包容特性试验流程

代表性的试验研究如下。

1. 侧偏非稳态试验[1]

为了研究轮胎的动态特性，设计了两种非稳态轮胎试验，即转动角阶跃试验和侧向位移阶跃试验。转动角阶跃试验是在轮胎滚动时，通过滑台的快速转动实现的；而侧向位移阶跃试验的实现则是先将转台转过一定角度，然后使轮胎由静止开始在滑台上滚动(图 9.21)。两种非稳态侧偏试验中轮胎的运动状态是完全不

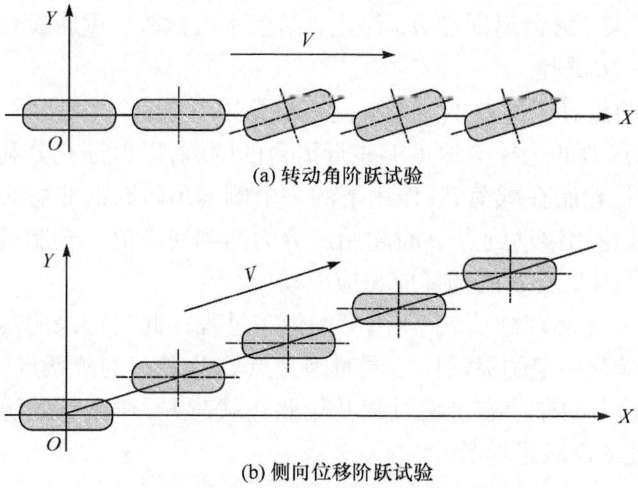

图 9.21　两种不同侧向输入时的轮胎运动轨迹

同的，转动角阶跃试验时轮胎中心平面的侧向位移始终为零，而侧向位移阶跃试验时轮胎中心平面的转动角始终为零。

2. 动载侧偏非稳态试验[2]

载荷阶跃是典型的轮胎动载形式，进行轮胎阶跃动载试验有助于深入理解轮胎动载侧偏力学特性的变化机理，验证理论模型及发展半经验模型。动载侧偏试验分为载荷上阶跃试验及载荷下阶跃试验，但两试验操作过程相同(图 9.22)。

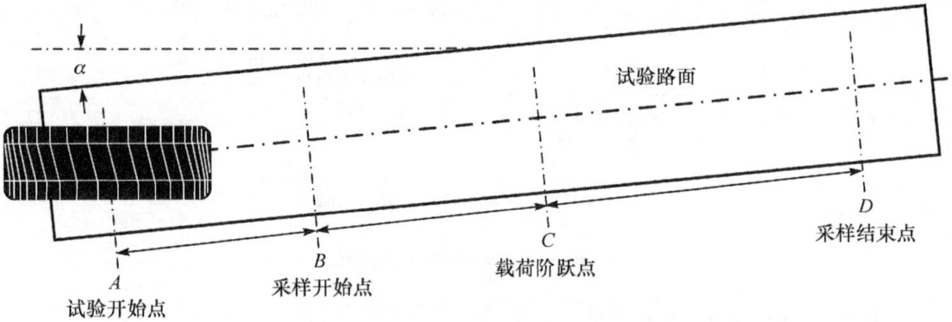

图 9.22 载荷阶跃轮胎侧偏试验设计

(1) 试验准备：将转台转至指定侧偏角，并将滑台运动到一端，停止，轮胎处于位置 A，加指定的轮胎载荷 F_{z1}。

(2) 开始试验：滑台启动，当轮胎滚动到点 B 时，开始数据记录，轮胎滚至点 C 时滑台停止，改变轮胎的载荷到 F_{z2}，滑台重新启动，滚至点 D 时，停止数据记录。

(3) 试验结束：滑台返回点 A，停止，结束本次试验，重新设置侧偏角及轮胎载荷，开始下一次试验。

图 9.22 中的点 A～点 D 的位置确定应满足以下条件：

(1) 点 A 和点 D 的选择应尽可能靠近滑台的两端，以保证充分利用试验台面。

(2) AB 段是轮胎在载荷 F_{z1} 作用下的一个侧偏角阶跃的非稳态过程，因此点 B 的选择应保证轮胎滚动到点 B 时轮胎六分力达到稳态值，轮胎载荷不同，其松弛长度也不同，因此点 B 的选择应相应变动。

(3) BC 段是轮胎在载荷 F_{z1} 作用下的稳态过程，此时记录的是稳态轮胎力数据，点 C 的选择有一定的灵活性，同时因为点 C 为载荷的阶跃点，CD 段应包括载荷阶跃后轮胎力的非稳态过渡过程及轮胎在载荷 F_{z2} 作用下的稳态过程，故点 C 的选择应保证 CD 段足够长。

图 9.23～图 9.30 是该试验得出的曲线。

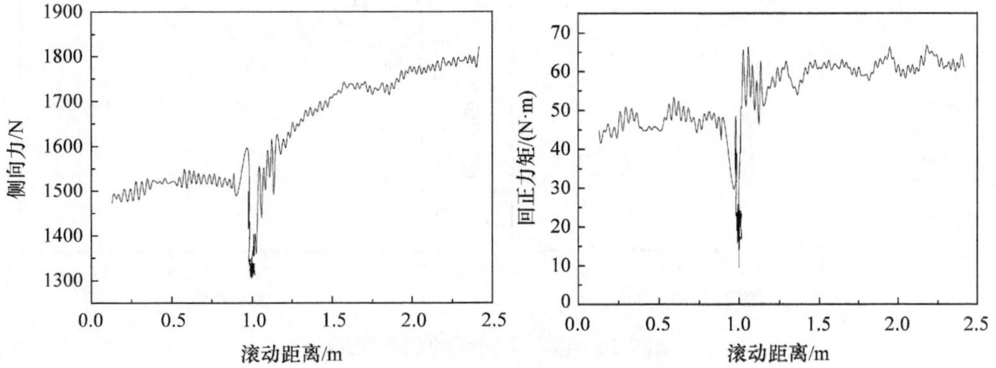

图 9.23　载荷上阶跃的试验结果

$\alpha=2°$，$F_{z1}=3979\text{N}$，$F_{z2}=4861\text{N}$

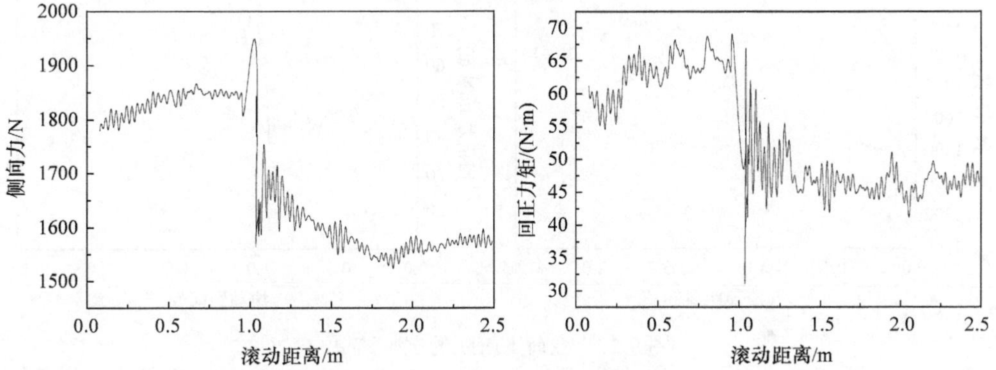

图 9.24　载荷下阶跃的试验结果

$\alpha=2°$，$F_{z1}=4861\text{N}$，$F_{z2}=3979\text{N}$

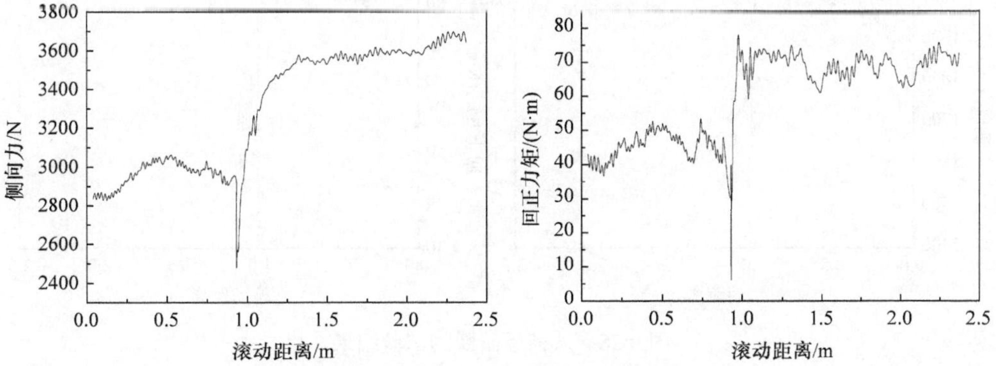

图 9.25　载荷上阶跃的试验结果

$\alpha=6°$，$F_{z1}=3979\text{N}$，$F_{z2}=4861\text{N}$

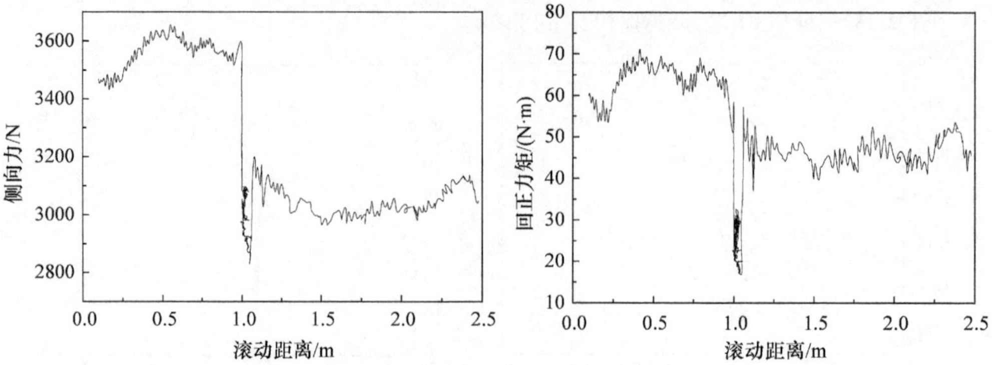

图 9.26　载荷下阶跃的试验结果

$\alpha = 6°$, $F_{z1} = 4861\text{N}$, $F_{z2} = 3979\text{N}$

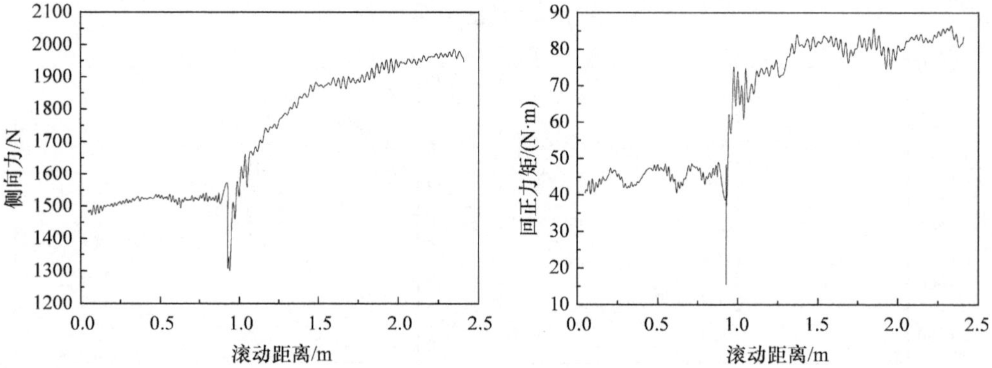

图 9.27　载荷上阶跃的试验结果

$\alpha = 2°$, $F_{z1} = 3979\text{N}$, $F_{z2} = 5821\text{N}$

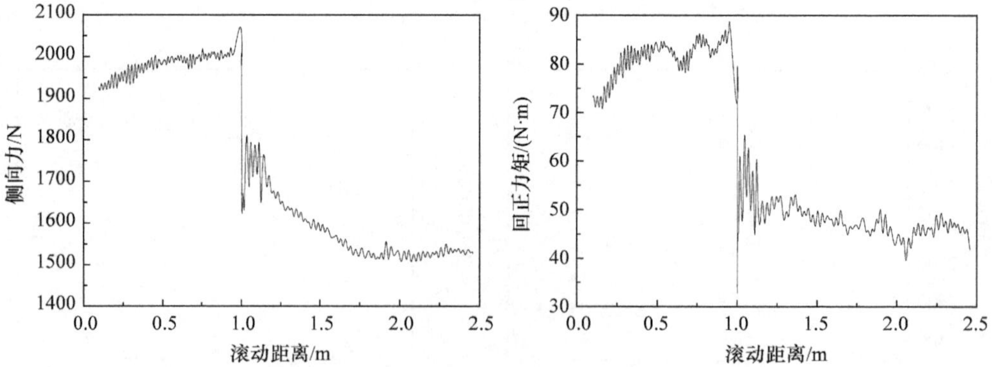

图 9.28　载荷下阶跃的试验结果

$\alpha = 2°$, $F_{z1} = 5821\text{N}$, $F_{z2} = 3979\text{N}$

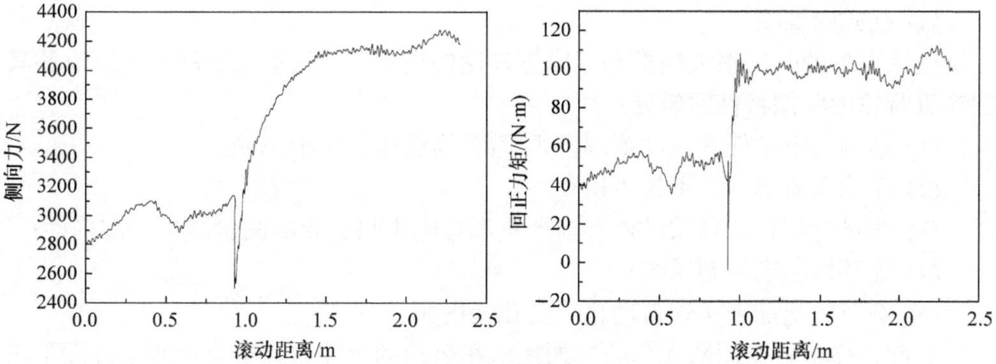

图 9.29　载荷上阶跃的试验结果

$\alpha = 6°$, $F_{z1} = 3979\text{N}$, $F_{z2} = 5821\text{N}$

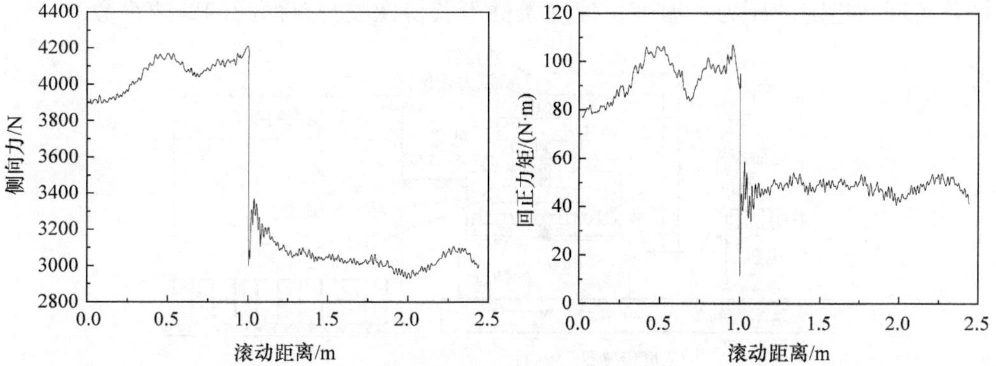

图 9.30　载荷下阶跃的试验结果

$\alpha = 6°$, $F_{z1} = 5821\text{N}$, $F_{z2} = 3979\text{N}$

9.2　全天候全路况胎面摩擦瞬态测试技术[3]

橡胶作为轮胎的主要组成部分，其摩擦特性很特殊，它并不符合库仑摩擦定律。橡胶轮胎的机械特性很大程度上取决于橡胶的摩擦特性(尤其在一些极限工况下)。目前对橡胶摩擦的理论研究尚不成熟。因此，橡胶摩擦的试验研究对轮胎力学特性的研究十分重要。

9.2.1　轮胎橡胶摩擦特性试验台

为了研究橡胶的摩擦特性，人们开发了各种试验设备，大体分三类：

(1) 恒牵引力式摩擦仪；

(2) 恒速式摩擦仪；

(3) 摆式摩擦仪。

这些设备的开发很大地推动了摩擦理论的进步，但这些仪器的一些特点使其很难进行轮胎摩擦特性的研究：

(1) 结构的限制使其速度范围都很窄(多为低速，小于 1m/s)；

(2) 摩擦介质单一，不易更换；

(3) 测量时间长，导致试件磨损严重和急剧生热，影响测量结果的准确性；

(4) 无环境温度控制系统；

(5) 载荷的施加未实现自动化，变化范围小。

为此，作者科研团队在与美国通用汽车公司的合作研究中自行研制开发了轮胎用橡胶摩擦试验台，简图如图 9.31 所示。轮胎胎面与路面间的摩擦系数取决于接触压力、环境条件和胎面与路面间的相对滑动速度。轮胎用橡胶摩擦试验台就是要实现在指定的压力、温度、速度条件下获得橡胶与路面间的摩擦系数。

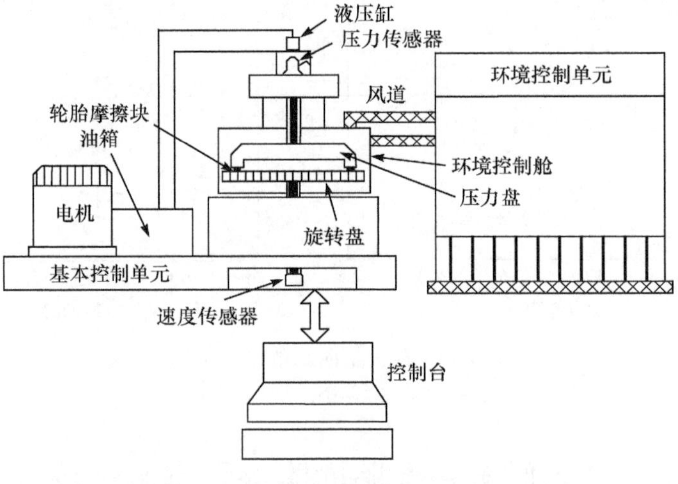

图 9.31　轮胎橡胶摩擦试验台示意图

1. 轮胎用橡胶摩擦试验台组成

轮胎用橡胶摩擦试验台包括基本控制单元、环境控制单元和控制台。基本控制单元包括电机、液压系统(如液压缸、油箱)、旋转盘、测量臂、压力传感器、速度传感器，主要实现在指定条件下摩擦系数的测量。具体如下：胎面橡胶块固定在测量臂上；模拟路面摩擦片固定在旋转盘上；控制台控制滑移速度和垂直压力；压力传感器和速度传感器测量动摩擦特性。

环境控制单元主要是模拟出各种路况环境，如湿路面(雨后、雾天)、干路面、冰面(不同温度下)。控制台包括控制面板、计算机、相关软件。

2. 轮胎用橡胶摩擦试验台基本参数

采样频率：200Hz。
滑移速度：0.1～150km/h。
垂直压力：0～1.86MPa。
环境舱温度：–25～50℃。

3. 轮胎用橡胶摩擦试验台工作原理

如图 9.32 所示，胎面橡胶块被固定在测量臂的下端，试验中通过液压缸驱动测量臂下压使胎面橡胶块与旋转盘上的摩擦路面接触，从而形成二者间的摩擦。这个摩擦力使拉杆受拉，压力传感器可测出拉杆的受力。经力矩平衡可算出胎面橡胶块处受到的摩擦力；再测出垂直加载的力，加上加载机构的自重就得到垂直载荷的数值，从而得到摩擦系数的大小。试验前要对水平和竖直两个方向的压力传感器进行标定。

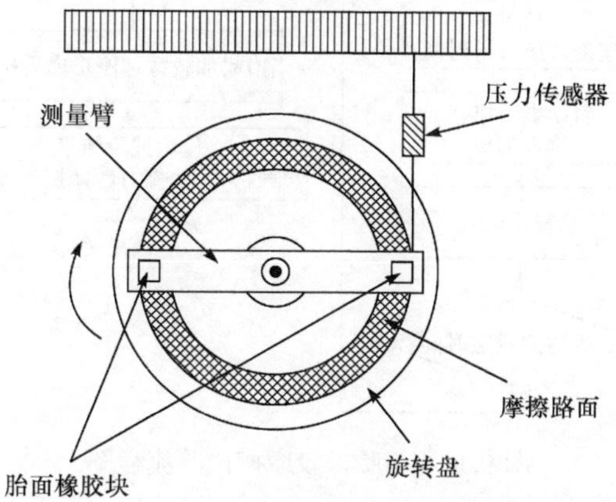

图 9.32　摩擦系数测试原理图

9.2.2　轮胎橡胶-路面摩擦试验方法

由于在摩擦试验中，轮胎胎面橡胶块会在高速摩擦中很快磨损，而且其表面温度很快升高。这就破坏了测量所需要的恒定条件。而温度的变化会使摩擦系数变化。为避免胎面橡胶块与摩擦路面的过分摩擦，应尽量缩短二者的接触时间；而加载后胎面橡胶块进入稳定状态和测量都需要有足够的时间，如图 9.33 所示，整个试验过程分为四个阶段：空载阶段 t_0，加载阶段 t_1，保持阶段 t_2，卸载阶段 t_3。试验中可控制 $t_1 \leqslant 0.05\text{s}$，$t_3 \leqslant 0.05\text{s}$，保证 $t_2 \geqslant 0.2\text{s}$。将摩擦时间控制在 0.3s 之内，以使摩擦表面温度近似于空载阶段环境箱内所保持的温度，整个过程如图 9.34 所示。

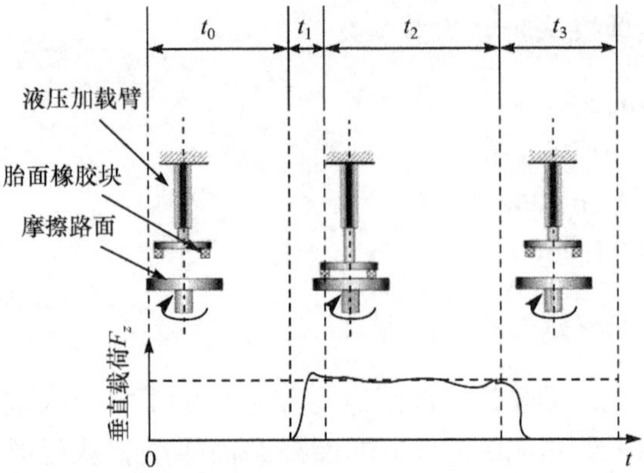

图 9.33　轮胎橡胶摩擦试验示意图

t_0-电机启动、开始加载后的等待时间；t_1-胎面橡胶块从接触到载荷稳定时间；t_2-摩擦系数测量区间；t_3-电机停止、胎面橡胶块抬起时间

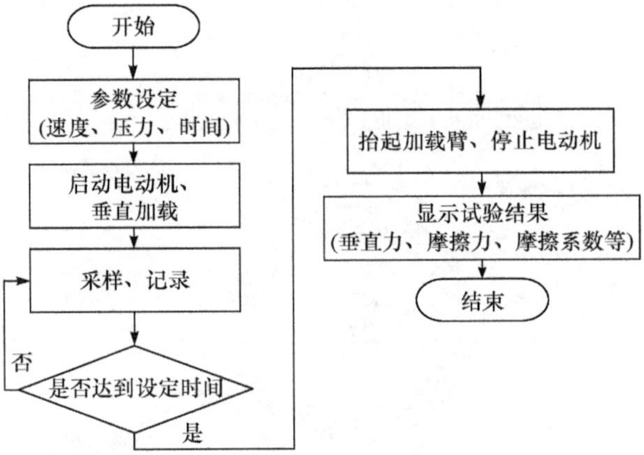

图 9.34　轮胎橡胶摩擦试验流程图

本试验采用的电机是交流电机，通过变频器调速。当转动速度低于 200r/min 时，电机无法稳定转动，这就使得低速下(8.5km/h 以下)的摩擦系数无法获得。为解决这个问题，采用以下方法：当滑移速度小于 3km/h 时，摩擦产生的热量对摩擦系数的影响基本可以忽略。这样胎面橡胶块与路面的接触时间就可以放长些。具体步骤是，先使电机在一个比较低的速度下稳定转动，如 250r/min，压下胎面橡胶块，加载到指定载荷。切断电机电源。此时转盘会由惯性继续转动，但由于摩擦力的作用,其速度会逐渐降低至停止。连续记录下整个过程的摩擦力和速度。这样就可以得到在低速段的摩擦系数。通过这种方法可以获得直至 0.1km/h 时胎面橡胶块与路面间的摩擦系数。应用该方法，获得了轮胎胎面橡胶块在干路面、冰面低速段的摩擦系数速度特性。

9.2.3　轮胎橡胶-冰面摩擦试验结果及处理

为了更细致地研究各因素的影响，在试验中进行了五种载荷、五种温度下的摩擦试验。每种试验下速度为 0.03～30m/s。获得试验数据后，对数据进行了模型参数拟合，在拟合的模型中，Savkoor 推荐的模型有较高的精度和较简洁的形式[4]，其表达式如下：

$$\mu_d = \mu_0 + (\mu_m - \mu_0)\exp\left(-h^2 \lg^2\left(\frac{V_s}{V_m}\right)\right) \tag{9.13}$$

其中，μ_d 为动摩擦系数；V_s 是滑移速度；μ_0、μ_m、h、V_m 是模型参数。

为了拟合不同温度、压力下的试验数据，对该模型进行了扩展，建立了模型参数与温度、压力的关系如下：

$$\begin{bmatrix}\mu_0\\ \mu_m\\ h\\ V_m\end{bmatrix} = \begin{bmatrix}a_0 & a_1 & a_2\\ b_0 & b_1 & b_2\\ c_0 & c_1 & c_2\\ d_0 & d_1 & d_2\end{bmatrix}\begin{bmatrix}1\\ p\\ p^2\end{bmatrix} \tag{9.14}$$

其中，p 为压力，a_0～a_2、b_0～b_2、c_0～c_2、d_0～d_2 为载荷参数，将其用温度表示为

$$\begin{bmatrix}a_0\\ a_1\\ a_2\end{bmatrix} = \begin{bmatrix}a_{00} & a_{01} & a_{02}\\ a_{10} & a_{11} & a_{12}\\ a_{20} & a_{21} & a_{22}\end{bmatrix}\begin{bmatrix}1\\ T\\ T^2\end{bmatrix} \tag{9.15}$$

其中，T 为温度；a_{ij} 为温度参数。

这样，摩擦系数就可以表达为速度、温度、压力的函数：

$$\mu_d = \mu_d(V_s, p, T) \tag{9.16}$$

表 9.2 列出了拟合得到的冰面上的摩擦系数参数值(式(9.14)、式(9.15))。

表 9.2　冰面上轮胎橡胶摩擦系数参数表

参数	数值	参数	数值	参数	数值	参数	数值
a_{00}	−0.01249	b_{00}	0.01714	c_{00}	1.15726	d_{00}	0.14655
a_{01}	−0.00256	b_{01}	−0.09128	c_{01}	0.05639	d_{01}	0.01367
a_{02}	0.000085036	b_{02}	−0.00262	c_{02}	0.00218	d_{02}	0.00059
a_{10}	0.000065636	b_{10}	0.00028004	c_{10}	−0.00143	d_{10}	−0.00049
a_{11}	0.000012062	b_{11}	0.000333	c_{11}	−0.000097	d_{11}	−0.00007
a_{12}	−0.00000031	b_{12}	0.00001349	c_{12}	−0.0000059	d_{12}	-3.01×10^{-6}
a_{20}	−0.00000008	b_{20}	−0.00000039	c_{20}	0.0000012	d_{20}	4.369×10^{-7}
a_{21}	−0.000000017	b_{21}	−0.00000034	c_{21}	0.00000005	d_{21}	6.61×10^{-8}
a_{22}	0.0000000002	b_{22}	−0.000000015	c_{22}	0.000000005	d_{22}	3.196×10^{-9}

不同温度、压力下冰面的摩擦试验数据及拟合结果如图 9.35～图 9.42 所示。

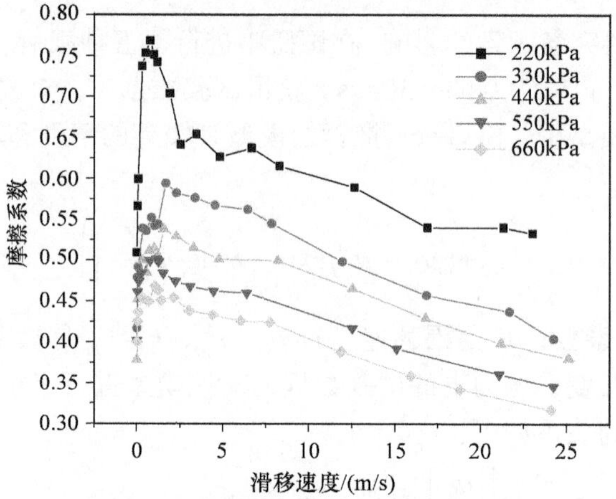

图 9.35　干路面轮胎橡胶摩擦系数试验结果

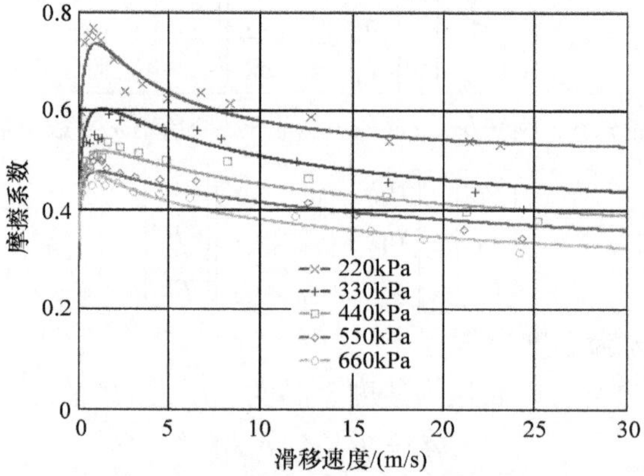

图 9.36　干路面轮胎橡胶摩擦系数拟合结果与试验数据对比

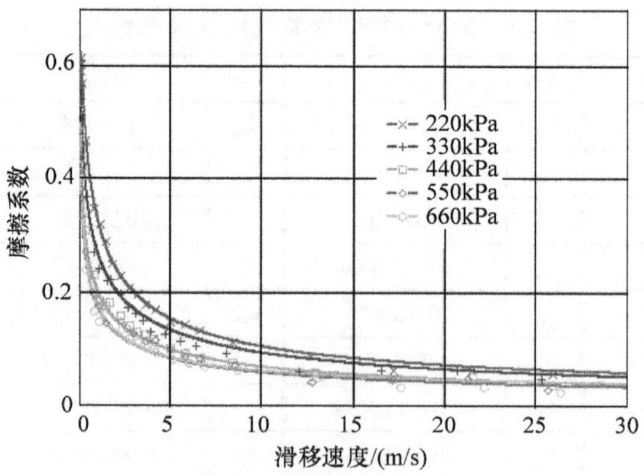

图 9.37　冰面(−21℃)轮胎橡胶摩擦系数拟合结果与试验数据对比

对数坐标能更清楚地反映低速时摩擦系数的变化,因此以下均采用对数坐标。

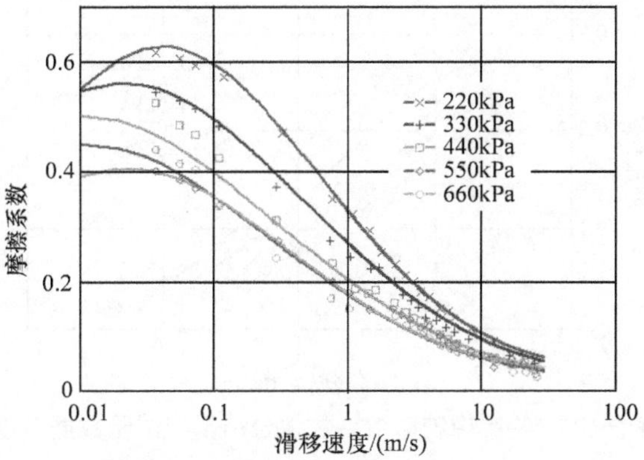

图 9.38　冰面(−21℃)轮胎橡胶摩擦系数拟合结果与试验数据对比(对数坐标)

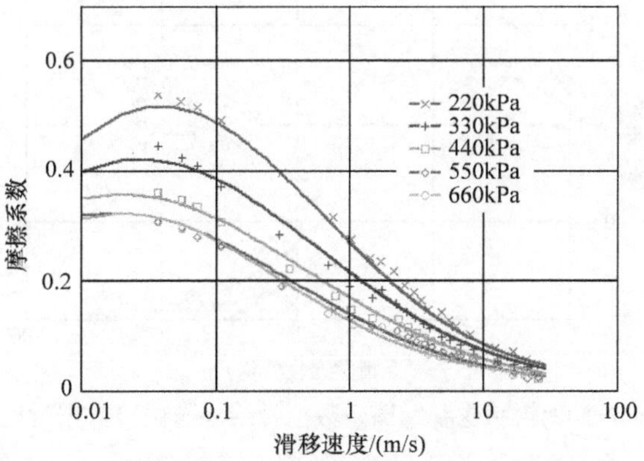

图 9.39　冰面(−16℃)轮胎橡胶摩擦系数拟合结果与试验数据对比(对数坐标)

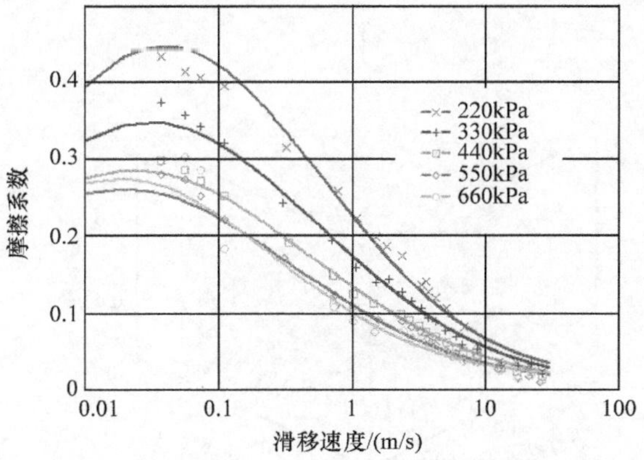

图 9.40　冰面(−13℃)轮胎橡胶摩擦系数拟合结果与试验数据对比(对数坐标)

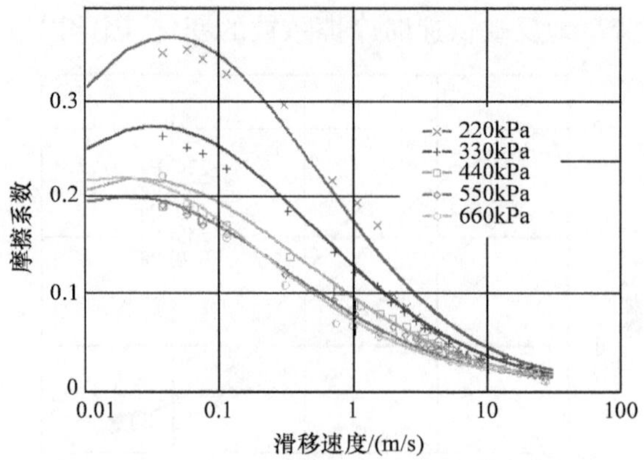

图 9.41 冰面(−10℃)轮胎橡胶摩擦系数拟合结果与试验数据对比(对数坐标)

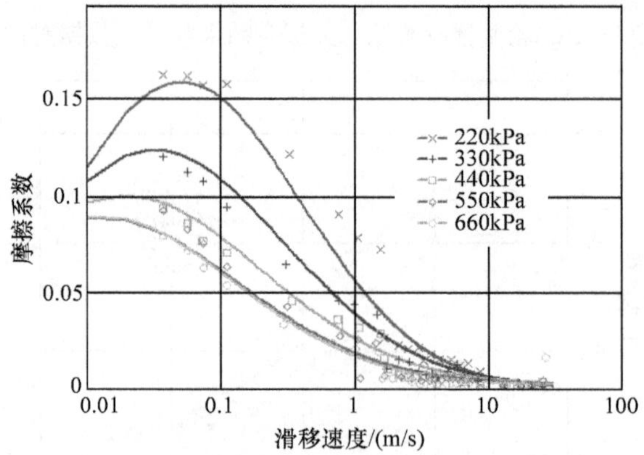

图 9.42 冰面(−3℃)轮胎橡胶摩擦系数拟合结果与试验数据对比(对数坐标)

以上获得了干路面和冰面上不同速度、压力的摩擦特性模型，这样就可以分析不同因素对摩擦系数的影响，具体如图 9.43～图 9.45 所示。

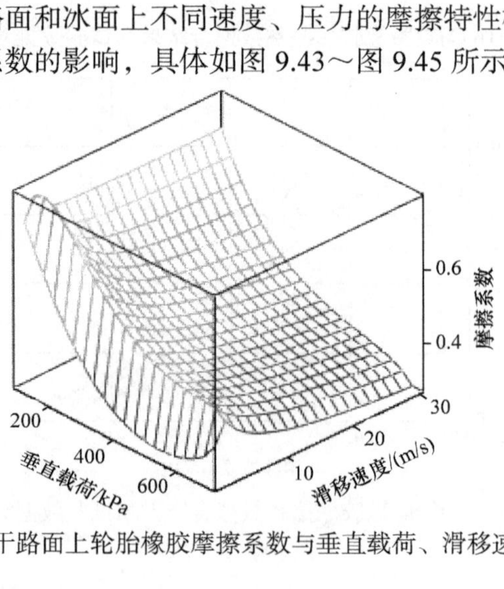

图 9.43 干路面上轮胎橡胶摩擦系数与垂直载荷、滑移速度的关系

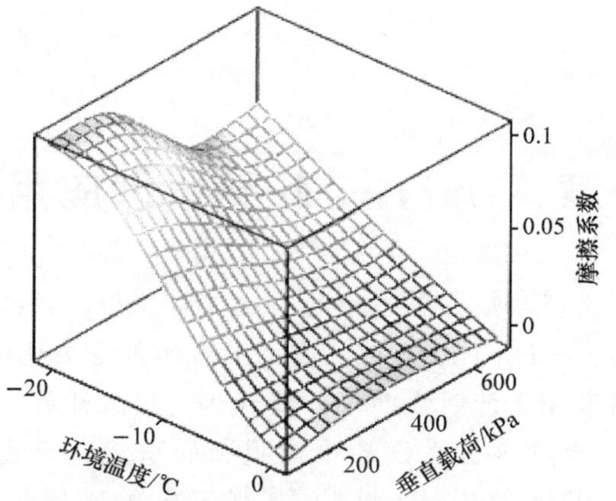

图 9.44　冰路面上轮胎橡胶摩擦系数与垂直载荷、环境温度的关系

V_s=10m/s

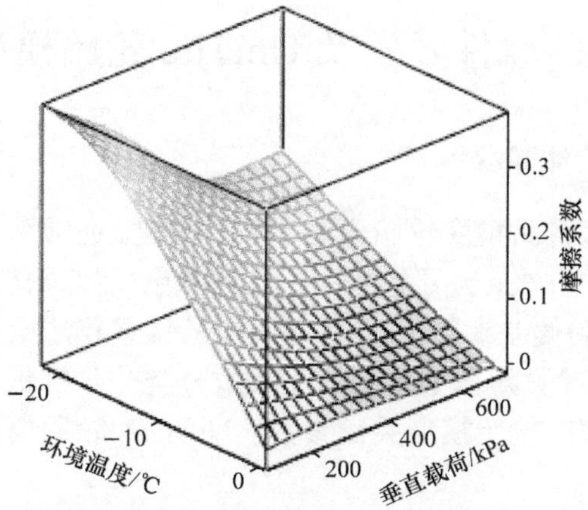

图 9.45　冰路面上轮胎橡胶摩擦系数与垂直载荷、环境温度的关系

V_s=1m/s

参 考 文 献

[1] 任雷. 复杂工况下的轮胎非稳态侧偏特性研究. 长春: 吉林工业大学, 2000.
[2] 卢荡. 轮胎动载侧偏特性建模及对汽车操纵稳定性影响. 长春: 吉林大学, 2003.
[3] 庄晔. 轮胎动摩擦特性研究及其对车辆操纵稳定性的影响. 长春: 吉林大学, 2004.
[4] Savkoor A R. On the friction of rubber. Wear, 1965, 8(3): 222-237.

第 10 章　UniTire 轮胎模型应用技术

针对应用中轮胎模型参数获取的难题，通过对辨识流程控制的研究，本章开发模型参数辨识工具——UniTire Tool，建成国内涵盖轮胎规格最多的 UniTire 轮胎模型数据库。在国家 863 计划资助下，作者科研团队开展了“实用高精度轮胎力学特性建模及在现代汽车仿真设计中应用”的研究，开发了 UniTire/Easy、UniTire/Standard 及 UniTire/Extreme 模型，实现了在 ADAMS、VehSim、CarSim、veDYNA 等国际著名通用大型汽车动力学分析软件的嵌入。

10.1　UniTire Tool 软件开发及 UniTire 轮胎模型数据库建立

10.1.1　UniTire Tool 软件开发

辨识流程控制是获得高精度轮胎模型参数的关键，通常采用的一次辨识中得到轮胎模型全部参数的方法，会导致轮胎线性区参数(侧偏刚度、纵滑刚度、侧倾刚度及回正刚度)及轮胎偏差参数(制造偏差及试验偏差)辨识不准确的问题。本软件在 UniTire 轮胎模型参数辨识上采用模型参数分类分步辨识的方法，实现辨识流程的控制，获取高精度轮胎模型关键参数。UniTire 轮胎模型参数辨识流程如图 10.1 所示。

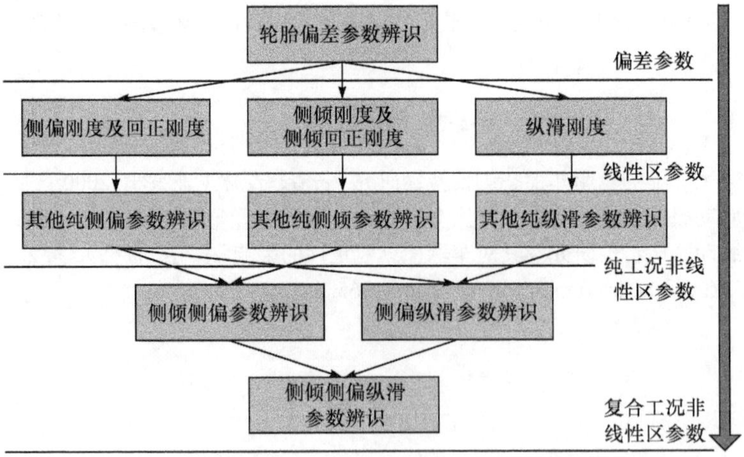

图 10.1　UniTire 轮胎模型参数辨识流程

按参数分类分步辨识流程，开发了 UniTire Tool 参数辨识功能模块，UniTire Tool 还包括轮胎试验数据库模块、参数辨识功能模块、辨识结果验证及特性参数数据库模块、模型分析模块，如图 10.2～图 10.5 所示。

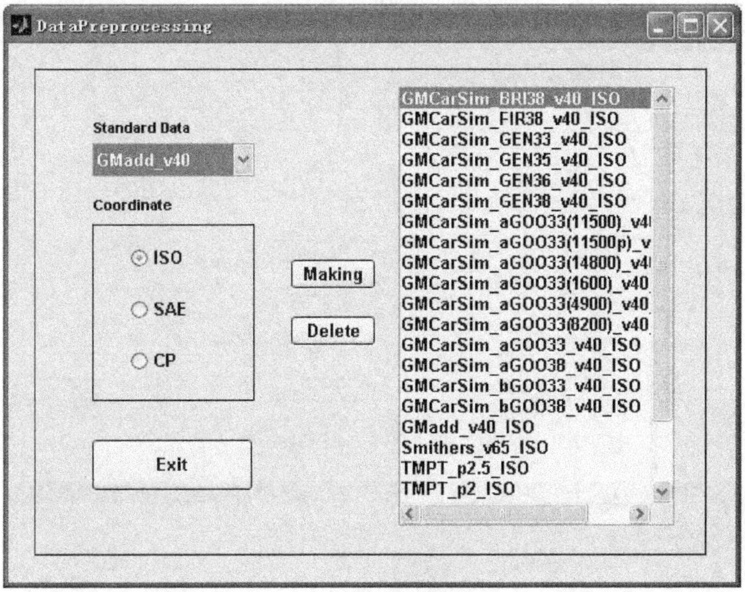

图 10.2　试验数据库模块

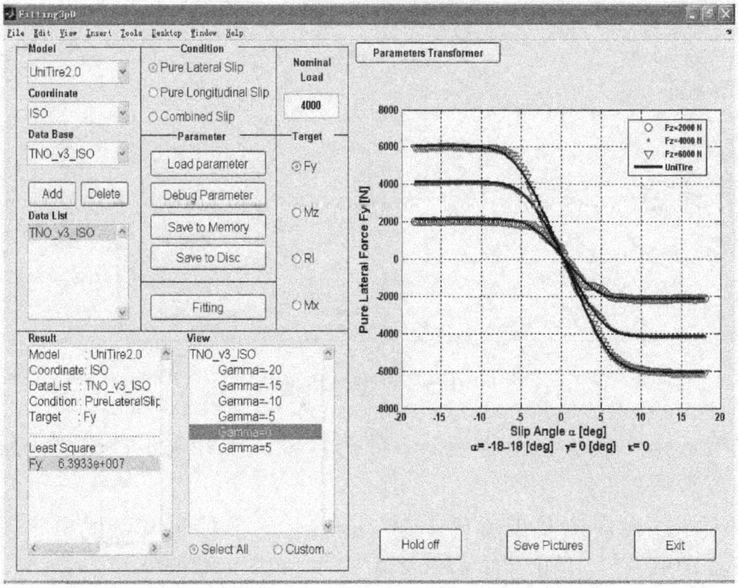

图 10.3　参数辨识功能模块

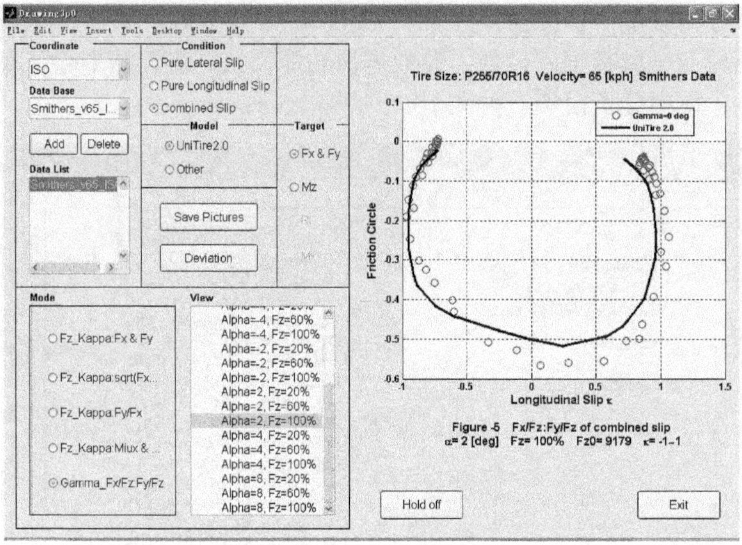

图 10.4 辨识结果验证及特性参数数据库模块

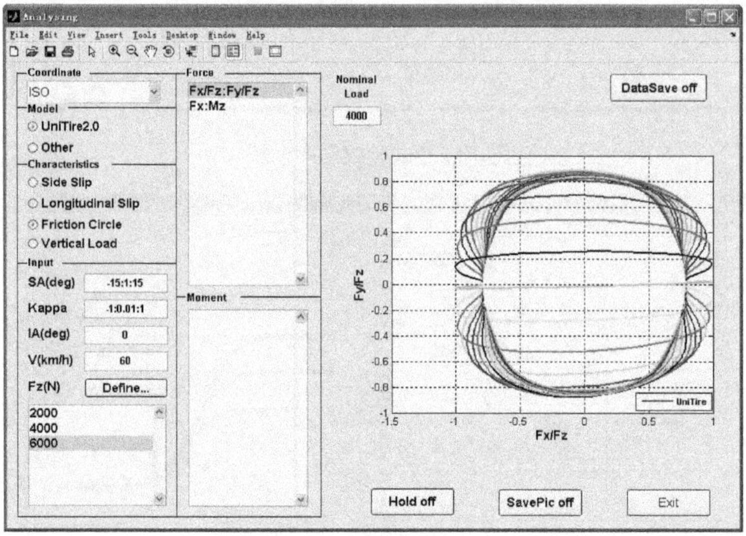

图 10.5 模型分析模块

轮胎试验数据库模块用于建模试验数据管理，可针对不同模型采用不同的轮胎坐标系进行数据转化。

参数辨识功能模块按辨识流程实现 UniTire 轮胎模型参数的分步辨识，输出辨识结果及辨识精度，并可方便查看各工况下试验与模型结果对比。

辨识结果验证及特性参数数据库模块主要通过辨识参数结果分析来检验模型

的稳健性，并将检验后的模型参数保存到 UniTire 特性参数数据库。

模型分析模块用于非试验工况模型特性的仿真，以发展完善模型。

10.1.2　UniTire 轮胎模型数据库建立

在 UniTire Tool 软件开发的同时，建立了 UniTire 轮胎模型数据库，该数据库构成如图 10.6 所示。

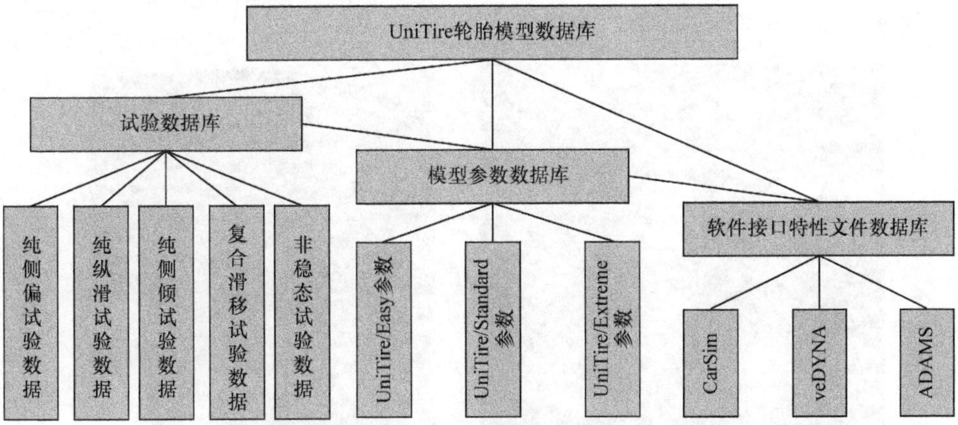

图 10.6　UniTire 轮胎模型数据库构成

目前，该数据库已包含 100 余条轮胎的 UniTire 轮胎模型数据，是国内涵盖轮胎规格最多的轮胎动力学特性数据库。

10.2　UniTire 轮胎模型应用模块的开发

10.2.1　版本的特色

根据汽车正向开发设计不同阶段对轮胎模型需求的不同，开发了 UniTire/Easy、UniTire/Standard 及 UniTire/Extreme 三个不同版本模型，各版本特色如下：

(1) UniTire/Easy 模型的参数在 10 个以内，主要表达轮胎侧偏刚度、纵滑刚度、侧倾刚度及松弛长度特性，适用于汽车较小侧向加速度范围内特性分析。

(2) UniTire/Standard 模型的参数在 30 个以内，表达轮胎在线性区域及非线性区域内六分力特性，适用于汽车中等侧向加速度范围内特性分析。

(3) UniTire/Extreme 模型的参数在 100 个以内，对轮胎极限工况、各种输入下轮胎线性及非线性特性精确表达，具有速度影响预测、胎压影响预测功能，适用于汽车大侧向加速度范围内特性分析。

10.2.2 UniTire 在汽车动力学分析中的应用

因 UniTire 建模中采用的是印迹更新坐标系，且适用于不同速度、胎压下轮胎特性精确描述，所以通过定义全新的 UniTire 轮胎接口，实现了 UniTire 轮胎模型在汽车动力学研究中的应用。

该模型在汽车仿真与控制国家重点实验室的开发型驾驶模拟器上应用，如图 10.7 所示。通过采用 UniTire 轮胎模型，实现了汽车底盘开发中轮胎与整车性能快速匹配、整车性能评价的研究。

图 10.7　装有 UniTire 轮胎模型的开发型驾驶模拟器

UniTire 能与 CarSim、VehSim、ADAMS、veDYNA、Simulink 连接，并取得了良好的应用效果。图 10.8 为 UniTire 与 CarSim 连接示意图。

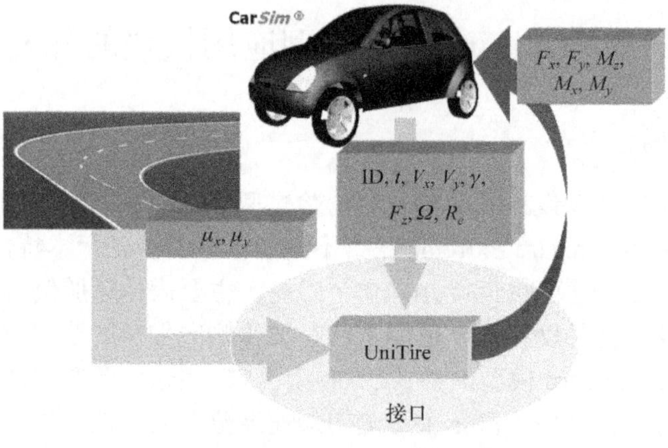

图 10.8　UniTire 与 CarSim 的连接

基于 UniTire 轮胎模型，美国通用汽车公司的工程师开展了系列汽车开发研究，取得了良好的效果。他们认为“UniTire 轮胎模型对轮胎动力学特性具有更高的表达精度，在轮胎极限工况、动态载荷工况、路面摩擦系数突变工况、非稳态侧倾工况、低速泊车工况等方面具有更好的描述能力，同时已实现在通用汽车公司的动力学分析软件 VehSim 中的应用”。

10.3　UniTire 与 ADAMS 连接[1]

按照 TYRSUB 的接口定义，编写 UniTire 轮胎模型程序，然后将其按照相应的命令编译链接生成动态库。编译命令同前，生成动态库的过程如下。

1) 生成 ADAMS/Solver 调用的动态库

依次选择“开始”、“程序”、“MSC.Software”、“MSC.ADAMS 2003”、“ASolver”、“Create Custom Solver”。进入 DOS 命令环境后，输入要连接的目标文件(.obj)，最后输入要生成的动态库文件名。

2) 生成 ADAMS/Car 调用的动态库

依次选择“开始”、“程序”、“MSC.Software”、“MSC.ADAMS 2003”、“ACar”、“Advanced”。进入 DOS 命令环境后，选择 cr-solverprivate，输入要连接的目标文件(.obj)，ADAMS 自动生成名为 acar_solver.dll 的动态库，其位置在$\acar_private 文件夹下($为系统的起始路径)。

10.3.1　在 ADAMS/Car 下应用 UniTire 轮胎模型

UniTire 与 ADAMS/Car 的连接是一种“无缝连接”，因为 ADAMS/Car 包括用于整车模型装配的车轮-轮胎模板，其中有调用 UniTire 轮胎模型所需的全部信息，用户只需指定 UniTire 轮胎模型的特性文件即可，具体如下：

选择车辆模型中的车轮-轮胎，单击鼠标右键，选择 Modify，“Modify Wheel”对话框就会出现，然后更改轮胎的特性文件，如图 10.9 所示。

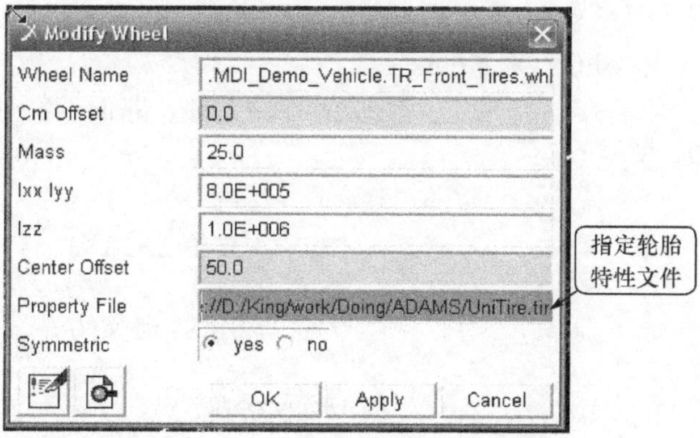

图 10.9　“Modify Wheel”对话框

10.3.2 在 ADAMS/Solver 下应用 UniTire 轮胎模型

在 ADAMS/Solver 下应用 TYRSUB 形式的 UniTire 轮胎模型，也需要在模型数据(.adm)文件中加入一些语句，不同的是，所加入的语句要复杂得多，下面介绍这些语句的结构：

首先定义三个 Marker 点，分别为 Wheel center marker、Road floating marker、Road reference marker。其中，Wheel center marker 属于车轮构件并定义在轮心处，它的 x 轴位于车轮平面内并指向车轮前进方向，y 轴沿着车轮的旋转方向指向车辆的左侧，z 轴在车轮平面内且向上；Road floating marker 属于路面的浮动标记点，是轮胎对路面反作用力的作用点；Road reference marker 是路面信息的参考点，通常为 ADAMS 的大地坐标系。

其次要定义一个 GFORCE 语句，这是一种广义力(general force)的定义方式，可以表征任意一点所受的力和力矩，其格式为

```
GFORCE/1
,I=1
,JFLOAT=2
,RM=3
,FUNCTION=USER(900,1,100)\
```

其中，I、JFLOAT、RM 分别为前面定义的三个 marker 点；FUNCTION = USER(900, 1,100)\ 表明该 GFORCE 语句调用的是一个子程序，其参数 900 代表调用的是计算轮胎力的子程序，1 为 GFORCE 的 ID 号，100 为轮胎的特性数组，将在下面予以说明。

接下来要定义两个 DIFF 语句，用以计算轮胎的内部变量，其格式如下：

```
DIFF/2
,IC=0
,FUNCTION=USER(900,1,100)\
```

其变量的含义与 GFORCE 相同。

再次定义五个字符串，用来定义轮胎的特性文件、路面的特性文件以及其他一些信息，具体如下：

```
STRING/99
,S=front                          //定义是前轮还是后轮
STRING/100
,S=UniTire.tir                    //定义轮胎的特性文件
STRING/101
,S=VEHICLE_HANDLING_DYNAMIC       //定义仿真类型
                                  //(操纵稳定性分析还是悬架的特性分析)
```

```
STRING/102
,S=example_2d_flat.rdf                  //定义路面的特性文件
STRING/103
,S=handling                             //定义轮胎与路面的接触类型
                                        //(用于操纵稳定性仿真还是耐久性仿真)
```

最后定义一个数据单元 ARRAY，用以保存 GFORCE、DIFF 及 STRING 的 ID 号，具体如下：

```
ARRAY/100
,IC
,SIZE=9
,NUM=2,3,1,99,100,101,102,103,0
!array[1]                               //第一个 DIFF 语句的 ID 号
!array[2]                               //第二个 DIFF 语句的 ID 号
!array[3]                               //左右位置的标识符(0 左边，1 右边)
!array[4]                               //前后轮标识的 STRING ID
!array[5]                               //轮胎特性文件的 STRING ID
!array[6]                               //仿真类型的 STRING ID
!array[7]                               //路面特性文件的 STRING ID
!array[8]                               //轮胎与路面接触类型的 STRING ID
!array[9]                               //车轮半径(只对用于悬架仿真的轮胎使用)
```

与前面相同，将定义好的模型文件提交给 ADAMS/Solver，即可完成 ADAMS/Solver 对 UniTire 的调用。

10.3.3　ADAMS 对 UniTire 的调用过程

ADAMS 对 TYRSUB 的调用过程比较复杂，需要调用 ADAMS/Tire 模块来处理很多问题，所以有必要对这一过程做一下介绍，以便对 UniTire 在 ADAMS 中的应用有更深的理解。

在应用 ADAMS 进行仿真时，ADAMS/Solver 会自动检查模型文件中的 GFORCE 语句，如果 GFORCE 语句的第一个参数为 900，那么 ADAMS 的 gendisp 函数会自动调用 ADAMS/Tire 模块，根据模型数据文件中 STRING 语句定义的轮胎(.tir)与路面(.rdf)特性文件，来决定使用何种轮胎模型和路面模型。如果在轮胎特性文件中定义 PROPERTY_FILE_FORMAT='USER'，那么 ADAMS/Tire 会调用用户定义的轮胎模型。在轮胎模型内部，首先将轮胎特性文件中的轮胎参数读入，保存在一个数组内。然后调用路面模型来读入路面文件的数据，并计算轮胎与路面的接触信息，通过这些信息来计算接地印迹上的轮胎力。最后 ADAMS 将这些力转化到轮心处。具体调用过程如图 10.10 所示。

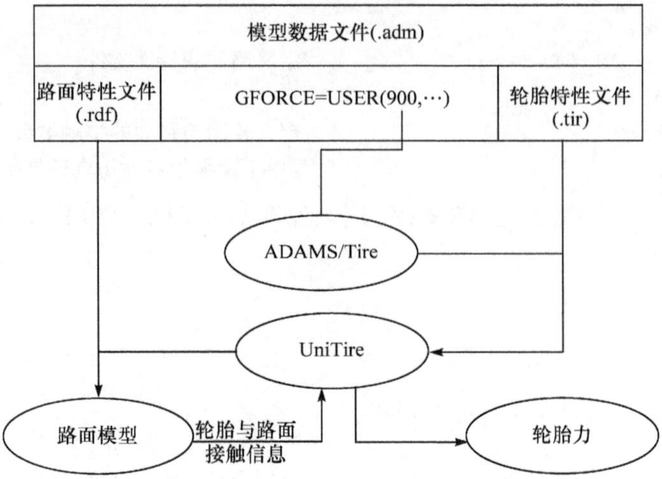

图 10.10　ADAMS 对 UniTire 的调用过程

10.3.4　UniTire 在 TMPT 中的测试结果

TMPT(tyre model performance test)是国际车辆系统动力学学会(The International Association for Vehicle System Dynamics，IAVSD)组织的轮胎模型性能测试项目，该活动由 Michelin 和 Continental 根据参加者的要求提供轮胎有关的设计参数，胎面橡胶的材料特性，轮胎稳态和动态侧偏、纵滑及外倾特性；参加者根据提供的数据辨识出轮胎模型的参数并验证模型的正确性；然后将所建模型实施到某一商业化的多体动力学软件中；最后组织方对模型的运算结果进行测试和评价，并在国际轮胎研讨会上讨论公布。TMPT 中，没有采用整车模型来进行仿真，而是采用了一个比较简单的测试试验台，这样可以减少很多因素，突出轮胎模型的性能。测试试验台的结构示意图如图 10.11 所示，它能实现轮胎的基本运动。

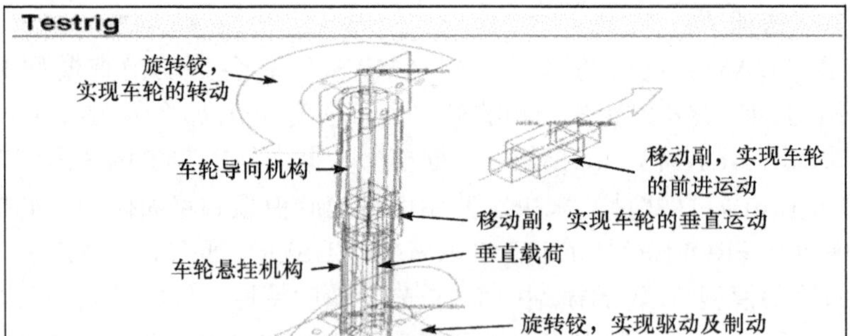

图 10.11　测试试验台示意图

UniTire 参加了 TMPT 的测试和评价，通过与 ADAMS 的连接，完成 TMPT 的仿真题目。下面介绍 UniTire 在 TMPT 中的测试结果。

1. 原地转向仿真

工况设定：车速为 0.0km/h，转向角为 0.523sin(1.256t)rad。仿真曲线如图 10.12 所示。

2. 路面移动测试

工况设定：假定车辆静止，而路面以 30km/h 的速度移动，轮胎由静止状态到自由滚动。仿真曲线如图 10.13 所示。

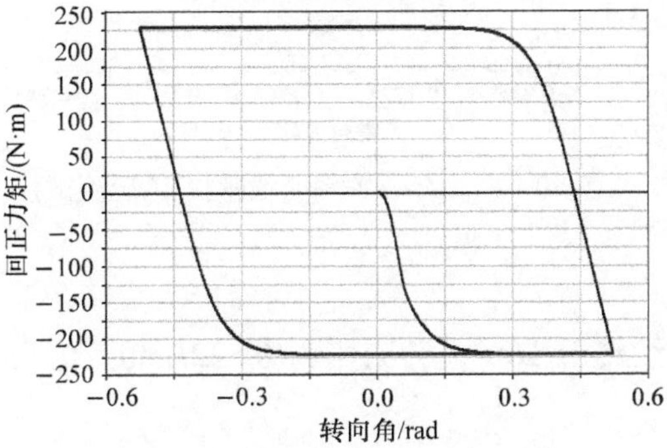

图 10.12　轮胎回正力矩与转向角的关系曲线(路面移动测试)

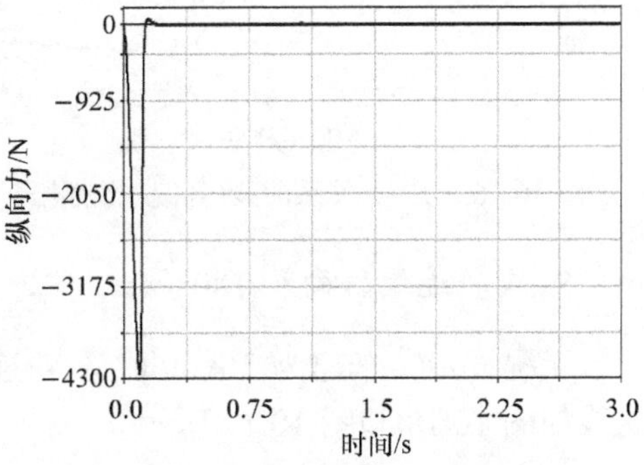

图 10.13　轮胎的纵向力曲线(路面移动测试)

3. 侧倾工况测试

工况设定：车速为 36km/h，侧倾角为 0.14sin(6.28t)rad。仿真曲线如图 10.14 和图 10.15 所示。

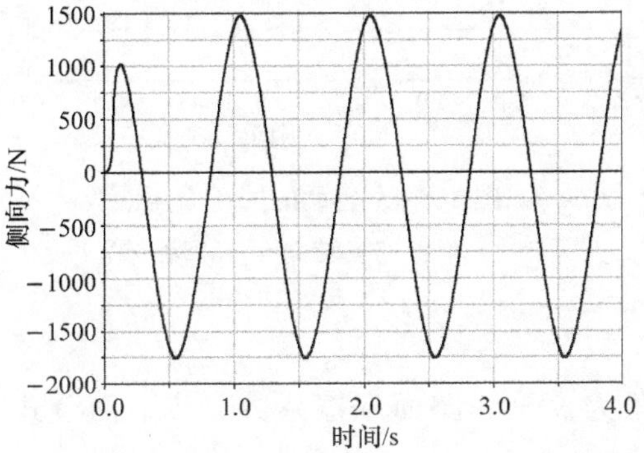

图 10.14　轮胎的侧向力曲线(侧倾工况测试)

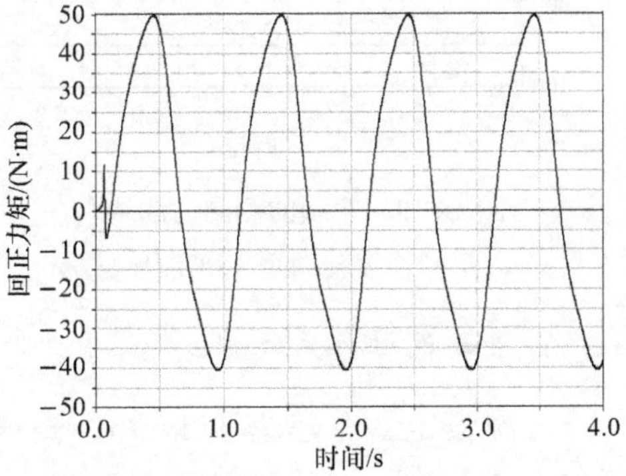

图 10.15　轮胎的回正力矩曲线(侧倾工况测试)

4. 侧偏工况测试

工况设定：车速为 80km/h，侧偏角由−20°到 20°连续变化。仿真曲线如图 10.16 和图 10.17 所示。

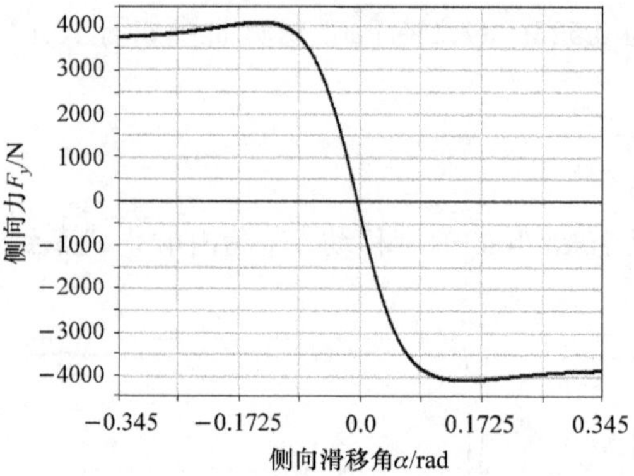

图 10.16　F_y-α 关系曲线(侧偏工况测试)

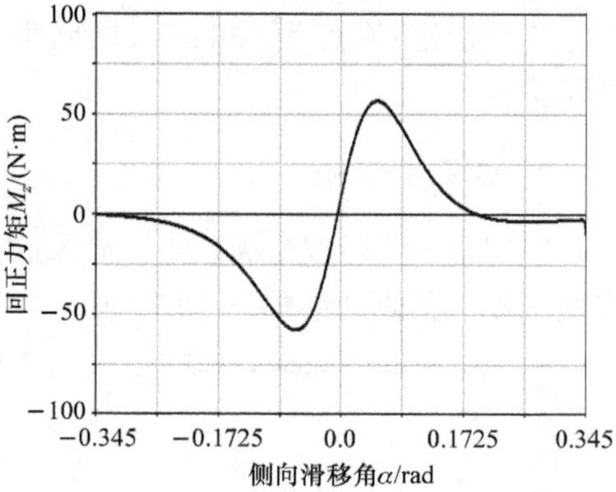

图 10.17　M_z-α 关系曲线(侧偏工况测试)

5. 车轮连续转向至 180°测试

工况设定：车速为 36km/h，车轮连续转至 180°，转向角为(0.522t)rad。仿真曲线如图 10.18 和图 10.19 所示。

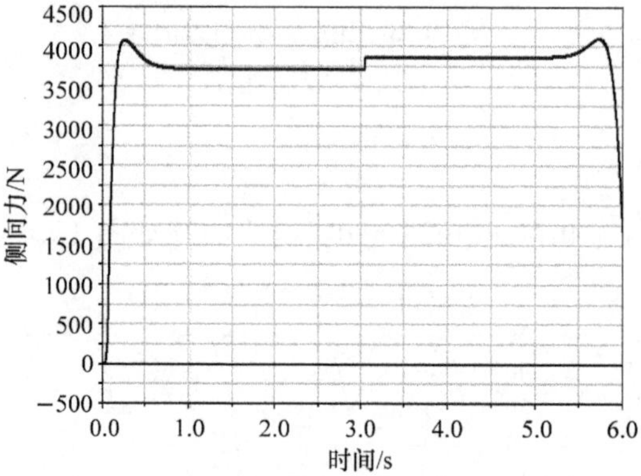

图 10.18　轮胎的侧向力曲线
(车轮连续转向至 180°测试)

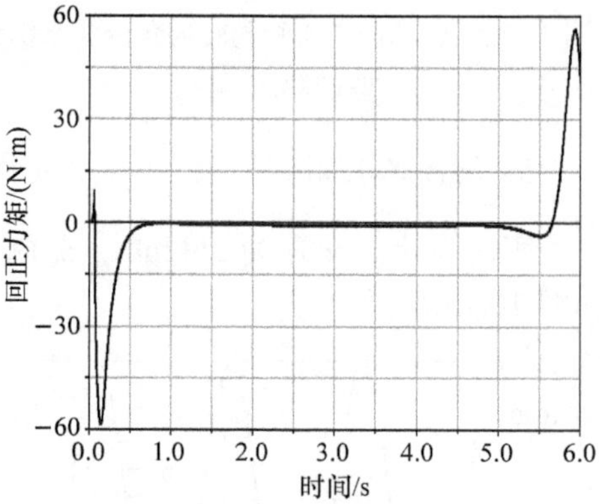

图 10.19　轮胎的回正力矩曲线
(车轮连续转向至 180°测试)

6. 变路面摩擦系数测试

工况设定：车速为 80km/h，侧偏角为 7.5°，路面摩擦系数 μ 按下面公式变化：

$$\mu = \begin{cases} 1.0, & t \leqslant 0.5 \\ 1.2, & 0.5 < t < 1.0 \\ 0.3, & \text{其他} \end{cases}$$

仿真曲线如图 10.20 所示。

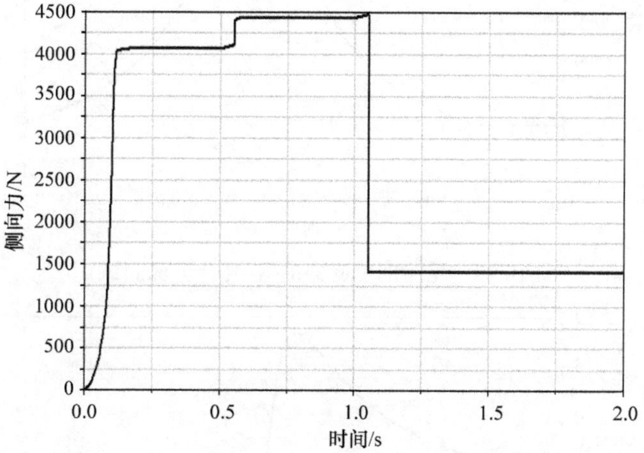

图 10.20　轮胎的侧向力曲线(变路面摩擦系数测试)

7. 复合工况测试

工况设定：车速为 80km/h，侧偏角为 10°，滑移率由 −1～1 连续变化。仿真曲线如图 10.21～图 10.24 所示。

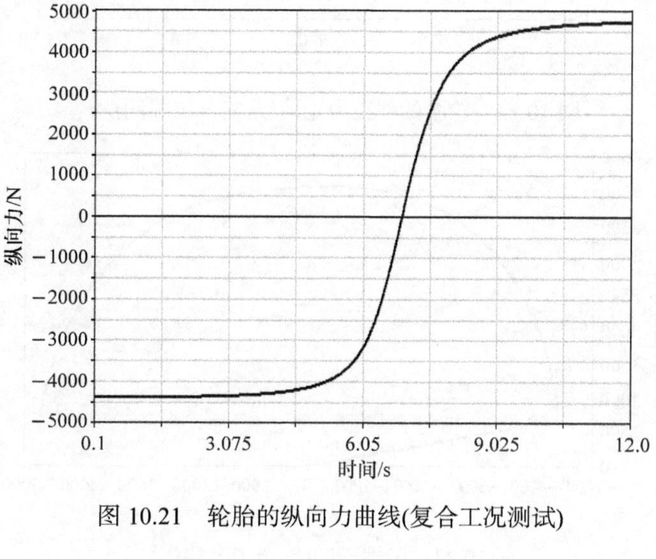

图 10.21　轮胎的纵向力曲线(复合工况测试)

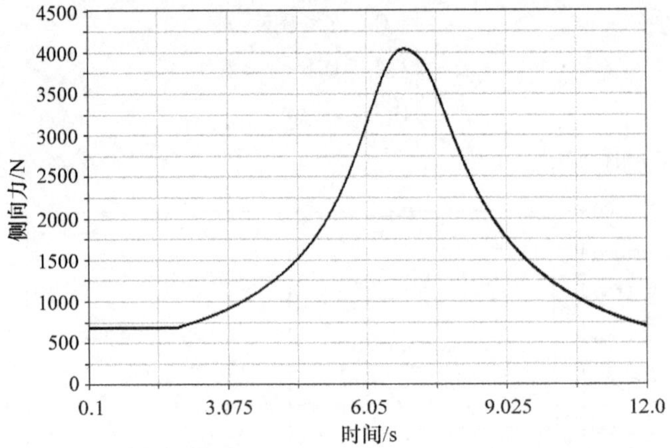

图 10.22　轮胎的侧向力曲线(复合工况测试)

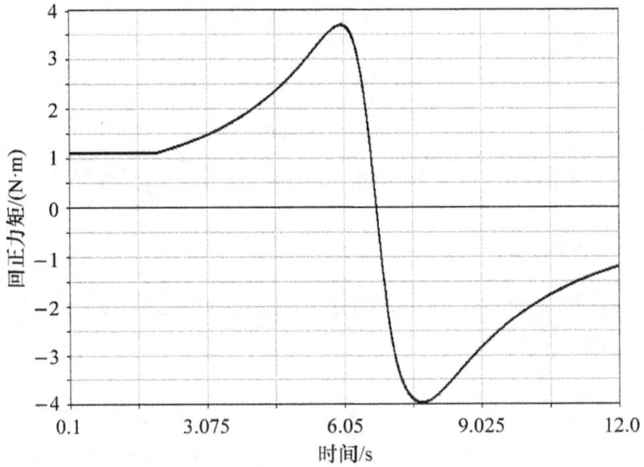

图 10.23　轮胎的回正力矩曲线(复合工况测试)

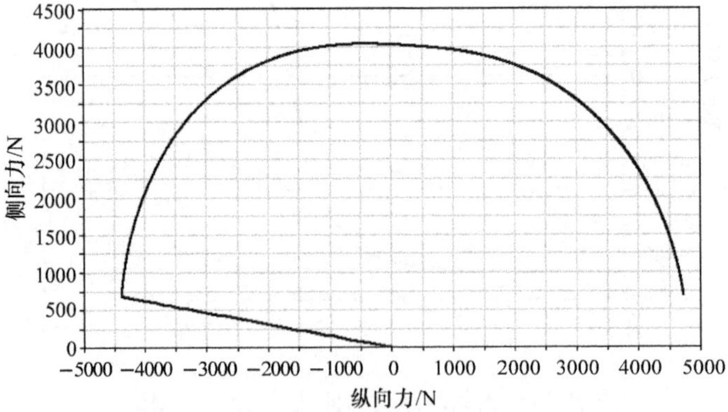

图 10.24　摩擦椭圆(复合工况测试)

10.3.5　UniTire 在 ADAMS/Car 中的仿真结果

按照前述的方法，在 ADAMS/Car 下应用统一轮胎模型进行整车操纵稳定性的仿真。由于仿真的主要目的是验证统一轮胎模型运算的准确性及稳定性，所以使用 ADAMS 提供的默认车辆模型 MDI_Demo_Vehicle。下面是几组比较典型的仿真结果曲线。

1. 方向盘角阶跃仿真试验

工况设定：车辆的初始速度为 60km/h，变速器挡位为四挡，初始方向盘转角为 0°，仿真时间 1s 时起跃到 120°，起跃时间为 2s。仿真曲线如图 10.25～图 10.28 所示。

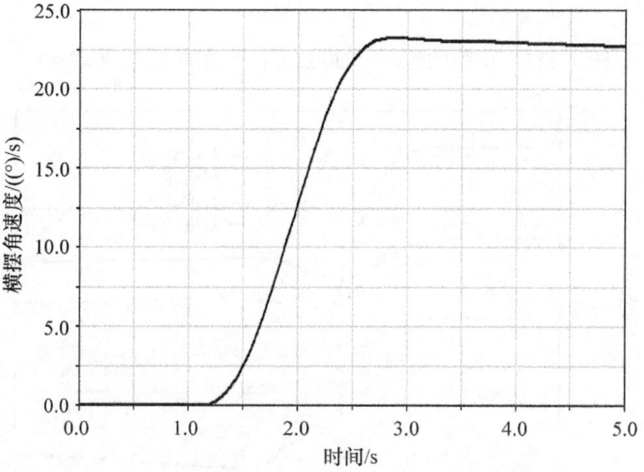

图 10.25　车辆的横摆角速度曲线(方向盘角阶跃仿真试验)

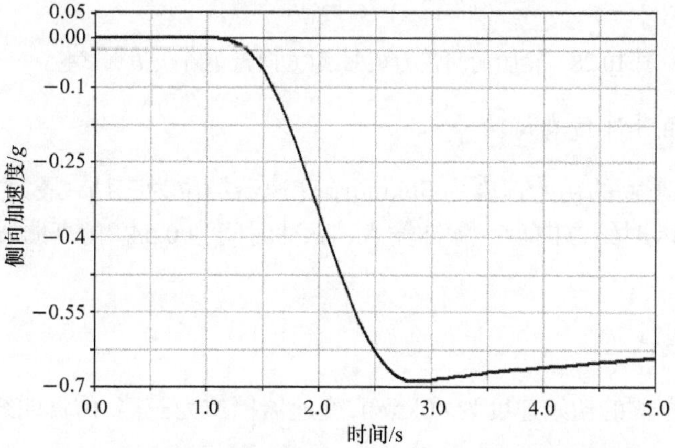

图 10.26　车辆的侧向加速度曲线(方向盘角阶跃仿真试验)

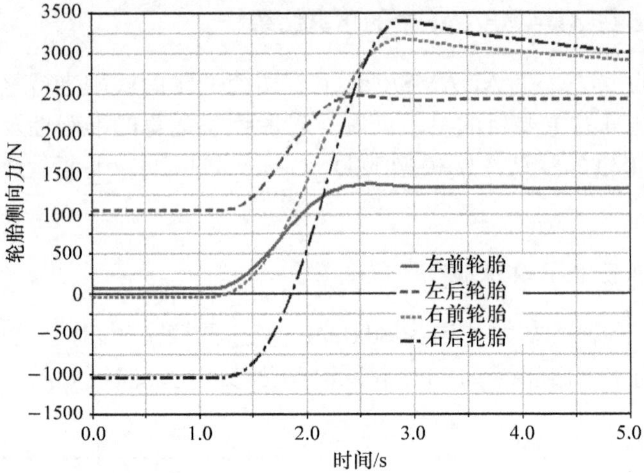

图 10.27 轮胎的侧向力曲线(方向盘角阶跃仿真试验)

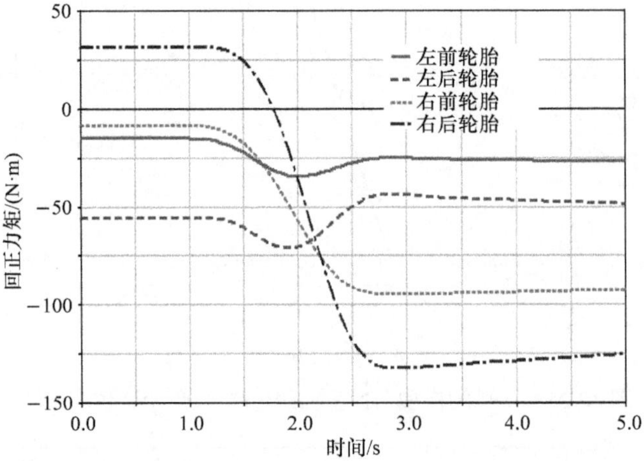

图 10.28 轮胎的回正力矩曲线(方向盘角阶跃仿真试验)

2. 方向盘角脉冲仿真试验

工况设定：车辆的初始速度为 30km/h，变速器挡位为三挡，最大方向盘转角为 60°，仿真时间 1s 时给方向盘一脉冲输入，脉冲时间为 0.5s。仿真曲线如图 10.29～图 10.32 所示。

3. ISO 移线试验

工况设定：车辆的初始速度为 40km/h，变速器挡位为三挡。仿真曲线如图 10.33～图 10.38 所示。

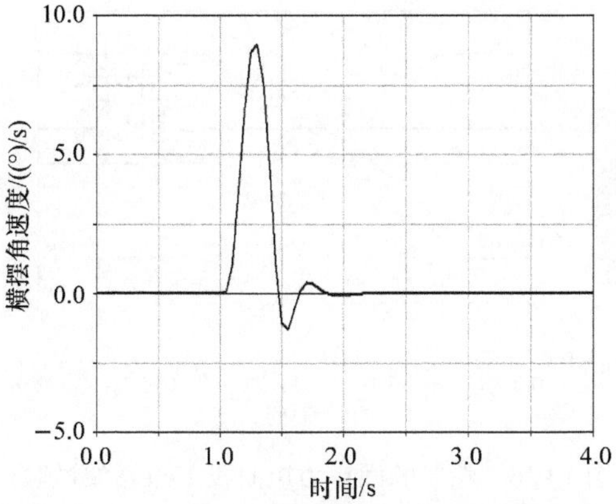

图 10.29　车辆的横摆角速度曲线
(方向盘角脉冲仿真试验)

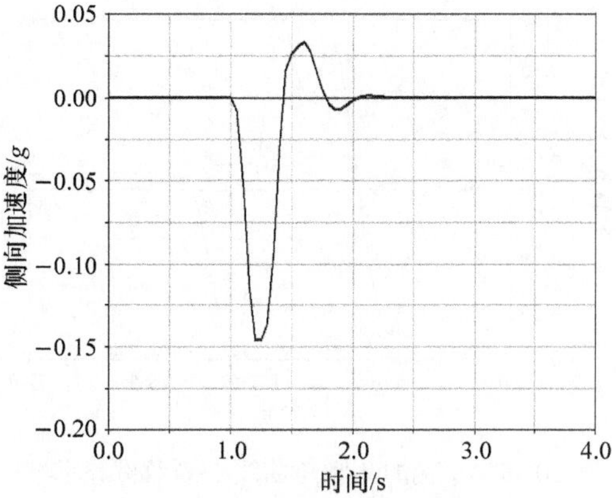

图 10.30　车辆的侧向加速度曲线
(方向盘角脉冲仿真试验)

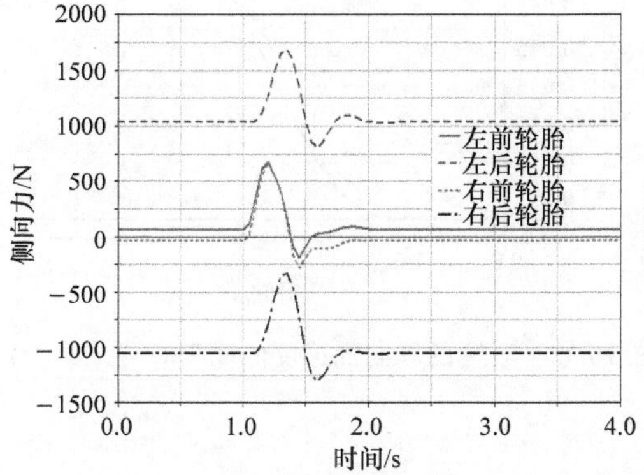

图 10.31　轮胎的侧向力曲线
(方向盘角脉冲仿真试验)

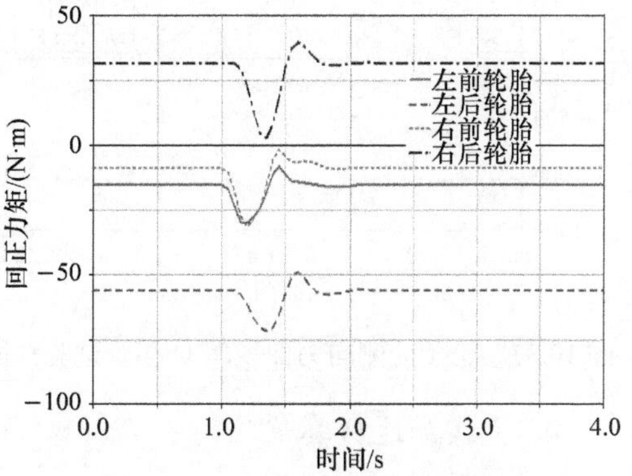

图 10.32　轮胎的回正力矩曲线
(方向盘角脉冲仿真试验)

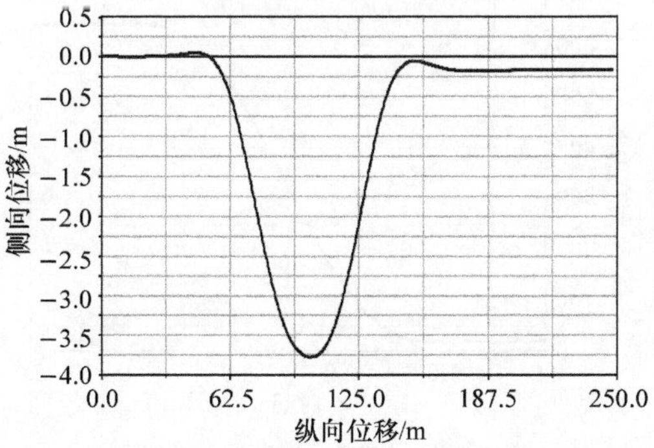

图 10.33　车辆的行驶轨迹(ISO 移线试验)

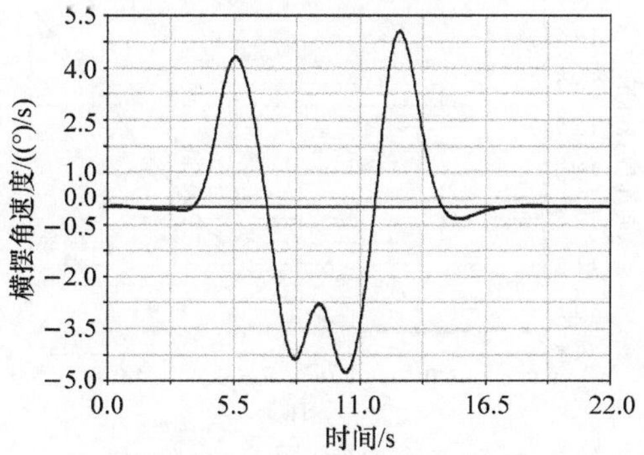

图 10.34　车辆的横摆角速度曲线(ISO 移线试验)

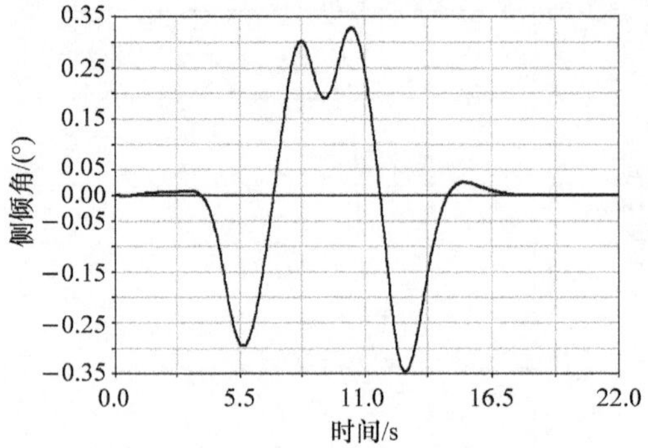

图 10.35　车辆的侧倾角曲线(ISO 移线试验)

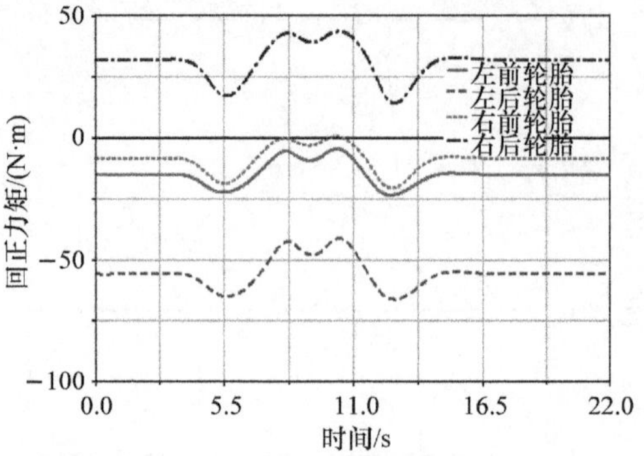

图 10.36　轮胎的回正力矩曲线(ISO 移线试验)

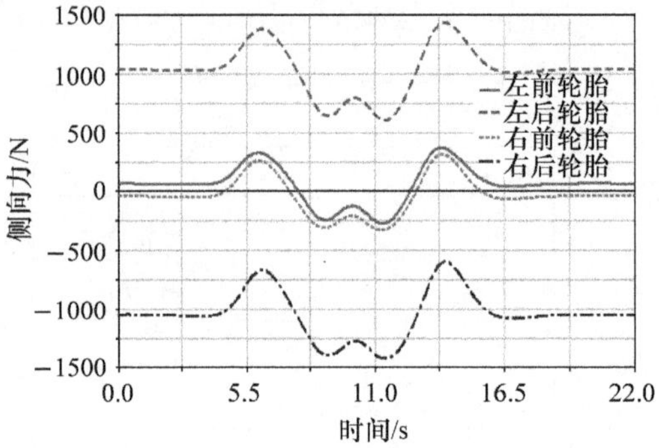

图 10.37　轮胎的侧向力曲线(ISO 移线试验)

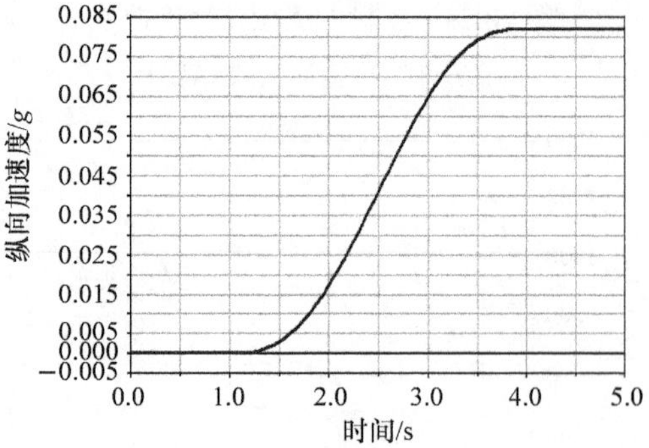

图 10.38　车辆的纵向加速度曲线(ISO 移线试验)

4. 直线加速仿真试验

工况设定：车辆的初始速度为 10km/h，变速器挡位为三挡。1s 时开始加速，最终节气门开度为 70，加速持续时间为 3s。仿真曲线如图 10.39～图 10.42 所示。

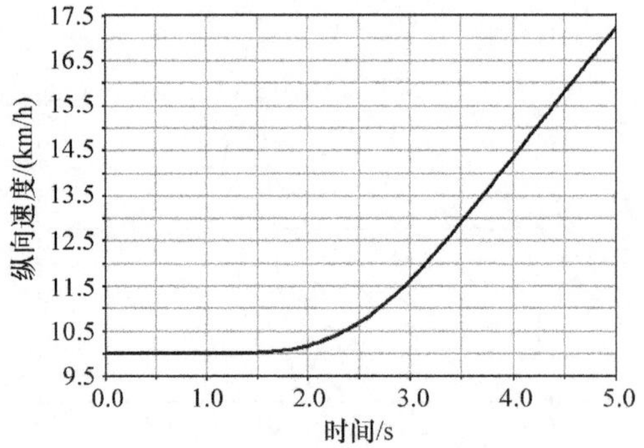

图 10.39　车辆的纵向速度曲线
(直线加速仿真试验)

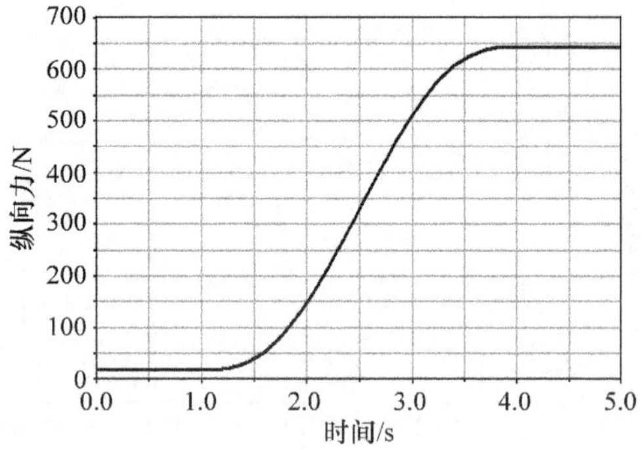

图 10.40　轮胎的纵向力曲线
(直线加速仿真试验)

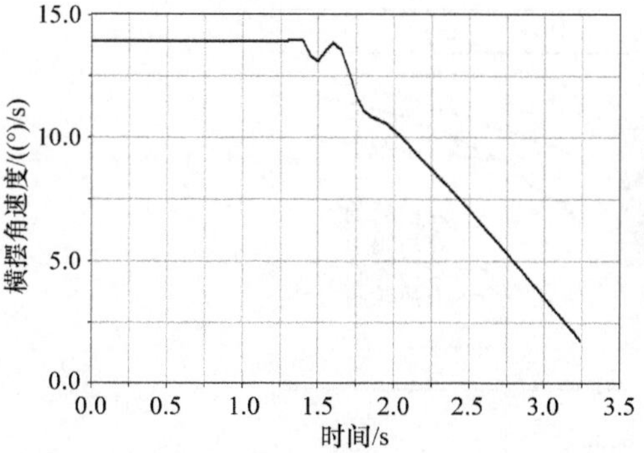

图 10.41 车辆的横摆角速度曲线
(直线加速仿真试验)

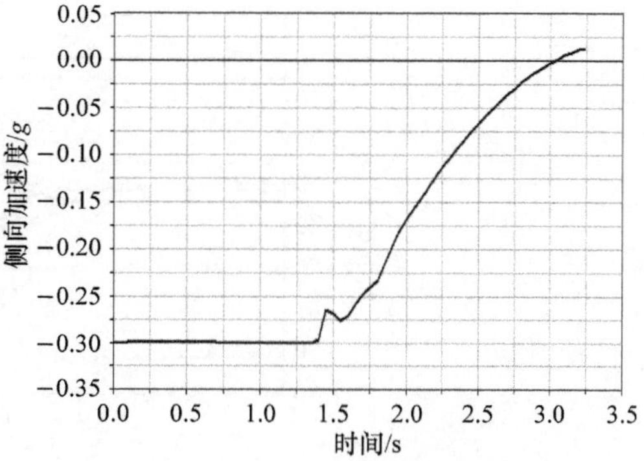

图 10.42 车辆的侧向加速度曲线
(直线加速仿真试验)

5. 转弯制动仿真试验

工况设定：变速器挡位为三挡，转弯半径为 50m，侧向加速度为 0.3g，制动减速度为 0.6g，最大制动力持续时间 3s。仿真曲线如图 10.43～图 10.45 所示。

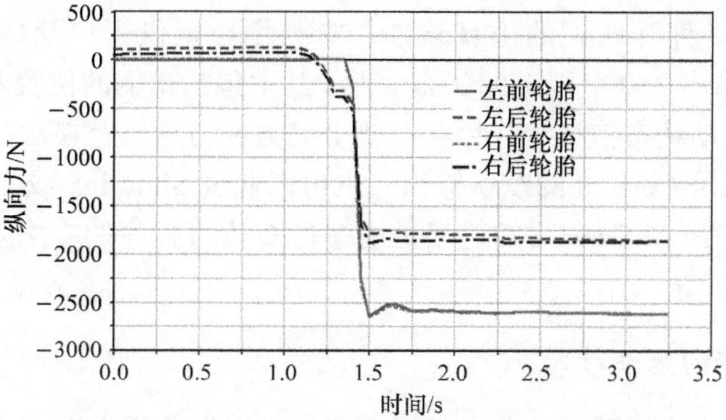

图 10.43 轮胎的纵向力曲线(转弯制动仿真试验)

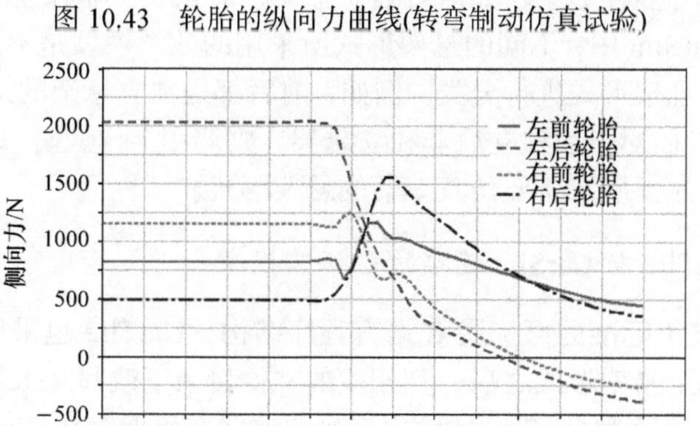

图 10.44 轮胎的侧向力曲线(转弯制动仿真试验)

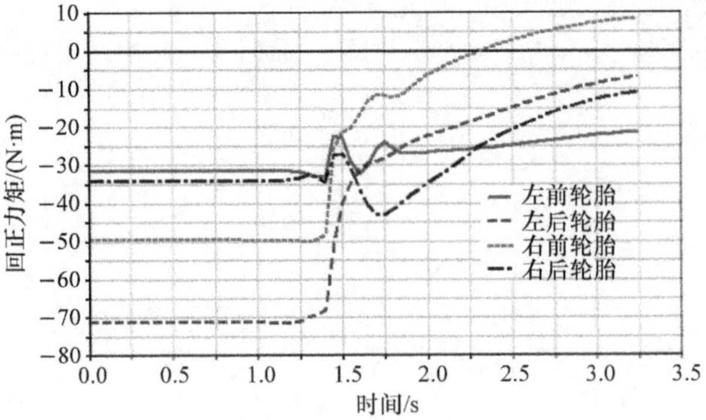

图 10.45　轮胎的回正力矩曲线(转弯制动仿真试验)

10.4　UniTire 与 CarSim 连接[1,2]

10.4.1　连接基本流程

CarSim 是一种开放式的仿真软件，它为用户提供了广泛的扩展空间。从 CarSim 中可以输出 350 个以上的状态变量，其中包括车辆的位置及姿态信息、速度和加速度等运动状态信息、作用在车辆上的力和力矩以及控制变量信息等。这些输出变量可以是 CarSim 的默认输出，也可以通过 Simulink 或 C 语言程序来自定义输出。UniTire 与 CarSim 的连接是用编写 C 语言程序的方法来实现的，具体如下。

1. 确定车辆的悬架形式

车辆的悬架有多种形式，如前后独立悬架、前独立后非独立悬架、前后非独立悬架等。在 CarSim 中，不同的悬架形式所采用的数学模型是不同的，所以求解器也按照相应的悬架形式进行分类。例如，前后都是独立悬架的情况，CarSim 调用的是 i-i 模型；而对于前独立后非独立悬架，则调用 i-s 模型。因此，对于轮胎模型的连接，首先要确定所要仿真车辆的悬架形式。

2. 编写 UniTire 与 CarSim 连接的 C 语言程序

CarSim 定义了标准的可扩展 C 语言程序结构，UniTire 也采用这种标准结构进行编程。在确定悬架形式之后，到相应的文件目录下改写 external 程序文件。轮胎模型的输入变量为 CarSim 的输出变量，这些变量保存在 dyvars.out 数组中，该数组中的变量含义在 output 文件中有详细说明。其中包括轮胎的纵向速度、侧

向速度、侧倾角、轮胎的角速度及各轮的垂直载荷等。这些变量经过坐标转换，得到 UniTire CP 坐标系下的输入量，输入到 UniTire 轮胎模型中，计算轮胎接地印迹上的力和力矩。UniTire 输出的力和力矩是 CarSim 的输入变量，反馈给 CarSim 用于计算下一时刻的运动信息，所以在连接时，将这些量保存到 CarSim 的 dyvars.in 数组中，具体的变量对应关系在 input 文件中有明确定义。这样就完成了 UniTire 与 CarSim 的信息交互。

3. 编译、链接生成 CarSim 的可执行文件

CarSim 为用户提供其数学模型的库文件 CUSTOM_EXE，因此将 UniTire 与 CarSim 连接时，可以将修改之后的 external 源程序文件与 CUSTOM_EXE 一起编译、链接生成 CarSim 的可执行文件。这样使得 UniTire 与 CarSim 做到无缝连接。不足之处在于链接时的调试工作受到一定限制。具体的编译、链接过程如下：

(1) 编译 external 文件，检查是否有语法错误，如有，则要查错并修改；

(2) 编译通过后，导出新的 MAK 文件；

(3) 执行 make_exe 程序，即可生成求解器 solver.exe。

4. 在 CarSim 下调用 UniTire 轮胎模型

首先在轮胎模型界面的“Model Option”中选择“External Shear Model”，这样即可调用外部的轮胎模型。然后在主界面的“Model type”选项中选择“External”并指定为“Custom”。在“Custom”的连接界面下指定前面生成的 solver.exe，这样即可完成 CarSim 对 UniTire 的调用。

统一轮胎模型在 CarSim 中的仿真结果，可以有两种方式来验证其准确性：一是通过 WinEP 来观察仿真的结果曲线，可以与 CarSim 中内嵌的轮胎模型做对比；二是将模型内部的一些状态变量打印输出到文本文件中，来监测模型在运算时各变量的变化情况。

10.4.2　UniTire 在 CarSim 中的仿真验证

CarSim 中仿真工况的定义非常方便，主要在主运行界面来完成，其中包括：

(1) 车辆参数的确定，用以确定车辆的一些结构参数、几何尺寸等；

(2) 方向盘转角的控制，可以进行开环或闭环控制；

(3) 制动压力的控制，用以控制制动的强度；

(4) 油门的控制，用以控制节气门的开度；

(5) 换挡控制，控制换挡的时间及挡位的控制；

(6) 一些环境信息的输入，如路面信息及风的作用等。

本节主要是验证统一轮胎模型在 CarSim 中对车辆操纵稳定性仿真的精度及稳定性。因此，在仿真时采用 CarSim 中的车辆模型 Sedan, Big。其他控制输入根据具体的仿真工况来设定。

1. 方向盘角阶跃仿真试验

工况设定：车辆的初始速度为 60km/h，变速器挡位为四挡，初始方向盘转角为 0°，仿真时间 1s 时起跃到 120°，起跃时间为 2s。仿真曲线如图 10.46～图 10.49 所示。

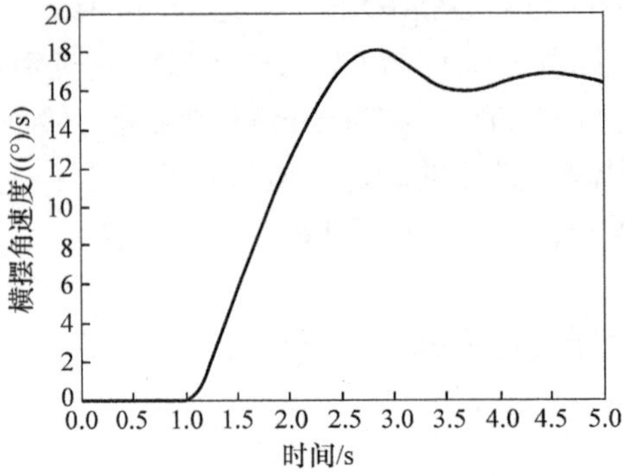

图 10.46　车辆的横摆角速度曲线
(方向盘角阶跃仿真试验)

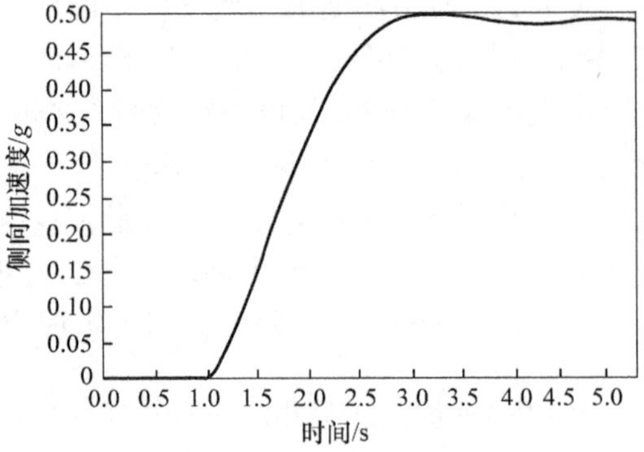

图 10.47　车辆的侧向加速度曲线
(方向盘角阶跃仿真试验)

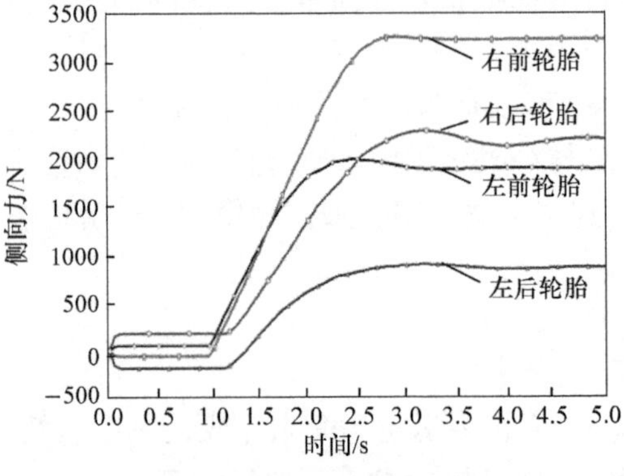

图 10.48　轮胎的侧向力曲线
(方向盘角阶跃仿真试验)

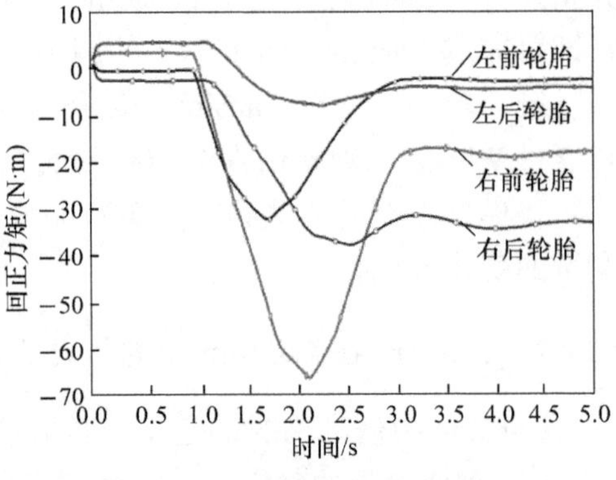

图 10.49　轮胎的回正力矩曲线
(方向盘角阶跃仿真试验)

2. 方向盘角脉冲仿真试验

工况设定：车辆的初始速度为 30km/h，变速器挡位为三挡，最大方向盘转角为 60°，仿真时间 1s 时给方向盘一脉冲输入，脉冲时间为 0.5s。仿真曲线如

图 10.50～图 10.53 所示。

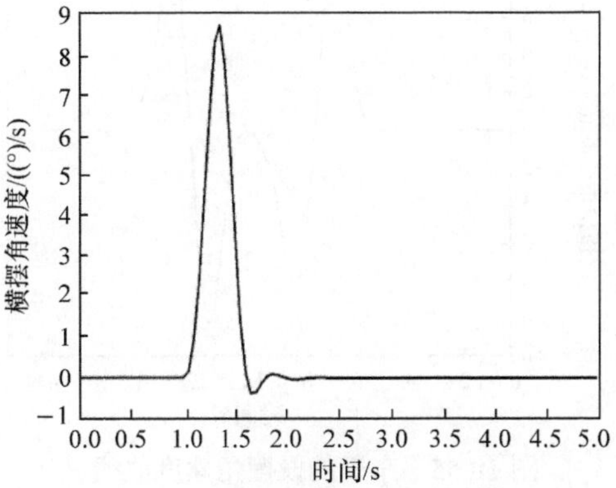

图 10.50　车辆的横摆角速度曲线
(方向盘角脉冲仿真试验)

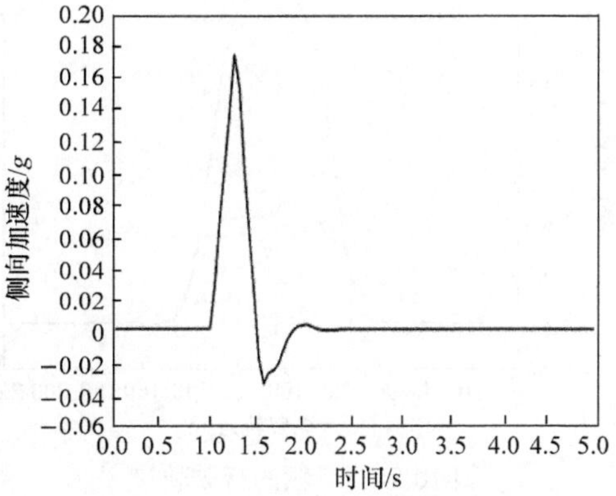

图 10.51　车辆的侧向加速度曲线
(方向盘角脉冲仿真试验)

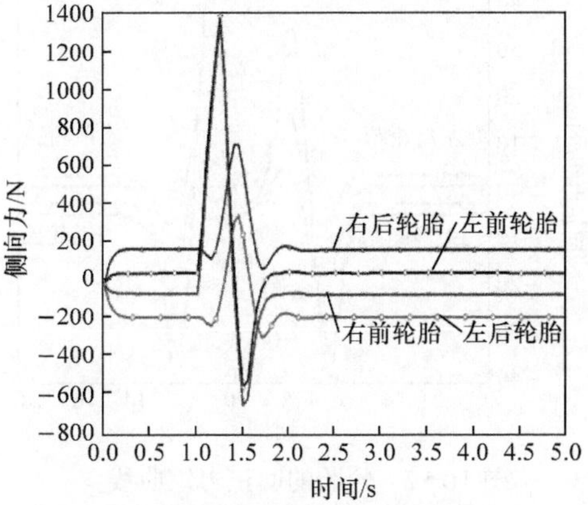

图 10.52　轮胎的侧向力曲线
(方向盘角脉冲仿真试验)

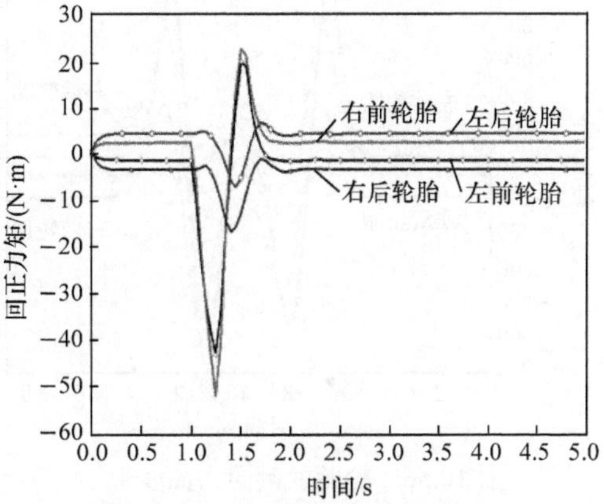

图 10.53　轮胎的回正力矩曲线
(方向盘角脉冲仿真试验)

3. 双移线仿真试验

工况设定:车辆的初始速度为 40km/h,变速器挡位为三挡,进行双移线仿真。仿真曲线如图 10.54～图 10.57 所示。

4. 直线加速仿真试验

工况设定：车辆的初始速度为 10km/h，变速器挡位为三挡。1s 时开始加速，最终节气门开度为 70，加速持续时间为 3s。仿真曲线如图 10.58～图 10.61 所示。

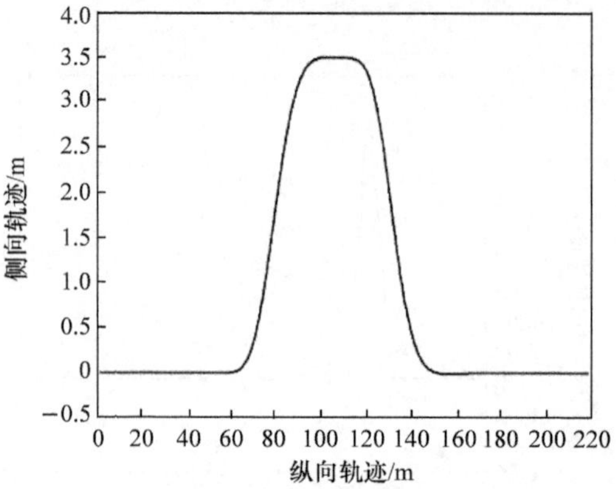

图 10.54 车辆的行驶轨迹
(双移线仿真试验)

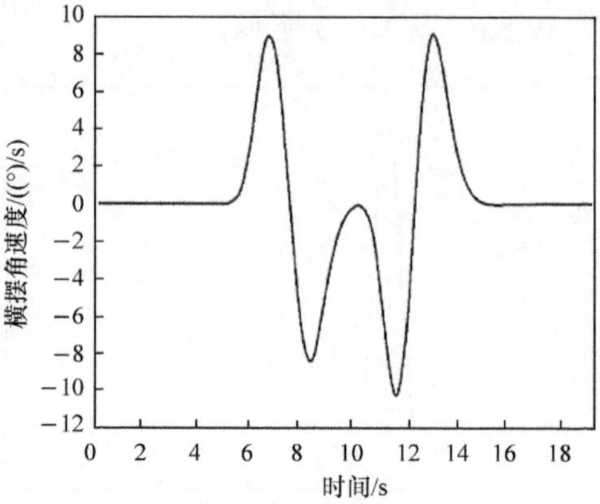

图 10.55 车辆的横摆角速度曲线
(双移线仿真试验)

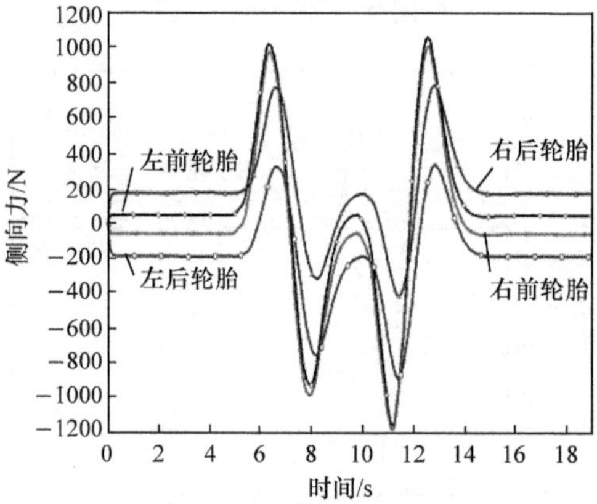

图 10.56 轮胎的侧向力曲线
(双移线仿真试验)

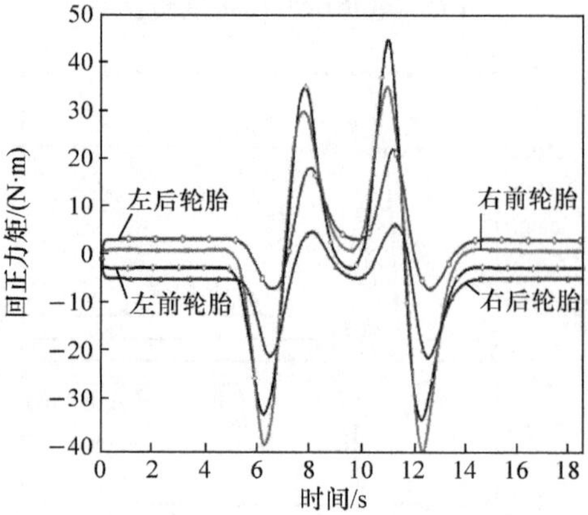

图 10.57 轮胎的回正力矩曲线
(双移线仿真试验)

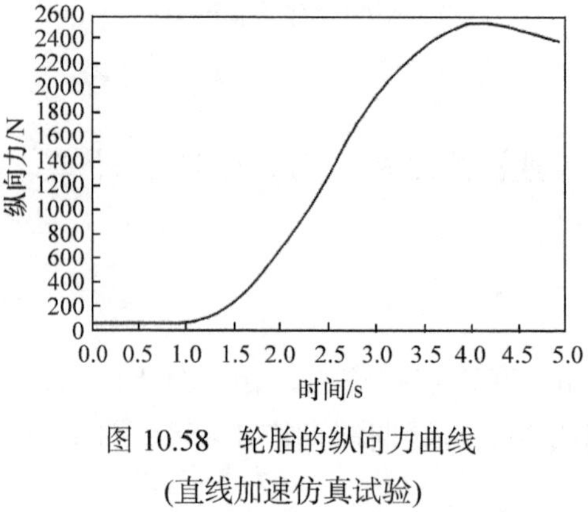

图 10.58 轮胎的纵向力曲线
(直线加速仿真试验)

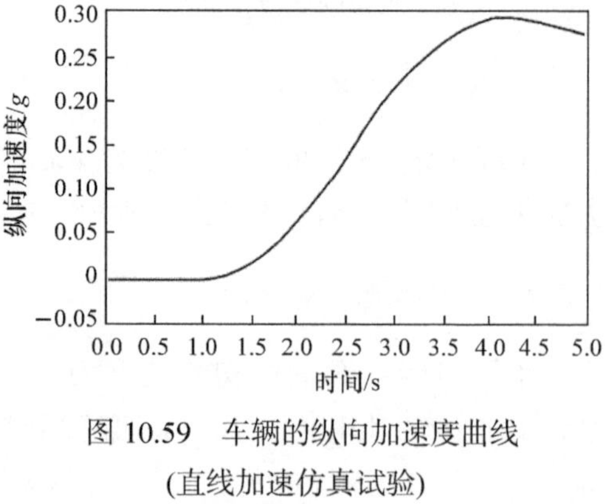

图 10.59 车辆的纵向加速度曲线
(直线加速仿真试验)

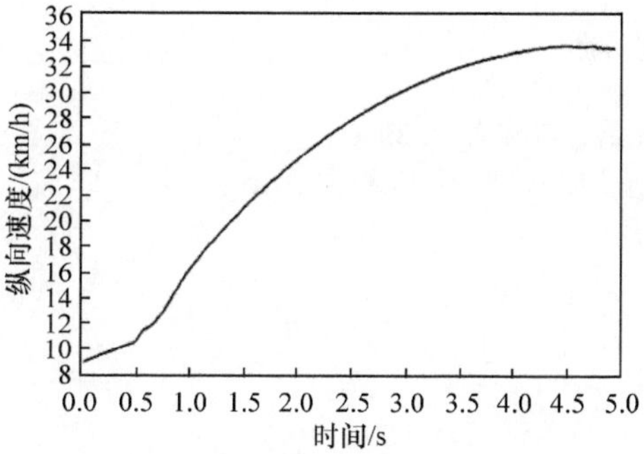

图 10.60　车辆的纵向速度曲线
(直线加速仿真试验)

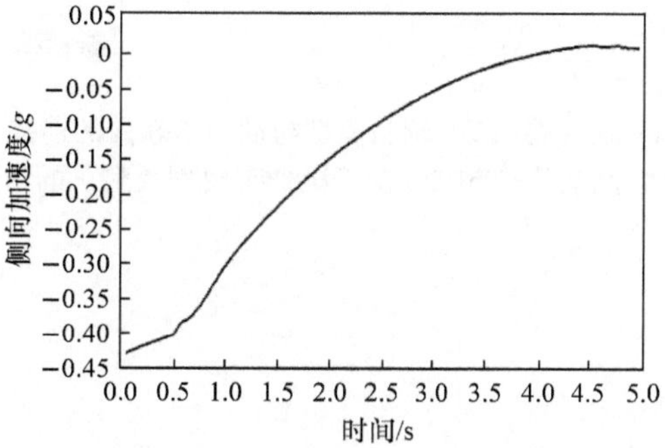

图 10.61　车辆的侧向加速度曲线
(直线加速仿真试验)

5. 转弯制动仿真试验

工况设定：变速器挡位为三挡，转弯半径为 50m，初始车速为 60km/h，制动油压在仿真时间为 1s 时由零增加到 3MPa，之后保持制动压力不变。仿真曲线如图 10.62～图 10.65 所示。

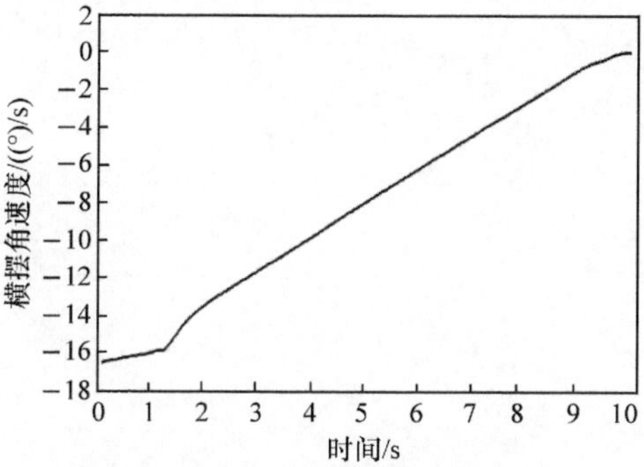

图 10.62　车辆的横摆角速度曲线
(转弯制动仿真试验)

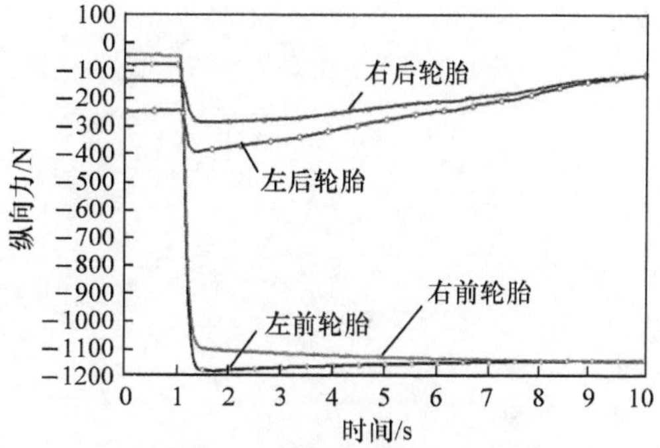

图 10.63　轮胎的纵向力曲线
(转弯制动仿真试验)

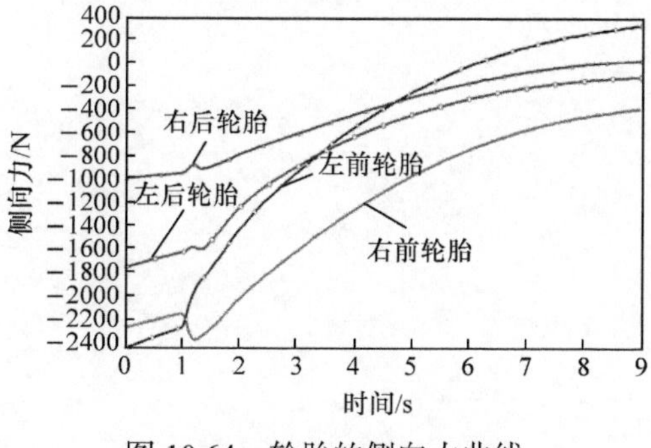

图 10.64　轮胎的侧向力曲线
(转弯制动仿真试验)

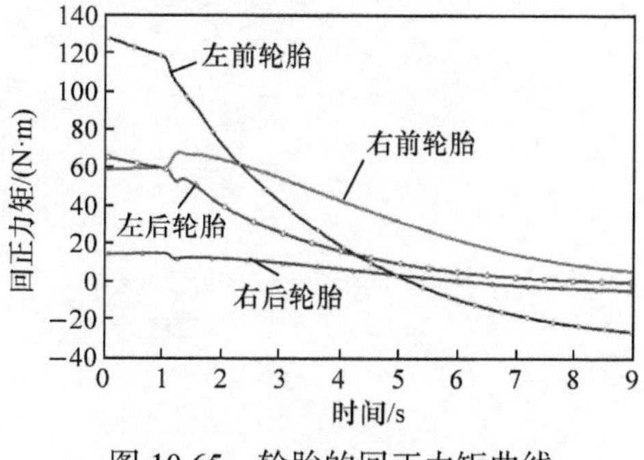

图 10.65　轮胎的回正力矩曲线
(转弯制动仿真试验)

参 考 文 献

[1] 金凌鸽. 统一轮胎模型与动力学软件的连接. 长春: 吉林大学, 2006.
[2] 路兵兵. UniTire 全工况瞬态模型及整车的仿真应用. 长春: 吉林大学, 2015.

索　引